著作権——それホント？

岡本 薫 著

発明推進協会

はじめに

　1997年に社団法人「全日本社会教育連合会」から出版された『マルチメディア時代の著作権』は、その後の急速な情報化や度重なる著作権法改正等に対応して順次大幅な改訂を行い、書名自体も『インターネット時代の著作権』(2002年)、『誰にでも分かる著作権』(2005年)と改題されてきました。

　本書は、近年の法改正等を受けてさらなる改正を加え、社団法人「全日本社会教育連合会」が解散したことから、新たに一般社団法人「発明推進協会」により『著作権―それホント？』として出版されたものです。

　著作権というものの存在自体がまだ一般に広く知られておらず、また、デジタル化ということが極めて特殊なことと思われていた1990年代と比べ、著作権に対する広人の認識は急速に拡大しましたが、その本質は、まだ十分に理解されているとは言い難い状況にあります。

　本書の中でも述べるように、「常に対立があって当然」「権利行使も契約も、するしないは自由」という著作権の本質は、日本人全体の課題である「自由と民主主義を使いこなせているのか？」ということと深く関わっています。

　著作権は「特殊な世界」と思われがちですが、実は、国家社会の根本や国民の基本的な問題の全てが如実に反映されているものであり、著作権に関する課題への対応努力は、まさに「自由と民主主義の学校」と言えるものです。

　本書の内容が、著作権そのものや、著作権とより広い世界との関係について学ぼうとしている方々にとって少しでもお役に立てれば幸いです。

著　者

目　次

● はじめに

● 序　章　「すべての人々」が関わるようになった著作権
　1．「多様性」が「ルール」の必要性をもたらす……………………1
　2．「法律ルール」である「知的財産権」の特徴………………4
　3．脚光を浴びる「著作権」………………………………………8

● 第1章　「無断ですると違法になること」のルール
　　　　　──「法律によるルール」の世界──
第1節　まず現在の法律ルールを「知る」こと
　1．「著作権」とはどんなものか？……………………………17
　2．「著作権②」とはどんなものか？…………………………29
　3．意外におもしろい「著作隣接権」…………………………80
　4．「権利を及ぼさない場合」の法律ルール…………………113
第2節　情報化で何が変わったか？
　1．何が起こってきたのか？……………………………………173
　2．WIPOによる国際的な検討の結果………………………182
　3．日本が始め世界に広めた「インターネット対応」………188
第3節　法律ルールを「変える」
　　　　　──民主国家の一員として──
　1．日本人は「ルール感覚」を持って
　　　　　「民主的なルール作り」ができるか？………………199
　2．様々な論議に「すべての人々」が関心と参加を…………211
　3．多くの人々に関心を持ってほしいテーマの例……………220
　4．「アクセス権」を作るか？…………………………………238

— i —

目　次

● 第2章　権利が「侵害」されたらどうするか？
　　　　　── 「司法救済」の世界 ──
　1．「司法救済」ルールの基本……………………………………………… 245
　2．「侵害の発見・立証が困難な時代」の新ルール……………………… 249
　3．「侵害に類する行為」への対応………………………………………… 258
　4．権利者自身がアクションを起こす必要……………………………… 260

● 第3章　日本人の弱点である「契約」と「ビジネス」
　　　　　── 「契約によるルール」の世界 ──
　1．日本人に必要なのは「DVD」よりも「紙」
　　　── 日本が遅れているのは「法律」ではなく「契約」── ……… 263
　2．どんな場面で「契約」が重要か………………………………………… 280
　3．コンテンツのマーケットとビジネス…………………………………… 295
　4．「その先」にある新しいビジネス……………………………………… 310

● 第4章　著作権教育は何をする？
　　　　　── 「教育」の世界 ──
　1．何を学ぶべきなのか？…………………………………………………… 317
　2．教育活動と著作権………………………………………………………… 327
　3．インターネットの活用と著作権………………………………………… 330

● 第5章　国際政治に巻き込まれた著作権
　　　　　── 「国際問題」の世界 ──
　1．語るに値しない「海外海賊版」問題…………………………………… 336
　2．「国際政治問題」になった「著作権」………………………………… 340
　3．アメリカが招いた国際著作権システムの混乱………………………… 345
　4．途上国も黙ってはいない………………………………………………… 353

● おわりに　日本人はどこへ行く？…………………………………………… 357

目　次

索引…………………………………………………………………359

序章

「すべての人々」が
関わるようになった著作権

1．「多様性」が「ルール」の必要性をもたらす

　言うまでもないことですが、国や社会を構成する人々は極めて多様であり、様々な考えを持った人がいます。日本という国は、他の多くの国々と比較すると「同質性」が高いと言われていますが、価値観の多様化や国際化の進展などによって、急速に「多様化」が進んでいます。むしろ日本人自身が、「個性化・多様化はいいことだ」という前提で、それらを推進しつつあるのですが、このことは、「人々の心や考え方がバラバラになり、これまでの常識（多くの人々に共通する考え方）が通用しなくなる」ということを意味している（日本人自身が、そうした状況を望んで推進している）わけです。

　こうした日本の状況を持ち出すまでもなく、古今東西あらゆる国や社会には様々な人々がいたため、秩序を維持するためには「ルール」が必要でした。

「法律によるルール」と「契約によるルール」

　そうした社会のルールには、2種類のものがあります。第一は「法律によるルール」です。これは、民主的な国家では国民自身が（国会での多数決等によって）作り、「すべての人々を拘束する」ものです。ここでは、全体を代表させて「法律」と書きましたが、実際には、憲法、法律、条例など、様々な形式があります。例えば、人々が互いに殺しあったり盗みあったりしてい

たのでは社会が成り立ちませんので、民主的な手続を経て、「殺してはいけない」「盗んではいけない」といった法律ルールを人々が作ってきたわけです（人の「内心」は常に自由だが、「行動」にはルールがあるわけです）。

　また、自分が「言いたいことを言う」ためには、他人にも同じことを認める必要がありますので、「言論の自由」というルールが作られました。この種の法律ルールは「人権」と呼ばれていますが、人権というものも、憲法にひとつひとつ規定されていることからも分かるように、人間が人工的に作ってきたものです。「（基本的）人権は、神によって与えられたものだ」という考え方もあるようですが、「神」というもの自体が、人間が（人間の言語で）想起したものであり、また、イスラム教の神とキリスト教の神とではどうも「神意」が違うようですので、「人権とは、人間がその英知によって作り上げてきたルールだ」と考えた方が自然でしょう。

　第二は、「契約によるルール」です。これは、法律ルールの範囲内で当事者同士がお互いの「約束」を自由に決めるものであって、「約束した当事者だけを拘束する」ものです。同質性が高い社会では、「以心伝心」などということが言われ、明確な約束ということが嫌われる傾向があるようですが、常識を共有できない多様な社会にあっては、当事者間の「約束」（契約上の権利・義務）を、常に明確にしておく必要があります。そうした約束をする上では、まず自分の希望をはっきりと言っておくことが必要であり、「察してほしい」といった甘えは、健全な契約関係を阻害するだけです。

「フラテルニテ」とは？

　「法律によるルール」についても「契約によるルール」についても、利害や価値観や考え方の異なる人々が建設的な議論・交渉を行って合意形成を達成するためには、フランス語で「フラテルニテ」と言われる態度が重要です。これは、現在のフランス共和制のスローガンである「リベルテ、エガリテ、フラテルニテ」の3番目ですが、日本では「自由・平等・博愛」と翻訳されています。ただし、「博愛」というのは日本人の誤訳でしょう。同質性を前提としがちな日本人は、「誰でも同じ『心』を共有できるはずだ」と安易に考え

がちですが、フラテルニテとは「他人と仲良くする」という意味ではありません。実は、憎しみ合ったままでも、フラテルニテは実現できます。

　フラテルニテというのはフランス人にとっても難解な単語であるため、多くの場合「レスペ・オ・ゾートル」と言い換えられています。この「レスペ・オ・ゾートル」とは、英語に直訳すると「respect for others」であり、要するに「他者の尊重」という意味です。つまりこれは、「思想や利害を異にする人を頭から否定せずに、異なる考え方や立場をお互いに尊重し、建設的な交渉・妥協・合意を行い、法律ルールや契約によって、（違いを残したまま）共存していこうとする態度」のことなのです。

　様々な対立を背景として、バスティーユ以来多くの血を流し、幾多の革命や戦争を経て、膨大な犠牲の上にフランス人がたどりついた結論が、この「フラテルニテ」という考え方です。異質な人々が存在する社会において、愚かな争いをせずに（「思いやり」などという、ある意味で独善的なものではなく）「ルール」によって共存・共栄を図っていくためには、自由と民主主義と相対主義に基づくこうした考え方が不可欠なのです。

ルールに関する「文化」の違い

　こうした「法律によるルール」「契約によるルール」をどのように使いこなしていくか、ということについては、国によってかなり大きな文化的差異があります。例えば日本とアメリカは、両国とも国際的に見て極めてユニークな国ですが、このことについても大きな違いがあります（どちらが「良い」とか「悪い」という問題ではありません）。

　第一に、「法律によるルール」と「契約によるルール」のどちらを重視するか——という点を見ると、日本人の多くが、「明確な契約書を作っておくこと」をせずに「すべて法律に書いておいてほしい」と思っているのに対して、アメリカ人は、法律には基本的なことだけを書いておいて、あとは当事者同士の「契約」にまかせるべきだという発想が強いようです。

　第二に、「法律によるルール」をどのように作っていくか——ということについては、日本では法律の大部分が「内閣」（つまり官僚）によって立案され

てきたのに対して、アメリカでは、利害関係者が直接政治家と結びついて、すべて議員立法で法律が作られています。

　第三に、「法律によるルール」をどのように解釈していくか——という点について、日本では、(三権分立によって法律解釈は裁判所の役割とされているにもかかわらず)「政府が法律の解釈を示さないのは無責任」とか「法解釈について政府がガイドラインを示せ」などというおかしな主張がはびこっていますが、アメリカでは(法律の規定は大まかにしておき)「何が公正な解釈か」ということはすべて裁判所にまかせる、という考え方が強いようです。例えば著作権法について、アメリカ政府の職員は、法解釈についての外部からの問い合わせには一切答えてはならない、というルールがあるのです。

　多様化によってすべてを法律に書くことがもはや不可能になっているため、この本の中でも、コンテンツやその利用形態の急速な多様化に対応するためには、日本人が苦手としてきた「契約によるルール」をより重視していくべきだということを述べます。個々の「法律ルール」をどうするかということもさることながら、こうした大きな構造や文化をどうするのか——ということも、今後ひとりひとりが考えていくべきでしょう。

　なお、人間が持つ権利のうちどれを「人権」と呼ぶかということについても、各国間で文化的な差異があります。例えばフランスでは、「著作権は人権の一部ですよね」と言うと、「当然だ」と言われますが、これは、共和制が「ブルジョワ革命」で作られたためです。「自由・平等・博愛」というスローガンも、過去の変遷の中で「所有」が加えられていた時代が長かったのです。しかしこれに対して、自然法思想の影響が色濃いイギリスでは、「著作権は人権ですよね」と言われても、否定する人が多いようです。

2.「法律ルール」である「知的財産権」の特徴

　社会を維持していくための様々な「法律ルール」のひとつとして、多くの国で「知的財産権」と総称されるものが設けられていますが、この本のテーマである「著作権」というものは、そうした「知的財産権」の一部です。法律ルールによって「知的財産権を付与する」とは、「知的な活動」によって何

2.「法律ルール」である「知的財産権」の特徴

かをつくり出した人に対して、その「つくり出されたもの」を「他人に無断で利用されない（パクられない）」（利用したい人は、つくり出した人の了解を得ていないと違法状態になる）という権利を与えるものであり、具体的には、次のような権利によって構成されています。

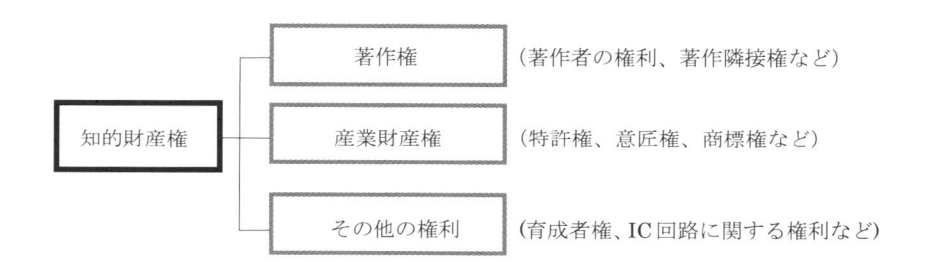

```
知的財産権 ─┬─ 著作権      （著作者の権利、著作隣接権など）
           ├─ 産業財産権   （特許権、意匠権、商標権など）
           └─ その他の権利 （育成者権、IC回路に関する権利など）
```

これらの権利（法律ルール）によって「つくった人に無断で利用すると（パクると）違法になる」とされている「もの」について、「〇〇権によって『保護』されている」と言います。保護されている「もの」は、著作権の場合は「コンテンツ」（コンテンツという用語は様々な意味に用いられているようですが、著作権によって保護されているものと大部分重なると思われますので、この本では「コンテンツ」＝「著作権による保護対象物」という意味で用います）、産業財産権の場合は「発明・デザイン・商標」など、その他の権利の場合は「植物品種」などです。

目的は「インセンティブ」を与えること

あらゆる「法律ルール」は、それ自身に価値はなく、社会全体がうまくいき人々が幸せに暮らせるようになること——という大目的のために「手段」として作られているものですが、個々の「法律ルール」は、それぞれ独自の目的を持っています。例えば「道路交通法」とか「所得税法」などというものを思い浮かべれば、このことは説明を要しないでしょう。では、「知的財産権」に関する法律ルールは、具体的に何を目的としているのでしょうか。

それは、創作者に「インセンティブ」を与えることだ——と言われていま

序章　「すべての人々」が関わるようになった著作権

す。「他人がつくったもののパクリは自由」ならば、人々は創作意欲をなくしてしまうが、「自分がガンバッてつくりだしたものは、自分のものになる」ということを法律ルールによって保障すれば、「それならガンバろう」と思う人が多いだろう、ということです。「インセンティブの付与」とはそうしたことであって、それによって、「価値ある創作物」（特許権の場合は発明、著作権の場合はコンテンツ）を国全体・社会全体として増やせば、結果として「人々の幸せ」という大目的の達成に結びつくと考えられているわけです。

したがって、当然のことですが、「知的財産権を保護すること自体に価値がある」などということはあり得ません。特に著作権の場合には、多くの人が「それ自身に価値がある」と考えてきた「芸術作品」の保護を中心に発展してきたため、「著作権保護自体に価値がある」などと言う人が少なくありませんが、他のすべての法律ルールと同様に、著作権を含む知的財産権の保護は、「手段」に過ぎません。このことをよく認識しておかないと、建設的な合意形成はできないのです。

「私権」であって「規制」ではない

また、知的財産権は「私権」であって「規制」ではない——ということに注意する必要があります。行政改革との関連などでしばしば話題になる「規制」とは、「本来は人々が自由にできるべきことを、行政機関が許認可制度などでコントロールすること」という、「官」対「民」のコントロール関係を意味しています。

例えば、昔は自由に「薬草」を薬として販売できましたが、今は「薬事法」による規制が行われています。また、江戸時代の寺子屋では「教科書」も「カリキュラム」も自由でしたが、今は「教科書検定」や「学習指導要領」などによる規制が行われています。さらに、昔は「自分の土地に自分のお金で自分の家を建てる」のは自由でしたが、今は「建蔽率・容積率」などについて役所のチェックを受け、許可を得ないと建築ができません。このように、「官」が「民」をコントロールする制度が「規制」です。

では、「他人の土地に、無断で家を建ててはいけない」というのはどういう

2．「法律ルール」である「知的財産権」の特徴

ことでしょうか。これは、(地主が黙認していれば警察は来ないということからも分かるように)「官」による規制の問題ではなく、地主の側の「所有権」という「私権」を侵害するからです。要するに、「他人のお金は無断で使えない」というのと同じ、「民」対「民」の関係です。他人の発明やコンテンツを無断で使えないということについて、「規制だ」とか「規制緩和すべきだ」などと言う人がいますが、これは基本的な思いちがいに基づく意見です。

このため、「官」による「規制」に反した行動をとると警察が駆けつけてきますが、「民」対「民」の関係である「私権」の侵害については、権利を侵害された人が裁判所や警察に訴えないと、救済はされません。「土地」や「お金」の場合を考えても分かるように、「私権」を侵害された人が「ま、いいや」と判断するのであれば、何の問題もないからです。

したがって、自分が権利者である場合、「世間にコピーが広まって有名になれれば嬉しい」とか「自社の商品が広まれば今後の商売に有利だ」と思う個人や会社などは、あえて違法コピーを放置してもかまいません。

逆に、自分が利用者である場合、「おそらく権利者は訴えないだろう」と自己責任で判断するのであれば(訴えられるリスクを負って)無断利用するという選択肢もあり得ます。これは「空き地を横切る」ことに似ていますが、典型的な例は、実は違法なのに広く行われている「パブリック・ビューイング」(例えば、卒業生がオリンピックに出るとき、関係者が母校の体育館に集まり、生放送をスクリーンに拡大して皆で見ること)でしょう。

著作権に関係する実務はすべて、「コンプライアンス」の問題ではなく、追って述べるように「リスク・マネジメント」の問題なのです。

「全員が不満」が「普通の状態」

このように「知的財産権」は、「誰かがつくったもの」を「他の誰かが使うこと」に関する「法律ルール」ですので、どんな法律ルールを作っても常に「全員が不満」——という宿命を負っています。「つくった人」は常に権利を強めることを求めますし、「使う人」は権利を弱めること(使いやすくすること)を求めます。少なくとも日本では、憲法によってすべての人々に「思想

信条の自由」や「幸福追求権」が保障されていますので、どちらの希望も「悪」ではありません。こうした「どっちもどっち」の対立状況において、相手を悪者よばわりしても建設的な法律ルール作りはできませんので、既に述べたフラテルニテの精神により、憲法が定める民主的手続（法律ルールの作り方に関するルール）に則り、冷静な交渉や多数決を行う必要があるのです。

　環境や福祉などの分野については、「目指すべき方向」について多くの人々がかなり似通った考えを持っているため、法律ルールづくりに関しても、「方向性」については人々の一致点を見出すことが比較的容易です。しかし、例えば著作権という分野については、常に権利者・利用者間の「宿命的な対立構造」が存在しており、かつ、次の項で述べる最近の動きによって、「一部業界のプロ」だけでなく「すべての人々」がこの対立構造に巻き込まれる時代が突然に訪れました。そのような「1億人対1億人の対立」の存在を前提として、日本人は憲法ルールとフラテルニテの精神に則った「建設的な合意形成と法律ルールづくり」ができるか――ということが課題になっているわけです。こうしたことから、著作権に関する法律ルールづくりは、日本人にとって「民主主義の学校」になると言えましょう。

　また、もう一方の「契約によるルール」についても、例えば「利用料」について、「つくった人」はできるだけ高くしようと考え、「使う人」はできるだけ安くしようと考えますので、どのような契約書を作っても、常に「双方が不満」という結果になります（アパートの家賃と同じです）。

　こうした状況を前提として、建設的な行動を冷静に行えない人の中には、「自分が不満だ」ということ（つまり「普通の状態」のこと）の原因について「制度が悪い」などということを安易に主張する人が少なくありません。こうした問題については、法律・契約のそれぞれについて、それぞれ関係する章の中で追って詳細に述べますが、「すべての関係者が常に不満を持っているのが普通の状態だ」ということは、よく認識しておく必要があるのです。

3．脚光を浴びる「著作権」

　このような「知的財産権」のひとつが、この本のテーマである「著作権」

ですが、これは「他人がつくったコンテンツをパクると違法になる」という単純なルールであって、120年以上前から国際的な共通ルールとされているものです。

日本が著作権法を初めて作ったのは1899年（明治32年）のことであり、このとき同時に、基本条約である「ベルヌ条約」も締結しました。これは、幕末に締結されたいわゆる不平等条約を解消するための交渉を開始することについて、西欧各国から課された条件だったのです。実はこの年に、日本は特許法も制定しているのですが、知的財産権に関する法制を整備することによって、日本はようやく法制面について先進国と認められ、不平等条約の解消交渉が開始されました。

そのように長い歴史を持つものが、なぜ最近になって、急に脚光を浴びるようになったのでしょうか。それは、「１億総クリエータ、１億総ユーザー」という時代が「突然」に訪れ、昔のように「一部業界の一部のプロ」だけでなく、「すべての人々」が著作権というものに関わるようになったからです。

「使用」と「利用」の違い

著作権というものを理解するためには、まず、「使用」と「利用」の違いということについて知っておく必要があります。「他人がつくったものをパクると違法になる」というときの「パクる」とは、要するに「無断で使う」ということですが、この「使う」ということについて、著作権の世界では２つの概念・用語があるのです。ひとつは「使用」で、もうひとつが「利用」です。これらは、国語的にはほぼ同じ意味ですが、著作権の世界では意図的に区別されています。

まず「使用」とは、「そのコンテンツをつくった人の了解を得なくてよい使い方」のことです。その代表は、「本を読む」とか「CDを聴く」とか「ビデオを見る」などといった「知覚行為」ですが、本を開いたりCDを聴いたりするたびに「権利者に電話して了解を得ろ」などと言われたら、電話する方も大変だし、電話された方も大変でしょう。こうした行為は自由にできることとされています。これに対して「利用」とは、「そのコンテンツをつくった人

序章 「すべての人々」が関わるようになった著作権

の了解を得ないと違法になる」と、人工的に法律ルールで決めた使い方です。例えば、「多数コピーして販売する」とか「インターネットで広く送信する」とか「レンタルする」などという行為がこれに当たります。

　著作権法ができる前は、「あらゆる使い方」＝「使用」だったわけですから、この両者の関係は、「あらゆる使い方」－「利用」＝「使用」ということになります。著作権に関する法律ルールの改正は、多くの場合、「利用と使用の境目を変える」というものです。例えば「レコードのレンタル」は、1984年（昭和59年）までは「使用」でしたが、「レンタルショップ」の爆発的増大に対応するため、1985年（昭和60年）から「利用」とされました（「貸与権」という新しい権利が設けられました）。また、サーバからの配信を「利用」と明記したのは日本の著作権法が世界初でしたが、これはインターネットが一般に利用されるはるか前の1986年（昭和61年）のことでした。

　逆に、ネット上でのコンテンツ利用の拡大などに対応するため、法改正によって、「点字データの送信」「放送番組の字幕送信」「生徒による教材コピー」「授業の中継での教材送信」などについて、「例外的に無断で利用してよい場合」の拡大が行われています。これらは、かつて「利用」であったものを「使用」に変えるような法律ルールの変更だったわけです。

いま起きている変化の本質

　現在の著作権法は、1899年（明治32年）の「旧著作権法」を全面改正した「新著作権法」ですが、「新法」とは言っても、制定されたのは1970年（昭和45年）です。ところで、その1970年（昭和45年）という時点で、「日常の生活や仕事の中で、他人のコンテンツをうっかり無断で利用してしまった」などということが、頻繁に起こり得たでしょうか。「手で書き写す」というのも「コピー」ですが、社会的に大きな影響を与えるような「利用行為」をするためには、印刷機や送信機などの「道具」が必要です。

　若い人々には想像もつかないでしょうが、昭和45年には、「コンビニのコピー機」などというものは存在しませんでした（コンビニ自体が殆ど存在しなかった！）。ようやく「カセットテープ」が普及してきたころで、「家庭用

ビデオ」はまだ普及していません。特に「送信設備」にいついては、殆ど放送局に独占されていました。携帯電話、パソコン、インターネットなどに相当するものは、SFやアニメの世界のものだったのです（「スタートレック」に出てくるテクノロジーの多くは、「転送装置」などを除き既に実現されてしまいましたが、携帯電話やパソコンは、1966年（昭和41年）の放送開始時にはすべて「夢物語」でした）。したがって、一般の人々は「コンテンツの利用手段」を殆ど持たず、「他人のコンテンツをうっかり無断で利用して権利を侵害してしまう」などということを心配する必要もなかったのです。このため、著作権というものの存在すら、一般人に意識されることは稀でした。

　しかし今日では、コピー機が街中に氾濫し、ICレコーダやデジカメを多くの人々が持ち、インターネットに接続されたパソコンや携帯端末を、子どもでも使う時代になっています。このため、突然にコンテンツの「ユーザー」となった多くの人々が、「日常生活の中で、他人のコンテンツをうっかり利用してしまい、訴えられる」という危険に直面するようになりました。

　ところで、デジカメ、パソコン、スマホ、インターネットなどというものは、「他人のコンテンツを利用する」ということにも使えますが、「自分のコンテンツを創作する」ということにも使えます。つまり、多くの人々が、「ユーザー」（利用者）になると同時に「クリエータ」（権利者）にもなったわけであり、そのような「1億総クリエータ、1億総ユーザー」という時代が「突然」に訪れたのです。

　後に述べるように、「子どもの作文や絵」についても著作権はありますが、経済的・産業的・社会的に大きな意味のあるコンテンツに関する限り、かつては、その「クリエータ」はプロの作詞・作曲家、写真家、小説家、芸術家などに限られ、また「ユーザー」も、出版社、レコード会社、映画会社、放送局などに限られていました。つまり、権利者側についても利用者側についても、著作権に関係する人々は、「一部業界の一部のプロ」に限られていたのです。そうした「一部業界の一部のプロ」だけが、著作権に関するルールを知り、契約を行い、場合によっては訴訟を行っていたわけです。

　ところが今日では、それが突然に「1億人」に拡大しており、我々はまさに、大過渡期の入口に立っています。著作権の問題というと、コンピュータ

とかインターネットとかデジタル化などということを言う人が多いようですが、今日起こっている大きな変化の本質が、「一部業界の一部のプロ」だけのものであった著作権が「すべての人々」のものになっていることにある──ということを、よく理解しておくことが重要です。特許権と著作権との間には、いくつかの重要な差異がありますが、その最大のものは、特許権が今でも主として「プロ」だけに関わるものであるのに対して、著作権は「すべての人々」に関わるようになった、ということでしょう。

つまり、「一部業界の一部のプロ」だけでなく「すべての人々」にとって、「著作権の法律ルールについて、必要な知識を持つこと」「将来の法律ルールについて、自分の問題として考え、その実現に向けて自ら行動できること」「権利者・利用者として、自らの判断・責任で契約ができること」「権利を守るために、自らの選択でセキュリティー技術を活用すること」「いざという場合には、告訴や訴訟ができること」などが必要になっているわけです。

産業経済との関係の深まり

著作権が「すべての人々」のものになったということは、多くの人々が日常生活の中で、パソコンやインターネットなどを使い、自分のコンテンツの「創作」や、他人のコンテンツの「利用」などをするようになった──ということですが、この「すべての人々」には、当然のことながら企業や産業も含まれます。いわゆるコンテンツ産業は、大雑把に言って10兆円という規模に成長していると言われていますが、120年以上前に主として「芸術文化」の分野から始まった著作権というものは、「産業経済」との関係を急速に深めています。

こうした状況を見て、「著作権そのものの全体を、産業著作権というものに変えるべきだ」とか、「産業をベースにした著作権制度にするため、根本的な制度改正をすべきだ」などということを言っている人がいるようですが、これらは殆ど、単に不勉強の結果でしょう（具体的な全面改正案を示した人はひとりもいません）。実際に起こっていることは、情報化の進展等によって、むしろ産業界の方が変質し、生産される財・サービスや企業の行為などの方

が、著作権の世界に入ってきた——ということなのです。こうした変化の背景には、大きく分けて次の3つの動きがあります。

第一は、権利の対象となる「コンテンツ」そのものの変化です。かつては、人々の日常生活や産業経済と関わるコンテンツは、小説、音楽、絵画などが主なものでしたが、その後、映画、放送番組、レコードなどがこれに加わり、さらに最近では、コンピュータ・プログラム、データベース、ゲームソフト、ブロードバンド・コンテンツなどに、急速に拡大してきました。これらのコンテンツはいずれも、個人芸術家よりもむしろ企業によって、生産・流通されているものです。

第二は、コンテンツを「利用」する方法として最も古典的・一般的なものである「コピー」という行為について、これに用いられる「媒体」が変化してきたことです。そうした「コピー用媒体」は、かつては紙（本・新聞・雑誌など）やレコード盤やフィルムなどでしたが、その後、磁気テープやカセットテープなどが登場し、さらに最近では、CD、DVD、半導体メモリ、ハードディスク、サーバのメモリなどといったものが次々に登場・普及しています。これらはすべて、現在の法律ルールによってカバーされているものですが、こうしたものの生産等についても、企業が主役になる時代を迎えています。

第三は、「コピー以外のコンテンツ利用方法」の変化です。著作権という制度ができた当初には、コピー以外の利用方法は、生の「実演」（上演・演奏）しかありませんでしたが、その後、映画の発明による「上映」、無線の発明による「放送」、さらには、当時としては全く新しいビジネスモデルだった「レンタル」などが、次々に登場してきました。これらに加えて今日では、CATV、衛星通信、インターネットなどを用いた「送信系」の利用形態が急速に拡大・多様化しており、新しい企業の参入が急増しています。

これらのことによって、著作権と産業経済の関係は急速に深まりつつあり、あらゆる分野の企業関係者にとっても、自社製のコンテンツへの「ただ乗り」に対抗するために、また、他社のコンテンツをうっかり使ってしまって「膨大な損害賠償」を突然請求されるなどという事態を回避するために、著作権の法律ルールに関する知識が不可欠になっているのです。

序章 「すべての人々」が関わるようになった著作権

５つの分野

　著作権というものは、このように「すべての人々」と関わるものになってきたわけですが、それは、「すべての人々・企業等がコンテンツをつくる権利者になるから」「すべての人々・企業等が他人のコンテンツの利用者になるから」といった「ミクロ」の観点には限定されません。民主主義の国である日本では、そもそも「法律ルール」自体が、主権者である国民が「正当に選挙された国会における代表者を通じて」定めるものだからです。著作権に関する法律ルールは、「国際条約」に定められた義務を守りつつ定める必要がありますが、「どの条約を締結するか」（どの条約から脱退するか）ということも国民が決めることであり、要するに国民の多数が支持すれば、憲法ルールの範囲内でどのような法律ルールを作ることも可能なのです。追って解説する著作権の国際条約はすべて「外国のもの」の保護だけを義務づけているので、日本の著作物等は、全く保護しなくても条約違反にはなりません。
　このように、「すべての人々」が著作権に関わるというときの関わり方には、第一に国全体という「マクロ」のレベルで、民主国家の一員として「法律ルール」作りに参画すること（民主主義を使いこなせているかということ）、また第二に、個々の人々や企業等の日常生活や仕事という「ミクロ」のレベルで、自由と自己責任で行動すること（自由を使いこなせているかということ）——という２つのレベルがあるわけです。
　こうしたマクロの課題やミクロの課題を含め、人々が著作権について考え行動することについては、次の５つの課題・側面があります。

①現在の法律ルールを「知る」こと
　　現行の法律ルールを自分で学ぶこと、現行の法律ルールを学校等で教えることなど
②法律ルールを「作る」こと
　　そもそも「著作権保護」をするかしないか、何を「無断ですると違法になる行為」（利用）にするか、どのような「例外」を設けるか、といったこ

— 14 —

3．脚光を浴びる「著作権」

とを国会を通じて決めたり変えたりすること
③「契約・ビジネス」をすること
　　権利者・利用者として、自己責任での「契約」をすること、ビジネスを企画することなど
④「司法制度」を活用すること
　　権利者・利用者として、司法制度を自らの判断で活用することなど
⑤「国際的な問題」に対応すること
　　国際的な法律ルール（条約）作りに参画すること、海賊版問題などに対応すること、外国との協力体制を作ることなど

　現時点で著作権というものが存在せず、全く新たにそれを作るのであれば、まず「②」の「法律ルール作り」から始めなければなりませんが、著作権というものは120年以上の歴史を持っており、現在既に、国際的にも国内的にも「法律ルール」は存在しています。したがって、多くの人々にとっては、まず「①」の「現行の法律ルールを知ること」が、ミクロの問題に対応する上で切実な課題でしょう。このために、著作権教育というものが、10年以上前に中学・高校で必修化されたのです。
　また、「1億総クリエータ、1億総ユーザー」という時代を迎えた今日、多くの人にとって、「権利者」「利用者」として、「③」の「適切な契約を自らの選択と責任においてできること」や、場合によっては「④」の「自らのために司法制度を活用できること」などが必要になってきます。これは、「自由を使いこなせるか」という課題です。
　当然ですが、「②」の「法律ルール作り」そのものについても、（まず「現行の法律ルール」や「条約上の義務」をよく知ることが必要ですが）ひとりひとりが民主的な国家の一員として「新しいルール」考え、専門家や役人に任せずに、憲法ルールにしたがってその実現を目指す行動を起こすべきです。こちらは、「民主主義を使いこなせるか」という課題です。
　さらに、「⑤」の「国際問題」に関わる人も出てきましょう。
　この本では、こうしたことを念頭に置きつつ、順次解説を進めて行きたいと思います。

第1章

「無断ですると違法になること」のルール
―― 「法律によるルール」の世界 ――

第1節　まず現在の法律ルールを「知る」こと

1．「著作権」とはどんなものか？

　著作権に関する「法律ルール」について知るためには、まず、知的財産権における「権利」というものについて理解することが必要です。特許権についても著作権についても、「権利」ということばが当然のように使われていますが、著作権における「権利」ということばは、一般の権利とは少し違った意味を持っており、ときどき混乱を招いています。

(1)　「○○権」とはどういう意味か？

　一般に「○○権」と言った場合には、「その人が○○することができる権利」（その権利を持っていないと、その人自身が○○することができない）ということを意味しています。他人の行為は、関係ありません。例えば、「Aさんは、X法の規定によって○○権を持っている」と言った場合、これは通常、「Aさんが、○○できる」（X法の規定がないと、Aさんは○○できない）ということを意味しています。「請求権」や「居住権」など、「権利」と言われるものは、本来そうしたものです。

第1章　「無断ですると違法になること」のルール　——「法律によるルール」の世界

　ところが、著作権に含まれる権利の大部分については、そのように考えるとおかしなことになります。例えば著作権法には、コンテンツの「コピー」に関して著作者の「複製権」というものが規定されていますが、これを「著作者が自分の著作物を複製（コピー）できる、という権利」と考えたらどうでしょう。それでは、「著作者は、著作権法ができて『複製権』が与えられるまでは、自分の作品を自分でコピーしてはいけなかった」ということになってしまいます。そんなバカなことはないでしょう。

　つまり、ここで言う「複製権」とは、「自分の作品を、その人が複製（コピー）できる権利」ではないのです。ではどういう意味かというと、「著作者が、（自分の作品を自分でコピーできるのは当然として）他人が無断でコピーしようとしたら『ストップ』と言える権利」、つまり「その人だけが○○できる権利」（他人が無断で○○することを差し止められる権利）という意味なのです。こうした権利のことを、難しいことばで「排他的権利」とか「許諾権」といいますが、著作権法ではこのような趣旨を明確にするため、「著作者は、○○する権利を有する」ではなく、「著作者は、○○する権利を専有する」という言い方がされています。

　このことをよく理解していないと、例えばある作曲家に「あなたは自分の作品について、著作権法によって『放送権』（注：現在は『公衆送信権』に統合）を持っているのですよ」と言っても、「私は放送局ではないし、放送設備も持っていないので、放送権なんていらない」と言われる——などということが起こります。放送権の意味は、（自分で放送するのはもちろん自由だが）「他人に無断で放送されない」ということにあるのです。

　これも本当にあったことですが、ある無名の脚本家が東京のテレビ局に自分の作品を持ち込んできて、「私は、著作権法によって『放送権』を持っている。だから、このドラマを放送しろ」と言ったことがありました。放送権とは、「他人に無理やり放送させる権利」ではないのです。こうした混乱を避けるために、この本では、多少長くなっても「無断で○○されない権利」という言い方をしています。

　また、「無断で○○されない権利」（すべての人に対して行使できる「物権」。「アパートの所有権」に相当）を持っている人と契約して、「○○できる」と

いう契約上の立場（契約の相手のみに対して行使できる「債権」。賃貸借契約による「アパートの居住権」に相当）を得た人が、「○○権を買った」などという間違った言い方をするために、さらに混乱が広がります。例えば、「放送権を持つ人から、放送権を買った」などというのがその典型でしょう。これは実は、「アパートの所有権（物権）を持つ人と契約して、アパートに居住できるという権利（債権）を得た」ということに相当する状況であって、通常は「無断で放送されない権利」を買い取っているわけではありません。

　一時は、「デジタル化権を買った」という表現についても、誤解が蔓延したことがありました。これも、権利者と契約して「デジタル形式でのコピー等について了解を得た」（「ストップと言われない」という契約上の債権を得た）というだけのことであって、著作権そのもの（物権）を買い取っていたわけではないのです。

(2)　「コピー」などに関する権利はすべて「便法」

　ところで、コンテンツをつくった人に「著作権」（無断で利用されない権利）を与えるのは、既に述べたように「インセンティブ」を与えるためだと言われています。これは別の言い方をすると、そのコンテンツを使って他人が無断で「儲けること」をストップする権利を付与する――「自分自身」と「自分の了解を得（て利用料を払っ）た人」だけが、そのコンテンツを使って儲けられるようにする――ということでしょう。つまり、「コンテンツを利用すると儲かる」ということが前提です。

　実際に、コンテンツを利用すると儲けることができますが、これは逆に言うと、「人々がコンテンツに対してお金を払う」ということを意味しています。確かに多くの人々が、「新聞・雑誌・本」「音楽CD」「ビデオ・DVD」「ゲームソフト」「有料テレビ番組」「映画」などのコンテンツについて、日々お金を払っています。では、人々は、なぜコンテンツにお金を出すのでしょうか。何がしたいのでしょうか。答えは簡単で、本を「読みたい」、CDを「聴きたい」、ビデオ・DVDを「見たい」からです。これらの行為は「知覚」と総称されますが、要するにコンテンツとは、「知覚されてナンボ」というものであ

第1章 「無断ですると違法になること」のルール ——「法律によるルール」の世界

り、知覚されることによってその経済的価値を発揮するのです。だからこそ人々は、「知覚」するためにコンテンツにお金を出すのであって、「コピーしたい」からお金を出すのではありません。

それならば、コンテンツを「無断で利用されないようにする」というときの「利用」とは、本来は「知覚行為」であるべきでしょう。「他人が書いた本を無断で読んではいけない」「他人がつくった音楽を無断で聴いてはいけない」「他人がつくった映画を無断で見てはいけない」といった「知覚権」のみに一本化すべきです。ところが、すべての人々の「知覚行為」をすべて把握し、無断で知覚した人を訴えることなど不可能です。このために、著作権に関する現在の法律ルールは、実際に利益を生み出す「知覚行為」ではなく、いわば「便法」として、「知覚を実現する一歩手前の行為」を権利の対象とし、「無断でしてはいけない」ということにしているのです。

その代表が「コピー」や「コピーの配布」（譲渡）であり、「送信」や「レンタル」なども、そうした「知覚幇助行為」として権利の対象とされています。したがって、すべての人々のあらゆる知覚行為を把握できれば、これらの行為に関する権利は全部不要になるはずです。例えば、ある人が書いた本について、他人が無断でコピー・市販・送信しても、本来は印刷・販売等の手間がはぶけるだけで、著者にとってはむしろ好都合のはずです。だたし、ひとつだけ条件があります。それは、「そのコピー版を買った人が、開いて読む前に、必ず著者に連絡して了解を得、言われただけの金額の利用料を支払う」ということです。しかし、そうした状況を実現するのは無理なため、「便法」として、「知覚行為」そのものでなく、その「一歩手前」の「知覚幇助行為」を権利の対象としているのです。

このことが、著作権に関する「法律ルール」を複雑にしています。まず、コピーや送信などの「知覚幇助行為」は極めて多岐にわたるので、多くの権利を作ることが必要になります。また、実際に価値を持つ「知覚行為」ではない「一歩手前の知覚幇助行為」を便宜上まるごと「無断でしてはいけない」ことにしているため、「なぜこんなことにまで権利が及ぶのか？」という疑問が生じるような場面も出てきます。例えば、「既に売られている朝刊の記事をコピーして配る」ということは、新聞社に何の損害も与えないはずですが、

「無断でコピーしてはいけない」というルールが一律に適用されるため、違法行為になってしまうのです。また、既存の著作物をOHC（書画カメラ）で直接ディスプレイすることには（非営利・無料なら）著作権が及びませんが、OHPでディスプレイする場合は「透明なプラスチックの板にいったん『コピー』する」ことが必要なため、著作権が及ぶことになります。さらに、そのような状況のいくつかを「権利の対象外」とする（無断でできるようにする）ために、複雑な「例外規定」や「除外規定」を置く必要も生じます。

このように、例えば「無断でコピーされない権利」は、「コピー行為自体が悪だから」という理由で付与されているのではなく、あくまでも便法としての「ルール」だということを、よく認識しておくことが必要です。なお、情報化の進展によって、「知覚行為」そのものを権利の対象とする可能性について日本が世界に先駆けて検討を開始していたことについては、追って詳細に解説します。

(3) 「著作権」ということばの「3つの意味」

「知的財産権」の中の「著作権」の部分をさらに拡大すると、次のページの図のようになります。実は、著作権に関する話がややこしくなる理由のひとつは、この図に示したように、「著作権」ということばに3つの意味があることです（①・②・③というのは、本書の中で便宜上用いているだけで、当然のことながら、法令用語や正式の用語ではありません）。したがって、ある人が「このコンテンツについては、私が著作権を持っています」などと言ってきても、そこでいう「著作権」がどの意味での「著作権」なのかということを、よく確認することが必要です。

「著作権①」＝「著作権②」＋「著作隣接権」

まず、広義の著作権全体を意味する「著作権①」は、「著作者の権利」である「著作権②」と、「伝達者の権利」と一般には言われている「著作隣接権」とに分かれます。一般の人々が「著作権」と呼んでいるのは、通常は「著作

第1章 「無断ですると違法になること」のルール ──「法律によるルール」の世界

権①」か「著作権②」でしょう。

「著作権②」で保護されている（無断で利用すると違法になるとされている）コンテンツのことを「著作物」といいますが、後に詳しく述べるように、これには、「講演」「論文」「脚本」「小説」「詩歌」「音楽」「振付」「絵画」「彫刻」「マンガ」「芸術的建築物」「地図」「設計図」「図表」「模型」「写真」「映画（動画コンテンツ）」「コンピュータ・プログラム」「編集物」「データベース」などが含まれます。

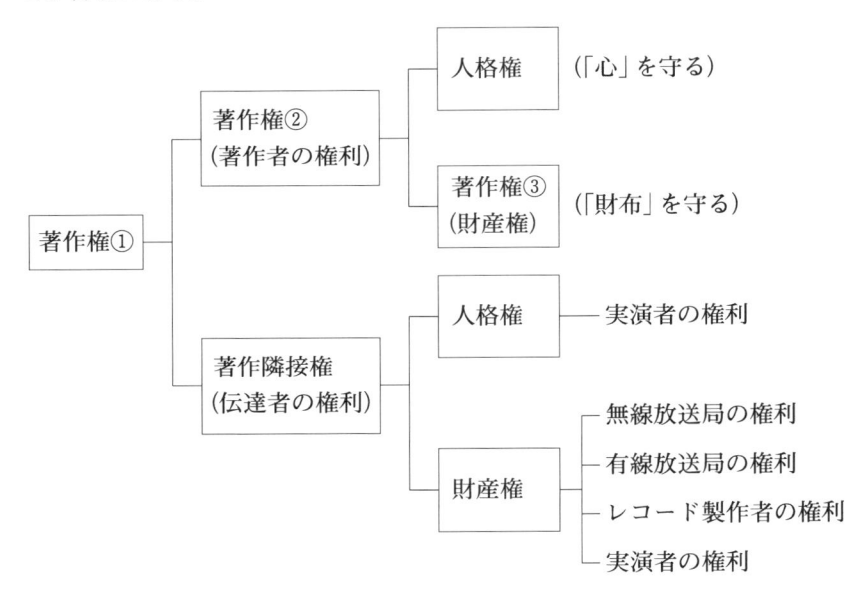

```
                            ┌─ 人格権     （「心」を守る）
              ┌─ 著作権②    ┤
              │  (著作者の   │
              │   権利)      └─ 著作権③   （「財布」を守る）
              │              　 (財産権)
著作権①──────┤
              │              ┌─ 人格権 ──── 実演者の権利
              │              │
              └─ 著作隣接権  │              ┌─ 無線放送局の権利
                 (伝達者の   │              │
                  権利)      └─ 財産権 ─────┤─ 有線放送局の権利
                                             │
                                             ├─ レコード製作者の権利
                                             │
                                             └─ 実演者の権利
```

これに対して「著作隣接権」の方は、著作物などのコンテンツを「人々に『伝達』する人」が持つ権利だと、一般には言われています（実は違うのではないか──ということは、後に述べます）。条約の規定や、多くの国の著作権法では、「著作隣接権」によって保護されるコンテンツは、①「無線放送番組」（著作権の世界での「放送」とは「無線放送」のこと）、②「レコード」（音を固定＝録音した原盤。媒体は何でもよい）、③「実演」（歌手の歌や俳優の演技など）の3つとされていますが、日本は国際的に見ても保護水準が極めて高いため、「有線放送番組」も保護対象にしています。

これらの中で、「著作隣接権」を保護する趣旨が最も分かりやすいのは、「無

第1節　まず現在の法律ルールを「知る」こと

線放送局」(法律上の用語は「放送事業者」)が持つ(番組に関する)権利でしょう。例えば、テレビの「音楽番組」の場合、放送局は「音楽の創作」を行っていません。「既に存在していた音楽」を、「電波に載せて送信する」という方法で、「人々に『伝達』する」ということをしているだけです。したがって、作曲家の創作活動とは明らかに異なっています。しかし放送局は、その「番組」をつくる上で、「来週はどの曲を使うか」「誰に歌わせるか」「伴奏はギターかオーケストラか」「ライトをどうするか」「背景をどうするか」「カメラをどうするか」などといったことについて、様々な「工夫」をしています。「伝達行為」におけるそうした「工夫」を評価して、放送局にも(「著作権②」よりは少し弱いが)「著作隣接権」という権利を与えている、と言われているわけです。

　放送局に「権利を与える」とは、次のようなことです。例えば、ある人がある音楽番組を無断で録画・ダビングしてDVDを多数販売したような場合、その番組で使われていた「音楽」(著作物)の作曲家は、「著作権②」の一部として「自分の『曲』を無断でコピーされない権利」を持っているので、「私の曲(「著作権②」で保護されているコンテンツ)を無断でコピー・販売しましたね」と言って相手を訴えることができますが、放送局も、「著作隣接権」の一部として「自分の『番組』を無断でコピーされない権利」を持っているため、「ウチの番組(「著作隣接権」で保護されているコンテンツ)を無断でコピー・販売しましたね」と言って訴えることができるのです。

　こうしたことを考えると、「無線放送局」がしていることと「レコード会社」がしていることは、かなり似ている――ということが分かってきます。放送局が「電波」という媒体を用いてコンテンツを人々に「伝達」しているのに対して、レコード会社は「CD」という媒体で同じことをしているのです。CDの製造販売においても、「どの曲を使うか」「誰に歌わせるか」「伴奏はギターかオーケストラか」などといった「工夫」は行われているので、そうした「工夫」を評価して、「レコード会社」にも「著作隣接権」を与えているわけです。したがって、例えば、ある人がある音楽CDを無断でコピー・販売した場合、そのCDに使われていた音楽の作曲家は「著作権②」を使って当然訴えを起こすことができますが、レコード会社も、「著作隣接権」の一部と

第1章 「無断ですると違法になること」のルール ――「法律によるルール」の世界

して「無断で自分の『レコード』をコピーされない権利」を持っているので、「ウチのCDを無断でコピー・販売しましたね」と言って、訴えることができるわけです。

さらに、歌手や俳優などの「実演者」（法律上の用語は「実演家」）も、「既に存在している歌」や「既に存在している脚本」や「既に存在している振付」を、歌唱・演技・舞踊などの演技によって人々に「伝達」しているだけですが、それぞれの「工夫」によって伝達しているために、同様に「著作隣接権」が与えられています。

アマチュアにも権利はある

「実演者」について、「歌手や俳優のこと」という説明をしましたが、これは実は正確ではありません。「実演者」とは、「演じた人」のことであって、プロとは限らず、アマチュアも含まれます。22ページの図に示した権利のすべてについて、これを付与されるのは「プロ」とは限らず、対象となる行為を行ってコンテンツをつくった「すべての人々」です。したがって、「子どもが書いた作文」や「アマチュアの絵」であっても、（うまいか下手か――などといったこととは全く関係なく）すべて「著作権②」で保護されますし、誰かが「カラオケボックス」や「自宅の風呂場」で歌っているときにも、既に「実演者」としての「著作隣接権」を持っています。

また、「レコード」（録音物）について「著作隣接権」を持つのは「レコード製作者」（音を最初に固定＝録音した人）ですが、これもプロである「レコード会社」とは限りません。例えば、SLを趣味とする人が大井川鉄道まで出かけていって「SLの音」を録音してきた場合、その録音物が既に「レコード」として自動的に保護されています（「録音した人」が「レコード製作者」としての権利を持っています）。「虫の音」を録音したような場合も同じです。

さらに最近では、素人でも「放送」ができるようになってきました。例えば、小出力の「コミュニティFM放送」などというものも盛んになってきていますが、放送・通信に関する国内の「規制」を所管する総務省の免許や許可があろうとなかろうと、コンテンツを無線で公衆向けに無線送信すれば（極

端な場合、無免許の違法放送であっても）、その番組について無線放送局と同じ権利が自動的に与えられるのです。

　なお、著作権というものが「国際ルール」に基づく「私権」であるのに対して、放送法などによる免許制度等は、日本の総務省などが「日本だけの国内事情」に基づいて国内的に行っている「官対民」の「規制」にすぎません。したがって、放送や通信の免許とか、放送と通信の境目などといった議論や制度改正は、いずれも著作権ルールとは全く関係しないものです。たまたま両方の制度で「放送」という用語が（違う定義で）使われているために、ときどき混乱が生じていますが、総務省の放送・通信規制制度がどう変わろうとも、国際ルールである著作権の制度や用語の定義には、なんの影響もありません（著作権の世界には、そもそも「通信」という利用行為は存在しません）。

「著作権②」＝「人格権」＋「著作権③」

　「著作者の権利」である「著作権②」は、さらに「人格権」と「著作権③」に分かれます。これらのうち「人格権」は、「心を守る」ものであり、逆に言うと、この権利が侵害されると著作者は「ムカつく」ことになります。つまり、「著作者がムカつかないようにする（精神的な損害から守る）ための権利」が「人格権」です。

　どんなことを無断でされたらムカつくか、ということ——つまり「権利の対象となる行為」については、後に詳しく述べますが、条約では「小説のストーリーや絵画の色などを無断で『改変』してしまうこと」「表示されている著作者の氏名を『除去・改ざん』してしまうこと」が規定されており、さらに日本の著作権法では、「著作者が不出来と考えて隠していた作品を無断で『公表』してしまうこと」も、人格権の対象とされています。

　これに対して「著作権③」の方は、「財産権」とも呼ばれていますが、「財布を守る」ものであり、逆に言うと、この権利が侵害されると著作者は「損する」ことになります。つまり、「著作者が損しないようにする（経済的な損害から守る）ための権利」が「著作権③」＝「財産権」です。この権利の対

第1章 「無断ですると違法になること」のルール ——「法律によるルール」の世界

象となる行為についても後に述べますが、例えば「無断でコピー・販売する」「無断でインターネット等を用いて公衆に送信する」「無断で公衆向けにレンタルする」などといった行為がこれに含まれています。

　こうした行為を無断でされると、著作者は「損する」ことになりますが、この「損害」は、著作者自身が自分のコンテンツについて「出版」や「ネット配信」や「レンタル」などを自らしていれば、「ニセモノの販売によってホンモノの売上が下がって損をする」という直接的な形で現れます。また、仮に著作者自身はそのようは商売をしていなくても、「本来であれば自分に入るはずの売上やライセンス料が入らない」という間接的な形で現れます。こうした行為に対して「ストップ」と言える権利が、「著作権③」です。

　「著作隣接権」についても、「実演者」のみを対象として「人格権」が付与されていますが、これについては著作隣接権の所で述べます。

(4)　実は「アメリカ」が最も保護水準が低い

　ところで、世界各国の国内法体系は、日本も含めて大部分の国が採用する「大陸ヨーロッパ型」の「シビル・ロー」と、少数派である「アングロサクソン型」の「コモン・ロー」とに大別されますが、著作権保護の水準について言うと、アメリカなどのアングロサクソン諸国は、一般に保護水準が低くなっています。ただしイギリスは、EUの一員として法整備を行う必要があるため、かなり保護を強めてきており、カナダやオーストラリアも著作権保護の強化を進めています。問題はアメリカです。アメリカという国は、実は現在でも、先進諸国中で著作権保護の水準が最も低く、このことが世界の著作権システムに大きな問題をもたらしてきました。例えば、その典型が、殆どアメリカだけのために作られた©マークです。

著作権だけは「登録不要」——ようやく不要になった「©マーク」——

　5ページの図に示したように、「知的財産権」には大きく3つの種類がありますが、これらの中で「著作権」のみが持つ特徴は、「権利を持つのに政府の

審査や登録はいらない」（無方式主義）という「国際ルール」です。これは、「著作権②」に関する基本条約である「ベルヌ条約」によって定められている、国際著作権ルールの基本中の基本ですが、日本がこれに適合したのは、既に述べたように1899年（明治32年）のことでした。

これに対して、アメリカがこのルールに適合したのは、なんと1989年（平成元年）であり、それまでは、アメリカの著作権保護水準の低さ（コンテンツを政府に登録しないと著作権が得られないこと）が、国際的な大問題となっていたのです。そうした状況に対応するために、別の条約によって、Ⓒというマークが国際的に作られました。これは、このマーク等が付された著作物は、アメリカのような保護水準が低い（国への登録を要する）国へ持ち込まれた場合も、「登録されているものとみなす」というものです。したがって、保護水準が高い日本やヨーロッパでは最初から無意味なものであり、アメリカがこの面についてようやく国際ルールに追いついた1989年（平成元年）以降は、国際的にもほとんど無意味なものになっています。

日本政府の「対米6項目要求」

アメリカの保護水準の低さは、このほかにも様々な問題をもたらしています。例えばアメリカでは、「著作隣接権」というものが全く保護されていませんし、また、著作者・実演者の「人格権」についても対象が限定されていて、アメリカの専門家自身が「条約違反だ」という指摘をしています。

このため日本政府はかつて、アメリカ政府に対して正式に、次の6項目について改善要求を突きつけました。アメリカ政府から日本政府への要望は、当時2項目ありましたが、これらは既に対応済みとなりました。かつてアメリカ政府は、「翌年に日本が行う予定の著作権法改正の内容」を密かに文化庁に問い合わせてきましたが、これはつまり、日本が法改正を行うと既に決めている事項を「アメリカから日本への要望」にしようというねらい（そうすれば必ず実現するので、アメリカの官僚たちの点数稼ぎになるから）です。このように、著作権の「法律ルールの整備」については、（多くの人々のイメージとは逆に）アメリカは日本よりも保護水準が低いのです（ただし、そのこ

第1章 「無断ですると違法になること」のルール ──「法律によるルール」の世界

と自体が、いいことか悪いことかということは、全く別の問題です)。

①インターネット対応の「送信可能化権」を著作権法に明記せよ
　(アメリカは、条約で定められたこの権利を、著作権法で定めていない)
②「固定(録音・録画・印刷等)」されていない「生」の著作物を保護せよ
　(アメリカでは「生の著作物」は保護されていないので、例えば日米の大学間で衛星回線やブロードバンドによる合同授業が行われている場合、アメリカ側に送信された日本側の生の講義は、アメリカ国内で保護されない)
③「無線放送局」の著作隣接権を保護せよ
　(著作隣接権が保護されていないので、先進諸国の殆どが締結している基本条約(ローマ条約)の締結を、未だに拒否し続けている)
④「実演者」の権利を拡大せよ
　(EUは、アメリカ著作権法について、「WTO協定違反」と指摘した)
⑤著作者の「人格権」の保護を拡大せよ
　(一部の著作物に限定されており、アメリカ国内でも「条約違反」と指摘されている)
⑥「レンタル」に関する権利を著作権法に明記せよ
　(レコードとコンピュータ・プログラムに限って、事実上保護しているのみ)

「コピーライト」とは?

　このように、著作権保護の水準が低いアメリカでは、「著作隣接権」が保護されておらず、著作者の「人格権」の保護も不十分であるため、保護の中心は、22ページの図の中の「著作権③」(財産権)の部分のみとなっています。
　「著作権③」に含まれる権利の具体的な内容については、追って詳細に述べますが、誰でも知っている最も有名で重要な権利は、「コピー」に関する権利です。このために英語では、著作権のことが「コピーライト」と呼ばれている(矮小化されている)のです。これに対して、著作権保護の水準が高いドイツやフランスでは、直訳すると「著作者権」となる用語が用いられていますが、これらは日本語の「著作権」と同様に「著作権①」を意味しています。

英語の「コピーライト」は「著作権③」しか意味していませんので、アメリカ人と著作権契約を交わすときに「copyright」という用語を契約書に使ってしまったら、「人格権はなし」「著作隣接権もなし」という意味になる危険性もあるのです。

　アメリカは、自国の低い保護水準を国際的に維持したいため、よく「ヨーロッパ的な著作権システムと、『著作権③』だけのアメリカ的なシステムの間の『橋渡し』を、両者が存続できるように、条約で行う必要がある」(その典型が、かつての©マーク) という主張を常にしていますが、このとき、殆どのアメリカ人が同じ言い回しをします。それは「There should be a bridge between American "copyright" system and European "droit d'auteur" system.」というものです。この中の「droit d'auteur」というのは、フランス語で「著作権①」を意味することばなのですが、ここだけフランス語を使わざるを得ないのは、英語には「著作権①」を意味する単語さえ存在しないからです。著作権専門家はともかく、普通のアメリカ人は「droit d'auteur」などというフランス語は知らないので、「単語がない」ということは、一般のアメリカ人は「『著作権①』の全体については、思考することができない」ということを意味しているのです。

2．「著作権②」とはどんなものか？

(1)　「著作物」とは何か？

①　著作物の種類

　この項では、「著作権①」の一部である「著作権②」(著作者の権利) について述べたいと思います。「著作権②」によって無断利用から保護されているコンテンツが「著作物」ですが、まず、「著作物とは何か？」ということを知っておく必要があります。「著作物」の種類については、一般的に次のようなものがあると言われており、著作権法にも同様の例示がなされています。ただし、これらはあくまでも例示であり、ここに出てこないものは著作物ではない、というわけではありません。

第1章 「無断ですると違法になること」のルール ──「法律によるルール」の世界

- ●「言語」　　　　　講演、座談会等での発言、論文、レポート、作文、新聞・雑誌の記事、小説、随筆、散文、詩、短歌、俳句、脚本、台本　など
- ●「音楽」　　　　　楽曲、歌詞　など
- ●「振付」　　　　　舞踊の振付け、パントマイムの振付け　など
- ●「美術」　　　　　絵画、彫刻、版画、書、マンガ、舞台装置　など
- ●「建築」　　　　　芸術的建築物（一般の家やビルは含まれない）
- ●「図形」　　　　　地図、設計図、図面、図表、グラフ、数表、分析表、立体模型、地球儀など
- ●「写真」　　　　　写真　など
- ●「映画」　　　　　映画フィルム、ビデオテープ、CD-ROM、DVD、コンピュータやゲーム機器のメモリーなどに「固定（録画）」されている「動く映像」
- ●「プログラム」　　コンピュータ・プログラム

　以上が「著作物」の主な種類ですが、さらに、これらの「著作物」を「加工」したり、「組み合わせ」たりすることによって新たに（別の「著作物」として）つくられる、次のような著作物も存在します。

＜「加工」の場合＞

- ●「二次的著作物」　既存の著作物を「原作」として、次のような「加工」をすることによってつくられる新たな著作物
    - ・「翻訳」　別の言語に置き換えること
    - ・「編曲」　音楽を（例えば「マーチ風」に）アレンジすること
    - ・「変形」　絵画を彫刻にすること（またはその逆）、写真を絵画にすること、マンガをぬいぐるみにすることなど
    - ・「脚色」　小説を脚本にすることなど
    - ・「映画化」小説やマンガなどを映画にすること
    - ・その他　要約したり、子ども向けに書き替えたりすることなど

第1節　まず現在の法律ルールを「知る」こと

<「組み合わせ」の場合>
●「編集著作物」　　　既存の「著作物」や「データ」(著作物でない単なる数値や情報など)を「部品」として、これらを「創作的に編集」すること(「部品」を「その人なりの創意」によって「選択」「配列」すること)によってつくられる新たな著作物(百科事典、新聞・雑誌、法令集、単語集、職業別電話帳など)
●「データベース」　　編集著作物と同様のものであって、コンピュータで検索できるもの
(CD-ROM やコンピュータのメモリ内などに記録されている百科事典、法令集、辞書、職業別電話帳、データ集など。かつて「マルチメディア」と呼ばれていたものの多くはこれに該当する)

　これらの「二次的著作物」や「編集著作物」「データベース」については、これらを「コピー」などによって利用しようとする場合、二人以上の権利者の了解を得なければならないことが多くなります。
　まず「加工」によって創られる「二次的著作物」については、例えば、Ａさんが英語で書いた小説(原作)を、Ｂさんが(Ａさんの了解を得て)日本語に翻訳して出版した場合、日本語版の小説は、「加工者」であるＢさんを「著作者」とする「二次的著作物」(元の英語版の原作とは別の著作物)となります。したがって日本語版については、著作者であるＢさんが「著作権②」を持っています。しかし、この日本語版については、後に詳しく解説するように、原作者のＡさんも権利(「著作権③」の一部である「自分の作品を原作としている二次的著作物を、無断で利用されない権利」)を持ちますので、日本語版を利用したい第三者は、Ａさん・Ｂさんの双方の了解を得なければなりません。小説が映画化された場合などもこれと同様です(68ページの図を参照)。

第1章 「無断ですると違法になること」のルール ——「法律によるルール」の世界

「部品」を含む著作物は要注意

　また「編集著作物」や「データベース」の場合は、全体をコピーしたりする場合には、すべての「部品の著作者」だけでなく、「全体の著作者」の了解が必要になります（次ページの図を参照）。これらには、「部品」が「著作物」であるものと「データ」（著作物でない単なる「数値」「単語」「氏名・住所・電話番号・メールアドレス」「URL」など）であるものとがありますが、それぞれを例示すると、次のようになります。

・**「部品」が「著作物」であるもの**　　百科事典、新聞・雑誌、文学全集、ホームページ、ポスター

・**「部品」が「データ」であるもの**　　電話帳、単語集、辞書、時刻表、住所録、メールアドレス集

　「著作物」を部品とする編集著作物・データベースを丸ごとコピーするような場合は、「全体」としての編集著作物・データベースもコピーされますが、当然、個々の「部品」も同時にコピーされますので、「全体」の「著作者」と「すべての部品」の「著作者」の全員の了解を得る必要があるわけです。文学全集、百科事典、ホームページなどの場合がその典型でしょう。それに対して、単語集や住所録など「データ」のみを部品とする編集著作物・データベースの場合は、部品となってる単語や住所・氏名に著作権はありませんので、「全体」を構成した著作者の了解さえ得ればよいわけです。

　このように、「部品」を含むコンテンツの場合は、「全体」についてコピーや送信をしようとすると、当然「部品」も同時にコピー・送信されてしまうので、「全体の権利者」と「各部品の権利者たち」の了解を得る必要があるわけですが、そうした「部品を含むコンテンツ」は、編集著作物・データベース（「部品だけで構成されているコンテンツ」＝「部品なくしては存在できないコンテンツ」）だけではありません。前記の「一般の著作物」の中にも、通常「部品」を含んでいるものがたくさんあります。

　例えば、著作権法で「映画」と総称される「動画コンテンツ」はその典型であり、通常は、音楽やセリフなど多くの「部品」が含まれています。こうしたものは、「部品」なしでは存在できない編集著作物やデータベースとは異

第1節　まず現在の法律ルールを「知る」こと

「部品」が「著作物」である編集著作物の例

```
                                    A社が製作したポスター
                                    〔全体として「編集著作物」〕
                                    （A社が著作者）

    「〇〇市博物館」ポスター

    ――――――――――――
    ――――――――――――        Bさんが作成した文章
    ――――――――――――        （Bさんが著作者）


    [写真]    [写真]            Cさんが撮った写真
                                （Cさんが著作者）

                                Dさんが描いた絵
                                （Dさんが著作者）


    ――――――――――――
    ――――――――――――        Eさんが作成した文章
    ――――――――――――        （Eさんが著作者）
```

　このようなポスター（編集著作物）をコピーしたりアップロードしたりするためには、「編集著作物としてのポスター全体」の「著作者」であるA社の了解を得るとともに、「部品となっている各著作物」の「著作者たち」の了解も得ることが必要。また、A社から「ポスター全体」についての「著作権③」を買取ったとしても、「部品」についての「著作権③」はそれぞれの著作者が引き続き保持している。

— 33 —

第1章 「無断ですると違法になること」のルール ──「法律によるルール」の世界

なり、例えば「自然の風景」だけを撮影し続けたもの（BGMもナレーションもなし）のように、「部品」なしでも存在できるものですが、通常は多くの部品が含まれています。また、例えば「レポート」や「記事」なども、他人の「写真」などを「部品」として含むことがあり、「全体」と「部品」の関係（「全体」を利用するときには、「全体の権利者」と「すべての部品の権利者たち」の了解がいるということ）は、「記事」などの単純なものから「ブロードバンド・コンテンツ」などと呼ばれる複雑なものまで、常に注意しなければならないことです。（なお、「映画をつくるために新しく創作された『部品』の著作権は、『映画の一部分』なので、映画をつくった人のものになる」という誤解が一部にあるようですが、これは間違いです。）

　そうしたものの利用や契約に係る問題については追って解説しますが、契約システムが進んだアメリカでは、商業的に利用されるあらゆるコンテンツについて、すべての「部品」も含め、関係するすべての権利者との権利関係や契約関係を整理したドキュメント（チェーン・オブ・タイトル）を、常にコンテンツに添付しておくことが常識となっています。そうしたシステムがないと、「全体」は利用できるが「部品」は利用できない──という「ベニスの商人」状態に陥ってしまうからであり、こうしたものについては、後に解説するように、「つくるときの契約」が、後々の使い勝手について決定的な要素になります（276ページを参照）。

②　保護されるものとされないもの

　これまで解説してきたようなものが「著作物」と呼ばれるコンテンツであり、「著作権②」によって「無断で利用すると違法になる」とされているわけですが、どのようなものが保護対象なのか（無断で利用すると違法になるのか）ということについては、いくつか注意すべきことがあります。ここでは、そうした注意点のいくつかについて解説しますが、「保護されるかどうか」（「著作物性の有無」と言います）ということだけでなく、後に解説する「例外」や「除外」が適用されるかどうかなど、著作権の法律ルールの適用については、「あいまい」な部分が多いと感じている人も多いようです。

　しかし、「黒」と「白」の間に「灰色」の部分があるのは、あらゆる法律・

ルールに共通したことであり、著作権の法律ルールに限ったことではありません。最高裁の判決が出るまでは、「この場合はどうか？」という問いに政府関係者・弁護士・専門家などが回答できるのは、「この場合はおそらく黒、この場合はおそらく白、それ以外は自己責任で行動してください」ということだけなのです。そうした不安定さを回避するためには、「アブナイことはしない」「アブナイと思ったら了解を得る」「あらかじめちゃんと契約する」といったことが必要です。

(a) 「表現」は保護されるが「アイデア」は保護されない

第一は、保護されている（無断で利用すると違法になる）のは、「表現」であって「アイデア」ではない——つまり、他人のアイデアの無断利用は著作権侵害にはならない——ということです。「アイデア」を保護するのは、特許権などの役割です。

例えば、ある「新薬」の製法（アイデア）について特許権が付与されており、その製法が論文（表現）に書かれていた（論文には著作権がある）とします。この場合、その「製法」（アイデア）に従って同じ薬を無断で製造・販売すると、「アイデアの盗用」となって「特許権侵害」になります。論文をコピーしたかどうかは無関係です。これに対して、その「論文」（表現）を無断でコピー・販売すると、「表現の盗用」となって「著作権侵害」になるのです。この場合は、実際にその薬を製造したかどうかは無関係です。

同じように、有名な料理人が出した「料理のレシピ」の本を無断でコピー・販売すると「著作権侵害」になりますが、レストランの主人がその本を買ってきて、本に書かれているレシピどおりの料理を作って客に出しても、著作権侵害にはなりません。「アイデア」を使っているだけで、「表現」は使っていないからです。さらに、既に書かれて（表現されて）いる小説をコピーすると著作権の侵害になりますが、まだ書かれて（表現されて）いない小説のスジ（アイデア）をその小説家から事前に聞き出し、それを利用して自分の小説を先に書いたような場合は、（信義や道徳の問題は別として）著作権の侵害にはなりません。「表現されたもの」をコピーしていないからです。ある

第 1 章 「無断ですると違法になること」のルール ──「法律によるルール」の世界

人が工夫した「教え方」なども、アイデアなので保護されません。

　また、既に存在している「単語」や「フレーズ」を、特定のシチュエーションにおいてある言い方で言うとおもしろい──というもの（例えば「ギャグ」など）がありますが、こうした「既存の単語やフレーズの使い方」も「アイデア」であって、著作権では保護されません。「何て日だっ！」とか「今でしょ！」といったものがその例です。これらは、ある状況で（ある人が）ある言い方で言うと、特定の意味やニュアンスを持っておもしろいといったものですが、活字にすると（表現されたものそのものは）単なる通常の単語や文にすぎません。では、「トゥース！」など、新しくつくられた「表現」はどうかというと、後に述べる（保護するに足る）「創作性」の有無──という問題になります。

　コンピュータ・プログラムなどの盗用の場合には、使われたのが「表現」（実際のコマンドの具体的な記述）なのか「アイデア」なのかということについて、裁判所でも判断に迷うことがあるようですが、「アイデアは保護しない」というのが、世界の著作権ルールの大原則です。

(b) 「実用品」は保護されない

　第二は、芸術的なものであっても「実用品」のデザインは、多くの国では著作権の保護対象とされていない──ということです。

　例えば、「車のデザイン」とか「家具の形」などといったものについて、著作権で保護したら何か問題が起こるかと言えば、おそらく大きな問題は生じないでしょう。しかし、国際的な経緯や伝統から、「工業製品」的なもの（意匠権などで保護）と「芸術作品」的なもの（著作権で保護）を分けるというのが、多くの国のルールとされています。こうしたルールがいいか悪いかということは議論の余地があり、「ルールを変えるべきだ」と思う人は世界を相手に運動を開始すればいいわけですが、そうしたルールが国際的に定着している以上、少なくとも短期的には、それを前提として自分の行動やビジネスを考えるしかないでしょう。

　例えば、実用品的なもののデザインについては、後で述べるように「美術

の著作物（マンガ等も含む）として世に出しておく」ということによって、「著作権」で保護される可能性を高めるとともに、「意匠登録」によって「意匠権」による保護の道も開いておく、といったことが望ましいと思われます。

　両者の境目については裁判で争われた例もいくつかありますが、簡単に言えば、「道具として使うことを目的としてつくられたもの」（意匠権等で保護）か、「見て楽しむことを目的としてつくられたもの」（著作権で保護）か、ということです。「一品製作の場合は著作権があり、大量生産の場合は著作権がない」という誤解を持っている人がいるようですが、これは間違いです。一品製作の美術工芸品の場合は「見て楽しむ」という要素が強いだろうというだけのことであり、例えば、著作権で保護されているミッキーマウスのぬいぐるみは、大量生産されています。人形の場合は物によりますが、簡単に言うと、「子どもが抱いて遊ぶ人形」には著作権がなく、「床の間に飾って見る人形」には（大量生産であっても）著作権があります。ミッキーマウスのぬいぐるみは「子どもが抱いて遊ぶもの」ですが、なぜそれでも著作権があるのか——ということは、次に述べます。

「三越」と「高島屋」、「ミッキー」と「ファービー」の違いは？

　今述べた両者の境目について注意を要するのは、例えば裁判になると「何を『目的』としてつくられたか」が問題になるということです。逆に言うと、後々どう使われようと、最初の「目的」が重要な判断要素になるわけです。よく出される例ですが、「三越」の包装紙（赤い楕円のようなデザイン）は著作権で保護されていますが、「高島屋」の包装紙（バラの花のデザイン）は著作権で保護されていません。なぜかというと、「三越」の方は元々「美術作品」（抽象画）であったものを包装紙に使っており、「高島屋」の方は最初から包装紙用に（実用品として）デザインされたものだからです。同じように、例えば「椅子の肘掛の彫刻」などについても、「既存の芸術作品」を利用した場合には大量生産の椅子であっても著作権で保護され、最初から椅子の肘掛用にデザインされたものである場合には、著作権で保護されません。

　これが国際的なルールですので、これに合わせてビジネスを考えるしかあ

第 1 章　「無断ですると違法になること」のルール　――「法律によるルール」の世界

りません。著作権を付与されたいのであれば、最初に世に出すときに「鑑賞用の美術作品」としておけばいいのです。例えば、「最初から持って遊ぶための人形として作られた人形」のデザインは、既に述べたように著作権がありませんが、ミッキーマウスのぬいぐるみは、「持って遊ぶもの」なのに著作権があります。これは、「三越」の包装紙と同様に、ミッキーマウスは当初から人形だったのではなく、明らかに著作権がある「マンガ」(美術の著作物)だったからです。「ファービー人形」の著作権が否定された判決は大きく報道されて注目を集めましたが、あれも、人形として販売する前に、子ども向けの雑誌か何かに、4コマのマンガ1回でもいいから、「ファービー君の冒険」などといったマンガを掲載しておけば、(ミッキーマウスと同じになって) 簡単に裁判に勝てたのです。

　人形のように、「明らかに著作権があるもの」「明らかに著作権がないもの」「疑わしいもの」が、多様な形で混在して生産されている業界では、業界団体などがまず「ここから先のものについては著作権を主張する」という線引きを明確にし、団体への登録リストなども作って、PRや警告や訴訟などを行っていく必要があります。「ルールがあいまい」などと愚痴をこぼしている暇があったら、「ルールを変える」という運動を展開するか、または「現行ルールを前提とした工夫」を考えるべきでしょう。

　なお、「実用品」には著作権がありませんが、「実用品の設計図」には通常著作権があります。「設計図はすべて実用品だ」というのは間違いです。

(c)　「創作性」がないと保護されない

　第三は、自分なりの「創作性」(オリジナリティ、クリエイティビティ) が加わったものでないと保護されない――ということです。
　「創作性がないもの」(創作されていないもの) の典型は「他人がつくったもののコピー」ですが、「自分がつくったもの」であっても「創作性がない」とされる場合もあります。その代表は、「誰がつくっても大体同じになってしまうようなもの」です。例えば新聞記事について言うと、簡単な「訃報」や「人事異動のお知らせ」などには著作権がないとされています。また、「明

治維新は、1868年だった」といった「単なる事実」や、「富士山：3776m」などといった「データ」、住所・氏名・電話番号・メールアドレス・URLなどにも、著作権はありません。

　「人の顔」は、著作権ではなく、（憲法・民法のみが根拠とされており、特別の法律がまだできていない）「肖像権」というもので保護されていますが、「顔」が著作権で保護されないのも、「自分が意図的に創作したもの」ではないからです。さらに、「交差点にカメラを放置して単に撮影を続けた動画」とか、「高速道路に設置されたカメラで違反車を撮影した写真」などにも著作権はありません。いわゆる「スナップ写真」には色々な場合がありますが、「構図を考えていない場合」（証明書・パスポート用の写真、絵画をフレームいっぱいに撮影したもの）などには著作権がなく、逆に、「彫刻を写真に撮った」ような場合は、「角度」について「構図を考えている」ので著作権があります。

　なお、N新聞社はかつて、その新聞社が開発した方法（アイデア）で計算した「数値」（平均株価などの経済指標等）について「我社が著作権を持つ」と主張していましたが、単なる数値に著作権があるなどということはあり得ません。

マジメに書くと権利がない？

　既に述べたように、「誰がつくっても大体同じになってしまうようなもの」には著作権がありませんが、かつて次のようなおもしろい判決が東京地方裁判所でありました。雑誌が廃刊になるとき「雑誌○○は長年にわたり皆様のご愛顧をいただきましたが、このたび諸般の事情により廃刊の止む無きに至りました。過去10年間にわたるご愛読に深く感謝するとともに、編集者一同、再刊に向かって奮励努力……」といった感じの「廃刊のご挨拶」が掲載されることがあります。こうした廃刊挨拶を色々な雑誌から集め、本として出版した人がいて、著作権侵害として訴えられたのです。

　この訴訟において東京地裁は、1ページごとに、「このページは著作権がある」「このページは著作権がない」と判示していきました。その結果「著作権がない」とされたのは、前記の例のような、「真面目に書いたもの」だったの

第1章 「無断ですると違法になること」のルール ——「法律によるルール」の世界

です。真面目に書こうとすればするほど「型」にはまっていき、「創作性」がなくなっていくからです。これに対して、いわば「不真面目に書いたもの」は「著作権がある」とされました。例えば、若者向けの雑誌などで、「みんなー、ボクたちこんど廃刊になっちゃうんだー。ハハハ、まいったぜ。またいつかねー。バイピー！」などという類のものが、オリジナリティがあるために、著作権ありとされたのです。このことからも分かるように、「創作性の有無」ということは、「上手いか下手か」とか、「芸術性が高いか低いか」とか、「真面目につくったかどうか」などといったこととは、一切無関係です。したがって、子どもが書いた作文や絵などであっても、ちゃんと著作権はあるのです。

なお、ことばによってつくられる著作物の場合は、あまり短いと創作性が発揮できないため、例えば、「トゥース！」などといった「短いギャグ」や「小説・映画の題名」「新聞・雑誌の見出し」「本の目次」などには、著作権がありません。ただし、「家政婦は見た。上流家庭の裏側に潜む○○の○○と、財閥をゆるがす○○の○○——○○を死に追いやった○○は、本当に○○だったのか？」などといった長いものは、著作権ありとされる可能性があります。つまり、それが「自分のもの」であれば、権利主張することを明確に表示し、「他人のもの」であれば、「念のため了解を得てから使う」か「自己責任で無断で使う」かという選択を、自己責任で行うしかないのです。

「編集著作物・データベース」の創作性はどこで判断？

前の項で述べた「編集著作物・データベース」の場合は、部品の「選択」か「配列」について創作性がある場合に（「全体」について）著作権があります。したがって、例えばある小説家が書いた「すべての小説」を「書かれた順番」に並べた全集には、選択も配列も工夫していないので、編集著作物（全体）としての著作権はありません。個々の「部品」（小説）には著作権がありますので、「ひとつの作品」（部品）であれ「全体」であれ、コピーをする場合にはその小説家（部品の権利者）の了解が必要ですが、「全体」をコピーする場合に「全集編集者」（出版社）の了解を得る必要はないのです。

通常は、「一部の作品」が「選択」され、何らかの基準で「配列」されるの

で、「全集編集者」が「編集著作物（全体）の著作権」を持つことが多いでしょう。そうした場合には、「全体をコピーする」ときに、「部品」の権利者だけでなく、「編集著作物（全体）の著作権を持つ全集編集者」の了解も得ることが必要になります。

　なお、そのような全集が作られるときには、「部品」の著者も「全体」を構成するための「選択」「配列」を考える作業に参加することがありますが、「編集著作物（全体）について誰が著作権を持つか」ということについて明確な契約をしておかないと、後々問題が起こる可能性が高くなります。

「部品」に著作権がない場合は？

　部品が「著作物」でなく「データ」などである場合には、「部品」には著作権がありませんので、「全体」をコピーする場合は、「編集者」に著作権があるかどうかということだけが問題になります。

　このことについてよく例に出されるのが、「電話帳」です。個々のデータ（住所、氏名、電話番号、メールアドレス、URL など）には著作権がないので、電話帳を1ページだけ（一部の「部品」だけ）コピーしても、著作権侵害にはなりません。問題は、「全体」をコピーする場合です。この場合、「職業別電話帳」には「編集著作物」としての著作権があります。「高級レストランとファミリーレストランを区別するか」「ホテルとレストランのどちらを先にするか」など、「選択」や「配列」で工夫しているからです。これに対して、「すべての電話加入者」を「アルファベット順」に並べた電話帳には著作権がありません。「選択」にも「配列」にも工夫しておらず、「誰がつくっても同じになる」からです。

　ところで、なぜここで「アルファベット順」と書いて「五十音順」と書かなかったのかというと、日本の「五十音順」の電話帳は、実は「五十音順」になっておらず、「配列」をわざと変える工夫をしているので、著作権があるからです。本当に「五十音順」にしてしまうと、例えば「田井さん、高橋さん、田代さん、立川さん、田中さん」という順序になり、「田」という漢字がバラバラになってしまうので、日本の電話帳は、一定の「配列」を工夫して、

第 1 章 「無断ですると違法になること」のルール ——「法律によるルール」の世界

同じ漢字が続くようにしているのです。

(d) 「登録」されていなくても保護される

　第四は、様々な「知的財産権」の中で、「著作権」だけは「登録」が不要——ということです。このことは、保護水準が低いアメリカだけのために作られたと言ってもいい「©マーク」との関係で、既に述べました。これは「無方式主義」と呼ばれるルールですが、120年以上前から国際ルールとされているものです。

　逆に言うと、発明を保護している「特許権」などについては、政府による審査や登録などが必要な（「方式主義」によっている）わけですが、このことは別の言い方をすると、「他人の発明は、原則パクッてよい」ということを意味しています。知的財産権の基本は「他人がつくったものをパクッてはいけない」ということですが、その「もの」とは何か——ということについては、国際的・国内的なルールによって決められています。そうしたルールの一環として、「発明」の場合には「他人の発明は、原則としてパクッてよい。ただし、審査・登録等を経て指定されているものだけは、無断でパクッてはいけない」とされているわけです。だからこそ、発明をした人に対して、「アンタ、ちゃんと特許を申請しておきなさいよ」などということが言われるのです。

　これに対して「著作権①」の場合には、それとは逆に、ここで述べている「著作物」（「著作権②」による保護の対象）だけでなく、「著作隣接権」によって保護されるコンテンツも含めて、「原則としてパクッてはいけない。契約した場合や例外規定がある場合に限り使ってよい」というのが国際ルールとされています。これは、権利者にとっては有利なルールですが、「特許庁へ行けばリストがある」という発明とは異なり、「どのコンテンツについて誰が権利を持っているのか」ということが分からない——という欠点も内包しています。このことは、利用者にとって問題であるばかりでなく、自分のコンテンツを広く世の中で使ってもらおうと考えている権利者にとっても問題となりますが、そうした問題を「契約システム」や「意思表示システム」によって乗り越えていくことについては、第3章で詳しく述べます。

(e) 「固定」されていなくても保護される

　第五は、著作物として保護されるためには「固定」されている必要はない、ということです。「固定」とは、録音、録画、印刷、蓄積などといった方法で、本来は無体物である著作物を「有体物」に記録することを言います。写真とか映画とか絵画などといった著作物は、「最初から固定されながらつくられている」ものですが、音楽などは、「即興」という形で、固定なしにつくられる場合もあります。そうしたものの典型は、「原稿なしの講演」や「アドリブの曲」などですが、固定されていなくても、著作権はあるのです。

　日本の法律ルールにおける唯一の例外は、著作権法の中で「映画」と総称される「動画コンテンツ」です。これには、フィルムに固定（録画）されたいわゆる「映画」や「アニメ」だけでなく、磁気テープに固定されたビデオ作品、CDやDVDなどに固定された動画、いわゆるゲームソフトの映像、サーバ内に蓄積されている動画など、「動く映像」のすべてが含まれますが、これだけは、フィルム、磁気テープ、CD・DVD、ハードディスク、メモリなどに「固定」されていることが必要です。

　したがって、「劇場の中で演劇をやっている場面」や「テレビの生番組」は、「動く映像」ではあっても「固定」されていないので、著作物としての「映画」には該当しません。ただし、後に述べるように、生放送であっても「番組」は著作隣接権で保護されていますし、「演技」（実演）も著作隣接権で保護されていますので、無断でコピーなどができるわけではありません。

　「固定されていない著作物」の保護は、条約上の義務ではありませんが、著作権を保護する世界の殆どの国は、固定・非固定を問わず、著作権を与えています。著作権の保護水準が低い国の中には、一部に「固定されていない（生の）ものは保護しない」という国が残っていますが、その代表がアメリカです。アメリカは、既に述べたように、「政府に登録しないと著作権が与えられない」という（ヨーロッパや日本では120年以上前から存在しない）古い制度を長く維持していましたが、政府に提出して登録するには物に「固定」されている必要があったため、「固定されていないものは保護しない」という制度だけが、まだ残ってしまっているのです。

第1章 「無断ですると違法になること」のルール ──「法律によるルール」の世界

ブロードバンド時代の大問題になりかねないアメリカの古い制度

　この点は、従来はあまり問題にされていませんでしたが、ブロードバンド時代を迎えて重大な国際問題になりつつあります。日本やヨーロッパでは、当然「非固定」の著作物も保護されているのですが、例えば、日本やヨーロッパの大学とアメリカの大学がブロードバンド回線で結ばれ、合同授業を行う、という場面を想定してみましょう。

　この場合、各国での利用行為についてはそれぞれの国の国内法が適用されるため、アメリカから日本に送信されてきたアメリカの教授の講義（生の著作物）を日本国内で利用することについては日本の著作権法が適用されます。この講義は、非固定（生）の著作物も保護する日本の著作権法によって、日本で保護されています。しかし、日本からアメリカに送信された日本の教授の講義（生の著作物）は、アメリカ国内では著作権がないのです。この点については、28ページで既に述べた、日本政府からアメリカ政府への「6項目要求」に含められていました。

(f) 著作物は「無体物」──手で触れることはできない──

　第六は、少し難しい話です。「著作物は固定されている必要はないので、『原稿なしの講演』や『アドリブの曲』にも著作権②はある」ということを述べましたが、そのような「生の著作物」（固定されていない著作物）は、空気中を音として飛んでくるだけですので、手で触れることはできません。ということは、「著作物には、本やCDのように触れることができるもの（有体物）と、アドリブの講演や曲のように触れることができないもの（無体物）がある」ということになるのでしょうか。

　実はそうではなく、「著作物はすべて、手で触れることができないもの（無体物）である」というのが正解です。「彫刻の著作物が『手で触れることができない』というのはおかしい」と思われるでしょうが、まず、音楽について考えてみてください。音楽は、作曲したシンガーソングライターが、常にライブコンサートでの生演奏のみを行い、楽譜も出版しないしCDも発売しな

第1節　まず現在の法律ルールを「知る」こと

い、ということがあり得ます。それでもその曲は「著作物」として保護されますが、それは、その人が作曲した「メロディー」が「著作物」なのであって、「楽譜」や「CD」は、著作物である「音楽」（メロディー）を「固定」（印刷・録音）している「物」にすぎないからです。つまり、この場合の「楽譜」や「CD」は、「著作物」ではないのです。

　小説についても、同様のことが言えます。実際にはあり得ないことですが、ある小説家が自分の短篇小説を暗記しており、本の形での出版はせずにラジオでの口述のみを行う、ということが理論的にはあり得ます。このような場合でも、その小説は「著作物」として著作権の対象になります。つまり、その小説の「ストーリー」そのものが「著作物」なのであって、これを活字にして印刷した「本」は、著作物である「小説」（ストーリー）を「固定」（印刷）している「物」にすぎません。したがって、紙の束である「本」が「著作物」であるわけではないのです。

　このことは、「音楽」や「小説」のように、物に固定されていなくても「音として感知できる」著作物については、比較的容易に理解できると思いますが、「映像として感知する」ような著作物、つまり、絵画、彫刻、写真などについては、ややわかりにくいかもしれません。例えば絵画について言うと、絵画の著作物が描かれている「カンバス」というものは、音楽の著作物が固定されている「CD」や小説の著作物が固定されている「紙」（本）と同様に「著作物」ではなく、そこに固定されている無体物としての「絵画の構成」（形や配色など）が著作物である、ということになるのです。音楽や小説については、CDや本から独立した「メロディー」や「ストーリー」というものが「生で」（固定されずに）存在し得る、ということが比較的容易に理解できますが、絵画については、これが「カンバスから独立した『形や配色』として存在し得る」というのは、奇異な感じがするでしょう。

　しかしこのことも、「絵画をコピーする」という状況を考えていただければ、ある程度理解できると思います。例えば、CDに録音されている音楽の著作物をダビングすることは「コピーすること」にあたりますが、元のCDと同じ物ではなく、DVDやハードディスクを使って「固定物」の形が変わったとしても、「コピー」には変わりありません。その音楽の「メロディー」がコピー

されていれば、著作物をコピーしたことになるからです。同じように、カンバスに描かれた絵画をコピー機を使ってコピーすると、カンバスではなくコピー用紙にコピーされ、元の物とは変わってしまいますが、「描かれている物の形や色」はそっくりそのまま写し取られるために、「絵画という著作物」をコピーしたことになるのです。パソコン内に蓄積していて「見えない」場合も同じです。このようなことを考えると、絵画の場合であっても、カンバスの上に固定されている「形や配色」という「触れることのできないもの」が著作物である、ということをご理解いただけると思います。

(g) 個別に保護対象から除かれている著作物

創作性の有無など、著作物として保護されるための条件をすべて満たしていても、条約が許す範囲内で、各国の法制によって「著作権がない」という法律ルールが作られている場合もあります。

公益上の必要などから、「著作権を及ぼさない」とする著作物・利用形態などについては、法律上様々な規定の仕方があります。例えば、ここで解説する「①そもそも保護対象物から除外する」という方法のほか、「②そもそも権利が及ぶ利用行為から除外する」「③原則としてその行為に権利を及ぼしつつも、一定の特別な場合を例外とする（権利制限）」「④保護期間に差をつける」などの方法があり、条約で認められた範囲内で、各国がそれぞれ工夫をしています（114ページを参照）。

日本の著作権法で、「そもそも保護対象物から除外する」とされている著作物は、次のとおりです。

- 立法関係——法令
- 行政関係——国や自治体の告示・訓令・通達など
- 司法関係——裁判所の判決・決定・命令・審判など
- 前記のものの「翻訳物」「編集物」（国・自治体・独立行政法人が作成するもののみ）

「政府が税金でつくった著作物」をどうするか？

　ところでアメリカでは、「国が著作権を持つべき著作物」の全体が、もともと保護対象から除外されています。これは、アメリカの著作権保護の水準が低いためというよりも、むしろ「国民の税金を用いてつくった著作物は、国民の誰でも自由に使えるようにすべきだ」というアメリカ独特の発想に基づくものです。日本やヨーロッパでは、こうした制度はとられていませんが、それは、アメリカのような制度にしてしまうと、政府がつくった高度なコンピュータ・プログラムなどについて、「一企業が営利目的に使って儲ける」といったことが可能になってしまうからです。

　つまり日本やヨーロッパとアメリカとの差異は、「公益とは何か？」ということに関する基本的な考え方の違いによるものなのです。アメリカの場合は、いわば「any」（誰でも）の発想に立っており、税金でつくった著作物は「誰でも」使えるようにすべきであって、一企業がそれを使って儲けても、その結果アメリカの経済が発展し、税金も払ってくれるのであればいいではないか——という考え方が国民に受け入れられています。

　これに対して日本やヨーロッパは、いわば「all」（みんな）の発想に立っており、税金でつくった著作物は、一部の人や企業ではなく、「みんな」のために使われるべきだ——と考える人が多いのです。これは単に「ルール」の問題であり、日本でも「国の財産（著作権に限らない）を一企業の営利目的のために使わせてもかまわない」という法律ルールを採用することは可能でしょう（条約違反にもならないと思われます）。この問題も含め、「公益とは何か？」ということを考え直してみるべきかもしれません。

(h)　外国の著作物

　著作者に「著作権②」という権利を付与しているのは、憲法に従って制定された著作権法ですが、この法律は言うまでもなく日本の法律ですので、基本的には「日本人がつくった著作物」等がその対象となります。しかし著作物は、貿易、放送、インターネットなどを通じ国境を越えて流通し、外国で

第1章 「無断ですると違法になること」のルール ──「法律によるルール」の世界

も利用されますので、日本人がつくった著作物が外国において無断で営利目的等に利用されないよう、国同士の約束（条約）を結んでおく必要があります。「著作権②」の世界では、「ベルヌ条約」「万国著作権条約」「TRIPS協定」「WCT」など、こうした条約がいくつか制定されており、外国人について日本国内で権利を保障する代わりに、その外国でも日本人の権利を認めてもらうという措置がとられています。

具体的に、どの国のどのような著作物について、どの程度著作者の権利が保障されているかということは、それぞれの条約のシステムによって異なりますので、外国の著作物を利用しようとするときには、専門家に相談してください。

なお、次の項で解説する「著作隣接権」についても「ローマ条約」「TRIPS協定」「WPPT」などの条約が制定されており、これらに基づいて外国の「無線放送番組」「レコード」「実演」が保護の対象とされています。これらについても、外国のものを利用しようとするときには、必要に応じて専門家に相談するようにしてください。

⑵　どんな「権利」があるのか？

ここではいよいよ、「著作権②」に含まれる権利の具体的な内容──つまり、法律ルールにより「無断ですると違法になる」とされている「利用行為」の内容──について述べていきます。既に述べたように、「著作権②」は、「著作権①」の一部である「著作者の権利」であって、種々のコンテンツのうち「著作物」と呼ばれる部分を無断利用から保護するルールです。まず、次の図をご覧ください。これは、22ページの図のうち「著作権②」の部分を、さらに拡大したものです。

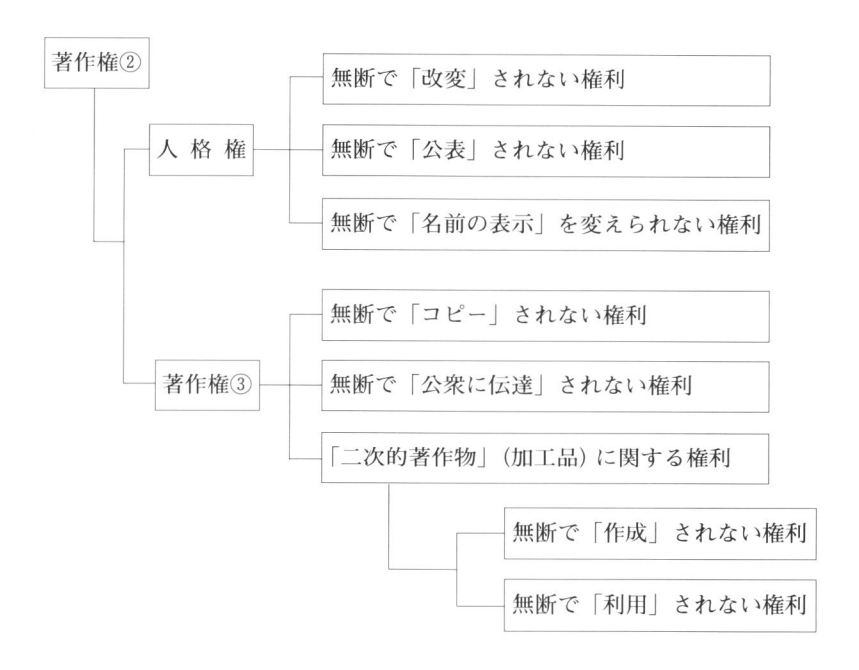

```
著作権②─┬─人格権─┬─無断で「改変」されない権利
        │        ├─無断で「公表」されない権利
        │        └─無断で「名前の表示」を変えられない権利
        │
        └─著作権③─┬─無断で「コピー」されない権利
                  ├─無断で「公衆に伝達」されない権利
                  └─「二次的著作物」(加工品)に関する権利─┬─無断で「作成」されない権利
                                                      └─無断で「利用」されない権利
```

① 「人格権」は「心」を守る

「著作権②」が、「心」を守る「人格権」(精神的な損害から守られる権利)と、「財布」を守る「著作権③(財産権)」(経済的な損害から守られる権利)に分かれている――ということは既に述べました。これらのうち「人格権」は、要するに著作者が「ムカつかないようにする」ためのものですが、具体的には図に示したように、次の3つの権利が法律ルールとして定められています。

(a) 無断で「改変」されない権利(同一性保持権)

第一は「無断で『改変』されない権利」というもので、法律では「同一性保持権」と呼ばれています。例えば、出版社が小説を出版するときに、著者の了解を得ずに「悲劇的な結末」を「喜劇的な結末」に変えてしまうとか、画廊が絵画を売り出すときに、画家の了解を得ずに「色を塗りなおしてしま

第1章 「無断ですると違法になること」のルール ——「法律によるルール」の世界

う」などといったことが、この権利の対象となります。それによって仮に売れ行きがよくなったとしても、著作者としてはムカつくでしょう。

　この権利は、デジタル技術の発達によって「改変」が容易になったことから、論争の的となっています。利用者側は「改変が容易になったのだから、権利を弱めるべきだ」と主張しており、逆に権利者側は、「改変が容易になったのだから、権利を強めるべきだ」と主張しています。後に述べる「実演者の同一性保持権」の新設というテーマについては、権利者側が勝利して国際ルールができ、この権利が新しく設けられることになりましたが、以前からあった「著作者の同一性保持権」についても再検討の余地があります。

　例えば、この権利は、条約上の義務として付与されているものですが、実は条約では「無断で『著作者の名誉声望を害するような改変』をされない権利」を付与すればよいこととされています。この場合には、無断改変の被害にあった権利者が、裁判で「名誉声望が害された」ということを立証しなければなりません。ところが日本の著作権法では、これよりも手厚く「無断で『あらゆる改変』をされない権利」を付与しており、非常に強力な権利とされています。日本の法律ルールのもとでは、無断改変の被害にあった権利者が「私は了解していない」と言えば、例えば「誰が見ても明らかにパロディと分かるもの」も含め、すべての改変行為が（著作者の名誉声望を害していようといまいと）違法になるわけです（後に述べる「実演者」の「同一性保持権」は、日本でも条約レベルの権利——「名誉声望」を害するような改変だけが違法となり、権利者側に挙証責任がある——とされています）。

　なお、この権利は、「題号」（タイトル）の改変にも及んでいます。

(b)　無断で「公表」されない権利（公表権）

　第二は「無断で『公表』されない権利」というもので、法律では「公表権」と呼ばれています。この権利は、著作者が自分の作品を「世に出すか出さないか」ということを決められる権利であり、逆に言うと、「意に反する公表」をされた場合には、相手を訴えることができるわけです。

　この権利が重要な意味を持つ場面としては、例えば、未完成でまだ推敲段

階にあった未熟な原稿が、自分の作品として無断で出版されてしまった場合とか、著作者が「出来が悪く、自分の作品として世に出したくないので、隠しておきたい」と思っていた絵画・写真などが、無断で展覧会などに出され、「アイツ、こんな下手なもんつくってるんだぜ」などと言われた場合——などといったものを挙げることができます。このようなことをされたら、誰でもムカつくでしょう。こうした場合に相手を訴えることができるのが「公表権」です。

また、この権利は、例えば「デビュー10周年記念日に上演しようとしていた脚本が、それより前に無断で上演されてしまった場合」などにも及びます。つまり、「公表するかしないか」ということだけではなく、「いつ公表するか」ということについても及ぶわけです。さらにこの権利は、自分の著作物を「原作」として、(自分の了解を得て)他人がそれを「加工」(翻訳、映画化など)してつくった「二次的著作物」(加工した人が著作者)についても、(まだ原作が公表されていない場合には)原作者の権利として及びます。

なお、この権利は、保護水準が高いヨーロッパ諸国などでは著作権法に規定されていることが多いのですが、条約上は、付与する義務はありません。

(c) 無断で「名前の表示」を変えられない権利（氏名表示権）

第三は、「無断で『名前の表示』を変えられない権利」というもので、法律上は「氏名表示権」と呼ばれています。これは、簡単に言えば、「オレがつくったんだから、オレの名前で出版しろ」と言える権利のことです。自分が書いたものが他人の名義で出版されたら、誰でもムカつくでしょう。

また、この権利は「名前の表示方法」一般について働くので、「名前を隠して出版するはずだった本に、本当の著者名が記載されてしまった場合」「ペンネームで出版するはずだった本に、本名が表示されてしまった場合（またはその逆）」などについても及びます。さらにこの権利は、自分の著作物を「原作」とし、(自分の了解を得て)他人がそれを「加工」(翻訳、映画化など)してつくった「二次的著作物」(加工した人が著作者)についても及びます。これは要するに、「『原作者』の名前を表示せよ（あるいは、するな）」と言え

る、ということです。

　なお、ペンネームを用いて本を出版したような場合には、後々のために自分が本当の著作者であるという証拠を残しておきたいと思う人が多いため、文化庁に「実名の登録」ができることとされています。

「心」を基礎とする「人格権」は譲渡・相続などができない

　著作者の「心」を守る「人格権」と、「財布」を守る「著作権③」の間には、いくつかの違いがありますが、最も大きな違いのひとつは、「著作権③は、譲渡・相続などによって他人に譲り渡せるが、人格権についてはそれができない」ということです。このため、「人格権を行使しない」（改変などをされてもモンクは言わない）という契約を交わすことは可能ですが、「人格権を譲渡します」という契約をしても無効になります。法律上は、これを「人格権」の「一身専属性」と言います。

　次の項で解説する「著作権③」は、土地所有権などと同じように、売り買いしたり、他人に譲ったり、相続したりすることができます。これに対して「人格権」の方は、創作者である著作者の「心」が傷つくことを防ぐための権利なので、「創作者としての心」を持っていない他人に譲ることはできないこととされているわけです。改変、公表、氏名表示などについて侵害が起こったときに著作者が「ムカつく」（心が傷つく）のは、「私がせっかくつくったものを、こんなふうにしてしまって！」という、その作品の創作者だからこそ持てる「感情」がその基礎にあるからです。

　したがって、ある人が、「このコンテンツについては、私が著作権を持っています」などと言った場合には、そこでいう「著作権」が「著作権②」なのか「著作権③」なのかということを、よく確認する必要があります。その人が「著作権②」＝「人格権」＋「著作権③」を持つ「著作者」から「著作権③」を譲り受けているだけだった場合は、人格権に関わる改変などについては、改めて「著作者」の了解を得る必要があるからです。

　なお、人格権は相続もできないため、著作者が死亡した場合には消滅します。しかし、条約による義務を受けて、「著作者が生きていたとしたならば、

人格権の侵害になるような行為は、著作者の死後も（永久に）してはならない」という法律ルールがあるので、注意を要します。

② 「著作権③」（財産権）は「サイフ」を守る

「心」を守る「人格権」とは異なり、「財布」を守る財産権である「著作権③」（経済的な損害から守られる権利）の方は、逆に言うと、これが侵害されると著作者が「損する」というものであり、つまり「著作者が損しないようにするための権利」です。こちらの方もその内容は、49ページの図に示したように、大きく分けて3つあります。

(a) 無断で「コピー」されない権利

第一は、「無断で『コピー』されない権利」（法律上の用語は「複製権」）です。「コピーする」（複製する）とは、著作権法では「有形的に再製すること」と定義されており、「方法・方式」を問わず、「同じもの」が「結果として」できれば、「コピー」したことになります。

「結果」に着目するから「テクノロジー・フリー」

このようにこの権利は、「同じものができた」という「結果」に着目したものであるため、カセットテープが発明されたときにも「無断でカセットテープにコピーされない権利」などというものを新たに設ける必要はありませんでしたし、デジタル方式が普及したときも、「無断でデジタル方式でコピーされない権利」などといったものをつくる必要はありませんでした。つまりこの権利は、「テクノロジー・フリー」であって、当然のことながら、「デジタル」も「アナログ」も、さらには将来開発されるかもしれない「その他の方式」も、すべて含んでいるわけです。

もう少し具体的に言うと、「方法」については、手で書き写す、印刷する、複写する、写真に撮影する、録音する、録画する、CD・DVDなどに記録・蓄積する、パソコンや携帯端末にダウンロードする、サーバのメモリにアップ

第1章 「無断ですると違法になること」のルール ──「法律によるルール」の世界

ロードするなど、「結果として同じものができる」ような、あらゆる複製行為が含まれます。コピーに用いる「媒体」についても限定はありませんので、紙、磁気テープ、フィルム、CD、DVD、USBメモリ、SDカード、ハードディスク、サーバーのメモリ、携帯端末のメモリなど、何でも含まれます。

　また、「生の（固定されていない）著作物」を「固定する」──つまり、録音・録画・記録・蓄積などをする──ということも、「コピー」に該当します。例えば、講演会で講師の話を録音するとか、コンサートの生演奏で音楽を録音するとか、舞踊の発表会で踊り（振付）を録画するなどということも、「コピー」に該当します。実際には無理でしょうが、講演などの「完全な速記」ということができれば、これも「コピー」です。

　さらに、「電子メールやSNSで送信する」という行為は「コピーする」ことだ、ということにも注意する必要があります。そうした送信行為には、「自分が接続しているサーバ内でのコピー作成」「相手のサーバ内でのコピー作成」「相手のパソコン・携帯端末内でのコピー作成」といった行為が含まれているからです。この場合、「受信者」は「自分のサーバ・パソコン・携帯端末内にコピーができる」ということを阻止できないため、「コピーを作っている人」は「送信者」だということになります。これは、ファクシミリ送信などの場合も同じです。

コピーされた「部分の大きさ」「保持時間」の大小は裁判の問題

　ところで、ある著作物のうちどの程度の部分を無断でコピーしたら著作権侵害になるでしょうか。これは理論的には、「創作性が発揮されている部分」を無断でコピーすると侵害になる──ということになるのですが、最終的には裁判で確定するしかありません。例えば、「小説の1行だけをコピーしたら、著作権侵害になるか？」と聞かれても、「場合による」としか言えないのです。その1行が、もし「そして彼は、部屋から出て行った」というものであれば、どう考えても著作権侵害にはならないでしょう。しかし、「国境の長いトンネルを抜けると雪国であった」という1行の場合は、おそらく侵害とされるでしょう。これが「創作性が発揮されている部分かどうか」という区

別の例ですが、実際には「灰色」のケースが多いと思われますので、「アブナイと思ったら契約して了解を得る」「それでもコピーするなら自己責任」という対応をするしかないのです。

　これは「編集著作物・データベース」の場合も同じですが、従来は、文学全集のように「部品も著作物」ということが多かったため、「ひとつでもコピーしたら侵害」という状況が一般的であり、「どの程度無断でコピーしたら、編集著作物・データベースの『全体』の著作権を侵害するか」ということが問題になる余地は、あまりありませんでした。ところが最近では、「部品には著作権がない」（部品はデータ）という「データベース」が増えており、そうしたものがブロードバンドで流通するようになっています。こうしたものに関しては、「創作性が発揮されている部分とはどの程度か？」ということについての判例がほとんどありませんが、判例の蓄積や、業界自身による秩序構築が待たれます。

　こうした「どの程度なら？」という問題は、「コピーされる部分の大きさ」だけでなく、「コピーが保持される時間の長さ」についても起こります。例えば、コンピュータの中などに短時間だけ蓄積され、後で消えてしまうようなコピーについても、「コピーした」ということになるのか——ということです。これも、「それが実質的にコピーと言えるか？」という判断の問題であって、最終的には裁判をしなければ分かりません。

「出版権」とは？

　著作権のことが話されているときに、コピーすることとの関係で、「版権」とか「出版権」などということばを聞いた人も多いと思いますが、これらのうち「版権」は、現代法律用語としては中国語であって、日本の著作権制度には存在しない用語です。それぞれの人が「版権」という用語を勝手に違う意味で使っているので、使わない方が無難でしょう。

　しかし、「出版権」（無断で「出版」されない権利）の方は、法律にも明記されているものです。この権利は、簡単に言うと、「出版のためのコピーを無断でされない権利」というものであり、要するに「無断でコピーされない権

第 1 章 「無断ですると違法になること」のルール ──「法律によるルール」の世界

利」の一部であるに過ぎません。そのような一部をとらえて「出版権」というものをわざわざ法律に書いているのは、次のような事情によるものです。

例えば、出版社であるＡ社が、ある小説家の小説を出版したい場合、「その小説を本として印刷（コピー）する」ということについて、その小説家の了解を得る（契約する）ことが必要になります。さらに、Ａ社が「独占出版」をしたい場合には、その小説家との間で、「Ａ社だけに出版のためのコピーを了解する。他社には了解しない」という契約をする必要があります。

しかしこの場合、その小説家が悪い人で、この契約を破ってＢ社にも出版のためのコピーを了解してしまうことがあるかもしれません。そうしたこと（約束違反の二重契約）が起こり、Ｂ社がコピー・販売を始めてしまった場合、Ａ社は「契約違反」で小説家を訴えることはできますが、「小説家からコピーの了解を得ている」だけであって自社は「無断でコピーされない権利」を持っていないので、Ｂ社によるコピーを差し止める権利はありません。

こうした場合にＡ社の利益と契約の安全性を守るためには、小説家が持つ「無断でコピーされない権利」のうち「出版のためのコピー」に関する部分をＡ社に移転しておき、仮に小説家が二重契約をしても、Ａ社が自らＢ社を訴えて、「出版差し止め」を求められるようにしておくことが必要です。そのような目的で、契約によって著作者からＡ社に移された部分的な権利（出版のためのコピーを無断でされない権利）のことを「出版権」と言い、そのための権利移転契約のことを「出版権設定契約」と言います。

これは、著作物の利用の中で出版というものが大きな位置を占めていたことから設けられたものですが、今後は、新しいビジネスモデルが開発されていく中で、より多様なコンテンツのより多様な利用形態について、「無断で○○されない権利」を契約で「一部移転」することが拡大していくでしょう。しかし、部分的に移転された権利の切れ端ごとに新しい権利の名前を作っていくことはないと思われます。「出版権設定」ということが著作権法に特に明記されているのは、あくまでも、出版というものが昔は著作物流通の主たるビジネスモデルであったからです。

当面は、まず、いわゆる「電子出版」などに対応して、従来からあった出版権（の設定と、設定した場合の特別な法律ルール）を「複製権」だけでな

く「公衆送信権」に拡大することが考えられ、法改正の作業が進められています。

(b) **無断で「公衆に伝達」されない権利**

第二は、「無断で『公衆に伝達』されない権利」です。
　実はこの権利は、条約や各国の著作権法の中では、「ひとつの権利」ではなく、「上演権」「演奏権」「公衆送信権」「上映権」「口述権」「展示権」「譲渡権」「貸与権」（それぞれ、「無断で『上演』されない権利」などを意味する）など、多くの権利に分けられており、このことが、各国の著作権法を複雑にしている原因のひとつだと言われています。

「結果」ではなく「行為」に着目した

　前の項で述べた「コピー」に関する権利の場合は、「結果としてコピーができること」を「コピー行為」と定義しており、「結果」に着目しています。したがって、そうした「結果」を実現した方式・方法・テクノロジーは何でもよいわけで、このため既に述べたように、新しいコピーの方式や技術や手段が出現・普及しても、新しい権利を作っていく必要はありませんでした。
　これに対して、「公衆への伝達」に関係する諸権利の方は、条約でも、また各国の著作権法でも、なぜか「公衆に伝わった」という「結果」に着目するのではなく、「公衆に伝わるような行為をすること」という「行為」に着目してきました（実際に公衆に「伝わった」かどうかは無関係）。このために、「公衆への伝達」のための手段や方法が増えるたびに、新しい権利が次々につくられてきたのです。
　例えば、著作権制度がつくられた120年以上前には、著作物を「公衆に伝達」する手段は、生の「実演」（上演・演奏）しかありませんでした。したがって、「無断でコピーされない」という権利と「無断で実演されない」という権利があれば十分だったのです。その後「映画」が発明されましたが、映画は「実演する」とは言いません。「上映」でしょう。このために、条約でも「無断で

第1章 「無断ですると違法になること」のルール ——「法律によるルール」の世界

『上映』されない権利」というものが、新しく作られました。
　また、「無線送信」が発明されたために「無断で『無線放送』されない権利」がつくられ、さらに、いわゆるオンデマンド型の送信形態が普及し始めたために、日本が世界で初めて「無断で公衆に『送信』されない権利」というものを作りました。このほか、「レンタルビジネス」の発達に対応するために「無断で『貸与』されない権利」が新たにできるなど、「公衆への伝達」に関する権利は、どこの国でも増加の一途をたどっています。
　そこで、ヨーロッパや日本では最近、これらの権利を例えば「無断で『公衆への伝達』をされない権利」といったものに統合しようとする動きが生じており、日本でも政府の審議会は、この点も含めて「著作権法の単純化」という方向を打ち出しました。現在はまだ、そのような統合が達成されていませんが、この項では、分かりやすさを重視して、全体をまとめて解説することとします。まず、「公衆への伝達」という行為は、具体的には、通常次の3種類の行為によって行われており、これらが権利の対象（無断ですると違法になる行為）とされています。

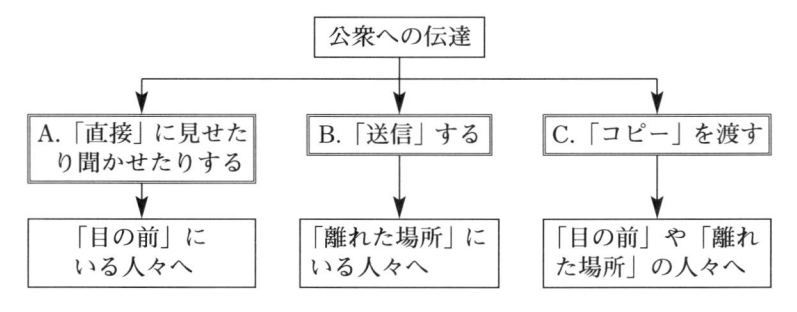

```
                    公衆への伝達
        ┌──────────────┼──────────────┐
        ↓              ↓              ↓
  A.「直接」に見せた   B.「送信」する   C.「コピー」を渡す
   り聞かせたりする
        ↓              ↓              ↓
   「目の前」に      「離れた場所」に   「目の前」や「離れ
   いる人々へ        いる人々へ       た場所」の人々へ
```

　これらについて、様々な著作物の種類や伝達の方法などに沿ってさらに具体的な例を示すと、次のようになります。（カッコ内は著作権法の用語）

第1節　まず現在の法律ルールを「知る」こと

> A．「目の前」にいる人々に「直接」伝えること（演奏・口述・上演・上映等）

① 「人」が「生」で直接に伝える
- 「音楽」→　　　　　演奏・歌唱する（演奏）
- 「物語・詩」など→　口で話す（口述（単に読む）または上演（演じる））
- 「脚本・振付など」→　演じる（上演）

② 「録音・録画」等されているものを「機械」で「再生」して伝える
- 「音楽」→　　　　　テープやCDなどを再生する（演奏）
- 「物語・詩」など→　テープやCDなどを再生する（口述または上演）
- 「動画・静止画」→　DVD、ハードディスクなどに蓄積されたもの（ネットを通じて入手したものを含む）を映写・ディスプレイする（上映または上演）

③ 番組を受信しつつ「受信機」でそのまま伝える
- 「テレビ番組」など→　受信しつつ直接人々に視聴させる（公の伝達）

> 注・「ラーメン屋のテレビ」などで番組を人々に見せる行為は、146ページの「b-15」で述べる例外によって合法化されている。
> ・インターネットで得た動画を人々に見せる場合、「いったんパソコン内に蓄積したもの」を見せる場合は上記「②」の「上映」となり、「インターネット放送の番組など、パソコン内に蓄積していない動画」をそのまま見せる場合は、上記「③」の「公の伝達」となる。

④ 「現物」を「展示」して見せる
- 「絵画」など→　　　直接「展示」して見せる（展示）
  - （注：・対象となるのは、「美術品」と「未発行の写真」の「原作品」だけ。コピーされたものを見せるのは自由
    - また、美術館など「原作品」の「所有者」が展示する場合には、著作権者の権利は及ばない（158ページの「b-32」を参照）
  - ・したがって通常は、「現物を直接他人に見せる」という行為は、

第1章 「無断ですると違法になること」のルール ――「法律によるルール」の世界

著作権者に無断でできると考えてよい)

B．「離れた場所」にいる人々に「送信」して伝えること（公衆送信）

(注：送信に関する権利は、ひとつの建物やフロアを占有している「学校」や「会社」の中だけ（同一構内）で行われる送信には及ばない。これは、「学校の校内放送」などに権利を及ぼさないため。ただし、イントラネットやLANを用いると、サーバー内に「コピー」ができるため、コピーしてよい場合かどうかの確認が必要)

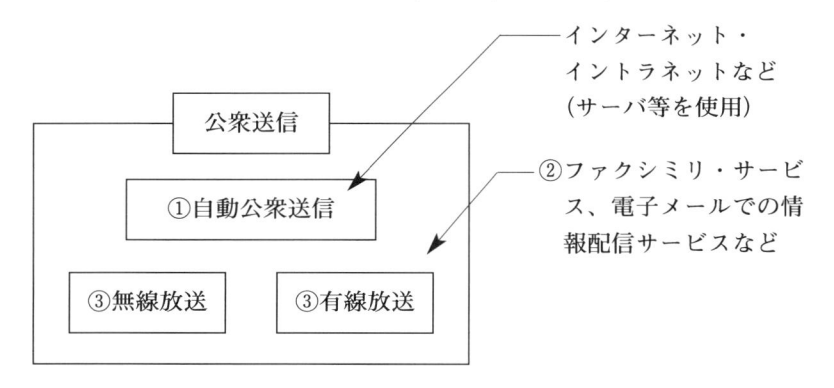

```
┌─────────────────────────┐
│  公衆送信                │──── インターネット・
│  ┌──────────────┐       │     イントラネットなど
│  │ ①自動公衆送信 │       │     （サーバ等を使用）
│  └──────────────┘       │
│                         │──── ②ファクシミリ・サービ
│  ┌────────┐ ┌────────┐  │     ス、電子メールでの情
│  │③無線放送│ │③有線放送│  │     報配信サービスなど
│  └────────┘ └────────┘  │
└─────────────────────────┘
```

①「アクセス」があったものだけを「自動的」に送信する（自動公衆送信）

・インターネット、イントラネットなどでの送信（個々の受信者からのアクセスがあった場合に限り、アクセスされたコンテンツだけを、その受信者の手元に自動的に送信するような送信形態）

> 注・いわゆる「インターネット放送」などによる配信は、③ではなく①に属する。
> ・(1)「サーバ等への入力・蓄積等」（送信可能化）と(2)「サーバ等から受信者の手元への送信」（公衆送信）の両方の行為に権利が及ぶ。つまり、まだ1回もアクセスがなく、(2)の「サーバ等から受信者の手元への送信」ということが起きていなくても、(1)の「サーバ

― 60 ―

第1節　まず現在の法律ルールを「知る」こと

> 等への入力・蓄積等」によって、「個々の受信者からのアクセスがあり次第、自動的にその受信者の手元に送信できる『状態に置く』」ということ（送信可能化）を無断ですると、権利侵害になる。（63ページの図を参照）
> ・この(1)の「送信可能化」という行為には、より具体的に言うと、次のような行為が含まれる。（193ページの図も参照）
> 【既にネットに接続されているサーバ等の場合】
> ・そのサーバ等の「公開用メモリ」に蓄積（コピー）すること
> ・そのサーバ等にカメラやマイクで情報を「入力」し続けること
> ・「CDチェンジャー」などの「外部メモリ」を接続すること
> ・非公開の「電子メール用メモリ」などをホームページなどの「公開用メモリ」に変換すること
> 【前記のことが既に起こっているがネットに未接続のサーバ等の場合】
> ・そのサーバ等をネットに接続すること
> 　（「ファイル交換ソフトの立ち上げ」もこれに含まれる）

② 「ファクシミリ・サービス」や「メール・サービス」を行う
　・「電話やメールでお申し込みいただければ、いつでもファクシミリやメールで送信します」といったサービスを行う（これをサーバ等で自動的に行うのが「①」の場合）

③ 多くの受信者の「手元」まで常に同じ情報を送信し続ける
　・いわゆる「無線放送」や「有線放送」を行う

C．人々に「コピー」を渡すことによって伝えること（貸与・譲渡）

① 貸すこと（貸与）
　・音楽CDやビデオなどの「レンタル」等を行う
② 譲り渡すこと（譲渡）
　・音楽CDやビデオなどを「販売」「無料配付」する（「注(2)」を参照）

第1章 「無断ですると違法になること」のルール ——「法律によるルール」の世界

> 注：(1) 「映画」の場合に限り、過去の経緯から、法律では「頒布」（頒布＝貸与＋譲渡）という用語が用いられている。
> (2) 上記「②」に関する権利（無断で「譲渡」されない権利）は、他の権利とは異なり、「最初の1回の譲渡」だけが対象となるので、いったん合法的に売られた「本」や「CD」などのプレゼントや転売は、著作権者に無断で行える（映画館にある業務用の「映画フィルム」などは別）。（125ページを参照）

日本が世界をリードした「インターネット対応」

「無断で『公衆に伝達』されない権利」の対象とされている様々な行為（権利者に無断ですると違法になる行為）の中で、特に注目すべきものは、前記の「B送信」の中の「①自動公衆送信」です。著作物などのコンテンツを「公衆に送信する」ための方法としては、第一に、一般のテレビやラジオなどのように、「送信側が一方的に、すべての『受信者』の手元まで、すべての情報を、常に送信し続ける」というタイプのものがあります。これが、一般に「無線放送」「有線放送」などと呼ばれているものです。この方式の場合、受信者は「自分の『手元』への送信行為」をコントロールすることはできず、常に「手元」まで届いている情報（チャンネル）の中のひとつを選べるだけです（著作隣接権の付与はこのタイプの送信のみ）。

これに対して、インターネットなどの普及によって急速に拡大した第二のタイプは、「自動公衆送信」「インタラクティブ送信」「オンデマンド送信」などと呼ばれるものです。これは、インターネットのホームページに写真をアップロードしておく場合のように、「情報はサーバ等の機器までしか届いておらず（受信者の手元には届いておらず）、個々の受信者が特定の情報に『アクセス』した場合（その情報を自分に送信してくれ、という信号を発した場合）に限り、アクセスされた情報だけが、その受信者の『手元』に自動的に送信される」という方式です。この方式の場合は、受信者は「自分への送信行為」をコントロールできるわけです。

第1節　まず現在の法律ルールを「知る」こと

《無線放送・有線放送タイプの公衆送信》
［受信者は、「自分の手元への送信」という行為をコントロールできない］

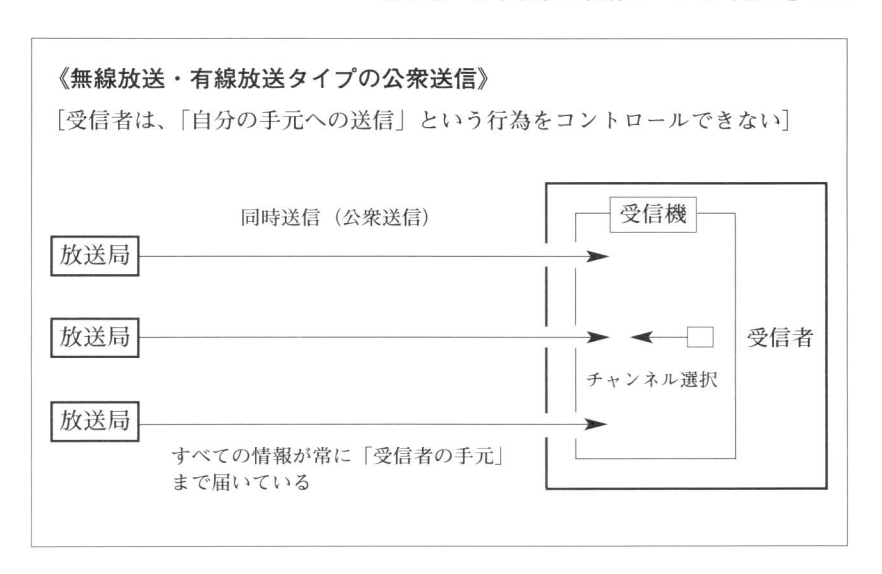

放送局　──同時送信（公衆送信）──→　受信機
放送局　────────────────→　　チャンネル選択　受信者
放送局　────────────────→

すべての情報が常に「受信者の手元」まで届いている

《自動公衆送信（インタラクティブ送信）》
［受信者が、「自分の手元への送信」という行為をコントロールできる
（アクセスがあった場合にのみ受信者の手元へ送信）］

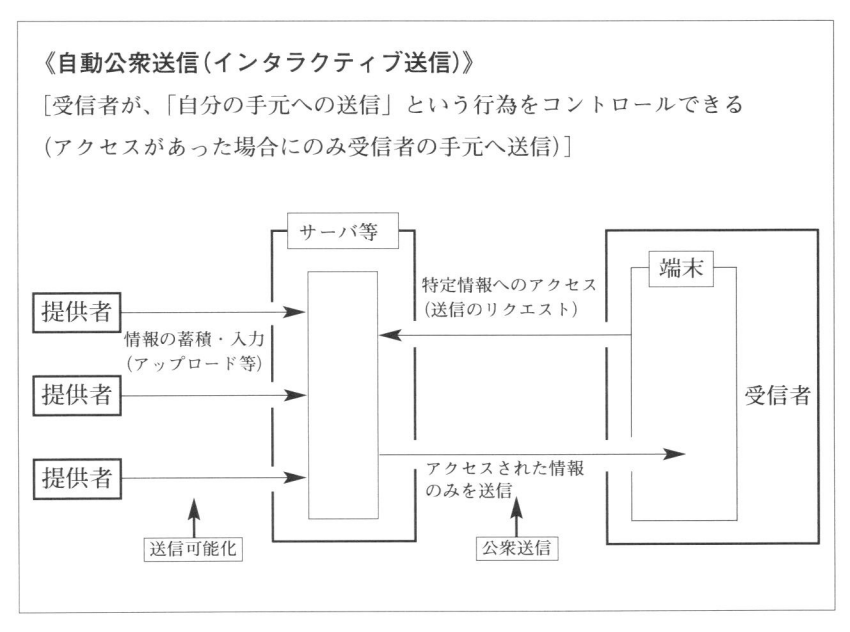

提供者　──情報の蓄積・入力──→　サーバ等　←──特定情報へのアクセス──　端末
提供者　　（アップロード等）　　　　　　　　　（送信のリクエスト）
提供者　　　　　　　　　　　　　　　　──アクセスされた情報のみを送信──→　受信者

送信可能化　　　　　　公衆送信

— 63 —

第1章 「無断ですると違法になること」のルール ——「法律によるルール」の世界

　「放送」と「自動公衆送信」の違いは、情報が「常に受信者の『手元』まで送信されている」のか「アクセスした場合にのみ『手元』に送信される」のか、ということです。したがって、光ファイバーなどを用いた「インターネット放送」など、アクセスした番組だけが「離れた場所にある機器」から「手元」に送信されてくるような送信形態も（サーバなどの機器の中でコンテンツが蓄積されていなくても）「放送」ではなく「自動公衆送信」（著作隣接権の対象外）に含まれます。
　著作権に関する条約や各国の法律は、「無線放送・有線放送」タイプの公衆向け送信については従来から対応していました（「無断で無線放送されない権利」などが規定されていました）が、「自動公衆送信」については規定がありませんでした。特に、ネットワークが非常に発達したアメリカで、著作権法が自動公衆送信に対応できていなかったことが1990年代に明らかになり、後に詳しく解説する大きな動きが生じました。
　しかし日本の著作権法は、世界に先駆けて1986年には、こうした自動公衆送信を「著作権③」の対象とする法整備を終えていました。当時はまだインターネットは存在せず、「ビデオ・オンデマンド」などが使われていたにすぎませんでしたが、日本の文化庁は、「これからは、アクセスに応じた送信というものが主流になる」ということを予測し、世界初の法改正を行っていたのです。その後10年たった1996年に、日本の主張等を受けてようやく条約（WCTとWPPT）が制定され、世界が日本に追いついてきましたが、追って詳しく述べるように、著作権の世界における「インターネット対応」は、日本が始めて世界に広めたものです。

「公衆」とは何か？

　「無断でコピーされない権利」と「無断で公衆に伝達されない権利」の間に、「結果」に着目するか「行為」に着目するか、という差異があることは既に述べました。しかしこの両者の間には、もっと大きな差異があります。それは読んで字のごとく、後者には「公衆に」という限定が付されていることです。「無断でコピーされない権利」の場合には、つくったコピーを「公衆」に配布

第1節　まず現在の法律ルールを「知る」こと

しようとしまいと、原則として「無断でコピーをつくった時点」で権利侵害となります。これに対して、「無断で公衆に伝達されない権利」の対象となる様々な行為の場合は、相手が「公衆」である場合に限って権利侵害となるのです。では、「公衆」とはいったい何でしょうか。

　一般の法令の中の「公衆」という用語は、「不特定の人」を意味しています。日常会話では「不特定多数」などと言われますが、法律ルールの世界では、「不特定少数」と「不特定多数」は区別されません。「不特定」は何人であっても「不特定」であり、「不特定の多くの人々」である場合もあれば、「不特定の1人」という場合もあります。

　例えば、広場に「一度に1人」しか入れない電話ボックスくらいの大きさの箱を置き、その中でビデオを上映して、「順番を待って100円払えば、『誰でも』中に入ってビデオを見られる」という場合を考えてみましょう。こうしたことをすると、最初の1人が見ただけで「公衆（不特定の人）向け」の上映をしたことになります。「誰でも」ということが「不特定」＝「公衆」に該当するのです。このボックスをだんだん大きくし、一度に入れる人数を、2人、10人、50人、100人と拡大していくと「映画館」になるわけですが、「多数」でも「少数」でも、不特定には変わりありません。

　また、「送信」の場合、電話・ファクシミリ・電子メールなどを用いた送信は、通常は「特定の1人」に対して行われますので、著作権は及びません。しかし、「電話やメールでお申し込みいただければ、ど な た に で も 送信します」というサービスを行うと、「不特定の人」（公衆）への送信を行ったことになります。よく考えてみれば、こうしたことを手動ではなく自動的に行うのが、サーバの機能でしょう。

　ところで、著作権の場合は、「公衆」＝「不特定の人」だけでは不十分です。例えば、ビデオなどのレンタルは、権利者に無断ですると違法になる行為ですが、「公衆」＝「不特定の人」だとしてみましょう。無断でレンタルしている店に権利者が行き、「アンタ、無断でレンタルしてるだろ」と言ったら、店の主人はおそらく、「いえいえ、ウチは決して『不特定の客』には貸していません。免許証などで住所や名前を確認して、ウチの会員になった人にしか貸しません。会員だけですから『特定の人々』が対象です」と答えるでしょう。

— 65 —

第1章 「無断ですると違法になること」のルール ——「法律によるルール」の世界

そこで、「それで、会員は何人いるの」と聞いたら、「名簿は管理していないのではっきり分かりませんが、まあ2000〜3000人くらいですかね。いずれにせよ『特定』です」と答えるでしょう。つまり、会員組織を作ることによる脱法ができてしまうことになるのです。そこで著作権の法律ルールでは、「不特定の人」だけでなく「特定多数の人々」も「公衆」に加えています。自動公衆送信について言うと、「不特定の人」に送信するのがインターネットで、「特定多数の人々」に送信するのがイントラネット——ということになります。「イントラネットは閉じているから、著作権は及ばない」というのは誤りです。

　何人から「多数」になるのか、ということについては法律の規定はありませんが、一般的には「50人を超えたら明らかに公衆」と言われており、場合によっては20人〜30人であっても「公衆に該当する」という判決が出る可能性があります。この場合も、既に述べたように、曖昧な部分については、「アブナイと思ったら契約で了解を得る」「それでもするなら自己責任」ということです。

　ところで、「世の中のすべての人々」から「不特定の人」と「特定多数の人々」を引き算すると、「公衆でない人」が残るはずですが、これは論理的に考えると、「特定少数の人」ということになります。つまり、相手が「特定少数」であれば、上演・演奏や送信やレンタルなどをしても著作権侵害にはなりません。こうした場合の代表は、既に述べた「特定の1人」であり、したがって、「電話で話しながら歌を歌う」ということをしても著作権侵害にはなりません。同じように、「友人にファクシミリで地図を送信する」という送信行為も著作権侵害になりませんし、「姉と弟がおばあちゃんの前で歌を歌う」というのも同様です。

　また、例えば「自分がひとつしか持っていないビデオや本」を他人に「譲渡」「貸与」するような場合は、もともとひとつしかないのだから、譲渡する相手は「特定の1人」なので、「公衆向けではない」と思えるかもしれませんが、そうではありません。この場合は、「特定の1人の友達」に「是非キミにあげたいんだ。もらってくれ」と言って譲渡した場合は、「特定の1人向け」となって著作権は及びません。これに対して、職場や学校のクラスで「誰か

これいらないかぁ？」と言って、手を上げた人に譲渡した場合は（「誰でも」よかったわけだから）「公衆向け」となるのです。

なお、既に述べたように、「国際ルール」に基づいて定められている著作権法上の「放送」の定義は、国内事情による「規制」のための「国内ルール」に過ぎない放送法における「放送」の定義とは無関係ですが、両者の差異のひとつは、「公衆」という概念の違いです。放送法等では「不特定の人向け」の同時送信のみが「放送」と呼ばれているため、スクランブルをかけて「特定多数の人々」向けに行われている無線同時送信は、「通信」に該当します。しかし著作権法上は、「特定多数向け」の場合も「放送」に該当します。なお、著作権の法律ルールには、国際的にも国内的にも「通信」という利用は存在しません。

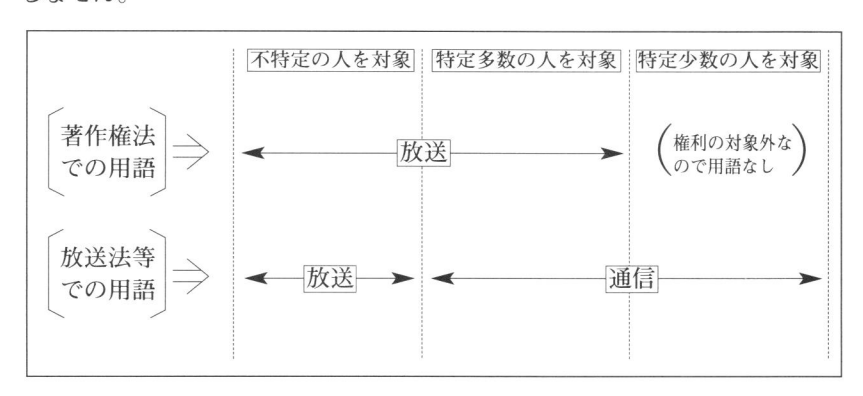

	不特定の人を対象	特定多数の人を対象	特定少数の人を対象
著作権法での用語 →	←　　放送　　→		（権利の対象外なので用語なし）
放送法等での用語 →	←放送→	←　　　通信　　　→	

(c) 「二次的著作物」に関する権利

49ページに図示した「著作権②」に属する諸権利のうち最後のものは、「二次的著作物」に関する権利です。二次的著作物というものが、「原作」を「加工」（翻訳・映画化など）することによって新たにつくられる著作物であるということは、既に30ページで述べましたが、この権利には、次の2つのものが含まれています。

第1章 「無断ですると違法になること」のルール ——「法律によるルール」の世界

● (自分の著作物を原作とする) 二次的著作物を無断で「作成」されない権利
● (自分の著作物を原作として既に作成されている) 二次的著作物を無断で「利用」されない権利

これらについて、次の図をご覧ください。

原作者であるAさんは、自分がつくった英語の著作物（原作）に関する「著作権③」の一部として、まず「無断で二次的著作物を『作成』されない権利」を持っています。この権利は、Aさんの原作を加工（翻訳など）して二次的著作物を「作成しようとしている人」（図の「日本語への翻訳」を行う「Bさん」）を対象とするものです。Aさんがこの権利を持っているために、Bさんは、翻訳についてAさんの了解を得る必要があるわけです。

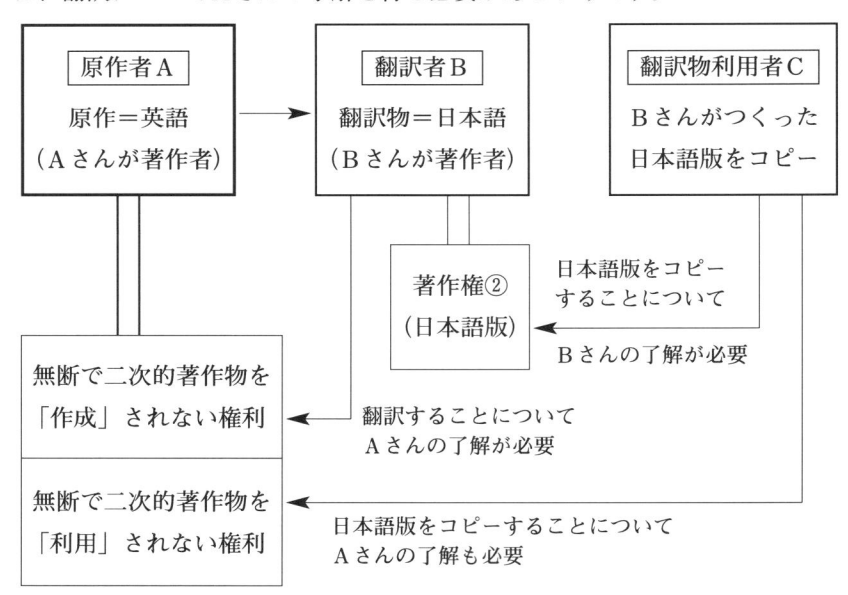

```
┌─────────────┐      ┌─────────────┐      ┌─────────────┐
│  原作者A    │ ───→ │  翻訳者B    │      │ 翻訳物利用者C│
│  原作＝英語 │      │翻訳物＝日本語│      │ Bさんがつくった│
│(Aさんが著作者)│     │(Bさんが著作者)│     │ 日本語版をコピー│
└─────────────┘      └─────────────┘      └─────────────┘
                            │
                     ┌──────────┐        日本語版をコピー
                     │ 著作権②  │        することについて
                     │(日本語版) │        Bさんの了解が必要
                     └──────────┘
┌─────────────┐
│無断で二次的著作物を│ ←── 翻訳することについて
│「作成」されない権利│     Aさんの了解が必要
└─────────────┘
┌─────────────┐
│無断で二次的著作物を│ ←── 日本語版をコピーすることについて
│「利用」されない権利│     Aさんの了解も必要
└─────────────┘
```

こうして、翻訳という加工によって作成された二次的著作物である「日本語版」の著作者はBさんなので、日本語版についてはBさんが「著作権②」の全部を持っています。したがって、この日本語版をさらにコピーしたいCさんは、当然のことながら、Bさんの了解を得なければなりません。

さらに、ここで注意すべきことは、原作者であるAさんが、「無断で二次的

著作物を『利用』されない権利」も持っているということです。この権利は、「自分（Ａさん）の著作物を原作として他人（Ｂさん）が作成した二次的著作物」（日本語版）について、それをさらにコピー等（利用）したい「第三者」（Ｃさん）が対象となります。Ａさんがこの権利（原作者としての著作権）を持っているために、Ｃさんは、日本語版をコピーすることについて、Ｂさんだけでなく、Ａさんの了解も得なければならないわけです。

　自分がＡさんの立場に立つときは、Ｂさんに翻訳の了解を与えた場合でも、その後のＣさんらによる利用行為についても、注意する必要があります。また、自分がＢさんの立場に立つときには、Ｃさんのコピーについて了解するかどうかを考えるだけでよいのですが、親切心があれば、Ｃさんに「Ａさんの了解も必要だ」ということを教えてあげればいいでしょう。さらに、自分がＣさんの立場に立つときには、翻訳物をコピーするときなど、Ｂさん・Ａさんの両方の了解が必要であることに、注意する必要があるのです。

　ここで注意が必要なのは、「日本語版を利用するときには、Ａさん・Ｂさんの両方の了解が必要」という法律ルールは、Ａさん・Ｂさんが日本語版を利用するときにも適用される、ということです。つまり、Ａさんが日本語版を利用するときには（片方のＡさんは自分自身なので）Ｂさんの了解を得ることが必要です。また、日本語版の著作者であるＢさんが、その日本語版を自分自身で利用するときも（自分の著作物であっても）原作者であるＡさんの了解を得ることが必要なのです。

(3)　「著作者」「著作権者」とは何か？

　この章で解説している「著作権②」とは、既に述べたように「著作者の権利」です。ところが著作権の話の中では、「著作者」のほかに、「著作権者」ということばもよく使われます。この両者はどう違うのでしょうか。

①　どこが違うのか？

　実はこの両者は、法律ルールの上では明確に区別されており、「著作者」が「著作物をつくった人」を意味するのに対して、「著作権者」とは「著作権③」

第1章 「無断ですると違法になること」のルール ——「法律によるルール」の世界

を持つ人を意味します。当然のことながら、ある著作物がつくられた瞬間には、「著作者」＝「著作権者」です。そのままの状態が続くのであれば、用語を２つ作る必要はまったくありません。

ところが、「著作権②」の中で「著作権③」（財産権）の部分は譲渡・移転・相続などができる（感情を守る「人格権」の方は移転できない）ため、ある著作物について「著作権③」が移転されると、「著作者」（引き続き「人格権」を持つ人）と「著作権者」（新たに「著作権③」を持つ人）が異なる、ということが起こります。さらに、「著作者」の方は常に最初の創作者のみですが、「著作権③」は部分譲渡や再譲渡などが可能であるため、「著作権者」は、他の人に替わったり、その人数が増減したりすることがあります。

したがって、ある人があるコンテンツを持ち込んできて「これについては、私が著作権者なので、私が了解しますから、どう使っていただいても結構です」などと言ったら、「あなたは、そのコンテンツをつくった著作者である著作権者ですか。それとも、著作者から著作権③を買い取った著作権者ですか？」という質問をしなければなりません。この質問は、別の言い方をすると、「あなたは、人格権も持っているのですか？」ということです。それによって、「人格権」に関係する行為（「改変」や「作者の氏名表示」や「公表」）をするときに、誰の了解を得たらよいのか——ということが変わってくるわけです。

なお、「著作権③」が譲渡された場合、誰が真正な権利者かが分かりにくくなったり、また、著作者の側が悪意を持って二重譲渡をするようなこともあり得ることから、ビジネスの安全性を高めるため、文化庁に「権利の移転の登録」ができることとされています。

「発注者」は「著作者」ではない

ところで、「著作権を持つ著作者とは、著作物をつくった人のことである」ということは、逆に言うと「著作物をつくった人でない人は、著作者ではないので著作権を持たない」ということになるわけですが、これを説明しても、普通は「当然ではないか」という反応しか返ってきません。しかし、「では、

あなたの会社がポスターを外注して、受注した会社がデザイン・印刷して納品し、あなたの会社が費用を全額支払った——という場合、著作権を持つ著作者は誰ですか?」という質問をすると、8割以上の人が「こちらが注文して費用も払っているのだから、当然こちらの会社だ」という誤った答えをするのです。

　こうした、著作物作成の「発注・受注」という状況を考えると、「著作物をつくった人でない人は、著作者ではない」ということの重大性がよくわかります。「著作物をつくった人が著作者であり、著作物をつくった人でない人は、著作者ではない」ということは、著作物をつくるときの「発注者」「費用負担者」「スポンサー」などは、「著作物をつくった人」でないため、「著作権②」を持たない(実際につくった受注者が著作者であり、発注者は、受注者の了解なくコピーできない)ということを意味しているのです。

　これは、「広報用ポスター」「校歌」「コンピュータ・プログラム」「写真」「グラフィックデザイン」など、あらゆる著作物の「外注」について言えることであり、「講演を依頼して講演料を支払った」などという場合も同じです。「著作権③の移転」という契約をしていないかぎり、発注者が「著作権③」を持つことはありません。

　ポスターの外注などということは明治時代からやっていたはずですが、最近になってこうしたことが問題になるようになったのは、最初に述べた「利用手段の爆発的普及」のためです。昔は、発注者側にはカラーコピー機もスキャナもパソコンもなかったので、納品されたポスターを貼るしかありませんでした。しかし現在では、発注者側も様々の「利用手段」を持っているため、自分でコピーしたくなってきます。しかも、「こちらが注文したのだから、ピザと同じでこちらのものだ」という意識が働いてしまいます。

　この問題は、諸外国では「契約」で乗り越えられており、これが日本が最も遅れている部分なのですが、詳細については283ページで述べます。

②　「著作者」「著作権者」について注意すべき場合

　前の項で述べたことが、「著作者」と「著作権者」に関する基本的な法律ルールですが、これらについては、特別なルールがいくつかあるため、注意を要

第1章 「無断ですると違法になること」のルール ──「法律によるルール」の世界

する場面があります。

(a) 「共同著作物」とは？

「著作者」とは「著作物をつくった人」のことですが、著作物によっては、ひとりではなく数人が共同してつくることがあります。そうしたもののうち、各人がつくったそれぞれの部分を分離できない（バラバラには利用できない）ようなもののことを「共同著作物」といいます。

したがって、「Ａさんが作詞してＢさんが作曲した歌」は、（歌詞と曲をバラバラに使うこともできるので）共同著作物ではありません。百科事典や短編集なども、部品をバラバラに使えますので、共同著作物ではありません。共同著作物の場合は、著作者が複数いるわけですが、この場合には、次のような法律ルールとされています。
・「人格権」は、全員一致の合意によらなければ行使できない（代表して行使する人を定めることはできる）
・「著作権③」は、全員一致の合意によらなければ行使できない
・「著作権③」について自分の持分を譲渡するためには、他の全員の同意が必要

(b) 「雇い主」が「著作者」となる場合

「著作権②」を持つ「著作者」とは「著作物をつくった人」のことですが、企業や行政機関の職員などが仕事上つくった著作物については、「雇い主」の側に権利を持たせるべきではないか、という考え方もあり得ます。会社と社員の権利関係という問題は、特許権についても話題となりました。特許権の場合に問題となったのは、会社が特許権を持つ場合について、特許法に「社員に正当な額の報酬を支払う」といった曖昧な規定があったからですが、著作権法の規定はもっとすっきりしています。具体的には、次の条件をすべて満たす場合には、「雇い主」が「著作者」となり、「著作権②」のすべてを持つことになります（いわゆる「職務著作」となります）。

●会社等の「発意」に基づいて（会社等の業務の一環として）つくられた著作物であること
　　（上司の命令ではなく社員が「自分で発意」した場合でも、「会社という組織の一員として仕事上発意した」のであれば、それは会社の発意とされる）
●会社等と雇用関係にある者が「本人の職務の一環として」つくった著作物であること
　　（勤務時間中に職務と全く関係ない著作物をつくった場合は、就業規則違反などの問題にはなろうが、本人が著作者になる）
●「会社等の名義」で公表される著作物であること
　　（未公表であっても、「公表するとすれば会社名義」になるものは、これに含まれる。コンピュータ・プログラムの場合は内容が公表されないことも多いので、この条件を満たすことは不要）
●雇用契約や就業規則に特段の定めがないこと
　　（雇用契約などで「職務上つくったものであっても著作者はつくった社員とする」という規定があれば、それが優先される）

> 注：誰が著作者かは法律の規定によるので、契約で著作者を決めることはできない。「雇い主が著作者になる」のは上記の法定条件をすべて満たす場合のみなので、例えば「社員の名義で公表したものであっても著作者は会社とする」という雇用契約をしても無効。

　しかしよく考えてみると、このルールは少しおかしいものです。会社が「著作者」になるということは、つくった社員ではなく会社が「著作権②」＝「人格権」＋「著作権③」のすべてを持つということを意味しています。しかし「人格権」は、創作者の「感情」を守るものであり、だからこそ、「人格権」は「譲渡・移転できない」とされていたはずです。にもかかわらず、創作者としての感情を持つはずのない「会社」が「人格権」も持つという制度は、極めて異例であると言えましょう。
　なぜこのような規定があるのかというと、著作権法が「日本人は、紙でちゃんと契約しない」という前提で作られているからです。「契約書を交わす」と

いう当然のことが定着している国には、このような規定はあまりありません。そうした国の著作権法にはこんな規定は置かれておらず、「著作権③」の帰属や「人格権」の行使可能性などについては、すべて「雇用契約」に規定されています。

(c) 「映画」の場合の例外

「著作者」と「著作権者」の関係については、「映画」についても大きな例外があります。映画というものは、動画コンテンツの創作手段が多様化・普及したことにより、様々な形態で製作されるようになっていますが、著作権の観点からは、創作形態を次のように分類することができます。なお、これらはあくまでも「映画」＝「全体」の著作権に関する話であって、既に述べたように、映画の中に「部品」として含まれている「脚本」「音楽」などの権利者は、（その部品が、その映画のためにつくられたものであっても）それぞれ独立にその「部品」について著作権を行使することができます。

●個人がひとりで映画を製作した場合
　　この場合は、当然のことながら、通常の著作物の場合と同様に、その人が「著作者」となり、「著作権②」＝「人格権」＋「著作権③」のすべてを持つ
●ある映画会社の社員だけで映画を製作した場合
　　この場合は、前の項で述べた「雇い主が著作者となる場合」に該当し、その会社が「著作権②」＝「人格権」＋「著作権③」のすべてを持つ
●映画会社が社外の監督や美術監督などと契約して映画を製作した場合
　　この場合は、「制作、監督、演出、撮影、美術等を担当して、その映画の全体的形成に創作的に寄与」した「社外の人々」（例えば、社員でない映画監督など）の全員が「著作者」になるが、「著作権③」は自動的に「映画会社」に移転する（著作者たちは「人格権」だけを持つ）

商業的に製作・上映される映画の大部分は、前記の第三の形態で製作され

ていますが、要するにこれは、「映画会社が、映画監督等から『著作権③』を取り上げる」という法律ルールです。実は、世界の多くの国々でこれと同様の制度が採用されており、著作権に関する条約もこれを認めています。この制度については、「映画会社は巨額の投資を行って営業上の危険を負担しているのだから、権利を持って当然」などという説明がなされていますが、これは「後付け」の理屈にすぎません。既に述べたように、「著作物作成の外注」の場合には、「著作物を実際につくった受注者側」が「著作権②」の全体を持つこととされているからです。

　このような特異な制度が国際的に採用されている理由は、要するに「映画会社の政治力」です。世界中の著作権法で、また、様々な条約で、「映画会社」と「無線放送局」は特別の「優遇」をされていますが、これは、どこの国でもこの２つの業界の政治力が強く、ワガママが通っているからです。この制度は、業界外の一般人には殆ど関係しませんが、「著作権③」を剥奪されている映画監督らにとっては重大問題であり、彼らが法律ルールの改正に向けて運動する（映画会社の団体と交渉したり、国民一般の支持を得ようとする）のは当然のことでしょう。

「違憲」と主張するなら「会員」のために早く「裁判」を

　しかし、日本の映画監督団体の「執行部」は、映画業界との合意形成等によって「会員のために著作権③を取り戻す」という目標を未だに達成できておらず、「会員」（権利がない中で苦労している多くの映画監督たち）の利益を実現できずにいます。その主な理由のひとつは、団体執行部が「現行法が、そもそも憲法違反だ」と主張し続けている（しかし裁判は起こしていない）ことでしょう。「権利者・利用者間の宿命的な利害対立」が常にからむ著作権法の改正については、「全体の奉仕者」である行政はいずれの味方もすべきでないため、ある時期には約30のテーマについて「関係者間協議」が進められ、合意が形成されたものから、審議会・国会での議論・審議を経て、毎年次々に法改正が行われていきました。

　しかしこの課題については、協議が十分に進んでいません。

第1章 「無断ですると違法になること」のルール ――「法律によるルール」の世界

　「現行法が憲法違反だ」と言われたら、映画会社の側は当然「それなら裁判すれば？」と言い返す（協議をストップする口実を与える）でしょうし、また、憲法にしたがって法律を作ってきたと自負する「国会議員」や「行政関係者」は、これを「言われなき誹謗中傷」と感じるので、彼ら全体を敵に回すことにもなりましょう。しかし、裁判で「違憲判決」を勝ち取ればすべては解決するのですから、日本の映画監督団体の「執行部」は、一刻も早く裁判を起こすべきでしょう。「違憲だ」と主張しながら「裁判は起こさない」という態度（違憲と主張することも、そうした態度をとることも、もちろん自由ですが）は、「一見勇ましいが、執行部が会員に対して『ポーズ』を作り『アリバイ作り』をしているだけなのではないか？」とか、「これでは結局、法改正が実現されないので、会員の利益を損っている」などといった趣旨の批判も生むに至っています。

　どこの団体でも、「執行部」のメンバーの多くは、法律上の権利がなくても契約で利益を確保できる「有名人」（市場での強者）であるため、彼らが本当に「無名の会員たち」（市場での弱者）のために行動しているのかということは、会員自身が（国民が官僚や政治家を監視するように）常に監視する必要があります（217ページを参照）。

　なお、企業や行政機関が宣伝用ビデオの製作を外部の会社に発注したような場合については、「発注者側の会社は『映画会社』に相当し、『著作権③』を自動的に取得すると言えるか？」という問題が起こり得ます。昔とは異なり、「著作権法上の映画」＝「あらゆる動画コンテンツ」の製作というものが極めて多様化してきているため、「劇場用映画」のみを想定した規定の適用の有無ということは、様々な場面で問題になり得ますが、こうしたことは、諸外国ではすべて「契約」で明確化されており、日本でもそのような対応を定着させることが必要でしょう。

(4) 「アニメ映画」の著作権

　「著作権②」に関する説明の最後に、「宇宙戦艦ヤマト」に関する訴訟などで話題になった、「アニメ映画」の著作権について触れておきます。

第1節　まず現在の法律ルールを「知る」こと

3種類のコンテンツが関わる──「原作」「映画」「部品」──

　まず、「アルプスの少女ハイジ」などのように、もともとは文字で書かれた「小説」であった「原作」を「アニメ映画」にする場合を考えて見ましょう。下の図をご覧ください。

　まず、「文字で書かれた原作の小説（ストーリー）」を、原作者の了解を得て「映画化」する（加工する）という行為は、30ページで述べた「二次的著作物」の創作に当たります。この場合、「二次的著作物」（アニメ映画全体）の「著作権②」は、「その映画をつくった人」が持つことになります。しかし原作者も、67ページで述べた「自分の作品を原作として、加工によりつくられた二次的著作物を、無断で『利用』されない権利」というものを「著作権

(a)「原作」の権利者

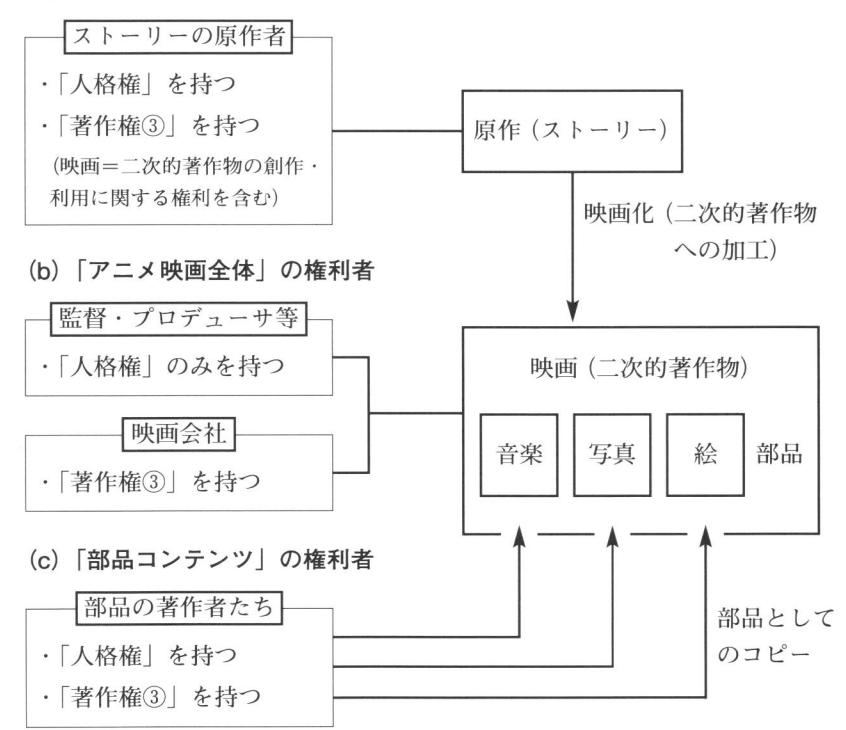

　┌─ストーリーの原作者─────┐
　│・「人格権」を持つ　　　　　│
　│・「著作権③」を持つ　　　　│
　│（映画＝二次的著作物の創作・│
　│利用に関する権利を含む）　　│
　└────────────┘──→ 原作（ストーリー）

　　　　　　　　　　　　　　　　　│ 映画化（二次的著作物
　　　　　　　　　　　　　　　　　│　　　への加工）
　　　　　　　　　　　　　　　　　↓

(b)「アニメ映画全体」の権利者

　┌─監督・プロデューサ等──┐
　│・「人格権」のみを持つ　　│
　└───────────┘
　┌─映画会社───────┐　　映画（二次的著作物）
　│・「著作権③」を持つ　　│　┌──┬──┬──┐
　└───────────┘　│音楽│写真│絵 │部品
　　　　　　　　　　　　　　　└──┴──┴──┘

(c)「部品コンテンツ」の権利者

　┌─部品の著作者たち────┐
　│・「人格権」を持つ　　　│　　　　　部品として
　│・「著作権③」を持つ　　│　　　　　のコピー
　└───────────┘

— 77 —

第1章 「無断ですると違法になること」のルール ──「法律によるルール」の世界

③」の一部として持っています。したがって、この映画を利用（ビデオ化等のコピー、放送・ネット配信などの公衆送信、レンタルなど）したい人は、「(b)アニメ映画全体の権利者」「(a)原作の権利者」の双方の了解を得る必要があるわけです。

　なお、実際には、小説を映画化する場合は、その中間に「脚本の作成」（「小説の脚色」という「加工」＝二次的著作物の創作）というプロセスが入ります。この場合、「原作」→「脚本」→「映画」と、二次的著作物の加工が二段階となり、脚本家も「(a)原作者としての権利」を持つことになりますが、話が複雑になるので、この図では省略しています。

　さらに、映画には、殆ど常に何らかの「部品コンテンツ」が取り込まれて（コピーされて）います。例えば、「音楽」「写真」「美術品」などといった部品です。「アニメ映画」の場合は、少なくとも「絵」（原画）が、「部品コンテンツ」として必ず含まれることになります。当然のことながら、その「映画」を利用（コピーなど）すると、「部品コンテンツ」も同時に利用さることになるので、映画の利用には「(c)すべての部品コンテンツの権利者」との契約（了解）も必要になるのです。

　このように、「アニメ映画」については、通常、(a)「原作（小説、脚本など）」の権利者、(b)「アニメ映画全体」の権利者、(c)「部品コンテンツ」の権利者──の3種類の権利者が関わっている（したがって、アニメ映画を利用するためには、通常は、(a)・(b)・(c)全員の了解が必要となる）わけであり、これらの立場と権利を、映画ビジネスの関係者はよく理解しておく必要があるのです。

　なお、既に述べたように、映画が製作されるときには、多くの場合「映画会社の社員ではない外部のプロデューサや監督」が関わっています。この場合、「アニメ映画全体の著作権②」＝「人格権」＋「著作権③」を持つべき「著作者」は、そうした「プロデューサ」「監督」等ですが、73ページで述べたように、条約で認められたルールによって、日本を含む多くの国で、「著作権③」の部分は自動的に「映画会社」に移転する（監督やプロデューサは「人格権」のみを持つ）こととされています。

　なお、通常の映画の場合には、「絵」でも「写真」でも、「部品」として「映画全体」の中に取り込まれている「部品コンテンツ」については、（その映画

のために新たにつくられたものも含め）各々の作者に「(c)」の権利がある、ということに疑いはありません。しかしアニメ映画の場合は、全体が「絵」のみで構成されているため、ここで述べている場合のように「映画用に新たにキャラクター等の絵をつくる」という行為について、(1)「部品」をつくる行為なのか（その場合、作者は「(c)」の権利を持つ）、あるいは(2)「映画全体」をつくる行為（の一部）なのか（その場合、作者は「(b)」の権利を持つが、「著作権③」は映画会社に移転してしまう）ということについて疑義が生じ得ます。一部には(2)だという見解もあるようですが、そう考えてしまうと、「キャラクター等の絵」がつくられてから「映画全体」ができるまでの間（あるいは、結局映画ができなかった場合）、絵の著作権の所在が宙に浮いてしまうなど、おかしなことが起こります。したがって(1)が正しいと思われますが、後々の問題を避けるためには、最初から明確な契約をしておくべきでしょう。

「マンガ」を「アニメ映画」にすると漫画家は3つの権利を持ち得る

ところで、「原作」が「小説」ではなく「マンガ本」だったらどうでしょうか。ここで言う「原作」とは、「ストーリー」のことですので、その「マンガ本」のストーリーを考えたのが漫画家自身であれば、前記の構造がそのまま当てはまります（その漫画家が「(a)原作者」としての権利を持ちます）。さらに、「そのマンガ本の中に絵として描かれた登場人物・キャラクター」が「画面で動く」という形で「アニメ映画」化される場合は、どうなるでしょうか。この場合は、「アニメ映画」の中に「部品」としてコピーされている「絵」について、「その漫画家の作品を使った」ということになるわけです。つまり、その漫画家が「(c)部品コンテンツの権利者」という立場も持つことになります（前記のような疑義も起こり得ません）。

このように、「マンガ本」が（そのストーリーのまま）「アニメ映画」化された——という場合には、漫画家（ストーリー・絵の両方をつくった人）は、少なくとも、(a)「原作」の権利者、(c)「部品コンテンツ」の権利者、という2つの立場を持つことになります。かつて「実写版」の「鉄腕アトム」というテレビ番組がありましたが、このような場合は、元の「マンガ本」の「ス

第1章 「無断ですると違法になること」のルール ——「法律によるルール」の世界

トーリー」だけを使っていることになり、漫画家は「(a)」の権利だけを持つことになります。逆に、元の「マンガ本」の「絵」は使われているが、「ストーリー」はアニメ映画用に新たにつくられたという場合には、漫画家は「(c)」の権利だけを持つことになります（「(a)」の権利は、その新しいストーリーをつくった人が持つ）。

さらに、通常「マンガ」が「アニメ映画」化されるときには、プロデュースする過程で、「原作のイメージを損わないようにする」などの配慮から、漫画家自身がこれに関わることが少なくありません。この場合、その漫画家は、(b)「アニメ映画全体」の権利者（人格権を持つプロデューサ）という立場も持ち得ますが、「(b)」の権利については、仮に漫画家がプロデューサ（の1人）としての権利を持ったとしても、それは「人格権」だけであり、「著作権③」は、映画会社に移転してしまいます。そのような場合の関係者の認識や権利行使の可能性等については、当初から契約で決めておくべきです。

3．意外におもしろい「著作隣接権」

著作権に関する多くの本は、「著作権②」を主に解説して、「著作隣接権」は「付け足し」のように簡単に説明しています。これは、「著作隣接権」の保護が「著作権②」の保護よりも数十年遅れて開始されたことや、「著作権②」と比べると「著作隣接権」が、「権利の数」「対象となる行為」「保護期間」などの面で「弱い権利」とされていることなどが、原因であるようです。

しかし、「著作隣接権」というのは、「著作権②」とは全くと言っていいほど違う、非常におもしろい権利であり、また、実は「著作権②」よりも「強い権利」であるという側面も持っています。特に、今後さらに著作権との関係を深めていくと思われる産業経済の視点から見ると、大きな可能性を秘めている権利だと思われます。

(1) 実は「業界保護」である「著作隣接権」

「著作権②」をある程度学んでしまった人は、それを前提に「著作隣接権」

のことを考えるため、「著作隣接権は分かりにくい」と言う人が少なくありませんが、実際には「著作隣接権」は、「著作権②」よりもずっと単純で分かりやすい権利です。「著作隣接権」というものを理解するポイントは、これが、文化や芸術の世界における「創作物」「創作者」の「保護」ということから出発した「著作権②」とは全く異なり、要するに「業界保護」なのだ――という本質を知ることでしょう。

3段階区分の本当の理由

　「著作隣接権」が（「著作権②」を基準に考えている人にとって）分かりにくいものとなっている主な理由は、「伝達行為」（既に存在しているコンテンツを、多くの人々に伝えること）ということが強調されるとともに、権利付与の理由として「伝達行為における工夫や準創作性」などという説明がなされていることです。要するに、「著作権②」に「ひっかけ」て「著作権②に準ずる（隣接する）もの」なのだ――という「後付け」の説明を、無理やりにしているからなのです。

　例えば、かつてA新聞社が、「著作隣接権」についての特集記事の下に付けた「用語解説」で、「著作隣接権とは、著作物などを『伝達』する者が持つ権利であり、例えば『レコード会社』や『映画会社』などが、この権利を持つ」という大誤報をしてしまったことがありました。「レコード会社」は確かに「著作隣接権」で保護されていますが、「映画会社」が持つのは「著作権③」の方です。当時、著作権専門家たちはA新聞社の知識不足を笑いましたが、一般人の感覚からすれば、「レコード会社」と「映画会社」は同じようなことをしている、と思う方が自然でしょう。「音」を「CD」に「録音」して伝達するのが「レコード会社」なら、「動画」を「フィルム・ビデオ・DVD」などに「録画」して伝達するのが「映画会社」です。さらに言えば、「静止画」や「写真」や「文章」を「紙」に「印刷」して伝達するのが「出版社」であり、いったいどこが違うのでしょうか。

　この三者については、国際条約や多くの国の著作権法では、次のような区分がなされています。

第1章 「無断ですると違法になること」のルール ——「法律によるルール」の世界

● 「映画」のクリエータ＝「著作者」

　　映画の創作（「動く映像」を創作的に「録画」して、人々に伝達すること）は、ある意味で原作や脚本を「伝達」しているとも言えるが、「映画をつくる行為は、高度の創作性を必要とする『著作物の創作』である」（映画そのものが「著作物」である）という考え方により、映画のクリエータは「著作者」とされ、「著作権②」で保護されている。

● 「レコード」のクリエータ＝「著作隣接権者」

　　レコードの製作（「音」を「録音」して、人々に伝達すること）は、映画の創作ほどの高度な創作性はないが、「準創作的な工夫」はなされており、「著作物の創作に準ずる行為」である、という考え方により、レコード製作者は「著作隣接権者」とされ、「著作隣接権」で保護されている。

● 「出版物」のクリエータ＝権利なし

　　本の製作（「文章」「写真」「静止画」などを「印刷」して、人々に伝えること）は、「何らの工夫も創作性も必要としない行為」であるとされており、出版者は何の権利も与えられていない。

　このように、出版社は、「著作権②」も「著作隣接権」も持っていないので、本をコピーしたいときには「著者」の了解を得るだけでよく、出版社の了解を得る必要はありません（ただし、出版社自身が創作的に「部品の選択・配列」を行ったために「編集著作物（全体）の著作権」を持っている場合や、「出版社が著者の著作権③を買い取っている」ような場合は別です）。ところが世界各国の著作権法をよく見てみると、「出版業界」が強い政治力を持つイギリスなどでは、出版者に「著作隣接権」（版面権）が与えられています。また、アメリカという国は、既に述べたように先進諸国中で最も著作権保護の水準が低いのですが、後に述べるように「レコードの保護」の部分だけを見ると、「レコード業界」の政治力が強いために、レコード会社に「著作権②」が与えられているのです。

　これらのことが何を意味するかは、極めて明瞭でしょう。要するに、「創作」ということに着目して「著作物」というコンテンツを広範に保護している「著作権②」とは全く異なり、「著作隣接権」は、単に「政治力の強い業界」に付

与されているだけなのです。つまり、「伝達行為における工夫や準創作性を評価して……」という説明自体が、実は、学者や専門家による単なる「後付けの理屈」だということです。

イギリスなどと同様に「著作隣接権」（版面権）がほしい日本の出版業界は、「出版においては、活字の選択、レイアウト、ページの構成などについて、少なくともレコードの製作に匹敵する『準創作的行為』が行われるので、出版社にも著作隣接権が与えられるべきだ」などと主張してきましたが、そもそもそうしたアプローチが間違っています。レコード会社や無線放送局に「著作隣接権」が与えられてきたのは、「準創作性」があったからではなく、自分たちに有利な法律ルールを国会で作らせるだけの「政治力」があったからであり、逆に、出版社に権利がなかった唯一の理由は、政治力の不足なのです。

ここで、30ページに示した「著作物の種類」を、もう一度ご覧ください。30ページに列挙したものをよく見ると、言語・音楽・振付・美術・建築・図形・写真までは基本的に「個人」がつくるものであるのに対して、映画・プログラムは主として「企業」がつくるものだ、ということが分かります。要するに、強い政治力を持つ映画業界やコンピュータ業界が、本来は「個人」を保護するものである「著作権②」の世界に割り込んだ（映画会社の保護は、本来は著作隣接権でもよいのかもしれない）という構図が見えてくるのです。

「業界保護」とはどういうことか？——「投資」の「回収」の確保——

では、なぜ「著作隣接権」の付与が「業界保護」になるのかを見てみましょう。業界保護とは、要するに「投資の（回収機会の）保護」ということです。「著作権②」の場合は、作曲家や小説家や写真家などが、「どの程度の投資をしたか」ということとは関係なく、「創作した」ということのみを評価して、（お金や時間がどれだけかかっていてもいなくても）全く同じ権利をクリエータに付与しています。これに対して「著作隣接権」は、業者の「投資の保護」——つまり「投資を回収するチャンスの確保」が目的なのです。

例えば、レコード会社が音楽CDを製作・発売するという場面を考えてみましょう。レコード会社であるA社が、作曲家であるB氏と契約し、B氏の

第1章 「無断ですると違法になること」のルール ──「法律によるルール」の世界

曲をCDとして販売するとします。当面10000枚を製作・販売することにして、A社はB氏に著作権料を支払い、音楽CDを製作して販売を開始します。そこで、例によって海賊版が登場したとします。この場合、A社が「著作隣接権」（権利の内容は後に解説しますが、「無断でコピーされない権利」は当然含まれています）を持っていないとすると、この海賊版業者を訴えることができません。

作曲家（著作者）であるB氏は「著作権②」を持っていますので、当然この海賊版業者を訴えることができますが、実際には訴えません。なぜなら、既に10000枚分の著作権料をもらってしまっているので、コピーされても損害はなく、裁判などをやって高いお金と長い時間をかけたくないし、海賊版でかえって有名になれるからです。こうなると、損をするのはA社だけ、ということになってしまいます。「だから我々（A社）にも（タダ乗りをストップできる）権利をよこせ」というのが「レコード会社の著作隣接権」というものの本質です。要するに、相当の投資をしてCDを製作・販売しているという場合の「投資の回収」を確保するためのものなのです。

こうしたことを理解した上でよく考えてみると、次の2つの関係は、全く同じです。

● 「作曲家」（音楽をつくる）＝「著作権②」を持つ
　「レコード会社」（レコー（CD）をつくる）＝「著作隣接権」が必要
　　（「レコード会社」に著作隣接権がないと、海賊版が出たときに、作曲家が訴えてくれない場合、「レコード会社」だけが損をする）
● 「著者」（小説をつくる）＝「著作権②」を持つ
　「出版社」（本をつくる）＝「著作隣接権」が必要
　　（「出版社」に著作隣接権がないと、海賊版が出たときに、著者が訴えてくれない場合、「出版社」だけが損をする）

つまり、「作曲家」対「レコード会社」と、「著者」対「出版社」の関係は、全く同じであるにもかかわらず、出版社には著作隣接権が与えられていません。このアンバランスの原因は簡単で、出版社（の団体）には、レコード会

社（の団体）ほどの政治力がなかった——というだけのことです。なお、「芸術家であるプロの実演家の保護は、ちょっと違うのではないか」という意見もありましょうし、実演家の場合にはこうした構造は完全には当てはまらないとも言えますが、実演家とは、要するに「個人営業」の業者であって、「業界」であることには変わりありません。

「創作」しなくても「権利」が与えられる

　「著作隣接権」を付与されている「業界」に共通しているのは、繰り返し述べているように「伝達」という要素です。例えば「音楽」を例にすると、他人がつくった歌を、「無線放送局」「有線放送局」は「番組の送信」によって伝達しており、「レコード会社」は「CDの製造・販売」によって伝達しており、「実演者」（歌手）は「歌唱」によって伝達しています。つまり、これらの業者がしていることは、本質的に「流通」とか「伝達」であって、「創作」という要素は無関係です。このため、「著作権②」の場合は、38ページで述べたように「創作性」がないと保護されませんが、「著作隣接権」の場合は、そんなものは求められていません。

　この意味——「放送」「録音」「実演」などの「行為」をすれば、「創作」していなくても無条件で直ちに権利が付与されるということ——において、「著作隣接権」は「著作権②」よりもはるかに強力な（業者にとって有利な）権利なのです。

　例えば、「著作権②」で保護される「映画」（動画）は、「著作隣接権」で保護される「レコード」（録音物）よりも、一見強く保護されているように見えます。しかし、「著作権②」で保護されるためには創作性が必要であるため、例えば「交差点にカメラを放置して録画し続けた動画」などは、「著作権②」で保護されません。ところが、「著作隣接権」の方は対象となる「行為」をしさえすれば自動的に与えられるので、「交差点にレコーダを放置して録音し続けた録音物」は、「著作隣接権」で保護されるのです。

　このように、「行為を保護する」「投資を保護する」「業界を保護する」という本質を持つ「著作隣接権」は、ブロードバンドなども含め、「伝達」や「流

第1章 「無断ですると違法になること」のルール ——「法律によるルール」の世界

通」のメディア・ルート・方法・技術等が多様化する中で、将来に向けて、大きな可能性と問題の双方を持っているのです。

「創作性なきデータベース」の保護とは？

前の項で述べた「将来に向けて大きな可能性を持っている」とは具体的にどういうことかと言うと、将来において発生・発展する新しいビジネスについて、その製品を無断利用から守り、投資回収を確保する制度の新設があり得る——ということです。

例えば、そうしたビジネスが日本で開発された場合、それを行う業者を保護する新しい「著作隣接権」を国内法で創設し、次に、WTO等の場でそれを「国際ルール」にすることを訴えて実現し、結果として、日本が先行している得意分野のビジネスの海外展開を容易にする（他国の追随を阻止する）——といったことが可能になるわけです。国際経済戦略と著作権の関係については後に詳しく述べますが、アメリカがコンピュータ・プログラムの保護強化にこだわったようなことは、すべてこうした「国際マーケットにおける自国産業の優位性の確保」（他国の追随の阻止）が目的であって、日本もそれをやろうと思えばできるのです。

新しい業界を新しい「著作隣接権」で保護しようという動きは、いわゆる「創作性なきデータベース」について一時国際的に盛り上がり、条約採択を目指す外交会議も行われました（まだ条約は採択されていません）。このことについて理解するためには、次のことを知っておく必要があります。

まず、日本の著作権法では、「創作的に（選択・配列に工夫して）部品を組み合わせた著作物」について、コンピュータで読めるものが「データベース」と呼ばれ、読めないものが「編集著作物」と呼ばれていますが、国際的な用語としては、両者が「データベース」と呼ばれています。次に、こうした（広義の）「データベース」が「著作権②」で保護されるためには、選択・配列について「創作性」が必要ですが、「どの程度の創作性（工夫）があったら保護されるか」というハードルの高さを比較すると、日本は非常に低い（保護範囲が広い）と言われており、逆にヨーロッパは高い（保護範囲が狭い）と言

— 86 —

われています。

　例えば、デパートが作る「お中元商品のガイドブック」のような「商品カタログ」について言うと、日本では「どの商品を載せるか（選択）」「どんな順番で並べるか（配列）」といったことで多少なりとも工夫していれば「編集著作物」として保護されますが、ヨーロッパでは保護されません。そこで、「企業の製品カタログ」を無断利用から守るため、「創作性がなくても、投資をしてつくっているのだから、『創作性のないデータベース』というものも保護してくれ」という動きがヨーロッパで生じました。これに乗ったのが「出版業界」です。既に述べたように、「出版社」には「著作権②」も「著作隣接権」もありません。そこで、（ヨーロッパの厳しい基準では）創作性が認められない「文学全集」のようなものも、「創作性のないデータベース」として保護せよと言い出したのです。

　さらに、こうしたことが議論されている間にデジタル化や情報化が進み、いわゆる（狭義の）「データベース」の業界が育ってきました。データベース会社にとっては、できるだけ多くのデータを集めた方が、データベースとしての商品価値が上がります。ところが、データを集めれば集めるほど、「選択について工夫していない」と言われ、基準の厳しいヨーロッパでは「著作権②」が与えられなくなってしまうのです。そこで、彼らも「創作性のないデータベースを保護する権利を新設せよ」と言い出しました。その時点（1990年代の中ごろ）では既に、「投資の保護」ということが堂々と言われ、前面に掲げられるようになっていました。要するに「相当な投資をして（苦労して）つくったものは、無断利用から守られるべきだ」という理屈であり、この考え方を「スウェット・イン・ブラウ」（眉毛の汗＝額に汗）と言います。これは、「苦労や投資は評価しない」「苦労や投資をしようとしまいと、『創作性』の有無が問題」という「著作権②」の世界とは全く相容れないものであるため、大きな反発も生じました。

　しかし、よく考えてみれば、「著作隣接権」はそもそも「創作性」と関係しないので、要するに「投資の保護」なのです。そこで、ドイツなどは自国の著作権法で、「著作隣接権」の一種として、「創作性のないデータベースの保護」を開始しました。ここでは既に「伝達」という要素は薄くなっています。

第1章 「無断ですると違法になること」のルール ──「法律によるルール」の世界

このように、「行為」と「投資」に着目する「著作隣接権」は、様々な新しい業界の保護に使い得るのです。

「著作物」以外のものを伝達しても権利が与えられる

　「著作隣接権」というものが、実は「著作権②」に「隣接」する権利などではなく、「特定の業界」を保護するためのものである──ということをいくつかの視点から述べてきましたが、もうひとつ、「著作隣接権」が「著作権②」と本来無関係のものであることを示す事実として、「伝達されるものは『著作物』でなくてよい」ということがあります。
　例えば、「無線放送番組・有線放送番組」について言うと、「音楽」「演劇」「映画」などの「著作物」を放送している番組も、当然多数あります。これらの番組を「ビデオ化」（コピー）したり「ブロードバンド配信」（公衆送信）するような場合には、「全体」である「番組」について「著作隣接権」を持つ「無線放送局・有線放送局」の了解を得るとともに、その番組の中に含まれている「部品」である「音楽」「台本」「映画」──や、さらにそれらの中のすべての部品──について、「著作権②」を持つ「著作者」の了解が必要です。しかし、例えば「小川のせせらぎ」とか「自然の風景」とか「スポーツの試合」など、「著作物でないもの」を放送している番組もあります。こうした番組であっても、放送局には「著作隣接権」が与えられるのです。
　また、「レコード」の場合も、「音楽」や「講演」などの「著作物」が録音されているもののほかに、「鳥の鳴き声」「SLの音」「虫の音」など、「著作物でないもの」が録音されている場合もあります。後者の場合でも、「レコード製作者」＝「その音を最初に録音した（原盤をつくった）人」には「著作隣接権」が与えられます。さらに、「実演」について言うと、これについても、「音楽の演奏・歌唱」や「台本による演技」などのように「著作物を演じている」という場合もありますが、「手品」「モノマネ」「腹話術」「曲芸」などのように、「著作物以外のもの」を演じているという場合もあるのです。
　これらすべての場合について、「著作隣接権」は同じように付与されますので、こうしたことからも、「著作隣接権」は「著作権②」とは全く異質なもの

だ——ということが理解できると思います。

(2) どんな「権利」があるのか？

「著作隣接権」は「著作権②」よりも弱い

　この項では、「著作隣接権」の具体的な内容について述べますが、一般に「著作隣接権」は、「著作権②」よりも「弱い」と言われています。既に述べたように「著作隣接権」は、「保護されるのは『創作的』につくられたものだけ」という「著作権②」とは異なり、「ある『行為』を行えば常に保護される」という面で、実は極めて強力な権利なのですが、一般には（「著作権②」を前提に考える人からは）次のような点で、「弱い権利」だと言われています。

　第一に、「著作権②」に含まれる権利が基本的にすべて「許諾権」であるのに対して、「著作隣接権」の中には、「報酬請求権」という弱い権利が含まれています。「許諾権」とは、要するにこれまで解説してきた「無断で○○されない権利」というものであって、逆に言うと、「○○という行為」をしたい利用者は、権利者から「事前」に了解を得なければなりません。無断でそうした利用行為を行うと、直ちに違法になるわけです。これに対して「報酬請求権」とは、「○○している人に利用料を請求できる権利」であって、逆に言うと、「○○という行為」をしたい利用者は、「事後」に権利者に利用料を支払えばいいだけ（「事前の了解」は不要）なのです。

　当然のことながら、権利者にとっては「許諾権」の方が有利です。なぜなら、利用者は「事前の了解」を権利者から得ない限り利用ができないので、権利者はどんな条件でもつけることができ、いくらでも高い利用料を設定できるからです。「そのような一方的な制度はおかしい」などと言う人もいますが、よく考えてみれば、世の中のあらゆる「商品」も「サービス」も「アパートの家賃」も、原則としてそのようなルールで取引されており、利用する側は、価格が高すぎると思えば「ほかを当たる」しかないのです。これは国際的な基本ルールであって、これに反する国内法を作るためには「WTO脱退」などが必要になります（その方がよいと多くの国民が思えばそうすれ

第1章 「無断ですると違法になること」のルール ——「法律によるルール」の世界

ばいいでしょう。そうしたい人は、自ら国民を説得すればよいのです)。

　利用料の設定について問題が起きるのは、むしろ、利用者にとって有利なはずの「報酬請求権」の方です。利用行為が終わってしまってから、利用料を決めなければならなくなってしまうからです。また、利用者側にとっては、「事前了解が不要」というのは結構な制度ですが、事後に「権利者を探し出して利用料を支払う」というのも大変なことです。そこで、「報酬請求権」とされている権利については、多くの国で「指定団体制度」(政府が特定団体を指定する制度)が設けられています。まず、権利者による「利用料の請求」を、法律で「この団体を通じてしかできない」ということにします。利用者は、個々の権利者から直接請求されることはないわけです。

　また、利用料の額は、この指定団体と利用者側団体が交渉して決定することにします。これによって、支払い窓口を一本化し、利用者は「あらかじめ決められた利用料の総額をこの団体に支払っておけばいい」ということにするのです。この制度は、一見「利用者」にとって有利に見えるものの、実は最も得をしているのは「権利者側の指定団体」(決して個々の「権利者」ではない)なのですが、このことについては追って述べることとします。

　第二に、「著作隣接権」が「著作権②」よりも「弱い」と言われているひとつの理由として、それぞれの権利によってカバーされている「行為の範囲が狭い」ということがあります。次項以下でそれぞれ解説するように、「著作隣接権」によって「無断でしてはいけない行為」(許諾権の対象)とか「事後に利用料を支払わなければならない行為」(報酬請求権の対象)とされている行為の範囲は、「著作権②」の場合よりもずっと狭いものです。

　中には、特に差をつける必要がないようなことについてまで、国際ルールであえて「著作隣接権」の方を弱くしている例も見られます。例えば、インターネットなどを用いた「自動公衆送信」に関する権利が、その典型です。「著作者」が持つ「著作権③」の場合は、63ページの図で解説したように、「無断で公衆に伝達されない権利」の一部である「無断で公衆送信されない権利」(公衆送信権)によって、①「サーバ等への入力・蓄積＝送信可能化」と、②「サーバ等から個々の受信者の手元に送信すること＝公衆送信」の両方がカバーされています。これに対して「著作隣接権」では、①の「送信可能化」

だけが権利の対象とされており、権利の名称も「著作権③」の場合のような「公衆送信権」（無断で公衆に送信（『送信可能化』を含む）されない権利）ではなく、単に「送信可能化権」（無断で送信可能化されない権利）とされています。条約がこのような構造になっているのですが、「送信可能化」なしの「自動公衆送信」というのはあり得ないので、「無断で送信可能化してはいけないが、自動公衆送信はしてよい」というのは無意味でしょう。この権利構成も、単に国際的な伝統を反映したものとしか思えません。

　第三に、「著作隣接権」の中には、長い間「人格権」というものが存在していませんでした。最近になって、日本も含む多くの国で、「実演者」だけを対象に「人格権」（同一性保持権と氏名表示権）が付与されるようになってきましたが、これも、（1）「実演者」に限定、（2）一部の人格権に限定、（3）権利の内容が著作者の人格権よりも弱い——などといったものであり、人格権という側面についても、「著作隣接権」は「著作権②」よりも「弱い」と言われています。

①　「無線放送局」「有線放送局」の権利

　「著作隣接権」を持つ主体に共通する要素としてよく言われる「伝達」ということに着目すると、権利を持つ主体として最も分かりやすいのは、既に述べたように「無線放送局」（法律上の用語では「放送事業者」）でしょう。国際著作権ルールでは、「放送」とは「無線放送」のみを意味しますが、日本は保護水準が高いため、「有線放送局」（有線放送事業者）にもほぼ同様の権利を与えています。また、これも既に述べたように、例えば「キャンパスFM」など、アマチュアが無線放送を行った場合でも、（国内事情に基づく「規制」にすぎない総務省の「免許」の有無や種類などとは全く関係なく）NHKや民放各局などと同じ権利が付与されます。

　「無線放送局」「有線放送局」の「著作隣接権」によって無断利用から保護されるコンテンツは、言うでもなく「番組」であって、その中に「部品」として含まれている「音楽」「脚本」「映画」などのコンテンツとは別に、独立した権利で保護されます。つまり、「番組」を録画・ビデオ化して販売したいような人は、「番組」というコンテンツについて「著作隣接権」を持つ「放送

第1章 「無断ですると違法になること」のルール ──「法律によるルール」の世界

局」の了解を得るとともに、「部品」となっている種々のコンテンツについて「著作権②」や「著作隣接権」を持つ多くの権利者の了解を得ることが必要になります（単に「映画」をそのまま放送したような「番組」の場合も同じです）。

　具体的な権利の内容は次の図のとおりで、「無線放送局」「有線放送局」の権利は、すべて「許諾権」です。権利の対象となる「番組」は、当然のことながら「送信されたもの」であり、送信前のものは含まれません。したがって、以下の「番組を」とは「送信されて、受信された番組を」ということを意味しています。

　今日では、多くの番組があらかじめ録画された上で放送されていますが、こうした場合の「番組」は、既に述べたように「映画」として「著作権②」で保護されています。したがって、事前に録画されて、まだ放送されておらず、放送局内にビデオテープなどの形で保管されているような番組は、著作隣接権では保護されていませんが、既に「著作権②」で保護されているわけです。その番組をつくったのが放送局自身である場合は、その放送局は、放送前には「著作権②」のみを、放送後には「著作権②」と「著作隣接権」の

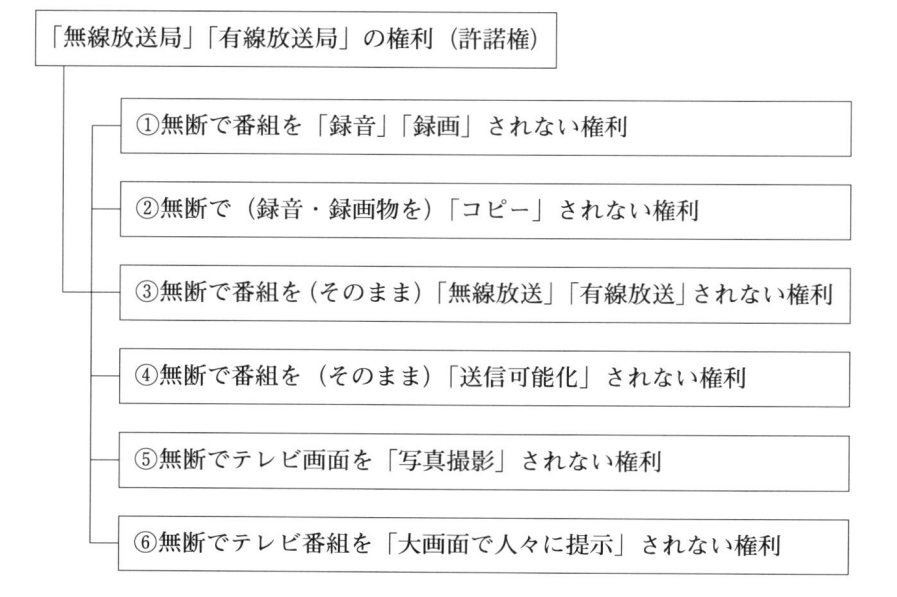

「無線放送局」「有線放送局」の権利（許諾権）

①無断で番組を「録音」「録画」されない権利

②無断で（録音・録画物を）「コピー」されない権利

③無断で番組を（そのまま）「無線放送」「有線放送」されない権利

④無断で番組を（そのまま）「送信可能化」されない権利

⑤無断でテレビ画面を「写真撮影」されない権利

⑥無断でテレビ番組を「大画面で人々に提示」されない権利

第 1 節　まず現在の法律ルールを「知る」こと

両方を持つことになるわけです。

　なお、最近では、地方の無線放送局から生中継している番組を東京の無線放送局（キー局）から無線放送しているような場合（放送局間の送信は「公衆向け」ではないので著作権とは無関係）に、放送局間の送信内容を傍受してパクる——ということが起こるようになってきました。このような場合、途中でパクられた番組は、「生」である（録画物でない）ため「著作権②」が及ばず、また、まだ「放送」されていないために「著作隣接権」も及びません（「部品」については権利が及びます）。こうしたもの（「放送前信号」などと呼ばれています）についても無線放送局に権利を認めるかどうかということに関しては、現在 WIPO（世界知的所有権機関）で新条約が検討されています。

　前ページの図の中の「④」の権利の対象となる「無線放送番組・有線放送番組をそのまま送信可能化する」とは、例えば、テレビ受信機をパソコンに直結して、番組をそのままネットで送信してしまうような行為です。「放送番組は世の中にオープンになっているので、そのような行為は許してよいのではないか」という意見もありましょう。しかし、放送局側から見ると、例えば「WOWOW」のような有料放送にひとりだけ加入して多くの仲間に横流し（再送信）するとか、あるいは「東京地方では月曜、九州地方では木曜に放送されるドラマを、ネットを使って月曜に東京から九州に再送信してしまう」（九州地方の視聴率が取れず、スポンサーがつかない）といった状況は、経済的な利益を大きく損います。追って詳しく述べるように、著作権の世界でのいわゆる「インターネット対応」（インターネットを用いた送信を無断でされないための権利の付与）ということについては、日本が世界の最先端にありますが、「無線放送番組」「有線放送番組」まで含めてこの権利を確立しているのは、世界中で日本のみとなっています。

　また、前記の「⑥」の権利があるため、「オリンピックのテレビ中継」などといった番組を、選手の母校の体育館や広場などで（通常の家庭用テレビ受像機ではなく）スクリーンなどの大画面で多くの人々に拡大して見せる行為（いわゆる「パブリック・ビューイング」は、（非営利・無料であっても）放送局の「著作隣接権」の侵害になります。しかし実際には、放送局は権利行

第1章 「無断ですると違法になること」のルール ──「法律によるルール」の世界

使(ストップをかけること)をしない場合が多いようです。

　なお、「③～⑥」の権利は、「現に送信され受信されつつある番組」のみが対象となります。つまり、いったん「録画」された番組のビデオなどをさらに「放送」したり「送信可能化」するような行為は、「③～⑥」の権利の対象にはなりません。このような場合、放送局は、そもそもの「録画行為」を捕らえて、「①」の権利の侵害として訴えることになるわけです。しかし、無断で録画されたものを放送しようとしている人にストップをかけようとしても、「私は放送しようとしているだけで、無断録画したのは私ではない。無断で録画した人を探し出して訴えるべきだ」などと言われてしまう可能性が高いでしょう。このため、「放送番組を録画したもの」の利用についても「著作隣接権」を拡大することが、前記の新条約の内容として国際的に検討されています。

なぜ「無線放送」だけを特別扱いするのか？

　既に述べたように、著作権というものが「国際ルール」に基づく「私権」(権利者・利用者の間の「民対民」の関係)であるのに対して、各国の放送法などによる免許制度等は、各国の「国内事情」に基づいてそれぞれの政府が独自に行っている、「官対民」の「規制」であるにすぎません。このため、放送・通信に関する「免許制度」とか「分類」とか「用語の定義」などが各国でどう変わろうとも、国際的な概念である(著作権制度上の)「放送」の概念は変わらないのです。したがって、「放送と通信の(規制の)区分をどうするか」などということは著作権とは本来無関係であり、そもそも国際著作権ルールには「通信」という利用行為は存在しません。

　しかし、各国政府による規制制度と国際著作権ルールが無関係だとしても、「公衆への送信」というものの形態が、国際的に大きく変わってきていることは事実です。例えば、後に述べるように、インターネットなどを用いた「自動公衆送信」(インタラクティブ送信)という送信形態が普及してきたため、日本のリード等によって新しい国際ルールが作られました。

　この「自動公衆送信」については、従来の「無線放送」とは異なるルール

（従来の「無線放送」に関する複雑な例外を排除した、より単純なルール）が条約上も採用されていますが、実際には両者の機能は（少なくとも受信者から見る限り）急速に近づきつつあります。

　両者の差異は、条約によって「すべての情報が、常に受信者の手元まで送信されている」のが「無線放送」「有線放送」で、「各受信者がそれぞれアクセスしたときだけ、アクセスされた情報が受信者の手元に送信されてくる」のが「自動公衆送信」とされています。しかし機能面を見ると、「自動公衆送信」に属するものであっても、サーバ等の機器の中に番組を「蓄積」しないタイプの送信（サーバ等に番組が「生」で「入力」され続けており、受信者が特定の番組を選んでアクセスすると、サーバ等から受信者の手元への「生」の送信が始まる「入力型」の自動公衆送信）は、受信者にとっては通常のテレビ放送と同じものです。「インターネット放送」などと呼ばれるものや、「受信者の手元」から離れた場所にある「機器」で送信をせき止めている（受信者が選んでアクセスしたチャンネルだけについて、受信者の手元への送信が始まる）「IPマルチキャスト」のようなものは、「入力型自動公衆送信」に当たります。しかし、受信者にとっては、これらは「受信機上でチャンネルを変えるか、離れた所にある機器にアクセスしてチャンネルを変えるか」というだけの違いに見えるでしょう。これは、「自動公衆送信が、無線放送・有線放送に接近しつつある」という事例です。

　逆に、「無線放送・有線放送」が「自動公衆送信」に近づく、というケースもあります。デジタル化が進んで使えるチャンネルが増えれば、例えば「60分の映画」を送信するのに60のチャンネルを使い、同じ映画を1分ごとに送信開始していくということが広くできるようになりますが、ホテル内などでは、これは既に実用化されています。こうした送信形態は「ニア・オンデマンド」などと呼ばれていますが、すべてのチャンネルが常に「受信者の手元」まで送信されていますので、国際著作権ルール上は「無線放送・有線放送」に該当します。しかし、こうしたシステムでは、受信者側に「次に始まるチャンネルに自動的に合わせる」という「頭だし機能」が搭載されているために、受信者は「自動公衆送信」だと思い込むかもしれません。

　このように、「無線放送」「有線放送」と「自動公衆送信」とは、少なくと

第1章 「無断ですると違法になること」のルール ──「法律によるルール」の世界

も「機能」や「受信者にとっての使い勝手」といった観点からは、同じものになりつつあるのです。かつては一般に、自動公衆送信は「パソコン」で、「無線放送・有線放送」は「テレビ・ラジオ」で受信されていましたが、両者の機能を併せ持つ機器も既に普及しており、少なくとも受信者の視点からは、両者を区別する理由は消滅しつつあります。にもかかわらず、著作権に関する国際条約や各国の著作権法では、なぜ様々な側面（著作隣接権の付与、例外規定の適用範囲など）について、両者を分けることが続いているのでしょうか。例えば、ブロードバンドを用いて動画コンテンツを配信する業者については、「著作隣接権」も与えられず、後に解説する「無線放送局向けの例外規定」も適用されないのです。

無線放送局の「特権」「優遇」が「ルールの複雑化」を招いている

　答は簡単で、「無線放送局の特権を維持するため」ということです。既に述べたように、著作権に関する国際条約においても、また、各国の著作権法においても、「無線放送局」と「映画会社」は特別に優遇されていますが、これは、この2つの業界の政治力がどこの国でも強く、これらに有利な法律ルールが作られてきたからです。特に「無線放送局」の場合は、昔は「公衆への情報の送信」ということができたのが無線放送局だけであり、また、各国にそれぞれ規制制度があって一般人が参入できない「特別の存在」であったことなどが、特権の根拠となってきました。

　無線放送局も映画会社も、「コンテンツをつくる段階では利用者」「コンテンツをつくった後は権利者」という二面性を持つ「ユーザー・クリエータ」（著者の造語）ですが、そうしたユーザー・クリエータを「優遇」するということも、2つの側面を持っています。

　その第一は、無線放送局や映画会社が「ユーザー」となる、「コンテンツを自ら製作する段階」での特権であり、「部品コンテンツの権利者の権利を弱める」という優遇が行われています。無線放送局については、「無線放送する了解を得れば、録画の了解がなくても録画できる」（161ページ）、「無線放送する場合は、歌手・レコード製作者の権利は、許諾権でなく報酬請求権」（101・

106ページ）、などといった優遇（部品コンテンツを使いやすくする例外）があります。また第二は、無線放送局や映画会社が「クリエータ」（権利者）となる、「コンテンツが他者に利用される段階」での特権であり、無線放送局については、ここで述べているように「著作隣接権を付与する」（番組を使いにくくすること）という優遇があるわけです。

これらの「特権」「優遇」は、無線放送局の数が少なく「特殊な存在」であった時代に作られたルールですが、現在では、デジカメ・パソコン・スマホ・インターネットなどの爆発的普及によって、「無線放送局」と同じことを「すべての人々」が行えるようになりました。インターネット放送は、パソコンやスマホを使って誰でもできるものです。こうした状況において、無線放送局が行う「放送」と、誰でもできる「自動公衆送信」を、著作権の法律ルールについて同じ扱いに（分かりやすく単純化）しようとしたら、「NHKからすべての特権を剥奪すること」か「すべての国民にNHKと同じ特権を与えること」が必要になるわけです。これらがいずれも、現時点では政治的に不可能であるということは、言うまでもないでしょう。

「クリエータとしての優遇」である「著作隣接権の付与」を「全国民」に拡大することは、（もともと「著作権②」も「著作隣接権」も、アマチュアでも持てるのですから）不可能ではありません。しかし、「ユーザーとしての優遇」である特権（部品となるコンテンツを例外的に無断でコピーできることなど）を「全国民」に拡大するためには、百数十か国の全員一致によって「WTO協定」や「ベルヌ条約」などを改正する必要がありますし、また、そもそも権利者側が強く反対するでしょう。

このために、現時点では、条約についても各国の著作権法についても、「無線放送」と「自動公衆送信」とを区別するということをせざるを得ないのです。したがって、本来は同じに扱うべきものを、無線放送局の特権を守るために無理に分けているわけですから、「人工的な線引き」の近くにあるものについては、当然「なぜ、アレとコレの扱いが違うのか？」という不満が生じるわけです。現在の国際ルールでは、「情報が常に受信者の手元まで来ているか」ということが線引きの基準になっていますが、これも元々人工的な線引きなのです。

第1章 「無断ですると違法になること」のルール ——「法律によるルール」の世界

「自分たちの方が例外的存在」ということにやっと気づいた無線放送局
——有線放送局の危機——

　こうした状況について、日本の無線放送局団体は、当初「区別するのはおかしい」と主張していました。インターネットなどを使った「自動公衆送信」による番組配信という事業に乗り出そうとしていたからです。彼らは、「無線放送」に関する「特権」や「優遇」を当然視していたため、「インターネットを使うと、なぜ変わるのか」ということが不思議に思えたのです。

　例えば、「ひとつのスタジオでディスクジョッキーがラジオの音楽番組をやっている」という場合、これが2つの送信ルートで配信されており、ひとつが「従来のFM無線放送」で、もうひとつが「インターネット放送」（入力型自動公衆送信）だとします。この場合、「無線放送」のみについて「コンテンツ製作段階のユーザーとしての特権」（部品コンテンツの権利者の権利を弱めること）が適用されるため、放送される音楽CDの「レコード製作者」と「歌手・演奏家」（実演者）の権利は「報酬請求権」（後で利用料を払えばよい）だが、「入力型自動公衆送信」については「許諾権」（事前の了解が必要）ということになります。（101・106ページを参照）

　当然のことながら、無線放送局にとっては「報酬請求権」の方が楽であるため、この区別について「おかしい」と主張していたわけです。しかしある時点で、日本の無線放送局団体は、重大なことに気づきました。それは、法律ルール全体の中では「無線放送局の特権」の方が「例外」であるため、「無線放送と自動公衆送信を同じに扱うべきだ」という主張を続けていると、その結果起こることは「特権の拡大」ではなく「特権の喪失」になってしまう——ということです。条約を改正すれば、「特権の拡大」は不可能ではありませんが、それには百数十か国の全員一致の賛成が必要であり、実際には不可能でしょう。

　「報酬請求権」でいいという「特権」は、「公衆への送信」ができる主体が無線放送局だけだったという古い時代のものであって、特権意識を持っていた無線放送局は、ふと気づくと「誰でも公衆への送信ができる」——ルールの統一を主張すると特権がなくなる——という状況に置かれていたわけで

す。そこで日本の放送局団体は180度方針を変更し、「今ある特権の維持」に全力を注ぎ始めました。具体的には、「常に手元まで番組を無線で送りつづける『無線放送』だけは、特別なものなのだ」（だから特権が維持されるべきだ）という主張に転換したのです。

　このため、大きな問題を抱えたのは、「有線放送局」でした。既に述べたように、「有線放送局」の特別扱いは日本が独自に行っているものであって、条約による裏づけがありません。また、インターネット回線は主に「有線」ですので、接近は、「無線放送と自動公衆送信」ではなく、実は「有線放送と自動公衆送信」の間で起こっています。多くの国が、前記の「人工的な線引き」を「無線放送局まで」としているのに、日本は「有線放送局まで」としてしまいました。このため、他国では「インターネット放送にBBCと同じ特権を与えろ」などという人は殆どいないのに、日本では（人工的な線の両側が共に有線で似ているために）「有線放送とインターネット放送を同じに扱え」などというおかしな動きが生じてしまったのです。

　国際ルールで特権が認められているのは主として「無線放送」のみであるため、入力型自動公衆送信の事業者からの圧力は、日本ではむしろ「有線放送局の特権の喪失」を招くのです。実際に2006年（平成18年）の法改正では、「IPマルチキャスト」（自動公衆送信の一種）事業者に一部の特権を付与する代わりに、有線放送事業者の特権の一部を剥奪する――ということが行われました。

②　「レコード製作者」の権利

　既に述べたように、「著作隣接権」に関するキーワードである「伝達」という観点から見ると、「無線放送局」がしていることと「レコード会社」がしていることは、かなり似ています。前者が「電波に載せて広く送信する」という形で番組に含まれるコンテンツを伝達しているのに対して、後者は「CDなどに録音して広く販売する」という形でコンテンツを伝達しているわけで、使われている「メディア」が異なっているだけなのです。

　「レコード製作者」の「著作隣接権」によって保護されているコンテンツは、言うまでもなく「レコード」（録音物）ですが、著作権の法律ルール上の「レ

第1章 「無断ですると違法になること」のルール ──「法律によるルール」の世界

コード」とは、「ある音を最初に固定（録音）した録音物」──つまり「原盤」を意味しています。レコード屋で買ってきたCDを自分でダビングして新しい「録音物」をつくっても、それが「自分がつくったコンテンツ」として保護されるわけではありません。それは、「原盤のコピー」（実際には「原盤のコピー」＝「買ったCD」のそのまたコピー）にすぎません。

　したがって、著作権法で権利者とされている「放送事業者」と日常用語で言う「放送局」が大部分重なるのに対して、著作権法で権利者とされている「レコード製作者」（原盤製作者）と「レコード会社」は、実はかなり異なっています。日本のレコード会社が販売している音楽CDのかなりの部分について、その「原盤」は、実はそのレコード会社がつくったものではなく、音楽出版社やプロダクション（これらが「レコード製作者」＝権利者）などがつくっているからです。いわゆる「レコード会社」は、多くの場合、そうした原盤製作者（レコード製作者）と契約して、CDをコピー・販売しているに過ぎません。こうした業者を「リプレッサー」と言いますが、リプレッサーには著作隣接権はありません。

　「原盤」をつくりさえすればアマチュアでも「レコード製作者」になるわけですが、著作物である音楽を録音して（CDとしてコピー・販売するための）原盤をつくる「レコード製作者」が、著作物である小説から（本としてコピー・販売するための）版をつくる「出版社」に対応するわけです。既に述べたように、同じようなことをしていながら、「レコード製作者」には著作隣接権が付与されている一方、本の「出版者」には権利が付与されていませんが、これは業界の政治力の差によるものです。

　「レコード製作者」が持つ著作隣接権の具体的な内容は次ページの図のとおりであり、ここで初めて「報酬請求権」というものが登場します。

「無線放送・有線放送」と「ネット配信」の違い

　これらの権利のうち、「②無断で『送信可能化』されない権利」（許諾権）とは、要するにレコードを「インターネット配信」するような場合が対象であり、サーバ等に蓄積されない「入力型自動公衆送信」である「インターネッ

ト放送」の場合も、これに含まれます。サーバに蓄積（コピー）する場合は、無断で行うと、「①」と「②」の権利を同時に侵害することになります。したがって、レコードをネット配信したい場合には、レコード製作者から事前に了解を得ないと違法になります。

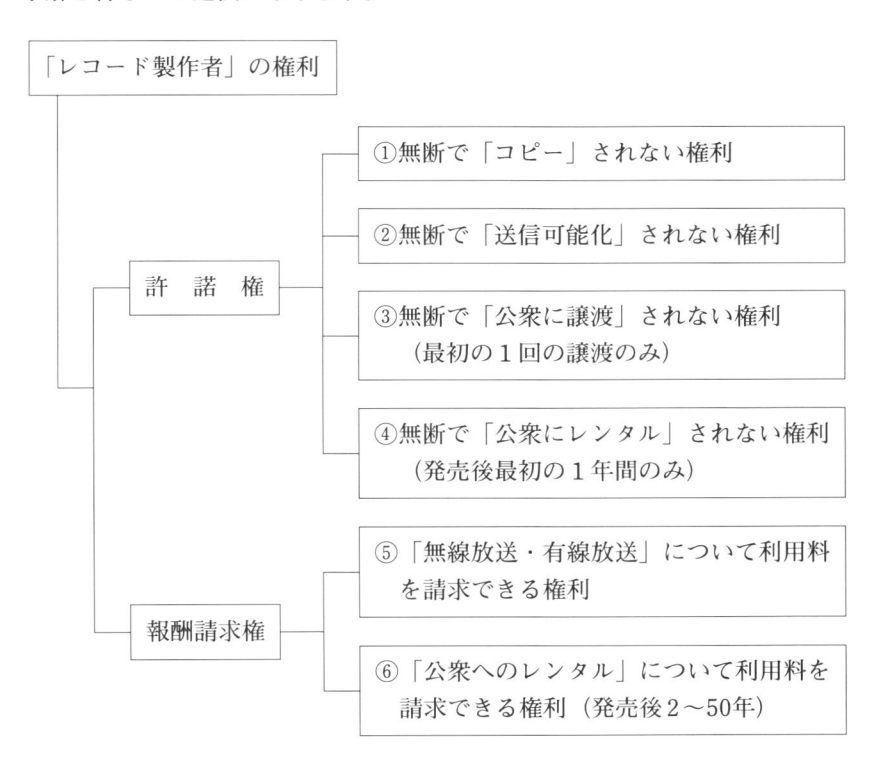

```
「レコード製作者」の権利
├─ 許諾権
│   ├─ ①無断で「コピー」されない権利
│   ├─ ②無断で「送信可能化」されない権利
│   ├─ ③無断で「公衆に譲渡」されない権利
│   │   （最初の1回の譲渡のみ）
│   └─ ④無断で「公衆にレンタル」されない権利
│       （発売後最初の1年間のみ）
└─ 報酬請求権
    ├─ ⑤「無線放送・有線放送」について利用料
    │   を請求できる権利
    └─ ⑥「公衆へのレンタル」について利用料を
        請求できる権利（発売後2〜50年）
```

これに対して、「無線放送」「有線放送」の場合は、「⑤」の「報酬請求権」とされているため、放送局は、「指定団体」である日本レコード協会に対して「事後の利用料支払い」をするだけでよいのです。この制度は、既に述べたように、強い政治力を持つ放送局の「特権」として維持されているものです。したがって、放送局の権利の項で解説したように、ディスクジョッキーがCDをかけているスタジオから、「FM放送」「インターネット放送」の2つのルートで送信が行われているとき、その放送局は、「無線放送」に該当する前者については「事後の利用料支払い」をするだけでいい（⑤の権利の対象）

第1章 「無断ですると違法になること」のルール ──「法律によるルール」の世界

のですが、「送信可能化（による入力型自動公衆送信）」に該当する後者については、レコード製作者から「事前の了解」を得ることが必要（②の権利の対象）です。著作権の基本はあくまでも「許諾権」であり、こうしたズレやアンバランスが生じる原因は、「放送局の特権」が今でも続いていることにあるのです。

「1年」＋「49年」という特異な制度

　レコードの「レンタル」に関する権利は、先進諸国の中でも日本が非常に早い時期（1984年（昭和59年））に法制化したもので、この権利についても日本は世界をリードしてきました。アメリカの著作権法には、いまだにこの権利が明記されていないため、28ページで述べたように、日本政府はアメリカ政府に対して正式に、その法制化を要求しました。
　日本が率先してこの権利を法制化したのは、1980年（昭和55年）前後に急速に拡大した「レコード・レンタル店」の問題に対応するためでした。当時のレンタル店の中には、実はレンタルを行っているというよりも、「コピーさせ屋」と言うべきものが少なくなかったようです。レンタル店の中に「高速ダビング機」を設置し、ブランクテープを持って来店した客が、借り出したレコードを店内で直ちにダビングして、レコードをすぐに返却してしまうのです。このために、「無断で『レンタル』されない権利」を新設するとともに、「誰でも使えるような複製機器を使う場合は、『個人で使用するためのコピーは合法』という例外（127ページを参照）を適用しない」（ただし、コンビニのコピー機など、文書等をコピーするものを使う場合は、当分の間引き続き合法とする）という法改正が行われました。
　ところが、その時点で既に極めて多数のレンタル店が存在していたため、新しい権利の新設に当たって、「政治的な妥協」をせざるを得なかったのです。要するに「権利を弱くする」ということです。これが、前記の「④1年間の許諾権」＋「⑥49年間の報酬請求権」という、国際的に見ても極めて異例な制度です。保護期間については後に解説しますが、「レコード」の場合は、「固定されたとき」〜「発売後50年後まで」とされています。この約50年間のう

ち、レンタルについて「レコード製作者」が「許諾権」を行使できる（無断レンタルに「ストップ」と言える）のは発売の１年後までだけであり、その後の49年間は「報酬請求権」に切り下げられてしまうのです。この制度は条約上はなんとか存続が認められていますが、日本は、世界的に見ても極めて早くこの権利を作ったのに、今では「完全な権利を認めていない国」と言われてしまっています。法律ルールをできるだけ単純化する観点からも、早急に「50年間の許諾権」とすべきでしょう。

　なお、「レコード」をレンタルすると、当然「部品」である「音楽」（著作物）も同時にレンタルされることになり、著作物である部品には「著作権③」の一部である貸与に関する権利（許諾権。61ページを参照）が及びます。しかし、音楽の場合は、JASRAC（日本音楽著作権協会）が、大部分の音楽に関する「著作権③」を集中的に管理しており、JASRAC は（権利を管理している部分については）必ず了解を出しますので、レンタル店にとっては「許諾権」であっても問題ないわけです。

③　「実演者」の権利

　「歌うこと」「踊ること」「演技すること」などによって、それぞれ「音楽」「振付」「脚本」などを「伝達」している——という意味で、「実演者」（法律上の用語は「実演家」）にも「著作隣接権」が付与されています。この場合も、権利を与えられるのは「実演を商売としているプロ」（歌手・俳優など）だけではなく、「カラオケや風呂場で歌うアマチュア」や「学芸会で演じる子どもたち」なども含め、「すべての演じる人」です。

　プロの実演者はある意味で（個人営業の）「業界」であり、当然「アーティスト」「芸術家」的な側面も持ってはいますが、「創作性が保護の用件ではない」という点で、「著作権②」による保護とは異質な（業界保護的な）制度によって保護されています。実演者の「著作隣接権」によって保護されているコンテンツは、「演技」そのものです。シンガーソングライターのように、「自分がつくった著作物」を「自分で演じる」ような場合は、「自分の局でつくった録画番組（著作物）を自分の局で（番組として）放送する」ということをする放送局と同じように、「著作権②」と「著作隣接権」を同時に持つことに

第1章 「無断ですると違法になること」のルール ──「法律によるルール」の世界

なります。

「実演」だけは「行為」に限定がある

　「放送局」「レコード製作者」の場合は、「無線同時送信」「録音」などの「行為」を行うと、その結果つくられる「番組」「レコード」などのコンテンツが直ちに保護されますが、「実演者」の場合も、「演技」をしさえすれば、その「演技」が直ちに保護されます。ただし、実演者の場合には多少の限定があり、法律では「著作物を演じる場合」と「それに類する、芸能的な性質を持つような『演じる』場合」が対象とされています。
　第一の「著作物」を演じるとは、前記のような「音楽を演奏する」「振付を踊る」「脚本を演じる」といった場合であって、これは分かりやすいでしょう。ただし、例えば「アナウンサーが原稿（著作物）を読んでいる」というのは、単なる朗読（法律上の用語では「口述」）であって「演じている」わけではないので、実演ではありません。しかし、ラジオの朗読番組などに出演するような人の場合には、法律上「口演」（「上演」の一種）と呼ばれる実演となります（境目については、あらかじめ契約で明確にしておくか、あるいは裁判をするしかありません）。
　第二の「著作物以外のもの」を演じる場合とは、「手品」「モノマネ」「腹話術」「曲芸」などの場合ですが、この場合に保護されるのは「芸能的に演じられているもの」だけです。まず、「演じられている」ということは、「予めストーリーが決まっている」ということですので、「スポーツの試合」など、「何が起こるか分からないもの」は「実演」ではありません。スタジアムの入り口などに「著作権の問題のためデジカメは持ち込み禁止」などと書かれている場合がありませすが、スポーツの場面と著作権は無関係です。
　しかしよく考えてみると、「何が起こるか予め決まっているスポーツ」もあります。例えば、「体操の床運動」や「フィギュアスケートの演技」などが典型的な例でしょう。しかしこれらは、「芸能的」ではないため、「著作隣接権」が与えられていません。したがって、「オリンピックのフィギュアスケートの演技」には著作隣接権がないが、ショーとして芸能的に行われている「ホ

― 104 ―

リデイ・オン・アイス」などというものでのスケートの「演技」は、芸能的なので著作隣接権がある——ということになります。「では、プロレスは？」という質問がかつてありましたが、プロレスの場合は、やっている人々が「あれは実は、予めストーリーが決まっているんです」と言えば「実演」として「著作隣接権」で保護され、「本気でやっているので、何が起こるか分かりません」と言ったら権利がない——ということになります。

　なお、実演者については、72ページで述べた「雇い主が著作者となる場合」に相当するような「実演者の雇い主が著作隣接権を持つ場合」という法律ルールがありません。したがって（例えば吉本のような）実演者を雇っている会社が、社員が行った実演の著作隣接権を持ちたい場合は、雇用契約等によって譲渡させることになります。

　「実演者」の著作隣接権の具体的な内容は、次ページの図のとおりです。

2002年から実演者にも付与された「人格権」

　これらの権利のうち「人格権」は、日本では2002年（平成14年）の10月から新たに付与されたものです。「著作者」については、「小説のストーリーを無断で改ざんする」とか「絵画の色を無断で塗りなおす」などといった行為を防止するため、昔から「無断で『改変』されない権利」（同一性保持権）が与えられていましたが、「実演」については、「実演の改変」ということがそもそも技術的に困難であったために、この権利の必要性は広く認識されていませんでした。実演を改変しようとすれば、例えばフィルムの１コマ１コマをすべて描きなおしていくことになり、そんな面倒なことはあまり行われなかったのです。

　ところが、デジタル技術の発達によって、あらゆる情報の改変が極めて容易になったため、様々な問題が起きてきました。例えば、ある会社があるバレリーナに、「あなたの踊りは大変すばらしいので、ぜひとも我が社のテレビコマーシャルにご出演いただきたい」と言い、そのバレリーナが録画等を了解（契約）して撮影が行われたとします。ところが、親戚中に電話していざテレビを見てみたら、体型が変えられている（太らされている、短足にされ

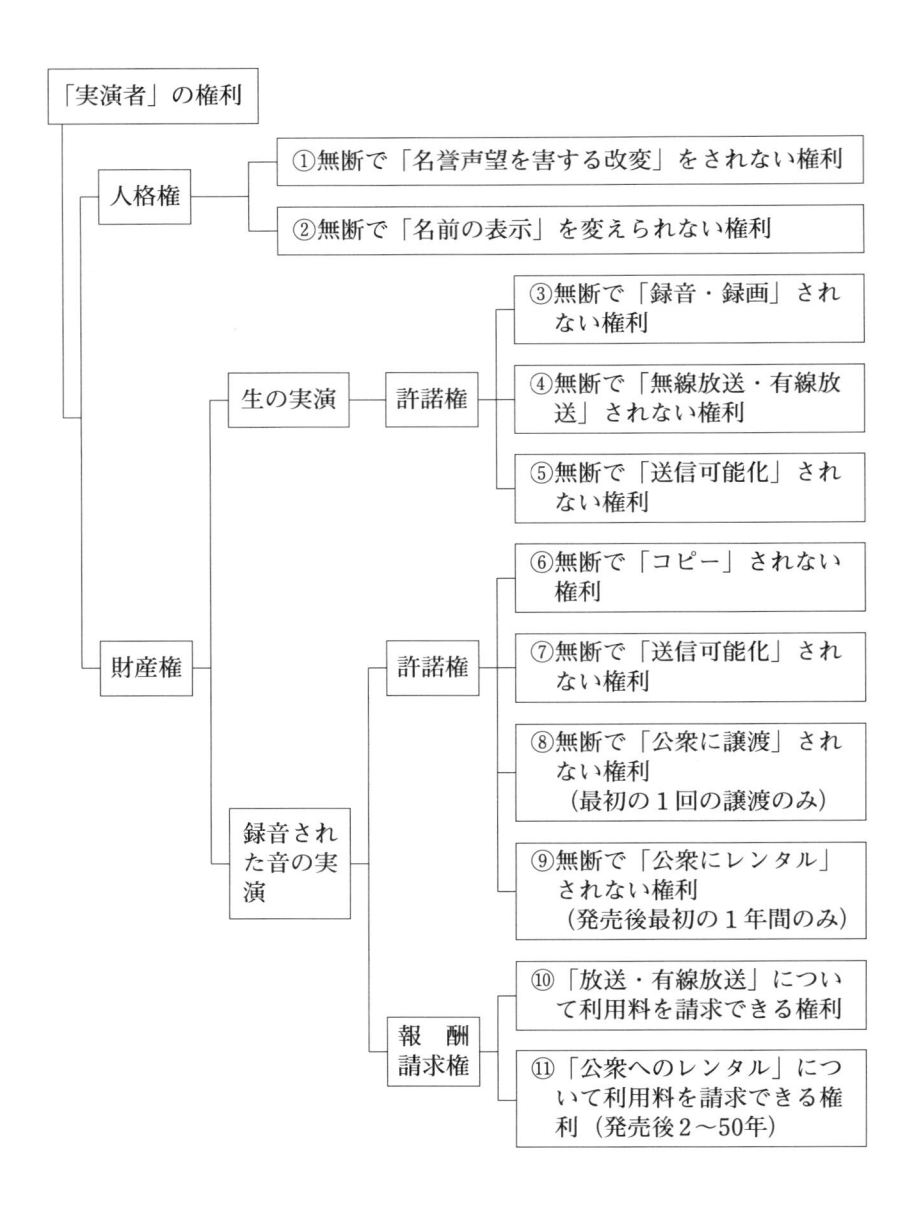

第1章 「無断ですると違法になること」のルール ——「法律によるルール」の世界

```
「実演者」の権利
├─ 人格権
│   ├─ ①無断で「名誉声望を害する改変」をされない権利
│   └─ ②無断で「名前の表示」を変えられない権利
└─ 財産権
    ├─ 生の実演 ─ 許諾権
    │   ├─ ③無断で「録音・録画」されない権利
    │   ├─ ④無断で「無線放送・有線放送」されない権利
    │   └─ ⑤無断で「送信可能化」されない権利
    └─ 録音された音の実演
        ├─ 許諾権
        │   ├─ ⑥無断で「コピー」されない権利
        │   ├─ ⑦無断で「送信可能化」されない権利
        │   ├─ ⑧無断で「公衆に譲渡」されない権利（最初の1回の譲渡のみ）
        │   └─ ⑨無断で「公衆にレンタル」されない権利（発売後最初の1年間のみ）
        └─ 報酬請求権
            ├─ ⑩「放送・有線放送」について利用料を請求できる権利
            └─ ⑪「公衆へのレンタル」について利用料を請求できる権利（発売後2〜50年）
```

— 106 —

ている、胸が大きくされているなど）とか、一部のコミカルな動きやセクシーな動きだけが繰り返されているとか、ひどい場合には、裸にされているとか顔が他人とすげかえられている、などということが起こるようになってきました。このために、実演者に「同一性保持権」を与えるということが、国際的にも議論されるようになったのです。このことについて、1996年（平成8年）に制定された条約（WPPT）は、対象を「音の実演」に限定していましたが、日本では、関係者間協議による合意形成を経て、「音の実演」「映像の実演」の双方を対象として、2002年（平成14年）から「同一性保持権」と「氏名表示権」を付与しました。（「映像の実演」については2012年（平成24年）に条約（北京条約）を制定。）

　しかし、国際的に「著作隣接権は著作権②よりも弱くする」という伝統があることなどから、日本の著作権法でも、「実演者の人格権」は「著作者の人格権」よりも「弱い」ものとされています。第一に、著作者の人格権は「無断で『改変』されない権利」であるため、無断で改変が行われると直ちに違法になりますが、実演者の人格権は「無断で『名誉声望を害する改変』をされない権利」です。このため、「その改変によって、名誉声望を害された」ということを、実演者の側が裁判で立証しなければなりません。また第二に、実演者の人格権には「無断で『公表』されない権利」（公表権）が含まれていません。実は「著作者の人格権」についても、「公表権」の付与は条約上の義務とはされておらず、日本やヨーロッパの一部の国など、保護水準の高い国がこの権利を独自に法制化しているものです。さらに第三に、追って述べるように、人格権が及ばないとされる「例外」について、実演者の場合には著作者の場合よりも広い例外が定められています。

　なお、実演者の人格権は「生の実演」「録音された実演」「録画された実演」など、すべての実演について付与されています。52ページで述べた「一身専属性」や「保護期間」に関するルールは、著作者の人格権と同じです。

「実演」には「生」と「固定」がある

　前ページの図を見ると、「実演者」の「著作隣接権」は、一見して「無線放

第1章 「無断ですると違法になること」のルール ——「法律によるルール」の世界

送局・有線放送局」や「レコード製作者」の「著作隣接権」よりも複雑に見えますが、その理由は、「実演」というものに「生の実演」と「固定（録音・録画）された実演」があるためです。

「無線放送番組・有線放送番組」に関する権利の場合は、基本的に「現に送信されている番組」だけが対象です（「放送番組をいったん録画したビデオを、レンタルなどによって利用すること」についても放送局に権利を付与すべきか——という課題については、新しい条約が検討段階にあります）。また、「レコード」の場合は、そもそも「録音物」が権利の対象であり、「生のレコード」などというものは存在しないので、権利の数も比較的少なくなっているわけです。

これに対して「実演」の場合は、様々なケースが存在します。まず「生」の実演の場合ですが、これについては権利も比較的簡単です。図に示したように、③無断で「録音・録画」されない権利、④無断で「無線放送・有線放送」されない権利、⑤無断で「送信可能化」されない権利、という3つがあるだけです。

これらはすべて「許諾権」であるため、「無線放送・有線放送」とインターネット等を用いた自動公衆送信のための「送信可能化」は一本化してもよさそうに思えます。しかし、既に述べたように、放送局に特権を与えるための優遇策が他の部分であるために、両者の概念を分けておく必要があることや、「送信可能化」には「送信行為」は含まれていない（91ページを参照）ことなどのために、一本化はされていません。

なお、「生の実演」を「送信可能化」するとは、生で現に行われている実演を、（サーバ等への蓄積を伴わずに）アクセスした人に生のまま送信する「入力型自動公衆送信」（「インターネット放送」など）で送信するため、そのままカメラやマイクでサーバ等に入力し続けることです。いったんサーバ等に蓄積すると、それは既に「固定された実演」であって「生の実演」ではなくなるわけです。

第1節　まず現在の法律ルールを「知る」こと

「レコード」の中の「音の実演」と「ビデオ」の中の「映像の実演」の違い

　「生の実演」に関する権利は、「録音・録画」（すなわち「コピー」）、「無線放送・有線放送・送信可能化」のみに及ぶので、比較的分かりやすいでしょう。したがって、「生の実演」と「固定（録音・録画）された実演」を同じルールにすれば、前記の図も非常に簡単になって分かりやすくなるのです。

　ところが、「固定された実演」については別の法律ルールが国際的にも採用されているために、全体が複雑で分かりにくくなっています。法律ルールが複雑になるのは、「あの場合」と「この場合」を分けて別々のルールにしているときですが、なぜ別々のルールにするかというと、要するに「特定の利用者による特定の利用を例外的に優遇する」（その場合について「実演者」の権利を弱める）ということをしているためです。「無線放送局」の特権・優遇については既に述べましたが、「実演者」の権利を複雑にしている原因は、「映画会社」の特権・優遇です。

　既に述べたように、世界中で強い政治力を持つ「無線放送局」と「映画会社」については、著作権の法律ルールについて様々な「優遇」が行われていますが、この2つの業界がいずれも「ユーザー・クリエータ」（コンテンツをつくる段階では利用者であり、つくった後は権利者になる）であることから、既に述べたように、その「優遇」にも二面性があります。つまり、無線放送番組や映画などのコンテンツを「つくる段階」では「部品コンテンツの権利者等の権利を弱める」という優遇が行われ、「つくった後の段階」では「強い権利を与える」という優遇が行われているわけです。

　無線放送局に対するそうした優遇については既に述べましたが、映画会社の場合は、「つくった後の段階」について、例えば「映画だけ、保護期間を公表後70年にする」という優遇が行われています。また、「つくる段階」については、「映画監督の著作権③が、自動的に映画会社に移転する」ほか、実演者との関係では「俳優等の了解を得て録画（撮影）が行われると、俳優等の権利が消滅する」という極めて重要な優遇策がとられています。

　前記の図の中で、権利の対象となる実演が「生の実演（音・映像）」と「録音された『音』の実演」とされているのは、逆に言うと、「録画された『映像』

第 1 章　「無断ですると違法になること」のルール　──「法律によるルール」の世界

の実演」については実演者に一切権利がない──ということを意味しているわけです。つまり、いったん映画などの中に「録画」されると、その後のコピーや放送やレンタルなど、あらゆる利用について、実演者の財産権は消滅するのです（人格権は存続します）。このため、映画会社が俳優を使って映画を撮影した場合、その映画を完成後に「ビデオ化」したり「放送」したり「レンタル」したり「ネット配信」するような場合にも、映画会社は俳優の了解を得る（ギャラを支払う）必要がないわけです。

　「映画会社と俳優」の関係は「レコード会社と歌手」の関係に似ていますが、後者の場合は、レコード会社が既存のレコードを「増刷」（コピー）したり「ネット配信」するときに、（実演者が「録音されている音の実演」について「⑥無断でコピーされない権利（許諾権）」等を持つため）事前に実演者（歌手・演奏家）の了解を得なければなりません。このことと比較すると、同じようなことをしていながら、「レコード会社」にくらべて「映画会社」がいかに優遇されているかが分かるでしょう。

「音」だけ記録させると権利が残るが「音と映像」の両方を記録させると権利が消える不思議

　こうした差異のため、例えば「ライブコンサート」の記録をアーティストが許諾する場合、「録音だけ許諾」であればその録音物（レコード）の後々の利用について権利が残る（実演者の了解がないと利用できない）が、「録画も許諾する」とすべての財産権が消滅する、というおかしなことが起こります。このことについては、「映画の場合は出演者が多いから」などという理屈をつけて説明している人もいますが、レコードの場合もフルオーケストラにコーラスまでついていれば相当の人数になるので、人数などという理由からこうした差異が設けられているわけではありません。要するに、映画会社の特権・優遇なのです（レコード会社も同じルールを望んでいるのでしょうが、政治力が弱いためにこれを実現できないのです）。

　映画に出演する俳優等は、「③生の実演を無断で『録画』されない」という権利を持っているので、撮影前に「後々のビデオ化やテレビ放送などについ

ても、利用料を受け取れるような契約をしないのであれば、撮影を許さない」と言うことはできます。しかしそんなことを言ったら、一部の有名俳優以外は、「じゃあ、出なくていいよ」と言われてしまうでしょう（日本の一部有名俳優は、この手で二次利用料をもらっています。また、アメリカの俳優は、著作隣接権を全く与えられていませんが、組合を作り団結してストライキをするので、こうした要求が通っています）。

　CDやDVDや素人も使える録画機器の普及によって、「映画」と「レコード」の利用形態が近づいてきたこともあり、こうした差異をなくして「録画された映像の実演」と「録音された音の実演」の権利を同じにすべきではないか、ということが国際的にも議論されるようになり、1996年（平成8年）と2000年（平成12年）には条約案も策定されました。しかし、先進諸国の中で最も「著作権①」の保護水準が低く、そもそも「著作隣接権」の保護を行っていないアメリカが積極的でなかったことなどのために、これらは廃案になりました。2012年（平成24年）に至りようやく条約（北京条約）が制定されましたが、この条約は、実は権利の付与・維持を完全には義務づけていません。極めて強い政治力を持つ「ハリウッド」の利益に反することは、なかなかできないのです。

俳優団体は「契約システム構築」について本当に無名俳優の側に立っているのか？

　「録画された映像の実演」について、国内法の改正で将来権利が拡大されたとしても、弱い立場にある俳優は、結局は契約による「権利放棄」（映画会社への権利譲渡）を迫られるでしょう。したがって、権利がなくても団結して利益を確保しているアメリカの俳優たちのように「団結してストライキをすること」や、「有名俳優が無名俳優のために『それなら私も出演しない』と言うこと」などが必要になります。アメリカの俳優とくらべると、日本の俳優はそうした「団結」が非常に遅れているようですが、権利の獲得や活用のためには、アメリカの俳優団体の行動を見習うべきでしょう。

　さらに、後に述べるように、日本における「著作権問題」の大部分は、「著

第1章 「無断ですると違法になること」のルール ——「法律によるルール」の世界

作権法問題」ではなく「著作権契約問題」であって、明確な契約書が交わされていないことが多くの問題の原因である——と言われていますが、俳優が映画やテレビ番組に出演する場合についても、諸外国では常識になっている「出演契約書」が交わされていない場合が多いようです。このため、今すぐに「録画された『映像』の実演」について権利を拡大したとすると、「多くの俳優のうちひとりでも反対すると、ビデオ化やテレビ放送ができない」という状態を招いてしまいます。

　そうなれば映画会社がつぶれ、俳優が職場を失うという事態もあり得ます。このため、将来の権利拡大に備えて、俳優団体や映画会社団体によって「契約モデル」の検討が、かつて文化庁の協力者会議で行われました。例えば、「最初のギャラは安くても、将来のビデオ化・テレビ放送等について利用料をもらう」とか「最初に高めのギャラをもらうかわりに、権利を映画会社に譲渡する」といった契約モデルです。

　日本の俳優団体の当初案では、「各俳優が個別に映画会社と交渉し、有利な契約（映画会社に権利を移転せず、後々の利用については、再度その俳優の了解を得るといった契約）をした俳優に限り、その権利を俳優団体がJASRACのように集中管理する」とされていましたが、この案は、無名の俳優にとってあまりに不利であるため、映画会社など利用者側も驚いていました。

　作曲家などの権利を「集中管理」してきたJASRACは、長年の努力によって極めて多くの作曲家の「著作権③」を集中的に管理するに至りました。ひとりひとりの作曲家を説得して団結の輪を拡大していったわけですが、大規模な集中管理を行うと、「有名作曲家でも無名作曲家でも、著作権利用料（ギャラ）は同じ」ということになりますので、マーケット内で強い力を持つ有名作曲家にとっては、不利な状況になります。しかし、そうした「有名作曲家と無名作曲家の利害対立」を乗り越えてJASRACは「団結」を達成しており、このために作曲家全体として「マーケット内での強者」の立場を得ているのです。ひとりひとりの作曲家は、放送局やレコード会社に「各個撃破」されやすい弱い存在ですが、いわば、「シマウマが団結してライオンに対抗している」という状況を独自に作り上げたわけです。この「団結」を達成するために、JASRACは血のにじむような努力をしてきました。

これに対して、将来実演者の権利が拡大された場合を想定して俳優団体が考えた案は、いわば、「個々のシマウマがそれぞれ単独でライオンと戦い、生き残ったシマウマの権利を集中管理する」（そこから管理手数料を取る）というものでした。「団体は、必ずしも会員のためには行動しない」ということは後に述べますが、この案は、「会員のため」と言えるのでしょうか。

「録音」された「音」の実演に関する権利はよく見ると「レコード」と同じ

　実演者の著作隣接権の最後のグループは、レコードに「録音」された「音」の実演（歌手の歌や演奏家の演奏など）に関する権利です。この部分は一見複雑に見えますが、よく見ると、「許諾権」の部分も「報酬請求権」の部分も、「レコード製作者の権利」（101ページを参照）と全く同じです。これは、レコードの利用について、「レコード製作者」と「実演者」に全く同じ権利を付与するということが、条約に書いてあるためです。

　したがって、放送局の特権・優遇のために、「放送・有線放送」が「許諾権」ではなく「報酬請求権」の対象とされていることや、「レコードのレンタル」について「1年＋49年」という特異な制度がとられていることも、「レコード製作者」の権利の場合と同じです。

4.「権利を及ぼさない場合」の法律ルール

(1) 権利は絶対ではない

　法律ルールによって何らかの権利が付与されても、それは絶対のものではありません。例えば、国際人権規約や日本国憲法によって「基本的人権」とされている「言論の自由」についても、少なくとも日本では、「名誉毀損は違法」とされています。これは、ある人が国際人権規約や憲法に基づく人権を持っているといっても、他人にも「別の人権」があるからです。

　つまり、人権と人権の衝突が生じる場合があるわけで、名誉毀損の場合について言えば、「言論の自由」という権利と、「いたずらに名誉を毀損されな

第1章 「無断ですると違法になること」のルール ——「法律によるルール」の世界

い」という権利が衝突しているのです。このような場合には、国会を通じて国民が決める「法律ルール」によって、どのような場合にどちらを優先するか——ということを決めるしかありません。

　著作権の場合には、「著作権を行使したことによって、他人の別の人権を損う」などということはあまり考えられませんが、「著作権の方を少し我慢してもらうことによって、他人の別の人権をより良く保障できる」という場合は存在します。このような「他人の別の人権」の例としては、「教育を受ける権利」「社会福祉を受ける権利」「知る権利」などをあげることができましょう。このために著作権についても、条約によって許されている範囲内で、「権利を及ぼさない場合」が法律ルールで定められているのです。ちなみに、多くの人々の権利が束になったものを「公益」と言いますが、このため権利の制限については、しばしば「公益のため」ということが言われているわけです。

4とおりの方式

　このような「権利と権利の間の調整」（権利を行使できる場合からの「除外」に関する法律ルールの制定）は、様々な方式で行い得るものです。例えば、「言論の自由」と「名誉毀損」の場合には、極めてストレートに後者を「刑事罰」の対象としていますが、「土地所有権」と「空港建設」などの場合には、土地収用法によって「強制買い上げ」的な制度が設けられています。著作権の場合にも様々な方式があり得ますが、どこの国でも次のような方式を組み合わせて工夫をしています。

① 「保護されるコンテンツ」に当初から含めない
② 「保護期間」を満了させて保護を打ち切る
③ 権利の対象となる「利用行為」に当初から含めない
④ いったん権利の対象とした上で「例外規定」（権利制限規定等）によって例外的に無断利用を認める

　これらについては、いくつか注意すべきことがあります。まず第一に、こ

れらについては「条約」によって定められた最低基準や条件があり、国内法で無制限に規定できるわけではありません。また第二に、これらのいずれについても、あらゆる法律の宿命として、「黒の場合」と「白の場合」の間に「灰色部分」があります。そうした部分について「あいまいな部分があって困る」などと言う人がいますが、著作権の法律ルールにおいては「権利者の了解を得て利用する」ということが「原則」であり、「明らかに除外・例外に該当する」という場合にだけ無断利用が許されるのです。要するに、「アブナイと思ったら、契約して了解を得る」「それでもするなら自己責任」という単純なことです。

　第三に、こうした「除外」や「例外」は、権利者の「無断で利用されない権利」が「及ばない」(利用している人を訴えることができない)ということを定めているだけであって、利用者の側に「利用できる権利」を付与しているわけではありません。例えば、権利が及んでいない場合であっても、権利者が「コピー・プロテクション」などによって事実上利用ができない状態を作ることは、「利用者の権利の侵害」などではないのです。本屋の本にビニールがかけてあることは、「立ち読みできる権利の侵害」などというものではないでしょう。

例外は常に見直されている

　権利を強めるにせよ弱めるにせよ、法律ルールの改正を目指して自ら行動を起こすことに関しては後に詳細に述べますが、そのような法律ルールの改正の中で、「権利を及ぼさない場合」の拡大・縮小ということは、常に大きなテーマのひとつとなります。特に、「著作物そのもの」「コピーの方式・媒体」「送信システム」などについて、急速な変化が起きているため、例外についても各国で常に見直しや改正が行われています。社会が急速に変化しているときには、著作権法に限らずあらゆる法律は常に「時代遅れ」になっているのであり、常に改正を考えていくことが必要なのです。

　そのような法律ルールの改正には、当然のことながら、除外や例外の「拡大」「縮小」の両方が含まれています。例えば「拡大」について言うと、「最

第1章 「無断ですると違法になること」のルール　──「法律によるルール」の世界

近普及してきた新しい利用形態であって、従来は例外の対象とされていなかったが、立法当時において『例外の対象とすべきでない』という判断があったわけではなく、単にそのような利用形態が存在しなかっただけであって、権利者の利益を害しない」などというものについて、例外の拡大が行われてきました。その多くは、インターネットなどを用いた「送信利用」であり、例えば「点字データのネット配信」や「遠隔授業の副会場への教材の送信」などが、これまで拡大された例です。昔は、コンテンツの主な利用形態が「コピー・配布」であったため、例外規定も「コピー」に関するものがほとんどでしたが、最近拡大されている例外規定は、こうした送信系のものが多くなっています。

　逆に「縮小」については、「立法当時は権利者の利益を害しなかったが、その後の技術変化等により、権利者に大きな損害を与えるようになった」といったものについて、法改正の動きがあります。例えば、「公民館や図書館などでの、非営利目的・入場無料の映画上映会」がその例です。立法時点ではまだビデオというものが存在しておらず、「映画」のフィルムはほとんど映画館の中だけにありました。したがって、「図書館や公民館が映画フィルムなどというものを入手することはめったにないだろうが、もし年に何回かそんなことがあったら、非営利目的・入場無料で地域住民に上映するのは、無断でやってもかまわない」という趣旨の規定だったのです。

例外の「拡大」を目指して自ら行動する人へ

　このように、例外の拡大・縮小については様々な動きがありますが、「創作手段」「利用手段」が爆発的に普及すると、多くの人々はまずそれを「利用手段」として使うため、例外についても「拡大」を求める意見が強くなります。条約が許す範囲内であれば、国民の多数が支持すれば例外の拡大は可能ですが、次のようなことは知っておいていただきたいと思います。

　第一は、例えば「公益性」を理由として著作権を例外的に制限するということは、「公益を実現するためのコストを権利者個人に負わせている」ということを意味する──ということです。著作権の法律ルールにおける公益目的

第1節　まず現在の法律ルールを「知る」こと

の例外は、「土地所有権の例外ルール」である「土地収用法」に似ていますが、実は権利者側から見ると、著作権の例外は、土地収用法よりもずっとひどいものに見えるのです。なぜかと言うと、土地収用法は「土地を取り上げる」ものではなく、「強制買い上げ」であって、「お金」は（安いかもしれないが）もらえます。これに対して著作権の例外の場合には、普通は「お金」はもらえません。

　このために権利者側は、「公益性がある場合に、いちいち権利者の了解を得るのは大変だから、例外的に無断利用を認めてほしい――ということは理解できる。しかし、『公益』というものを実現するための『コスト』は、幼稚園から自衛隊に至るまで、普通は『税金』でまかなうものではないか？　著作権の場合に限り、なぜ『私の本がその分売れなくなる』という形で、私個人がコストを負担しなければならないのか？　せめて補償金が支払われるべきだ」と主張しています。

　これは理屈の通った主張であり、このため例えば「図書館からの本の無料貸し出し」について、「図書館等が著者に補償金を支払う」という制度（「公貸権（公共貸与権）」という）が、ヨーロッパでは拡大しつつあります。このテーマについては後に詳しく述べますが、日本の著作権法では、この権利は「図書館からのビデオ・DVD等の無料貸し出し」についてのみ存在しています。

　第二は、「他人の権利を減らすと、自分の権利も減る」という、極めて単純で当然のことです。「官対民」のコントロール関係である「規制」については、これを緩和・撤廃しても、単にお役所の権限が減るだけですが、「民対民」の関係である「権利」を減らすと、当然のことながら、相手の権利だけでなく自分の権利も減ることになります。例えば、1990年代に「マルチメディア」などと呼ばれるパッケージ系の複雑なコンテンツ（CDの中に多種多様な「部品コンテンツ」を盛り込んだもの。著作権法上は「データベースの著作物」に該当するものが多い。現在はそうした複雑なものが送信によって利用されるようになり、「ブロードバンド・コンテンツ」などと名を変えた）がつくられだしたころ、マルチメディア事業者と称する人々が、よく「マルチメディアを生産することは、日本にとってよいことなのだから、『マルチメディアを

第 1 章　「無断ですると違法になること」のルール　──「法律によるルール」の世界

つくるときには、著作権を無視してよい』という法改正すべきだ」などと文化庁に申し入れをしてきました。

　そこで、「分かりました。ではそういう法改正をしましょう。しかし、法改正後に私は、あなたが既存のコンテンツを使ってマルチメディアをつくるのをじっと待っていて、発売されたらすぐにそれをパクッて、他のものといっしょにして別のマルチメディアを作って売りますが、いいですね」と言うと、目が点になってしまう人が多かったのです。つまり、「自分のコンテンツも同じ法律ルールで守られている」ということに気づいていない人がまだいるわけです。前記のような安易な主張を決してしないのは、例えば「ビデオ業界」「レコード業界」「コンピュータソフト業界」など、海賊版によって散々に苦しめられてきた業界です。新しい業界は、新しいコンテンツをつくることばかり考えていて、つくった後のことまで（まだ海賊版が出ていないので）考えが及んでいないことが多いようですが、「私権」については「お互い様」の関係にあるということを、知っておく必要があるのです。

　道路拡張工事が行われているときに、「一軒だけ立ち退かない家」があって渋滞が激しいと、車を運転している人は、「あんな家はすぐにどかせるような法律を作るべきだ」と安易に思いがちですが、そんな法律ができてしまったら、「自分の家もいつどかされるか分からない」という状況になってしまうのです。

　また、後に述べるように、「番組を制作する時点で、日本の無線放送局は、後々の再放送・ビデオ化・ネット配信なども含めた契約をしていなかった」ということのために、他国と違い日本では、既存の（過去に無線放送されてビデオが保存されている）無線放送番組の再利用が難しい──という問題が起こってきました。こうした契約の不備のために、例えばNHKについて言うと、国民の受信料で作られた番組（NHKアーカイブスに保存されている番組）約60万本のうち、すぐに再利用できるのは数千本にすぎない、という状況が起きていました。

　この問題について、無線放送局の関係者の中には、（自らの契約の不備を棚に上げて）「再放送はいいことなのだから、著作権法を改正して、再放送を行う場合には既存の著作権をすべて否定することにすべきだ」などと主張して

いる人もいるようです。しかしこの主張は、いわば「天に唾する」ものと言えましょう。なぜなら、その番組を制作した無線放送局にも（自社の番組を他社に無断利用されないための）著作隣接権が与えられているのであり、「再放送は自由」（既存の権利を否定する）という法律を作ってしまったら、自分たちの番組を他局に再放送されてしまうからです。

　これと同じような滑稽な主張は、一部の新聞関係者もしています。過去の新聞紙面をネット配信するような場合には、投稿記事や、「報道目的のための無断利用」という例外規定（151ページを参照）を使って紙面に取り込んだ著作物などについて、再度それぞれの権利者の了解を得る必要があります。これを「面倒」と感じるＳ新聞社の人は、「新聞紙面をそのままネット配信するのも、（どんなに古いものであっても）例外の対象となる報道利用だ」と主張していました。これも「天に唾する」主張です。なぜなら、この主張（法律解釈）が正しいとすると、（例外規定を使う主体は著作権法で限定されていないので）その会社の新聞紙面は「誰でも」報道利用としてネット配信できる――ということになってしまうからです。要するに、他人の権利を減らすと、自分の権利も減ってしまうのです。

　関係者の一部が前記のような滑稽な主張をしている「放送」「新聞」に共通するのは、ともに「ユーザー・クリエータ」（コンテンツをつくる段階では「利用者」で、つくった後は「権利者」になる）だということです。こうした人々は、広い視野を持ってよく考えた上でルール変更を主張しないと、思わぬ落とし穴に自らはまり、大恥をかくことになってしまうのです。

　第三は、法律ルールの改正については、「改正を望む人自身が行動を起こさなければ、何も起こらない」ということです。これは、例外規定の改正だけでなく、「法律ルール」の改正一般について言えることであって、後に詳細に述べますが、特に著作権法の改正については、権利を強めようとする場合も弱めようとする場合も――例外規定について言えば、例外を「拡大」しようとする場合も「縮小」しようとする場合も――殆ど常に「反対派」が存在します。賛成派にも反対派にも、それぞれ憲法上の「幸福追求権」や「思想信条良心の自由」があるため、双方の主張はどちらかが「正しい」というものではありません。民主国家である日本では、最終的には、憲法のルールに従

第1章 「無断ですると違法になること」のルール ——「法律によるルール」の世界

い、国会での多数決で法律ルールが決まるのです。

　当然のことながら、「全体の奉仕者」として著作権制度を所管している文化庁に対して、「こちらが正しいのだから、文化庁がこちらの味方をすべきだ」などと言っても、何も起こりはしません（そうした態度が多くの分野で官僚主導を招いてきました）。したがって、「新しい法律ルール」を提案する人は、行政（国民を誘導するものではなく、逆に国民の意思にしたがって動くべきもの）に対してではなく、権利者・利用者を含む国民全体に対して具体的な提案を行い、反対派の説得もしなければならないのです。

(2) 「権利制限規定があってもコピーしない」という契約は原則として有効

　114ページに示した4つの方式については、条約が許す範囲内で、各国がそれぞれ工夫して方式を選んでいるのですが、特に前記の「③」「④」のいずれの方法を用いるかは、法律の規定の作り方に関する各国の伝統や立法技術上の問題によって決まるものであり、同じ趣旨の除外であっても、国によって方式が異なっています。

　例えば、「学校の学芸会での子どもたちの音楽演奏」に著作権を及ぼしている国はおそらくないと思われますが、その方法は、日本では「④」（権利を付与した上で制限）であるのに対して、ドイツでは「③」（当初から除外）です。また、「図書館からの本の貸し出し」についても、著作権（許諾権）を及ぼしている国は存在しないと思われますが、その除外方法は、世界の多くの国に先駆けて「貸与権」を法定した日本では「④」であり、後から追いついてきた国際条約や多くの国では「③」となっています。さらに、「同一構内での公衆向け送信」（小学校の放送クラブが給食の時間に校内に音楽を流すようなこと）について、日本では「③」の方式で権利の対象から除外していますが、「④」の方式で規定することも可能だったのです。

　法案を作ってきた文化庁で過去の経緯を確認すると、方式としては「③」でも「④」でもいい場合について、「どのような場合についてどちらにするか」という統一的な方針はなかったということが分かります。つまり、単に立法

技術上の問題として、その都度どちらかが選ばれてきたわけです。専門家の中には、「③にするか④にするかということについて、文化庁は基準を持っていたはずだ」という前提に立って、例えば、「④の方式で規定されている場合だけは、『権利制限規定があっても、コピーしない』という契約が（④の方式だということを理由に）無効になる場合がある」などということを言っている人がいますが、「③か④かで、法的な効果が異なる」という発想は、完全な間違いです。

　民法の規定によって「公序良俗に反する契約」などは当然無効とされますので、個別のケースについて裁判所が「この『コピーしない』という契約は無効」という判決を出すことはあり得ます。しかしそれは、「③ではなく④の方式だからだ」ということを理由とするものではあり得ません。もし裁判所がそのような理由で「この契約は無効」という判決を出すようなことがあったら、法案作成時点で意図していなかった重大な結果が生じてしまっているわけであり、「契約の有効性についての予見性・安定性」を確保するためにも、文化庁は、規定のしかたを「④」から「③」にすべて変えるような法案を直ちに作るべきでしょう。

(3)　特殊な国だけにある「フェア・ユース」という例外ルール

　こうした例外について日本で広く見られる勘違いは、「アメリカでは、『フェア・ユース』という考え方（一般的に「公正な利用」は許されるという規定）により、大幅な無断利用が認められている」という誤解です。アメリカの著作権法にある「フェア・ユース」という考え方は、単に例外規定の「書き方」を「大まか」にするということであって、「例外の広さ」とは無関係なのです。つまり、例外的に無断利用が許される場合の条件について、個々に「詳細」な規定を法律に書くのではなく、「大まか」な規定だけを書いておき、「何がフェア・ユースか？」という対象範囲の特定は、個々のケースごとに「裁判所の判断」に任せるというものです。

　「フェア・ユース」という考え方が機能している背景には、①行政に頼らず常に裁判で問題を解決しようとする国民性、②迅速な裁判を受けられる司法

第1章 「無断ですると違法になること」のルール ——「法律によるルール」の世界

制度、③裁判を回避するための民間の契約・合意システムの発達——といったアメリカ社会の特性があります。例えば、「教育目的で利用する場合の例外」については、法律の曖昧さによる混乱や訴訟の乱発を回避するために、「教育関係団体」と「権利者団体」が政府と関係なく（日本の著作権法よりもはるかに詳細で複雑な）独自の「ガイドライン」を定めています。また、「すべて裁判にまかせる」ために、アメリカ政府で著作権を担当する職員は、「著作権法の解釈に関する外部からの問い合わせには、一切答えてはならない」こととされています。

　日本でも「フェア・ユースは許される」という規定を採用すべきだという意見がありますが、そのためにはまず、「大まかな規定の曖昧さを補うための膨大な自助努力」を行う「覚悟」が必要でしょう。「なんでも裁判で決着する」という文化を日本人が受け入れるとしたら——つまり、「法律の規定があいまいで困る」などということを日本人が言わなくなったら——国際的に見ても異常に大きな役割と責任を負わされてきた日本の行政は、仕事が楽になるわけであり、そうした動きに反対するはずはありません。

　実は、2012年（平成24年）の法改正に向けて、日本の著作権法にも「フェア・ユース」の規定を盛り込むことが、政府部内で真剣に検討されました。しかし結局は、当初「フェア・ユース」と呼ばれていたものがいつの間にか「日本版フェア・ユース」（要するに、本来のフェア・ユースではないもの）と呼ばれるようになり、最後には、そのような用語さえ消えてしまいました。この年の改正ではいくつか新しい例外規定が導入されましたが、それらは「それまでの例外規定よりはややあいまいに書いたもの」ではあっても、結局は、フェア・ユース規定ではなかったのです。

　なお、大規模な司法制度改革を行わずに日本の著作権法に「フェア・ユース」の規定が盛り込まれたら、既存のコンテンツを使って億単位の利益をあげることが簡単にできるようになるでしょう。この制度は要するに、「裁判で違法とされるまでは、すべて合法と主張し得る」というものだからです。

(4) 「権利を及ぼさない場合」の具体的な内容

この項では、前記の①～④の方式により、法律ルールによって意図的に「権利を及ぼさない」とされている場合について、例をあげて説明します。

① 「保護されるコンテンツ」からの除外

> 特定のコンテンツについては、当初から「著作権の対象外」とされている

既に46ページで述べたように、次のものは、保護対象となる「著作物」から除外されています。

・立法関係──法令
・行政関係──国や自治体の告示・訓令・通達など
・司法関係──裁判所の判決・決定・命令・審判など
・前記のものの「翻訳物」「編集物」（国・自治体等が作成するもののみ）

さらに、次のような除外も行われています。

・「実用品」や「創作性がないもの」を、保護対象となる「著作物」から除外
・「著作物を演じておらず、また、芸能的な性格もないもの」（例えば、スポーツの場面）を、保護対象となる「実演」から除外
・「インターネット放送」などの入力型自動公衆送信で送信される番組を、保護対象となる「番組」から除外

② 「保護期間」の設定による保護の打ち切り

> 「古いもの」は無断で使える

保護期間に関する法律ルールは、条約では「最低基準」のみが定められており、日本では次の表のような法律ルールとされています。「〇年」と言った場合は、すべて「翌年」から計算するので、例えばある年の8月にある著作

第1章 「無断ですると違法になること」のルール ——「法律によるルール」の世界

者が亡くなった場合は、「翌年の1月1日から起算して50年後の12月31日」の終わりに「著作権③」が消滅します。

コンテンツの種類	保護の始まり	保護の終わり
著作物　※	つくられたとき	著作者の死後50年まで
無線放送番組	送信されたとき	送信の50年後まで
有線放送番組	送信されたとき	送信の50年後まで
レコード	最初に録音されたとき	最初の発売の50年後まで
実演	演じられたとき	演じられてから50年後まで

※「無名・変名の著作物」(原則として「公表後50年」まで)「団体名義の著作物」(原則として「公表後50年」まで)、「映画の著作物」(原則として「公表後70年」まで)などについての例外がある。

「著作権②」や「著作隣接権」のうち「人格権」の部分は、「クリエータの感情」を守るものであり、譲渡・相続などができないため、権利者が死亡したときに消滅します。しかし、人格権の侵害となるような行為は権利者の死後もしてはならないという規定があり、実質的には永久保護となっています。

なお、外国の著作物等については、日本も含めて「最低基準」を超えた保護期間を設定している国もあり、各国で保護期間が異なる場合の「相互主義」や「戦時加算」などのルールがあるため、個々のケースごとに専門家に相談した方がいいでしょう。

③　権利の対象となる「利用行為」に当初から含めない

「同一構内」の公衆向け送信は権利の対象外

このことも60ページで既に述べましたが、「校内放送」や「社内放送」で音楽を流すようなことは、(対象が「特定多数」なので、本来は「公衆送信」に該当するはずですが) 定義規定によって無線・有線ともに「公衆送信」そのものから除外されています (ただし、コンピュータ・プログラムについては、この除外の対象か

— 124 —

らさらに除外されているので、同一校内の送信であっても権利者の了解が必要)。ここで言う「同一構内」とは、基本的には「同じ建物の中」ということですが、高層ビルの中に多くの会社が入っているような場合は「その会社の占有部分」ということになります。また、「同一構内」に該当するためには「連続性」が必要なので、東京本社と大阪支社をひっくるめて「同一構内」とは言いません。

なお、同一構内の送信については「無断で公衆送信されない権利」は及びませんが、LANなどを用いる場合(サーバや端末中での蓄積によって「コピー」ができる場合)には、「コピーしてよい場合」なのかどうかについて、注意する必要があります。

「無断で譲渡されない権利」は、あまり気にする必要はない

「無断で公衆に伝達されない権利」の対象となる「伝達行為」の中には、「譲渡」(コピーを売ったり譲ったりすること)が含まれています(61ページ、101ページ、106ページを参照)。つまり、「譲渡権」と呼ばれる「無断で公衆に(コピーを)譲渡されない権利」があるわけですが、では、「自分が買った本やCDを、友人に『クリスマス・プレゼント』として『譲渡』する」ということは、権利者に無断でしてはいけないのでしょうか。当然のことながら、そんなことはありません。この「譲渡権」という権利だけは、「対象となる譲渡行為」が、最初から大幅に限定されているのです。

これは、この権利が(条約上も)比較的最近になって設けられた目的が、「海賊版製造者からそれを(海賊版と知りつつ)譲り受けた販売業者」による「販売行為」をストップすることだったからです。例えば、ある海賊版製造者が大量の海賊版を作り、それを(海賊版と知りつつ)全部譲り受けた販売業者が、まさに販売を開始しようとしていたとします。そのとき権利者が、「それを売るのは止めてくれ」と言っても、販売業者から「違法にコピーしたのは私ではなく、私は権利を侵害していない。違法コピーをした人を探し出して、損害賠償を請求すればいいではないか」と言われたら、何もできません。そこで、「無断でコピーされない権利」とは別に、「無断で(コピーを)譲渡されない権利」というものを作ったわけです。このために、「最初の1回の譲

第1章 「無断ですると違法になること」のルール ──「法律によるルール」の世界

渡」だけが、この権利の対象とされているのです。

「書店に置いてある本」や「レコード店に置いてあるCD」は、既に仕入れの段階で（権利者の了解を得て）1回は譲渡されているので、「無断で譲渡されない権利」は（店にある本やCDについて）既に消滅しています。また、仮に「小売店に至るまでの流通ルート」での「譲渡」が「権利者の了解を得たものではなかった」（まだ「無断で譲渡されない権利」が生きている）としても、そのような（違法に流通している）コピーだということを「店から買った人」が知らなかった（知らなかったことについて過失がなかった）場合には、その後の譲渡は違法とされない──という規定も法律にあります。

したがって、この権利について気にしなければいけないのは、（権利者の了解を得て）「自分でコピーをつくる人」です。そうした場合に、つくったコピーを公衆に配布するのであれば、「コピーすること」だけでなく「公衆に譲渡すること」についても権利者から了解を得ておかなければなりません。

「劇場用映画」については、既に述べたように、「譲渡」と「貸与」を合わせた「無断で頒布されない権利」というものがあり、この権利は「2回目以降の譲渡」にも及びます。このような差異があるのも、映画会社の政治力のせいでしょう。ただし、これはあくまでも、一般人には手に入りにくい「劇場用映画」などだけのためのものなので、特に気にする必要はありません。なお、「劇場用映画」の譲渡については、「相手が、公衆でない『特定の1人』であっても、その相手が『公衆向け上映』を意図している場合には、譲渡について権利者の権利が及ぶ」という特殊なルールになっていますが、これについても一般の人々は特に気にする必要はないでしょう。

④　いったん権利の対象とした上で「例外」を設ける

このカテゴリーに属するのが一般に「権利制限」と言われている例外ですが、主なものとしては、次のようなものがあります。なお、「例外的に無断でコピーできる」とされている場合であって、例えば「教員による教材のコピー・配布」のように「公衆への譲渡」を当然伴うような場合には、「譲渡」についても例外的に無断でできることとされています。

(a) 一般的な例外

> **a-1　「私的使用」のためのコピー**
> 　家庭でのテレビ番組録画や、自分で視聴するために、音楽をiPodにダビングしたり、動画をスマホやパソコンにダウンロードすることなど

　個人的に（仕事以外の目的で）使用したり、家庭内など極めて限られた範囲内で使用するため（自宅や「コンピュータ教室」での「調べ学習」など、「学習」を目的とする場合も含まれます）に、使用する「本人」がコピーする場合については、例外的に「無断でコピーされない権利」が制限されています。最も一般的に行われているのは、「テレビ番組を家庭内でビデオ録画すること」でしょう。この例外は、「美術館の絵をデジカメで撮影する」「本屋で立読みしながら一部をスマホで撮影する」といった行為にも及びます。**施設管理者や店がこれらの行為を禁止することは、（絵や本の著作者の）著作権とは無関係です。**

　こうした使用のことを「私的使用」と言いますが、実はこのことばが一部で誤解を招いているようです。例えば「企業は『公的』なものではなく『私的』なものなので、『私的使用』としてコピーがとれる」と誤解している人がいますが、ここで言う「私的」とは、家庭内のような場面を意味していますので、「公的」に対する「私的」ではありません。また、「家庭内は『私的』だから、自分の家の商売のためならコピーをとってもかまわない」と誤解している人がいますが、営利・非営利を問わず、「仕事のため」のコピーはここで言う「私的使用」には当たりません。

　企業、行政機関、施設、団体、大学・学校、研究所などの「職場」で、本や新聞記事などを「仕事のため」にコピーする行為は広く行われているようですが、こうした行為を無断で行うと、営利・非営利を問わず権利侵害になります。このような権利侵害を防ぐとともに、利用者のニーズにも応じるため、「日本複製権センター」という法人が作られていますが、この団体と契約して毎年一定の利用料を支払うことにより、職場で安心してコピーをとることができます。民間では大企業を中心に、約5000社がこのセンターと契約しています。

第1章 「無断ですると違法になること」のルール ——「法律によるルール」の世界

　また、この例外については、次のことに注意する必要があります。
　第一に、品質の劣化しないコピーがつくれる「デジタル方式」の録音・録画については、「オリジナル」が転売されて中古品が出回ることにより、新品の売上げが下がる（「コピー」の方は自分用のはずなので、公衆への転売は違法）ことなど、著作者等への経済的影響が大きいことから、この「私的使用」のためのコピーについて、補償金の支払いが必要な場合があります。しかし実際には、デジタル方式のコピー媒体や機器を買うときに、この補償金が既に価格に上乗せされていますので、結果としては、デジタル方式でも私的使用のためのコピーをつくることができます。
　第二に、いわゆる「コピー・プロテクション」がかけられている場合、これを解除してコピーすることについては、この例外規定は適用されませんので、注意が必要です。「プロテクションをかけるのは『私的使用目的でコピーする権利』の侵害だ」などというおかしな意見があるようですが、この「例外」は「著作者側の権利の制限」を行っているだけであり、利用者の側に「コピーする権利」を与えているわけではありません。
　第三に、著作権を侵害するネット配信を受信し、違法配信と知りつつ、デジタル方式で録音・録画する場合には、この例外は適用されません。この「例外の例外」は、映画業界・レコード業界の政治力によって無理やり作られたものであるため、対象が「動画の録画」と「音の録音」に限定されています。したがって、「静止画」「電子書籍」「写真」「コンピュータ・プログラム」などの場合は、違法配信物をダウンロードしても、違法にはなりません。
　第四に、映画館の中で上映されている映画を（自分が楽しむために）録音・録画する行為は、この例外の対象として合法でした（美術館の中で絵画を撮影する行為と同じ）。しかし、これも映画業界の政治力によって、「映画館等で有料上映される新しい（上映後8か月まで）映画」だけを対象に、この例外の対象としないこととされました。
　本来、このような規定は著作権法に書くべきですが、この「例外の例外」については、「映画の盗撮の防止に関する法律」という特別な法律が議員立法によって作られています。このことも、このルールが、専門家等の議論を経たものではなく、業界の政治力の結果であることを示しています。

第1節　まず現在の法律ルールを「知る」こと

　第五に、「誰でも使えるように設置されているダビング機など」を使う場合には、この例外は適用されません。例えば、かつては、CDのレンタルショップ内にダビング機が設置されているような例がありました（個々人がそれを使って自分の楽しみのためにコピーするのは合法でした）が、現在では、そのようなコピー行為はこの例外の対象から除外されています。

　ただし、「コンビニのコピー機で雑誌の一部をコピーする」ような場合は、現時点では合法とされています。「私的使用のためのコピーはOK」という例外について、これは、「例外の例外の例外」というややこしいものになっています。正確に言えば、文書、図表、写真、絵画などの静止画のみをコピーする機器については、「誰でも使えるように設置されているもの」を使っても、この例外の対象になるわけです。このことが、いわゆる「本の自炊業者」の問題を引き起こしています。

　なお、次の4つのコピー行為が「例外の対象外」となる（無断ですると違法になる）のは、ここで解説している「私的使用のためのコピー」という例外についてのみです。

●映画館での録音・録画（いわゆる盗撮）
●違法なネット配信と知った上でのダウンロード（録音・録画のみ）
●コピー・プロテクションを解除してのコピー
●誰でも使えるダビング機などを用いたコピー

　したがって、この後に解説する「その他の例外」（引用・教材作成・報道利用など）については、上記のようなコピー行為をしても、違法にはなりません。「映画館での盗撮はすべて犯罪」というのは、実はウソです。

---

a-2　インターネットと「私的使用」のためのコピー
　　インターネット上の情報をダウンロードすることや、USBメモリなどに蓄積（再コピー）したり、プリンタで打ち出したりすることなど

　この「a-2」は前の「a-1」と全く同じものです。「コピー」というと「コピー機でコピーすること」（だけが無許諾でできる）と思ってしまう人がいるようです。「コピー」（複製）という概念には「ダウンロード」や「プリントアウト」なども含めてあらゆる複製行為が含まれること、また逆に、「例外的

第1章 「無断ですると違法になること」のルール ——「法律によるルール」の世界

に無断でコピーしてよい」という場合には、同様に（原則として）あらゆる複製行為が含まれることを示すため、この「a-2」を独立に設けました。

　第一に、「個人的に（仕事以外の目的で）使用したり、家庭内など極めて限られた範囲内で使用するために、使用する『本人』がコピーする場合」については、例外的に「無断でコピーされない権利」が制限されていますので、「個人的に楽しむ場合」（学習目的の場合を含む）には、「ダウンロードに伴うコピー」「USB メモリ等への再コピー」「プリンタでの打ち出し」「打ち出したものの再コピー」などを、例外的に無断で行うことができます。

　第二に、「仕事目的の場合」には、「a-2」の例外は適用されませんので、権利者の了解を得なければコピーは一切つくれません。しかし、インターネット上で情報を提供する人は、受信者がその情報を「見ること」は想定しているはずです。したがって、「見る」行為に当然付随するパソコン内での自動的なコピーは、仕事目的であっても了解されていると考えてよいでしょう（「USB メモリ等への再コピー」や「プリントアウト」などは別です）。

　「インターネット上で情報を提供する人は、プリントアウトくらいは想定（了解）しているのではないか？」という意見もあると思いますが、「ダウンロードに伴うコピー」とは異なり、「プリントアウト」や「USB メモリ等への蓄積」は「見ることに当然伴うもの」とは言えませんので、「想定（了解）しているかもしれないし、していないかもしれない」としか言えません。

　したがって、このような状態で「プリントアウト」を行う人は、「他人の土地である空き地を、地主に無断で横切る人」と同様に、自己責任で「自らリスクを負う」しかないのです。また、こうしたあいまいな状況を防ぐためには、情報をアップロードする人が、「してよいこと」と「してほしくないこと」を明確に表示しておくべきでしょう。（289ページを参照）

　なお、「**『私的使用』のためなら、例外的に無断で『公衆送信』してよい」という権利制限は存在しません**ので、注意が必要です。既に述べたように、「私的」とは「本人＋家庭内等」という意味であり、一方「公衆」とは、「不特定の人＋特定多数の人々」ですので、「私的使用のための公衆送信」ということ自体が、あり得ないでしょう。

　家族や友人などに「メール」等で「送信」する行為は、相手が「特定少数の

人」(「公衆」に該当しない)であるため、「電話で話しながら歌を歌う」という場合と同様に、送信行為自体には著作権は及びません。ただし、メールの送信は、「相手のサーバ等の中にコピーを作る」という行為も伴いますので、「例外的に無断でコピーを作ってよい場合に該当するか」ということも確認する必要があります。

---

a-3 「引用」のためのコピー等

論文などに、「○○教授も、○○という論文で『○○○○』と述べている」といった「引用」をすることなど

こうした「引用」(「自分の著作物」の中に「他人の著作物」を取り込むこと)という形で、既に公表されている著作物を利用することは、下記の条件をすべて満たしている場合に限り、例外的に無断で行うことができます(ブログへの登載を含む公衆送信など、コピー以外の利用形態も含みます)。引用の例外に該当する場合は、「コピー・プロダクション解除」「違法配信物のダウンロード」「映画館での撮影」を行っても(「私的使用目的」ではないので)、著作権侵害にはなりません。なお、他人が書いたものだけを多数寄せ集めて「全部引用です」というのは、「自分が書いた主たる著作物」が存在しないため、下記③の条件を満たしません。

著作権法上の「引用」に該当するための条件は、次のとおりです。
① 既に公表された著作物であること
② カギ括弧などにより「引用部分」が明確になっていること
③ 「自分が書いた部分」(主たる著作物)と「他人のものを引用した部分」(従たる著作物)の間に明確な「主従関係」があること
④ 「批評」「研究」「自分の主張の論拠」など「正当な目的」の範囲内であること
⑤ 引用を行う「必然性」があること
⑥ 「公正な慣行」の範囲内であること
⑦ 「出所の明示」が行われていること

「引用する部分の量」については、例えば「他人の俳句を批評する」ような場合には、既存の著作物の「全体」を引用することも可能ですが、当然のことながら、「引用する部分の量」についても「必然性」が必要です。

第1章 「無断ですると違法になること」のルール ——「法律によるルール」の世界

> **a-4 「人格権」の例外**
> 「人格権」について、「例外的に無断で改変してよい」「例外的に氏名を表示しなくてよい」といった場合など

「著作者」や「実演者」の「人格権」についても、次のような例外が設けられています。なお、「公表権」(無断で公表されない権利)や「氏名表示権」(無断で名前の表示を変えられない権利)と、「情報公開法」に基づく開示との関係については、150ページの「b-21」をご覧ください。

[同一性保持権]

無断で「改変」することが例外的に許される場合

著作物の場合	実演の場合
●「やむを得ない」改変 例:・印刷機器の性能の問題で色がオリジナルと異なる ・映画をテレビ放送するときに四隅が切れてしまう ・演奏者の力量が低いため楽譜どおりに演奏できない	●「名誉声望」を害しない改変 (元々権利の対象外) ●「やむを得ない」改変 例:・機器の性能の問題で実演の音声や映像が正しく再生できない ・テレビ画面のサイズの問題で演技の四隅が切れてしまう ●「公正な慣行」に反しない改変 例:・放送番組で映画の一部を紹介するときに俳優の演技の一部のみを見せる ・映画を放送する際に放送時間に合わせて再編集(一部切除)を行う
●コンピュータ・プログラムの「バグの修正」や「バージョンアップ」 ●芸術的建築物の「増築」「改築」「修繕」「模様替え」 ●子ども向けの「教科書」に掲載するための用字・用語等の変更など	

第1節　まず現在の法律ルールを「知る」こと

[氏名表示権]

本人の意思を確認しないことが例外的に許される場合

著作物の場合	実演の場合
●「権利者の利益を害するおそれがない」と認められ、かつ「公正な慣行に反しない」とき 例：・デパートでBGMを流すときにいちいち作曲者名をアナウンスしない	●「権利者の利益を害するおそれがない」と認められるとき 例：・デパートでBGMを流すときにいちいち演奏者名をアナウンスしない ●「公正な慣行に反しない」とき 例：・オペラ公演の放送の際に、オーケストラのすべての団員の氏名は表示しない ・映画のエンディングロールに、エキストラの氏名を表示しない
●既に著作者が表示しているとおりに表示するとき	●既に実演者が表示しているとおりに表示するとき

[公表権]

著作者が公表に「同意したと推定」される場合

著作物の場合	実演の場合
●未公表著作物の「著作権③」を譲渡したとき （譲渡された権利に係る行為による公表を行うこと） ●未公表の「美術品」「写真」の原作品を譲渡したとき （原作品の「展示」による公表を行うこと） ●74ページの「映画の場合の例外」により「映画会社等」が自動的に「著作権③」を持つとき	（注：「実演者」の「人格権」には「公表権」は含まれていない）

第1章 「無断ですると違法になること」のルール ——「法律によるルール」の世界

(b) 「公益」のための例外

〈教育関係〉

b-1 「教育」における「引用」
　　学校・公民館などでの教育活動と「引用」の例外の関係

　他人の著作物（公表されているもの）を「引用」（「自分の著作物」の中に「他人の著作物」を取り込むこと）して利用する場合の例外については、「a-3」で解説しましたが、これは当然、教育目的での利用の場合にも活用できます。また、著作権法上の「引用」に該当する場合には、コピー・配布だけでなく、公衆送信など（例えば、ホームページへの登載）についても、例外的に無断で行うことができます。
　まず、法律上の「引用」とされ、無断利用が例外的に許されるための条件について、復習してみましょう。
① 既に公表された著作物であること
② カギ括弧などにより、「引用部分」が明確になっていること
③ 「自分が書いた部分」（主たる著作物）と「他人のものを引用した部分」（従たる著作物）の間に明確な「主従関係」があること
④ 「批評」「研究」「自分の主張の論拠」など、「正当な目的」の範囲内であること
⑤ 引用を行う「必然性」があること
⑥ 「公正な慣行」の範囲内であること
⑦ 「出所の明示」が行われていること

　学校で子どもたちが、パソコン・インターネットを使って「調べ学習」をするような場合、子どもたちが作成する「レポート」等の中に「インターネットを通じて入手したコンテンツ」などを資料としてコピーすることは、大部分「引用」の例外の対象になると思われます。
　このようなレポート等は、学習成果をまとめたものである以上、「インターネットを通じて入手した資料を、ただ単にコピーして束ねたもの」であるはずがないでしょう。教員が適切な指導を行っていれば、子どもたち

自身がそれらの資料を見て自ら考え、自分自身の考えをまとめたレポート等（自分の著作物）をつくるはずです。

　このような場合には、その「レポート」等が「主たる著作物」となり、そのレポート等の論旨を補強する材料・データ（従たる著作物）という位置づけで、「インターネットを通じて入手した資料」がレポート等の一部として「引用」されている――という関係になりますので、上記のような条件が満たされていれば「引用」として許されます。

　また、「b-4」「b-5」の例外は、「授業で使う教材の作成」の場合にのみ適用され、教員が「研究発表会」などで用いる資料の場合には適用されません。しかし、研究発表会などにおいては、通常「レポート」「報告書」「論文」など（主たる著作物）を用意した上で発表等が行われると思いますので、その中に様々な資料（「b-4」「b-5」の例外を用いて教材としてコピーしたものを含む）を「従たる著作物」として（例えば、別添資料といった形で）「引用」して紹介・論評することは、上記の条件を満たしていれば同様に例外の対象となります。

　学校のホームページに他人の著作物を登載する場合も同様で、「主たる著作物」の中に、前記の①～⑥の条件を満たす形で「引用」する場合には、例外の対象となります。

　したがって、例えば「ポケモン」のキャラクターを単なる「装飾」としてホームページに使うようなことは、「必然性」がない（そのような装飾をしなくてもホームページは作れる）ため、④の条件を満たさず、無断で行うと違法になります。「ポケモン」のキャラクターを「引用」として無断利用できる場合とは、例えば、「日本のアニメキャラクターの歴史」というレポート・論文のようなものの中で、「昭和○○年ごろのアニメキャラクターには、共通して○○○という特徴があるが、平成に入ると、○○○という特徴が出てくる」といった記述をし、これを具体的に示すために「鉄腕アトム」や「ポケモン」の絵を入れる（つまり、単なる装飾ではなく、批評・論評の対象や論拠とする）ような場合です。

　簡単に言えば、「批評・論評の対象」にして、「主たる著作物」で包み込んでしまえば、多くのものを無許諾で利用できるわけです。

第1章 「無断ですると違法になること」のルール ——「法律によるルール」の世界

なお、引用の例外に該当する場合には、「コピー・プロテクション解除」「違法送信物のダウンロード」「映画館での録音・録画」などを行っても（「私的使用目的」ではないので）、著作権侵害にはなりません。

> b-2 「自分の学習」のためのコピー
> 　　仕事以外の目的で「個人」として何かを「学習」するような場合など

「a-1」の「私的使用のためのコピー」に関する例外は、（仕事以外の目的での）「個人的な学習」の場合にも適用されます。

したがって、「自分自身の興味のために学ぶ場合」「学校の授業との関連で個人的に学ぶ場合」などには、例えば「百科事典をコピーすること」「音楽をダビングすること」「テレビ番組を録画すること」などを、例外的に無断で行うことができます。

この例外の対象となるのは、（仕事以外の目的で）「個人的に使用する場合」と「家庭内など極めて限られた範囲内で使用する場合」ですが、学習目的での使用について「後者」に該当するのは、「少人数の学習サークルなどでの学習活動に使うために、教材として既存の著作物を数部コピー・配布するような場合」です。（「公衆向け」でなければ配布できます。）

なお、この場合は、「a-1」の「私的使用目的」の例外を使うことになるので、「コピー・プロテクション解除」をした上での複製、「違法配信物のダウンロード」による録音・録画、「映画館での録音・録画」による複製などを行うと、著作権侵害になります。

> b-3 インターネットと「自分の学習」のためのコピー
> 　　インターネット上の情報を「学習目的」でダウンロードしたりプリントアウトしたりする場合など

例えば、学校のコンピュータ教室で子どもたちがそれぞれ「調べ学習」をする場合や、各家庭でパソコン・インターネットを使って個人的に何かを学ぶ場合も、「a-1」「a-2」「b-2」と同様です。

したがって、そうした場合には、「ダウンロードに伴うコピー」「CD等への再コピー」「プリンタでの打ち出し」「打ち出したものの再コピー」など

第1節　まず現在の法律ルールを「知る」こと

を、例外的に無断で行うことができます。

　そうして作られたコピーは、あくまでも「個人用」ですので、例えば学校の場合、プリントアウト・コピーした資料を子どもが「クラス全員に配布」するようなことは含まれません。しかしこれについても、「b-6」で述べる新しい例外が設けられたため、現在では例外的に無断でできるようになっています。

> b-4　「教員」等による「教材作成」
> 　学校や公民館などの「教育機関」で、授業のための教材等として、教員・講師が、当日の新聞記事などをコピー・配布したり、テレビ番組を録画したりすることなど

　次の条件をすべて満たしていれば、例外的に権利が制限され、著作者に無断で「コピー」を作ることができます。また、(フィルム・ビデオなどの「映画の著作物」を除き) 生徒などへの「配布」(公衆への譲渡) もすることができます。さらに、コピー・プロテクション解除、違法配信物のダウンロード、映画館での録音・録画をしても、著作権侵害にはなりません。

(1) **教育機関であること**
　　(非営利目的の人格なき社団やNPOの場合は、教育のための「機関」と言い得る「○○学園」「○○スクール」といった、組織的・継続的な形態のもの (建物はなくてよい) を作っておくことが必要)

(2) **営利を目的とする教育機関でないこと**
　　(カルチャーセンターや塾は対象外。設置者が「非営利」目的の組織でなければならない。「営利」とは、収益を構成員に配分することであり、市民グループなどの人格なき社団やNPOの場合は、配分しないことを規則として明記しておくことが必要)

(3) **授業等を担当する者自身がコピーすること**
　　(教育委員会や校長は対象外。指示に従って動いてくれる人 (同僚、児童・生徒・学生、事務職員など) に頼むのは可)

(4) **本人の教育活動そのものの中で使うこと**
　　(校内ライブラリー化やLANへの蓄積などにより他の教員等が使

第1章 「無断ですると違法になること」のルール ──「法律によるルール」の世界

うことは対象外）
(5) **必要な限度の部数であること**
(6) **既に公表されている著作物であること**
(7) **その著作物の種類や用途などから判断して、著作権者の利益を不当に害さないこと**
（例えば、教育用ソフトやドリルなど、「個々の学習者ごとに購入することを想定して販売されているもの」などは対象外）

このようなコピーは、本や新聞記事の場合も、またテレビ番組やビデオなどの場合も、ある講座や授業を担当する教員・講師自身が（上記の**(3)**の条件）、本人の講座・授業で使うために行う場合（上記の**(4)**の条件）にのみ、例外的に許されるものです。したがって、これによって作られたコピー（印刷物やビデオテープなど）を、校内ライブラリーを作って他の教員に使わせたり、校内 LAN にアップロードして共用にしたりする場合（自分のクラスの生徒だけがアクセスできるようになっている場合を除く）には、権利者の了解を得ることなどが必要になります。

校内 LAN へのアップロードなどにより「校内共用」としても、著作者に大した損害は与えないと思えるかもしれませんが、他校の教員がこの例外を使って、アップロードされている教材を丸ごとコピーして持ち帰ることができる（メール送信もできる）ので、コピーが全国に広がってしまいます。このためこの問題については、例えば「補償金制度」を導入しつつ「校内共用」の場合も例外とするような法改正を行うといった案などについて、権利者団体と学校教育関係者の間の協議が行われていました。

ただし、コピーしたものを「誰でも使えるようにしてしまう」ことはできませんが、(1)～(7)の条件を満たしていれば、「A先生がコピーしたものをB先生が自分の授業のために再度コピーすること」は例外的に無断でできますので、ライブラリー化はせずに「他の先生はA先生のコピーを借りて再度コピーする」ということは、許されます。

また、この例外は「授業での使用」が対象ですので、学校、公民館、大学などであっても、職員の会議や研究活動に使用する場合は対象外です（その場合でも「引用」の例外は使えます）。

なお、この場合には「出所の明示」をしておいた方が無難です。

> b-5　インターネットと「教員」等による「教材作成」
> 　　学校や公民館などの「教育機関」で、教員等が授業のために、インターネット上の情報をダウンロードして教材を作成し、コピーして児童生徒等の学習者に配布する場合など

「どのようなテクノロジーを使ってもコピーはコピーなので、コピーするには権利者の了解が必要である」ということは、逆に「例外規定によって無断でコピーが作れる場合には、原則としてどのようなテクノロジーを使ってもよい」ということを意味しています。

したがって教員等は、「b-4」の条件をすべて満たす場合には、教材として使うために、インターネット上の著作物についても、「ダウンロードに伴うコピー」「CD等への再コピー」「プリンターでの打ち出し」「打ち出したもののコピー」「児童生徒等へのコピーの配布」などを、例外的に無断で行うことができます。コピー・プロテクション解除、違法配信物のダウンロード、映画館での録音・録画をしても、著作権侵害にはなりません。

> b-6　「教育機関」での「学習者」による「教材コピー」
> 　　学校や公民館などの「教育機関」で、授業の中での学習活動のために、「教員」等だけでなく「学習者」の側が、当日の新聞記事を教材としてコピー・配布し、授業での討論等に活用するようなことなど

「b-4」「b-5」の例外が適用されて、例外的に教材の無断コピーができるのは、従来は教員等の「教える側」に限定されていましたが、関係者間協議による合意形成を経た法改正によって、児童生徒や受講者などの「学習者」にも、同様の例外が適用されるようになりました。

「学習者」本人が個人的に使う場合については、従来から「b-2」「b-3」で解説した例外がありましたので、この新しい法制によって新たに可能となったのは、「児童生徒等がコピーした教材を、授業での討論などに使うために、クラス内に配布する」ような場合です。

この例外が適用される条件は、「b-4」の場合と同様ですので、次のよう

第1章 「無断ですると違法になること」のルール ――「法律によるルール」の世界

になります。これらの条件を満たしていれば、インターネット上の著作物をダウンロード・コピー・配布等する場合も当然含まれます。この場合も、「コピー・プロテクション解除」「違法配信物のダウンロード」「映画館での録音・録画」を行っても（「a-1」の「私的使用目的」ではないので）、著作権侵害にはなりません。

(1) **教育機関の授業で使う場合であること**
(2) **営利を目的とする教育機関でないこと**
(3) **学習者自身がコピーすること**
(4) **本人の授業等の中で使うこと**
(5) **必要な限度の部数であること**
(6) **既に公表されている著作物であること**
(7) **その著作物の種類や用途などから判断して、著作権者の利益を不当に害しないこと**

なお、この例外が新しく設けられたことにより、例えば学校の「教員」と「児童生徒や学生」を比べると、無断で他人の著作物をコピーできる例外の範囲について、児童生徒や学生の方がはるかに優遇された状態になりました。まず、「授業のための教材作成」については、教員にも生徒らにも同じ条件で例外が適用されます。一方、「授業以外の活動におけるコピー」については、児童生徒や学生の場合は「本人の学習のため」であれば多くのコピー行為が例外の対象となりますが、教員の場合は「本人の仕事（会議・研究など）のため」という例外は存在しないのです。

なお、この場合にも、「出所の明示」をしておいた方が無難です。

---

b-7 「授業の生中継」における教材の「公衆送信」

学校・公民館などの「教育機関」の授業が、遠隔教育として「同時中継」されているような場合、主会場で使われている教材を、「画面に出す」ことや「メールで送る」ことなどにより、公衆送信するようなこと

関係者間協議による合意形成を経て設けられた新しい例外によって、このような公衆送信も、例外的に無断でできるようになりました。

まず、「主会場」の授業が「少数の副会場」に中継されているような場合

や、A校とB校の2校のみを回線で結んで「合同授業」をしているような場合は、送信行為が「特定少数」(「公衆」でない)向けになりますので、「電話で話しながら歌を歌う」ような場合と同様に、送信行為について著作権は及びません。

　問題は、送信相手が「公衆」である場合で、これには、「不特定・特定多数の場所で受信できる場合」や、(受信先の副会場が1か所であっても)「副会場の多数の学習者のそれぞれ(の端末等)に送信される場合」などが含まれます。

　そのような場合について、どのような範囲で新しい例外を設けるかということが、権利者団体と学校教育関係者の間で議論されました。まず、「主会場でコピー・配布されている新聞記事等を画面に映し出した瞬間に違法になる」というのは変だ——という共通理解は得られました。しかし一方で、「これは教育目的だ」と言いさえすれば何でも無断で送信できる、ということにしてしまうと、「世の中のすべてのホームページについて、『教育目的だ』と言えば何でも登載できる」ということになってしまう——という問題も指摘されました。結果としては、次のような条件を満たす場合(簡単に言うと「授業の生中継」の場合)に限って、教材の公衆送信を例外の対象とするということで合意が形成され、改正法が施行されました。

(1)　**教育機関であること**
(2)　**営利を目的とする教育機関でないこと**
(3)　**「主会場」と「副会場」がある授業形態であること**
　　(「放送大学」など、主会場での授業がなく、遠隔地への送信のみによって行われる授業は対象外)
(4)　**その教育機関で「授業を受ける者」のみへの送信であること**
　　(「放送大学」など、「誰でも視聴できる」ような授業は対象外)
(5)　**生で中継される授業を受信地点で「同時」に受講する者への送信であること**
　　(「放送大学」や、サーバに蓄積された教育プログラムなど、「あらかじめ録画された授業」を後日送信しているような場合は対象外。「画面に出す」だけでなく、授業中に「主会場」から「副会場」へメールで

第 1 章 「無断ですると違法になること」のルール ――「法律によるルール」の世界

教材を送信することも、例外の対象に含まれる）
(6) 「主会場」での教材として、配布・掲示・上映・上演・演奏・口述されている著作物であること
（「b-4」「b-5」「b-6」の例外によって教員や学習者が授業用にコピーした教材を含む）
(7) 既に公表されている著作物であること
(8) その著作物の種類や用途などから判断して、著作権者の利益を不当に害さないこと
（例えば、教育用ソフトやドリルなど、「個々の学習者ごとに購入することを想定して販売されているもの」などは対象外）

---

b-8 非営利・入場無料・無報酬の「上演」「演奏」
　学芸会や生涯学習フェスティバルなどで、コーラス（演奏）や演劇（上演）を入場無料で行う場合など

「既に公表されている著作物」に限りますが、「非営利目的」で「入場無料」であり、出演者が「無報酬」である場合には、「公衆への伝達」のうち59ページの「A」の「目の前にいる人々に直接伝えること」（④「展示」は除く）について、例外的に権利が制限されています。このような場合の典型は学校での「学芸会」ですが、生涯学習フェスティバルや、市民グループの発表会など、教育目的以外の場合も、これに含まれます。

　プロのアーティストを招待した場合も、上記の4つの条件が満たされれば例外として無断で上演等ができますが、逆にアマチュアが演奏などをする場合であっても、入場料を取ったりする場合は著作者の了解を得ることが必要です。ただし、例えば大震災の後に各地で開催された「チャリティー・コンサート」などについて、音楽の著作権者は多くの場合「無料利用」を認めました。著作権の対象となる行為は、「してはいけない」のではなく、あくまでも「無断ですると違法になる」というものですので、まず、事情を話して権利者に相談することが重要です。また、この権利制限が適用される場合でもなるべく「出所の明示」をすべきです。

　なお、「コピー」という行為や、60ページの「B」（公衆向け送信）、61ページ

第 1 節　まず現在の法律ルールを「知る」こと

「C」の②（コピーの譲渡）については、「非営利・無料なら無断でできる」という例外はありませんので、注意が必要です。

> **b-9　CDを用いた非営利・無料・無報酬の「演奏」**
> 公共的な施設のロビーなどで、CDを使って音楽を流すことにより、「非営利・無料」の演奏をすることなど

　音楽CDなどの「録音物」を公衆向けに再生することも音楽の「演奏」に該当しますので、ホテルのロビー、レストラン、商店などで、音楽CDなどを流す場合も、「生演奏」の場合と同様に、原則として権利者の了解を得ることが必要です。例外的に無断演奏が許されるのは、「b-8」と同じ条件を満たす場合ですが、ホテルやデパートのBGMは「入場無料だが営利目的」であるためこの例外の対象外となり、市役所や公民館などの場合のみが対象となります。

　なお、「著作者」が「無断で公衆向けに演奏されない」という権利を持つのに対して、この節の「3」（101・106ページ）で述べた「レコード製作者」や「実演者」はこの権利を持っていません。したがって、**CDを流す場合に了解を得る必要があるのは「CDに録音されている著作物の著作者」だけであり、「レコード製作者」や「実演者」は含まれません。**

> **b-10　非営利・無料・無報酬の「上映」**
> 授業での動画上映や、公民館などで行われている「映画・ビデオ」の無料上映会など

　「既に公表されている映画・ビデオ等」に限りますが、上演や演奏の場合（「b-8」の場合）と同様に、「非営利目的」で「入場無料」であり、上映について出演者が「無報酬」である場合には、59ページの「A」の②に含まれる「上映」という方法での「公衆への伝達」についても、例外的に権利が制限されています（教員等がテレビ番組やネット上の動画を録画して授業中に上映する場合、録画行為は「b-4」、上映行為は「b-10」で行うことになります）。したがって、市販のビデオなどを使った場合でも（上映禁止などと書いてあっても）、購入時に「公衆に上映しない」という契約をして

— 143 —

第1章 「無断ですると違法になること」のルール ──「法律によるルール」の世界

いない限り、このような上映行為は権利侵害にはなりません(教育目的には限定されません)。

　ただしこの制度は、ビデオが普及する前の「映画は映画館で見るものであって、一般には映画フィルムは入手しにくい」という時代に作られたものです。このため、映画・ビデオ産業の関係者から「無料上映会を認めるこのような例外規定は、映画・ビデオ産業を圧迫するので、廃止してほしい」(「ルール」を変えよう)という意見が出され、政府の審議会では、この例外を「原則的に廃止」するという方向性が出されています。ただし、「学校教育目的など」の場合には引き続きこの例外が維持される予定で、この「など」の範囲(例えば福祉関係など)をどこまでとするかについて、現在文化庁でさらに検討が行われています。

> **b-11　非営利・無料の「静止画」の「上映」**
> 　パソコンのディスプレイやOHCなどの機器を用いて、文章、写真、図、表、絵などの「静止画」を「公衆に見せる」こと

　「上映」とは、何らかの「機器」を用いて著作物を「映写」することを意味しており、59ページの「A」(目の前にいる人々に直接伝えること)の②に含まれる行為です。

　ここでは「動画」と「静止画」が区別されていませんので、「ビデオ」などの「動画」をスクリーンやディスプレイに映し出すことだけでなく、「静止画」を、OHP、OHC、パソコンのディスプレイ、プロジェクターなどに映し出して公衆に見せることも含まれます。

　「静止画」の場合にも、「b-10」と同じ例外のルールが適用されますので、「非営利目的」で「入場無料」といった条件を満たしていれば、例外的に無断で上映することができます。したがって、学校の授業や公民館の講座などの場合は、通常は権利者の了解を得ずに静止画のディスプレイ(上映)ができるわけです(上映前の蓄積・コピーは、「b-4」で行う)。

　なお、この「上映」は、何らかの「機器」を用いる場合のみを意味しますので、「現物」(「原作品」や「コピー」)を直接公衆に見せる場合(展示)については、「無断で公衆に上映されない権利」は及びません(「無断で公

衆に『展示』されない権利」は、59ページの「A」の④に示したように、「美術品の原作品」と「未発表の写真の原作品」のみが対象であり、また、「所有者」による展示も自由とされています（「b-31」を参照））。

> **b-12　インターネットと非営利・無料・無報酬の「上映」**
> 　学校や公民館等で、教員等や学習者が授業のために、インターネット上の情報をダウンロードし、プロジェクターなどで教材として映し出すことなど

　インターネット上のコンテンツをパソコンで見る行為は、一見テレビの画面を見る行為（蓄積を伴わない）と似ていますが、実はいったんパソコン内に蓄積されたものを見ています（いわゆる「インターネット放送」などの場合を除く）。つまり、そのようなコンテンツをパソコン・ディスプレイ等で見せる行為は、著作権法上は「固定されている静止画・動画を機器を用いて映写する」という「上映」に当たります。

　したがって、インターネット上の動画・静止画を教員等が教材として使い、プロジェクターなどで映写する行為も「上映」に当たりますので、「b-10」「b-11」と同じ例外が適用されます。つまり、授業等で「ビデオ」を使う（上映する）場合と同様に、「非営利目的」で「無料」であれば、例外的に無断上映が許されるわけです（違法配信物でも合法）。

　蓄積を伴わない場合は、厳密に言うと、現在のルールでは、「無線放送」等による「テレビ番組」の場合（「b-15」の場合）はそのまま学習者に見せることが例外的に許されているものの、「自動公衆送信」である「インターネット放送」などの場合はこの例外が適用されない——ということになっています。ただし、教材作成の場合は、「b-4」「b-5」で述べたように、教員等は例外的に無断でコピーを作れます（違法配信物でも合法）ので、いったん蓄積してからプロジェクター等で上映すれば問題ありません。蓄積できない場合は、「引用」の例外を使うしかありません。

第1章 「無断ですると違法になること」のルール ――「法律によるルール」の世界

> **b-13　「教科書」へのコピー**
> 　小説の一部を小学校用の「国語」の教科書に使うような場合など

　既に公表されている著作物に限りますが、小・中・高等学校等用の「教科書」に、教育上必要な範囲で掲載（コピー）する場合は、例外的に権利が制限されています（これを「公衆に譲渡」することも含みます）。ただしこの場合には、「著作者」に通知して、「著作権者」に補償金を支払い、「出所の明示」をしなければなりません。

> **b-14　「試験問題」としてのコピー**
> 　入学試験や技能審査などの試験の問題として、著作物を部分的にコピーして使うような場合など

　既に公表されている著作物に限りますが、入学試験や検定試験の問題のために、必要な限度内でコピーすることについては、例外的に権利が制限されています（ビデオ・DVD などの「映画の著作物」を除き、「公衆に譲渡」することも含みます）。ただし、そのような試験が営利目的で行われる場合には、「著作権者」に補償金を支払わなければなりません。
　また、関係者間協議による合意形成を経て、「コピー・配布」だけでなく、インターネット試験などで問題を「公衆送信」する場合にも、この例外が適用されるようになりました。
　なお、この場合には「出所の明示」をしておいた方が無難です。

> **b-15　授業等での「テレビ番組」の利用**
> 　学校の授業や公民館の講座などで、その時間帯に放送されるテレビ番組を使う（テレビ受像機を使って番組を直接多数の学習者に見せ、教材とする）ことなど

　テレビやラジオの「受信機」を使って著作物を受信しつつ、その受信機を用いて番組を直接「公衆」に見せるような行為は、59ページの「A」の中の③（番組の「公の伝達」）であり、「公衆への伝達」の一部です。しかし、次のいずれかの場合には、例外的に権利が制限されています。

(1) 「非営利目的」で「無料」の場合
(2) 「通常の家庭用受信機」を用いる場合（営利目的の場合も含む）

　ラーメン屋などでテレビ受信機でお客に番組を（営利目的で）見せる行為は、上記(2)により無断でできるわけです。学校の授業などの場合は、拡大ディスプレイを使っても、上記(1)の例外が適用されます。

　既に述べたように、「著作権②」の例外は「著作隣接権」にも自動的に適用されますが、この例外だけはなぜか（92ページの）「無断でテレビ番組を大画面で人々に提示されない」という放送局の権利には適用されません。したがって、例えばオリンピック選手の母校の体育館で、在校生などがテレビの生中継を拡大画面で見ているという状態は、実は違法です。ただし放送局は、そのようなケースについて差し止めはしていないようです。

> b-16　「学校教育用番組」での利用
> 　　学校教育用の放送番組や有線放送番組の中で、既存の著作物を使う場合など

　既に公表されている著作物に限りますが、学習指導要領に準拠した学校向けの番組の中で、「無線放送・有線放送」という方法で「公衆に伝達」する場合も、例外的に権利が制限されています（印刷教材への掲載も含む）。ただしこの場合も、そのような番組に使うことを「著作者」に通知するとともに、「著作権者」に「補償金」を支払わなければなりません。

　また、この場合には「出所の明示」をしなければなりません。

〈福祉関係〉

> b-17　「点字」へのコピー・送信
> 　　本の内容を点字に直す場合など

　既に公表されている著作物に限りますが、点字に直す（という形でコピーする）場合は、営利目的であるときも含め、誰がこれを行う場合でも、例外的に権利が制限されています（これを「公衆に譲渡」することも含みます）。ただしこの場合には、「出所の明示」をしなければなりません。

第1章 「無断ですると違法になること」のルール ──「法律によるルール」の世界

　また、既に公表されている著作物を点字に直して利用することについては、ネットワークによる自動公衆送信（点字データをサーバ内に「コピー」して「送信可能化」したり、アクセスに応じてこれを「自動公衆送信」すること）も、新たに例外の対象とされました。

---
b-18　「視覚障害者用録音物」等の作成・送信
　　　目の不自由な方などのための「録音物」を作る（朗読しつつ録音する」という形でコピーする）場合など

　点字の場合は目の不自由な方のみが使いますが、録音物などの場合は、他の人々も使うことがあり得ますので、目の不自由な方など向けに限定するとともに、権利者に無断でこのようなサービスを行える施設が、政令で定める図書館等に限定されています（ただし、本の内容を録音したものが既に市販されているような場合は、この例外は適用されません）。
　また、この例外によって無断で行える行為については、法改正によって、視覚障害者等のみを対象とする自動公衆送信（サーバ等への蓄積・送信可能化も含む）も加えられました。
　なお、この場合には「出所の明示」をしなければなりません。

---
b-19　「聴覚障害者」のための字幕・手話など
　　　耳の不自由な方のために、映画や放送番組に字幕・手話をつけることなど

　聴覚障害者のための福祉事業を行う団体等で政令で定めるものに限りますが、公表された映画・放送番組などについて、字幕や手話などをつける（複製・自動公衆送信を行う）ことや、字幕・手話等が付されたものを聴覚障害者向けに複製・貸与する場合には、例外的に権利が制限されています。
　なお、この場合には「出所の明示」をしなければなりません。

---
b-20　「弱視」の児童生徒のための「拡大教科書」の作成
　　　ボランティア・グループが、弱視の子どもたちのために既存の教科書を拡大コピーする場合など

弱視の子どもたちのために、ボランティアの方々などが、権利者の了解を得ていわゆる「拡大教科書」を作ってきましたが、通常は殆どの権利者が利用を了解していたようです。

　しかし、学校で使用する教科書が決まってからすべての著作者の了解を得るのは時間的に極めて厳しいため、拡大教科書を作成するための例外の拡大が、従来から求められていました。この法改正は、関係者間協議による合意形成を経て行われ、新しい例外が設けられました。

　実は、「既存の教科書を拡大したもの」も「教科書」なのであれば、「b-13」で解説した例外によって（補償金の支払は必要ですが）無断複製が認められるので、法改正は不要でした。しかし、教科書を所管する文部科学省が「検定教科書を拡大したものは、もう検定教科書ではない」という公式見解を表明していたため、著作権法の方を改正することとされました。

　学校では一般に検定教科書が使われていますが、これを弱視の児童生徒のために拡大コピーする場合（通常「拡大教科書」が作成される場合は、単なる拡大コピーではなく、判の大きさをなるべく変えずに、字を大きくしてページ数を増やし、図表や写真の位置を工夫するようなことが行われていますが、単なる拡大コピーも含まれます）には、教科書全体についても、また、一部のみの場合についても、例外的に無断で拡大コピーができることとされました。さらに、「b-13」の場合には必要な「補償金の支払い」も、原則として不要とされています。

　特別なことをしなければならないのは、「教科書を丸ごと1冊拡大コピーする場合」（または「相当部分」を拡大コピーする場合）で、この場合には、教科書会社に対して、ハガキや電話で、拡大教科書を作ることを通知しなければなりません（了解を得る必要はありません）。また、こうした場合で、さらにその「丸ごと1冊の拡大教科書」等を「営利目的」で販売等する場合には、「補償金」の支払いが必要になります。

　「営利」とは、「収益」をあげてそれを構成員に「配分」することを意味しますので、ボランティアが「実費徴収」を行うようなことは、営利目的に該当せず、補償金を支払う必要はありません。

第1章 「無断ですると違法になること」のルール ──「法律によるルール」の世界

〈知る権利と情報公開関係〉

> b-21　「情報公開法」との関係
> 　いわゆる「情報公開法」により、国・自治体の行政機関や公文書館が情報（著作物等）を開示する場合など

　いわゆる「情報公開法」に対応し、国民の「知る権利」を守る観点から、国や自治体の行政機関に提出された著作物について、例外規定が著作権法に設けられています。

　情報の「開示」は、行政機関が保存している著作物について、開示希望者の要望に応じ、「コピー」して「譲渡」したり、「閲覧」させたりすることなどを意味しますが、行政機関が「他人の著作物」などを預かっている場合には、著作者等に無断ではできない行為が関係しています。

　例えば、著作者は、まだ公表されていない著作物について「無断で公表されない権利」（公表権）という権利（「人格権」の一部）を持っています。この権利については、（情報公開法の施行後に著作者が行政機関に提出した著作物については）開示決定までに著作者が「公表しないでほしい」という意思表示をしない限り、著作者に無断で公表してもかまわないとされています。さらに、特に公益性が高いと情報公開法が定める場合については、著作者が「公表しないでほしい」という意思表示をした場合であっても、公表できることとされています。

　また、同じ「人格権」の一部である「無断で名前の表示を変えられない権利」（氏名表示権）についても、開示を行う行政機関が、名前を省略したり、その著作物に付されているとおりに名前を表示することができることとされています。

　さらに、開示に伴って必要な「コピー」や「公衆への（コピーの）譲渡」など、「著作権③」が及ぶ行為についても、開示するために必要と認められる範囲で、著作者等に無断で行うことが例外的に認められています。

　ただし、これらの権利制限は、「行政機関が情報の開示を行う瞬間」にのみ適用されるものですので、「開示により著作物（のコピー）を入手した人

が、さらにコピーや譲渡を行うこと」については適用されません。したがって、例えば、あるNPOの役員が情報公開法を利用して行政機関から情報の開示を受けた（ある著作物のコピーを入手した）場合、このコピーをさらにコピーして多数の会員に配布するようなことは、（「引用」など、他の例外規定によって認められている場合を除き）違法となりますので、注意が必要です。

---

b-22　「報道」のための利用
　　新聞社や放送局などが「報道」を行う場合など

「盗まれた絵が発見された」などという場合に、その絵を写真に撮って新聞に載せたり、テレビで放送するようなことは、例外的に無断で行うことが認められています。

　ただし、この例外はあくまでもニュースとして報道する場合にのみ適用されますので、例えば各新聞社が過去の新聞記事をCDに記録して販売したり、データベース化して公衆に配信するような場合には、改めて各権利者の了解を得ることが必要です。

　新聞各社は、最近になってようやく権利者意識に目覚め、過去の新聞記事で商売をしようとし始めましたが、過去の新聞記事の中には、「その新聞社が著作権を持っている部分」「連載小説、投稿された俳句や人生相談、広告など、他人が著作権を持っている部分」「他人が著作権を持っているが、報道利用の例外規定を用いて掲載した部分」などが混在しています。これらの区分をすべての記事について行っている新聞社はほとんどなく、実際には他人が著作権を持っている部分についてまで商売に利用してしまっている会社もあるようです。

　なお、この例外規定を用いる場合には「出所の明示」をしておいた方が無難です。

---

b-23　「政治家の演説」「時事問題の論説」の利用
　　政治家の演説や新聞の論説をコピーをする場合など

　公開の場で行われた政治上の演説や、裁判での公開の陳述などは、「コ

第1章 「無断ですると違法になること」のルール ──「法律によるルール」の世界

ピー」に限らず、「公衆への伝達」などあらゆる手段で利用することができます。ただしこの場合には、「出所の明示」をしなければなりません。

なお、あるひとりの政治家の演説を集めて「○○議員演説集」のようなものを作る場合には、この例外は適用されませんので、本人の了解を得ることが必要です。

また、新聞・雑誌に掲載された、政治・経済・社会に関する時事問題の論説（学術的な論文は除く）は、例外的に無断で、他の新聞・雑誌への転載や放送ができることとされています。ただし、そうした利用を禁止するという表示がある場合は除きます。

---

b-24　「広報資料」のコピー
　　国や自治体の行政機関が発行する広報資料を、新聞や雑誌に転載（コピー）して、その内容を説明することなど

国・地方公共団体の機関が広く人々に周知させる目的で作成・公表する広報資料、調査統計資料、報告書などは、「転載禁止」と書かれていない限り、説明の材料として、新聞や雑誌などの「刊行物」に転載（コピー）することができます（これを「公衆に譲渡」することも含みます）。

〈図書館関係〉

---

b-25　「図書館」の職員によるコピー
　　図書館で、サービスの一環としてコピーをとることなど

図書館での「コピー」とその「公衆への譲渡」については、例外的に権利が制限されており、以下のいくつかの条件をすべて満たしていれば、図書館職員（図書館利用者ではない）がその図書館の図書等のコピーがとれることとされています（ビデオなどの「映画の著作物」は除く）。

(1) **その施設が、図書館法第2条第1項の図書館、法令によって設置されている博物館・資料館・視聴覚ライブラリーなどであること**
(2) **そのような「コピーをとる」行為が、営利を目的としたものでないこと**

(3) 次の三つの場合のいずれかに該当すること
　　①調査研究を行う利用者の求めに応じて、既に公表されている著作物の一部分を、一人につき一部提供する場合
　　（次号が既に発行されている雑誌の中の著作物については、一部分でなく全部でもよい）
　　②図書館資料の保存のために必要がある場合
　　③他の図書館等の求めに応じ、絶版その他の理由により一般に入手することが困難な資料をコピーして提供する場合

なお、この例外は「コピーすること」とそのコピーを「公衆に譲渡すること」のみが対象ですので、公衆から電話で申し込みを受けてファクシミリで「送信」するような「ファクシミリ・サービス」を行う場合などには、図書館であっても権利者の了解を得ることが必要です（「譲渡」（61ページの「Ｃ」の②）とは、コピー（有体物）をそのまま渡すことを意味しており、「送信」とは区別されています）。

※　「図書館」からの「ファクシミリ送信」について

　このことを例外に加えるべきかどうかということは、図書館関係団体と権利者団体の間の協議の対象です。
　「コピーの郵送」と「ファクシミリ送信」は、一見同じことのように思えますが、権利者側は、例外を「公衆送信」に拡大することについて、強く反対しています。
　というのは、著作権法で「無断でしてはいけない」とか「例外的に無断でしてよい」とされているのは、それぞれの「行為」であって、「方式」は問わないからです。このため、「図書館の本の一部を、図書館からは、例外的に無断で『公衆送信』してよい」という例外を新設すると、メールによる送信とか、サーバからの自動公衆送信も無断でできることになってしまいます。
　今後は図書館でも、いわゆる電子書籍の購入や、権利者の了解を得た上での図書資料の電子化などが進められていくと思われますが、そのような

第1章 「無断ですると違法になること」のルール ——「法律によるルール」の世界

状態で「図書館の資料の一部を、図書館からは、例外的に無断で『公衆送信』してよい」という例外を新たに作ってしまうと、極端な場合「各家庭で30回クリックすれば、結果として本が丸ごと一冊送信されてくる」ということが起こり得ます。このために、権利者側は強く反対しているわけです。

　もちろん「ファクシミリに限定する」という案もあり得ますが、最近のファクシミリは、常に紙で出力するのではなく、いったん機器内にデジタル形式で蓄積されるものもありますので、「どんなケースを新たな例外の対象とするか」ということは、「提案者」である図書館関係者の側が考え、権利者側も含めた国民全体を説得しなければなりません。

　今後、図書館の関係者や関係団体がどのような案を作り、協議が進められるか、注目されます。

---

b-26　非営利・無料の「貸与」
　　図書館や公民館が、本やカセットテープなどを無料で住民に貸し出すことなど

　「非営利目的」で「無料」の場合は、公衆への「貸与」（61ページの「C」の①）について、例外的に権利が制限されています。
「図書館が本を無料で貸し出すのは当然」と思っている方も多いようですが、これも、例外的に権利を制限しているからこそできることなのです。
　なお、ヨーロッパでは、「図書館での本の貸し出し」についても、「公益」を実現するための経済的負担を著作者個人に負わせるべきではない（図書館等が税金で利用料を負担すべき）という観点から、「b-27」で解説する制度と同様の「補償金制度」（公貸権）の導入が進められつつあります。

---

b-27　ビデオの「公貸権」（公共貸与権）
　　映画フィルム、ビデオ、DVDなどの無料貸出しと補償金

　本やCDの場合は、借りた本人など少数の人だけがこれを使いますが、動画の場合は多数の人々を対象とした「上映」という形でも使われます（図書館から借りたビデオ等についても「b-10」の例外は適用されます）ので、

第 1 節　まず現在の法律ルールを「知る」こと

権利者の損害が大きくなります。このため、本や CD の場合とは異なり、「非営利・無料」の場合に限って例外的に無断貸出しができる施設の範囲が、国公立の「視聴覚教育施設」や図書館法上の「図書館」などに限定されるとともに、貸出しを行う図書館等が権利者に「補償金」を支払わなければならないこととされています。

　このように、「非営利・無料の貸与」について「補償金」を受ける権利は、一般に「公貸権」（公共貸与権）といわれています。実際には、貸し出すごとに補償金を支払うのは面倒であることから、図書館団体とビデオ会社団体の間の合意により、「貸出し用のビデオは、補償金を当初から一括して購入価格に上乗せしておく」という実務上のシステム（いわゆる「ライブラリー価格」の設定）がとられています。

　なお、「図書館での本の貸し出し」について、この制度と同様の「公貸権」を拡大することについては、関係者間協議が進められていましたが、詳細は226ページをご覧ください。

b-28　国立国会図書館に関する特別の例外

　国立国会図書館は、国権の最高機関である国会の「議員の職務の遂行に資する」ことを目的として設置された、日本で唯一の特別な図書館であるため、著作権制度上も様々な特別扱いがなされています。その概要は、以下のとおりです。

・「インターネット資料」を収集・提供する場合には、著作物を無許諾で複製することができる。
・原本の閲覧・貸出による損傷を避けるために閲覧用の「電磁的記録の作成」をする場合には、無許諾で複製をすることができる。
・絶版などにより入手困難となった資料については、図書館等向けに「自動公衆送信」をすることができる（そのための「電磁的記録の作成」もできる）。

第1章 「無断ですると違法になること」のルール ——「法律によるルール」の世界

〈研究関係〉

b-29　技術の開発・実用化のための利用

　最近の法改正で追加されたこの「研究目的利用」に関する例外は、実は画期的なものです。それは、これまで日本の著作権法には「研究目的」の利用に関する例外規定が存在しなかったからです。

　この例外は、録音・録画その他の「著作物の利用」に係る技術の開発・実用化のための試験に使う場合は、公表された著作物を利用（複製・送信などのすべて）してよい（営利目的でも構わない）というものです。すぐに連想されるのは、オーディオ機器や携帯端末の性能を向上させる研究の一環として、研究開発中の新しい機器を使って、既存の音楽をコピー・再生したり、送受信してみるようなことでしょう（研究のために論文をコピーするようなことは、この例外の対象ではありません）。

　一定の限度は課されていますが、この例外は「研究目的」の例外という扉を開きました。従来の著作権法にそのような例外規定がなかったのは、まず、昔は大学の研究室などにはコピー機もパソコンもなかったからです。「研究目的の利用」と言えば、それは「大学の図書館でコピーしてもらうこと」であり、それなら「b-25」の例外があれば十分でした。

　その後、コピー機やデジタル機器やパソコンやインターネットが普及してきましたが、文化庁からの呼びかけにもかかわらず、日本の学界や技術界は、法改正を提案すべき例外の検討を怠ってきました。このため現在でも、例えば「大学の先生が研究目的（仕事目的）で雑誌などを無許諾でコピーしたり、ネット上の著作物をダウンロード・プリントアウトすること」は、すべて違法——という状態が続いているのです。

　この例外が作られたことを契機として、関係者は、もっと真剣に研究目的利用の例外の在り方を検討すべきでしょう。

　これまでそうした例外が作られなかったもうひとつの理由は、「研究」という概念が非常に幅広く、例えば「犯罪組織が覚醒剤を作る研究」なども

第1節　まず現在の法律ルールを「知る」こと

含まれてしまうからです。同様に広い概念である「教育」(違法なことを教えることも含み得る)については、「b-4」に示したように、場・目的・主体などについて様々な条件が課されています。「研究」についても、どのようなものを今後例外の対象にしていくべきか、研究に関わる人々自身による検討と提案が期待されます。

〈その他〉

b-30　立法・司法・行政に不可欠な資料のコピー

「裁判に不可欠な資料」「立法に不可欠な内部資料」「行政に不可欠な内部資料」を作成する場合には、一定の範囲で既存の著作物等をコピーすることが、例外として認められています。

さらに、2006年(平成18年)の法改正により、これに類似する例外として、「特許・意匠・商標・実用新案」の出願等に必要な場合や、「薬事」に関する審査手続き等に必要な場合に、行政庁に提出する文献をコピーすることについても、例外が設けられました。

b-31　「屋外」にある美術品・建物

街路や公園など、一般に開放されている屋外の場所に恒常的に設置されている美術作品・芸術的建築物などは、あらゆる方法で利用することができます。ただし次のような場合は、著作権者に与える影響が大きいため、著作権者の了解を得ないと違法になります。
(1) **彫刻について、「同じ物を作る」ことや、これを「公衆に譲渡する」こと**
(2) **芸術的建築物について、「同じ物を作る」ことや、これを「公衆に譲渡する」こと**
(3) **一般に開放されている別の場所に恒常的に設置するためにコピーすること**

第1章 「無断ですると違法になること」のルール ——「法律によるルール」の世界

(4) 美術の著作物について、「販売目的でコピーする」こと

なお、この権利制限が適用される場合でも、「出所の明示」をしておいた方が無難です。

---

b-32　「美術品の所有者」による「展示」

「展示」という行為は「公衆への伝達」の一形態（59ページの「A」の④）ですが、「無断で展示されない権利」は、「美術の著作物」と「未発行の写真の著作物」に限り、かつ、「原作品」によって展示する場合についてのみ、著作者に与えられています。

通常は、美術館が美術品を購入しても「著作権③」までは買取っていませんので、美術館は、館が所有する絵画であっても、著作者に無断で「収蔵品写真集」などを作ること（コピーすること）はできません。ただし、「展示」については、「原作品の所有者」が（街路、公園、ビルの外壁などに恒常的に設置する場合を除き）これを行うことができるよう、例外的に権利が制限されています。

---

b-33　美術館の「解説用小冊子」の作成、美術品等のネット・オークションでの提示

美術館で展示する美術作品について、来館者への解説用の小冊子に解説文とともに写真を載せることは、例外の対象です。ただし、これはあくまでも「解説用の小冊子」に限られますので、鑑賞目的に使えるような多色刷りの立派なものなどは、その対象外です。

また、この場合は「出所の明示」をしなければなりません。

これと似た例外規定として、美術品・写真をネット・オークション等で販売する場合には、その作品を例外的に無断で複製・公衆送信してもよい、というものがあります。ただし、ネット・オークションでは複製防止（コピー・プロテクション）の措置をしなければなりません。

(c) 政治力のある「特定業界」を優遇するための例外
（部品コンテンツ等に係る権利の切り下げ）

　世界中で民主主義が定着しつつある今日、著作権に関するものも含む法律ルールというものは、国際的（条約）にも国内的（国内法）にも、国会等での多数決で決められるようになっていますが、これは、「投票する人々の多数に影響できる」＝「政治力が強い」という「業界」にとって有利な法律ルールが作られる――ということを意味しています。

　著作権については、各国に共通して「政治力が強い業界」は「無線放送局」と「映画会社」だ、ということを既に述べました。これらの業界は「ユーザー・クリエータ」（自分のコンテンツをつくる段階では部品コンテンツの利用者であり、つくった後は権利者になる）であるため、その「優遇」や「特権」とは、①「つくる段階で、利用される素材や部品に係る他人の権利を弱めること」と、②「つくった後のコンテンツに係る自分の権利を強めること」の２つを意味しています。そうした特別の規定が数多く置かれていることが、著作権条約や各国の著作権法が複雑になっている理由のひとつです。

　これらのうち「②」については既に述べましたが、「無線放送局」については「著作隣接権」が与えられていること、「映画会社」については特別に長い「公表後70年」という保護期間が与えられていることなどが、その典型的な例です。

　ここで解説するのは、「①」の「放送局・映画会社によってコンテンツがつくられる段階で、『素材・部品となるコンテンツ』等の権利者の権利を弱める」という法律ルールの内容です。これまでにそれぞれ関係する項で述べてきたことも含め、全体を整理すると、次のようになります。

〈映画会社の優遇〉

---

c-1　俳優等の了解を得て「撮影」（録画）が行われると、俳優の著作隣接権のうち財産権は消滅する（人格権のみが残る）

第1章 「無断でするると違法になること」のルール ──「法律によるルール」の世界

　「歌手」(著作隣接権を持つ「実演者」)と「レコード会社」の関係は、「俳優」(著作隣接権を持つ「実演者」)と「映画会社」の関係と全く同じです。しかし、既に述べたように、国際的にも映画会社に有利な法律ルールが採用されており、いったん(俳優の了解を得て)映画の中に「録画・録音」された(撮影された)俳優の「演技」については、その後の利用について俳優(実演者)の財産権が消滅することとされています。

　このため、「レコード会社」がCDを増産するときには「歌手」の了解を得る(利用料を払う)必要がありますが、「映画会社」が映画をビデオ化したり放送したりするときには、「俳優」の了解を得ることは不要です。「最初の撮影については、無断でされないという権利があるのだから、その時点で、後々の利用についても契約できるはずだ」という意見もあり、現にこのルール(最初の撮影の際に1回だけ権利行使ができるが、あとは権利がなくなるので、撮影の際にだけ契約で将来の利益を確保するチャンスがある、というルール)は、「ワン・チャンス主義」などと呼ばれています。しかし、非常に有名な俳優は別として、一般の俳優の場合は、撮影時点で「後々の利用についても契約するのでなければ、撮影を許さない」などと言ったら、「じゃあキミは出なくていいよ」と言われるだけでしょう。

　この点については109ページでも述べましたが、この法律ルールは、映画会社の特権・優遇として設けられているものです。

c-2　映画監督の「著作権③」は、自動的に「映画会社」に移転する

　このことについては74ページで詳細に述べましたが、「c-1」のルールと同様に、映画会社が自社の映画の二次利用(ビデオ化、放送など)について「了解を得なければならない部品コンテンツ等の権利者」の数をなるべく減らすため、このような特別のルールが国際的にも採用されています。

　「俳優」(実演者)の場合には、「権利の消滅」ということで映画会社に有利な状況が作られていますが、映画監督は、部品コンテンツの権利者ではなく、そもそもその映画自体の「著作者」であって、その映画についての「著作権②」=「人格権」+「著作権③」の全体を持っています。このため、

権利を消滅させるのではなく、「著作権③」の部分を自動的に映画会社に移転させることによって、映画会社が優遇されています。

この法律ルールについては、「映画については映画会社が大きな投資を行っているので……」などといった理屈がつけられているようですが、70ページで述べたように「著作物の作成の発注」の場合には「著作物をつくった人」である「受注者」が「著作権②」の全体を持つのですから、映画監督に関するこの法律ルールは、単に映画会社に特権を与えるための異例なものと見るべきです。

〈無線放送局の優遇〉

> c-3 「著作物」「実演」について「放送」の了解を得たら、無断で「録画」できる

著作物についても実演についても、「コピー」に関する権利と「送信」に関する権利は別のものですので、無線放送局が録画番組を制作する場合には、本来は、「番組制作のために録画（コピー）します」「その後、その番組を放送します」という2つのことについて、権利者の了解を得ることが必要です。

ところが、昔は「生」の無線放送番組が多かったことから、無線放送局では「放送する」という了解だけを得ていました。その後「録画番組」が主流となっていった過程で、当然「録画（コピー）する」ということについても権利者から了解を得るようにすべきだったでしょう。しかし、従来の実務を変えたくなかった（2つの権利について了解を得ようとすると、出演料が高くなると思った）無線放送局側は、その政治力を使って国際的な運動を展開し、「無線放送することについて了解を得れば、その番組を時間をズラして1回だけ無線放送するために必要な場合は、無断で録画してもよい」という法律ルールを国際的に作ることに成功しました。

これによって、無線放送局は番組制作における著作権契約が楽になったわけですが、原則を曲げて「短期的な利益」を得ようとすると、後々になってしっぺ返しが来るのが世の常です。この法律ルールができたときは、ま

第1章 「無断ですると違法になること」のルール ──「法律によるルール」の世界

だまだ「ビデオテープ」が高価であり、したがって「録画されている番組の二次利用」などということは想定されていませんでした。しかし今日では、無線放送番組コンテンツは、ブロードバンド上でも使われるべきコンテンツとして大きな期待を集めています。

同様に期待を集める「映画」については、「c-1」「c-2」で述べたように、「俳優」も「監督」も財産権の行使ができないため、「映画会社」がかなり自由に自社の映画を活用でき、従来からのビデオ化やテレビ放送などに加え、ブロードバンド上の二次利用も拡大しつつあります。「録画されたテレビ番組」も、著作権の法律ルール上は「映画」に該当しますので、無線放送局は、映画会社と同様にちゃんと「録画」の了解を得ておけば、すべての俳優の権利が消滅して、番組の二次利用が非常に楽になったのです。

しかし、日本の多くの無線放送局は、「無線放送の了解を得れば、1回の放送のためなら無断で録画できる」（了解を得た録画ではないので、俳優の権利は消滅しない）という、短期的には自分に有利な法律ルールを安易に使ってきました。このため、番組の二次利用がしにくい（ビデオ化やブロードバンド配信などの二次利用をするには、改めてすべての俳優などの了解を得なければならない）という状況を、自ら招いてしまったのです。例えばNHKのアーカイブスには、数十万本の番組が保存されていますが、そのうちすぐに二次利用できるのは、わずか数千本にすぎないそうです。このことについては、267ページで改めて詳細に述べます（この例外を安易に使うと後々の利用がしにくくなるため、条約上は認められていても、他の先進諸国の放送局は殆どこれを使っていないようです）。

なお、この例外（特権）は、無線放送局に限って条約上認められているのですが、日本は1986年（昭和61年）に、条約に違反してその対象を有線放送局にまで拡大してしまいました（条約違反であることは、当時の文化庁資料にも明記されていました）。

多くの国では特権の対象を無線放送局に限定しているため、「インターネット放送事業者にBBCと同じ特権を与えよ」などという主張は殆ど起きていません。しかし日本では、（有線で送信されるインターネット放送やIPマルチキャストなど、入力型自動公衆送信と似ている）有線放送にま

第 1 節　まず現在の法律ルールを「知る」こと

で優遇を安易に拡大してしまったために、ネット系の事業者たちが「自分たちにも特権をよこせ」という（条約違反の）主張を始め、最近では、不勉強な議論の横行、論議の混乱、不自然な法改正による著作権法の（不必要な）複雑化などが起きてしまっています。

---
c-4　レコード（音楽CD等）を無線放送・有線放送するときに、「実演者」「レコード製作者」の了解は不要

　このことについては、101ページと106ページで述べました。音楽CDなどを無線放送・有線放送に使う場合、「著作権②」（許諾権）を持つ「作曲家」の了解を得ることが当然必要ですが、これに対して、歌手・演奏家などの「実演者」と「レコード製作者」については、無線放送・有線放送に関する「著作隣接権」が「許諾権」ではなく「報酬請求権」とされているため、事前に了解を得る必要はなく、事後に利用料を（それぞれの団体に）支払うだけでよいのです。この法律ルールも、政治力が強い無線放送局を優遇するための特別な制度であり、国際的にも受け入れられているものです。

　こうした異例のルールを設けると、既に述べたように後々「弊害」が生じるものです。その第一は、ネット上の自動公衆送信（レコード製作者・実演者の著作隣接権についても、「許諾権」の対象とされている）の普及を受けて、例外である「報酬請求権」を当然視してきた無線放送局が、「自動公衆送信と放送で、ルールが違うのはおかしい」「自動公衆送信の場合についても、レコード製作者・実演者の権利を報酬請求権にせよ」などと主張していたことでしょう。このことについては、一般の人々への実害はありませんでしたが、既に97ページで述べたように、そうした主張をしていると結局「特権」を失ってしまう――ということに気づいた無線放送関係団体は、慌てて180度主張を変えました。

　第二の弊害は、一見すると権利者にとって不利に見える「報酬請求権」というものが、レコード製作者・実演者の「団体関係者」から見ると、「個々の権利者（会員）と交渉・契約して許諾権を集める必要がなく、黙っていれば億単位の利用料が放送局から振り込まれる」ために、レコード製作者・

― 163 ―

第1章 「無断ですると違法になること」のルール ──「法律によるルール」の世界

実演者の団体幹部に安直な態度を植え付けてしまったということです。このために、インターネット上の自動公衆送信の普及に対応してレコード製作者・実演者に与えられた「送信可能化権」（許諾権）を関係団体が扱いきれない（権利の集中管理による契約窓口の一本化ができていない）──という状況を招いてしまいました。この点については、215ページで詳細に述べます。

(d) 本来は不要であると思われる例外

　日本人は（遵法精神に富んでいるかどうかは別として）他の多くの国の人々に比して法律ルールを必要以上に厳密に作ろうとする過度に心配性の傾向があるため、著作権法にも「そこまで規定する必要があるのか？」と思える例外規定が少なからず含まれています。また、第3章で詳細に述べるように「当事者同士がしっかり契約する」という文化が未発達な日本では、「本来は当事者同士が契約すべきこと」も例外規定として法定してしまった例が多く見られます。それらの代表的なものは次のとおりですが、最近増えつつあるこうした法改正が、著作権法をますます複雑怪奇なものにするとともに、日本人の「契約マインド」の発達を遅らせています。

d-1　ネット上の検索サービスのための複製等

　ヤフーやグーグルなどの検索エンジンによるサービスでは、極めて多くのサイトについて、検索が可能となるよう、それらの内容をあらかじめ蓄積（複製）しています。そうした複製行為等については、例外的に無断でできることとされました。しかし、サイトを開設している人々は、多くの人々にアクセスしてもらいたいのであり、アクセスを容易にするための検索エンジンが複製行為をしているからといってモンクを言うはずがありません。したがって、この例外規定は本来不要でしょう。

第1節　まず現在の法律ルールを「知る」こと

> d-2　ミラー・サーバへのアップロード

　いわゆるプロバイダなどが、アクセスの集中に対処するため、本来のサーバとは別のサーバにも（権利者がプロバイダと契約してアップロード・送信している）コンテンツをアップロードしておくことがありますが、そのようなアップロード（複製・送信可能）は例外的に無断でできることとされました。しかし、そのコンテンツの権利者は、本来のサーバへのアップロードは許諾している（むしろ積極的に送信したいからこそプロバイダと契約している）のですから、「ミラー・サーバはだめ」と言うはずがありません。仮に言うとしても、それは当初の契約で決めておくべきことでしょう。

> d-3　中継サーバ内の複製

　プロバイダなどが、送信を効率化するために中継サーバを置く場合には、本来のサーバとは別のその中継サーバにも（権利者がプロバイダと契約してアップロード・送信している）コンテンツを、例外的に無断でアップロードできることとされました。このような例外規定は日本の著作権法にしかないと思われますが、そのコンテンツの権利者が「それはだめ」と言うはずがなく、仮に言うとしても、それは当初の契約で決めておくべきことでしょう。

> d-4　サーバの故障によるコンテンツ消失に備えたバックアップの作成

　サーバの故障等によってアップロードされていたコンテンツが消えてしまうような事故に備えるため、プロバイダなどがコンテンツのバックアップを作成しておくことがありますが、そのようなバックアップの作成（複製）は、例外的に無断でできることとされました。しかし、そのコンテンツの権利者は、本来のサーバへのアップロードは許諾している（むしろ積

— 165 —

第1章 「無断ですると違法になること」のルール ——「法律によるルール」の世界

極的に送信したいからこそプロバイダと契約している）のですから、「バックアップの作成はだめ」と言うはずがありません。仮に言うとしても、それは当初の契約で決めておくべきことでしょう。

d-5　サーバの保守・修理のための、コンテンツの一時的記録

　プロバイダなどがサーバのメンテナンスや修理を行う場合、サーバ内の（権利者がプロバイダと契約してアップロード・送信している）コンテンツを一時的に他の記録媒体に移しておく必要が生じますが、そのような複製は例外的に無断でできることとされました。しかし、そのコンテンツの権利者が「それはだめ」と言うはずがなく、仮に言うとしても、それは当初の契約で決めておくべきことでしょう。この例外規定は、殆どギャグとしか思えないものです。

d-6　情報通信による情報提供準備のための記録等

　動画投稿サイトなどから情報を送信しようとする場合、送信を円滑・効率的に行えるように、準備段階でファイル形式の統一などの情報処理を行うときは、必要な限度で、記録媒体への記録等を、例外的に無許諾でできることとされました。
　これも、その利用が合法であれば、そのコンテンツの権利者が「それはだめ」と言うはずがなく、仮に言うとしても、それは当初の契約で決めておくべきことでしょう。

d-7　情報解析のためのコピー

　コンピュータによって、種々の情報を抽出・比較・分類するなど、統計的な解析をする場合には、（データベースの著作物を除き）既存の著作物を例外的に無断で記録・翻案できることとされました。ただし、この例外規定が設けられる前においても、そうした情報解析が無断で行われたことに

よって訴訟になった、といった例は殆ど皆無であり、日本人の心配性が作り上げた例外規定と言えるでしょう。

d-8　コンピュータ・プログラムの「バックアップコピー」の作成等

コンピュータ・プログラムの複製物を購入した人は無断で「バックアップコピーの作成」や、バグの修正・バージョンアップなどをしてよい、という例外規定があります。ただし、元のプログラムを売ってしまった場合には、バックアップコピーだけを手元に残すことは許されず、バックアップコピーを消去しないと違法になります。しかしこれも、元のプログラムの販売時に契約で決めておくべきことでしょう。

(e)　設けてはならなかった例外

前の項で解説した「本来は不要であると思われる例外」は、逆に言うと「あってもよい例外」です。それらは、「本来は契約で対応すべきもの」や「何も問題が起きていないのに、形式的に言えば権利侵害になり得る希なケースについて、心配性の人々が例外を作った」というものでした。

ここで述べるものは、それとは違い、「心配性の人々」ではなく「視野の狭い人々」が、部分だけを考えて全体を見ていなかったために、「意図せぬ重大な結果」や「むしろ逆の効果」をもたらしてしまった——という意味で、「設けてはならなかった例外」です。

これは、「例外を広げすぎている」から問題だという意味ではありません。権利の範囲や例外の範囲は、国民が国会を通じていかようにも決めればよいものですので、例外の広さは問題ではありません。

ここでの問題はむしろ、例えば、「ある特定の小さな部分」を新たに例外の対象としたために、それまでは誰も「権利が及ぶ」とは思っていなかった広大な範囲を、結果として権利の対象にしてしまった（そのような主張が可能になる状態を作ってしまった）——ということです。

要するに、元々意図していたこと（権利の縮小）と全く逆の効果（権利

第1章 「無断ですると違法になること」のルール ——「法律によるルール」の世界

の拡大）を持つ法改正を、不用意に（オーバービューを欠いて）してしまった、という意味で「設けてはならなかったもの」なのです。

| e-1　コンピュータ内で瞬間的・過渡的に起こるコピー |

　コンピュータを用いてコンテンツ等の情報を処理したり送受信したりすると、コンピュータ内で瞬間的・過渡的にコピーが作られますが、そうした複製行為は、そのような情報処理を円滑・効率的に行うために必要な限度内で、例外的に無断でできることとされました。しかし、そのような瞬間的・過渡的なコピーは、例えば単純なCDプレーヤーなど、あらゆるデジタル機器の中で起きています。

　デジタル方式の画質・音質が良いのは、デジタルだからではなく、実は、記録・送信のときに「データの順序を入れ替える」という作業をしているからです。デジタル方式でも記録・送信時に雑音が（いくつかの連続するデータを傷つける形で）入ります。しかし、データの順序を入れ替えてから記録・送信すると、その傷つけられた「連続するデータ」は、元のデータとは順序が違っています。それを受信・再生するときには、データの順序を元に戻しますので、「連続していた雑音成分」の方がバラバラの状態になるわけです。

　そこで、「前後のデータとの連続性を欠いた異常なデータは無視しろ」とプログラムしておけば、結果として雑音を除去できるのです。

　再生機・受信機の中でデータの順序を入れ替えるためには、各部分のデータをいったん蓄積し、順序を入れ替えた上で、再生したり画面に出したりする必要があります（そのために地デジTVは、起動時やチャンネル変換時に少し時間がかかる）。つまり、デジタル方式の場合は、機器の中で必ず瞬間的・過渡的なコピーが起きているわけです。

　にもかかわらず、この例外規定は、「コンピュータ内」に限定して無許諾での複製を認めました。この規定を作ってしまったために、逆に「CDプレーヤーの中で起きている瞬間的・過渡的なコピーは著作権侵害だ」という主張ができるようになってしまったのです。

第 1 節　まず現在の法律ルールを「知る」こと

　このような瞬間的・過渡的な蓄積は、利用行為としての意味をなさないので「そもそも著作権制度上の『複製行為』には該当しない」――というのが、日本も含めた多くの国々の共通理解でした。しかし、一部の心配性で視野の狭い人々（利用者）のためにこのような規定を作ってしまったことにより、かえって「例外規定があるということは、そうした瞬間的・過渡的な蓄積も、本来は著作権法上の複製行為に該当するのだ」ということになってしまったわけです。

　さらに、例外の対象を「コンピュータ内」に限定してしまったため、CDプレーヤーなど、その他のデジタル機器の中で起きている瞬間的・過渡的な蓄積は、これまで誰も問題にしていなかったにもかかわらず、「権利の対象となる複製行為なので権利侵害になる」ということになって（少なくとも、そのような主張をし得る状態になって）しまいました。

　つまり、権利の対象を狭めて利用者に有利な状況を作ろうとした法改正によって、かえって「利用者に不利」な状況を作ってしまったのです。

e-2　意図せずに写真やテレビ番組（録画番組）に写り込んでしまった場合

　「写真の撮影」「動画の録画」「音の録音」をする場合、本来の対象から分離することが困難であるために「軽微な構成部分」として「付随して入り込んでしまう」ような著作物については、例外的に無断で複製等を行えることとされました。

　典型的な例は、「テレビの街頭インタビューをする（録画する）」といったときに、その対象者がたまたま「ミッキーマウスのTシャツを着ていた」といった場合です。

　これも、前の「e-1」の場合と同様に、そのような（本来の対象ではないのに付随的に入り込んでしまったというような）いわゆる「写り込み」は、利用行為としての意味をなさないので「そもそも著作権制度上の『利用行為』には該当しない」――というのが、日本も含めた多くの国々の共通理解でした。しかし、一部の心配性で視野の狭い人々（利用者）のためにこのような規定を作ってしまったことにより、かえって「例外規定があると

第1章 「無断ですると違法になること」のルール ──「法律によるルール」の世界

いうことは、そうした行為も、本来は著作権法上の利用行為に該当する」ということになってしまったのです。

例えば、テレビの街頭インタビューについて言えば、「生放送」である場合と「録画」である場合があります。それらのうち「録画」の場合はこの例外の対象になりますので、インタビューの相手が「ミッキーマウスのTシャツ」を着ていても問題ありません。

しかし「生放送」の場合は、なぜかこの例外の対象外ですので、その「ミッキーマウスのTシャツ」を無断で「放送」（公衆送信）したのは著作権侵害だ──ということになって（少なくとも、そのような主張をし得る状態になって）しまいました。心配性の放送局のために行ったこの法改正によって、これまで誰も問題にしていなかった放送行為について、かえって「放送局に不利」な状況を作ってしまったのです

e-3 権利者の許諾を得る前の「検討中の段階」における利用

例えばある会社が「テレビ・コマーシャルで使うコミックのキャラクター」を選定する（実際に使うときにはもちろん権利者の許諾を得る）ために、様々なキャラクターを社内の検討会議でコピー・配布するような行為は、例外的に無断で行えることとされました。これは要するに、「将来は権利者の了解を得て利用するつもりですが、今のところはまだ検討段階で、色々なものを試しているだけです」と言えば、何をしてもこの例外の対象になり得る──ということを意味しています。

例えばコンピュータ・プログラムについても、「将来はちゃんと許諾を得るつもりですが、どのプログラムが良いのかよく分からないので、色々なものを社内で試しに使っているのです」と言えば、無断利用していたのがバレても、この例外の対象だと主張できるわけです。

さらに大きな問題は、この例外の対象が「許諾を得て行う利用」のための検討段階のみであって、「例外規定を使って行う利用」のための検討段階は含まれていないということです。例えば、既に述べた「b-4」の例外を使って教員が教材を作る場合、色々な著作物をコピーして、どれを使うか検討したり、選んだものだけを編集して教材を作ることなどもあるでしょ

── 170 ──

第 1 節　まず現在の法律ルールを「知る」こと

う。そうした「検討段階」での利用はこの例外の対象外なので、「違法だ」と主張できるようになってしまったのです。

　検討段階でのコピーは、元々外に出るものではなく、誰の経済的利益も損なわないので、そもそも利用行為には該当しないと思われていましたが、「一部分だけ」をとらえて「合法だ」という規定を作ってしまったため、「原則としては権利が及ぶ」という状況を作ってしまったのです。

第2節　情報化で何が変わったか？

　前の節で述べたことから、現在の「法律ルール」の概略はおわかりいただけたと思いますが、この節では、最近の情報化が著作権の「法律ルール」に与えた影響について述べます。

1．何が起こってきたのか？

　いわゆるIT（情報通信技術）の発達・普及は、インターネットなどのネットワークの拡大の前に、まず「マルチメディア」と呼ばれるものの出現をもたらしましたが、これによって1990年代の前半頃に、世界中でマルチメディアと著作権（著作権①）との関係が活発に議論されるようになりました。しかし、IT（情報通信技術）と著作権の関係について理解するためには、「マルチメディア」「サイバー・スペース」「バーチャル・リアリティー」「ブロードバンド・コンテンツ」「クラウド」などといった、定義がはっきりせず意味が曖昧な「はやりことば」に惑わされることなく、まず「何が起こっているのか？」ということを正しく理解する必要があります。

　まず、次のページの図を使ってこれまで起こってきたことを整理してみましょう。この図から分かるように、ITの発達・普及によってこれまで起こってきた変化は、「『デジタル化』と『ネットワーク化』の進展」であると整理できます。

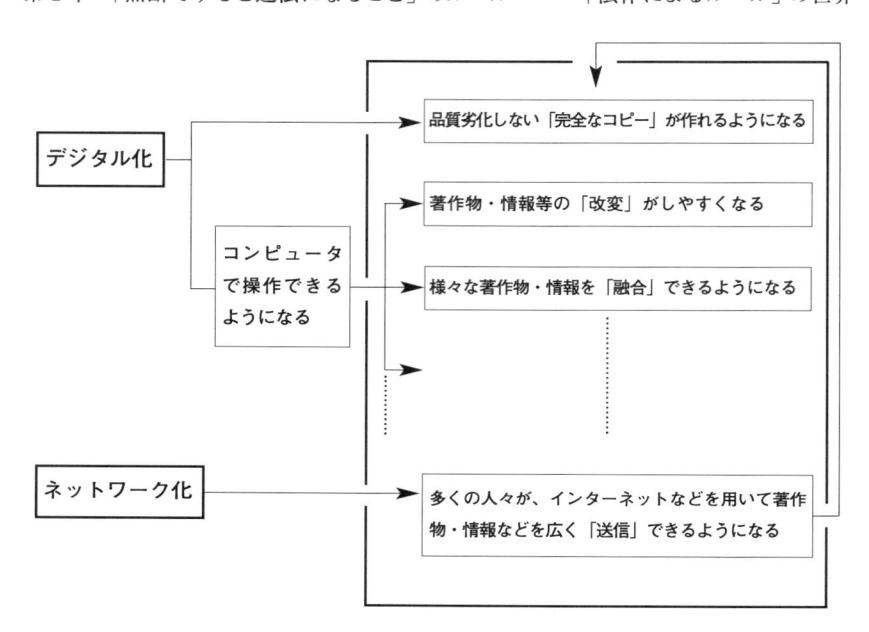

第1章 「無断ですると違法になること」のルール ——「法律によるルール」の世界

```
デジタル化 ──→ ┌─────────────────────────────┐
               │ 品質劣化しない「完全なコピー」が作れるようになる │
               └─────────────────────────────┘
        │
        │      ┌─────────────────────────────┐
        │      │ 著作物・情報等の「改変」がしやすくなる     │
        └→ コンピュータ └─────────────────────────────┘
           で操作できる
           ようになる ┌─────────────────────────────┐
                    │ 様々な著作物・情報を「融合」できるようになる │
                    └─────────────────────────────┘

ネットワーク化 ──→ ┌─────────────────────────────┐
                  │ 多くの人々が、インターネットなどを用いて著作 │
                  │ 物・情報などを広く「送信」できるようになる  │
                  └─────────────────────────────┘
```

(1) 「デジタル化」の進展

　まず、著作物を含む様々な情報を「記録」（コピー）したり「送信」したりする方式について、「デジタル方式」というものが普及してきました。「デジタル」の反対は「アナログ」ですが、アナログ方式が、情報を「『連続的』に記録したり表示したりする方式」であるのに対して、デジタル方式は、情報をバラバラの部分に区切り、「各部分をそれぞれひとつの『数字』で代表させて、『不連続』に記録したり表示したりする方式」です。フランス語では、「デジタル方式」のことを「ニュメリック方式」といい、実はアメリカでも当初はそう呼ばれていたのですが、これは直訳すると、「数字方式」という意味です。このように言うと「難しい」と思われるかもしれませんが、例えば「表示」の場合について、「アナログ時計」と「デジタル時計」を思い浮かべてみてください。

　針と文字盤を持つ一般の時計は「アナログ時計」ですが、これは、長針と短針が常にゆっくりと動いており、人間が読み取れるかどうかは別として、

第2節　情報化で何が変わったか？

0.1秒などという細かいところまで正確・連続的に表示しているはずです。これに対して、液晶表示などを使って時刻を数字で表示する時計は「デジタル時計」と言われています。この場合、例えば「分」まで表示するデジタル時計の場合は、「2時30分」から「2時31分」までの間は、実際には「2時30分25秒」であっても常に「2：30」と表示されます。つまり、30分から31分までの部分を「30」という「ひとつの数字で代表」させているわけです。また、2時31分に達すると突然表示が「31」に変わりますので、アナログ方式とは異なり表示が「不連続」になります。

デジタル方式というものについては、「最近登場した新しいもの」とお考えの方が多いようですが、実は方式としては新しいものではありません。例えば、私たちが昔から使っている「年齢の表示」は、デジタル方式です。生まれてから29年11カ月25日であってもまだ「29歳」であり、誕生日から次の誕生日までの間、「生まれてからの期間」を「不連続」に「○○年（○○歳）」と「ひとつの数字で代表」させているからです。

このデジタル方式が、著作物の「蓄積」や「コピー」ということについて一般の人々の間に最も早く普及したのは、「音楽CD」でした。それまでの「アナログ方式のレコード盤」は、レコード盤の溝に「音の波形」がそのまま連続的に記録されていましたが、「デジタル方式の音楽CD」の場合は、この波を非常に細かい部分にバラバラに分け、それぞれを不連続の「数字」で記録しているのです。

アナログ方式とデジタル方式にはそれぞれ長所・短所がありますが、過去においてデジタル方式があまり採用されていなかったのは、その短所のせいです。そのようなデジタル方式の短所のひとつは、実は「不正確」であったことでした。年齢や時計の例でもわかるように、デジタル方式は、本来は変化しているある範囲の情報を「ひとつの数字」で「不連続」に記録・表示してしまうので、その分アナログよりも不正確になります。授業やプレゼンでフィルムやビデオを使ったことのある方は、特に拡大して映写した場合に、連続的に表示するフィルムのほうがビデオよりも画質がいい（細かい部分の情報を、より正確に表示している）ということに気付かれたでしょう。

しかしこうした短所は、「ひとつの数字で代表する部分」を限りなく小さく

していくことによって克服されました。例えば、前記の時計の例でも、デジタルで表示する細かさを、「分」だけでなく「秒」や「0.1秒」まで細かくしていけば、表示をより正確にすることができます。このようなことや、デジタル化を進めるコンピュータ等のITが急速に発達したことにより、デジタル方式の長所が短所を上回るようになり、急速に普及してきたのです。

なお、デジタル方式のことを「0と1で記録・表示する方式」と誤解している人も多いようですが、これは正確ではありません。デジタル方式は「一定範囲の情報を『ひとつの数字』で代表させる方式」であり、デジタル時計の例でもわかるように、その数字は0や1のみでなくてもよいのです。このような誤解が生じた理由は、現在のコンピュータの殆どが「二進法」を採用しており、0と1のみを使っているためです。

「完全なコピー」の登場

情報技術の急速な進歩によりデジタル方式の短所が克服され、長所が生かされるようになったことから、この方式が爆発的に普及したわけですが、その長所の第一は「正確さ」です。既に述べたように、「ある範囲の情報をひとつの数字で代表させる」というデジタル方式の特性から生じる「不正確さ」という短所は、その「ある範囲」を限りなく狭めていくことなどによって克服されました。その結果、「デジタル方式のほうが、アナログ方式よりも正確」という状況が生じたのです。

例えば、アナログ方式のレコード盤は、音そのものの波形をレコード盤上の「溝の波形」にして記録していますが、この波に少しでも傷がつくと、これが「雑音」になります。しかし、デジタル方式のCDの場合は、例えば「01001」と記録された音は、独立した数字として記録されているため、傷などの雑音に強いのです。同様のことは、デジタル方式の「録画」についても言えます。さらに、168ページで述べたように、いったんデータの順序を変えておいて、後で元に戻すという（数字で表すデジタル方式だからこそできる雑音除去）により、オリジナルのCDなどをコピーした場合にも、174ページの図に示したように、「完全なコピー」（コピーやダビングといった操作の中

で、雑音が入ったり音質・画質が悪くなったりしない）を作ることができるようになりました。

　このことが、著作権（特に、127ページの「a-1」で述べた、家庭内などにおいて仕事以外の目的で「私的使用」するために「コピー」すること）について大きな問題をもたらしました。こうした「私的使用」のためのコピー（ダビング等）は、既に述べたように著作権法で特別に例外として認められているため、例えば音楽について言うと、レコード盤の音楽を個人的にカセットテープに録音しウォークマンなどで楽しむといったことが、一般に行われていました。カセットテープの場合はアナログ方式であるため、ダビングの段階でどうしても音が劣化しますし、また、カセットテープの寿命も長くはないので、元のレコード盤を売る人はなく、経済的な影響（レコードが売れなくなること）はあまりありませんでした。

　ところが、デジタル方式が普及したため、市販されるものも「アナログ方式のレコード盤」から「デジタル方式のCD」に変わり、一般家庭での合法的なダビングも、「テープレコーダとカセットテープ」から「デジタル録音機器とCDやiPodなどのデジタル媒体」に移ってきました。デジタル媒体からデジタル媒体へのダビングが、家庭でも簡単にできるようになったのです。CDなどを用いてデジタル方式でダビングした場合は、元の製品と全く同じものが作れますし、カセットテープと違ってCDなどは非常に長い間使用可能なので、多くの人が元のCDを転売し始めました。

　このために、「音楽CD」の中古品が広く出回るようになって「オリジナル」の売上げが減ってしまう、といった問題が生じるようになったのです。例えば「推理小説」のようなものは一度読んでしまうと「手元に置いておく必要」が薄れるため、中古書籍店などに売られてしまうことがありますが、「音楽CD」は繰り返し聴くものであるため、本来は中古市場ができにくいはずです。にもかかわらず中古市場が拡大したのは、「私的使用のためのコピー」が作られた後に「オリジナル」の方が転売されるようになったからです。「コピー」の方は「私的使用」が目的なので、それを公衆に転売することは当然違法ですが、「オリジナル」の転売は合法です。

　これは「『オリジナル』と『コピー』の品質が同じ」という新しい事態が招

第1章 「無断ですると違法になること」のルール ──「法律によるルール」の世界

いたものです。こうした問題への対応については国際的な議論も行われましたが、「私的使用のためのコピーの禁止」（例外の廃止）は、仮に行ったとしても、すべての家庭の中まで踏み込んで取り締まりをするようなことはできず、結局実効性を持てません。このためむしろ、①権利者が自分で「コピー・プロテクション」をかけて「私的使用のためのコピー」を作れないようにする（その解除の防止を法制化するよう条約で義務づける）、②デジタル方式のコピー機器・媒体の販売時に「補償金」を徴収する（128ページで述べたもの。日本を含むいくつかの国が実施）──ということが、解決策として国際的な共通理解となっています。

「コンピュータによる操作」の実現

　デジタル方式の長所は、「完全なコピー」が作れることだけではありません。著作権も含め、社会全体に対してより大きなインパクトを与えたのは、著作物を含む様々な情報について、174ページの図に示したように、「コンピュータによる操作」ができるようになったことです。アナログ方式の場合は、レコード盤に録音された音にしろ、フィルムに録画された映像にしろ、これを操作して作り変えるのは極めて困難でした。例えば、フィルムに録画された映像の形や色を部分的に変えるとか、映像に後から音を加えるといったことは、技術的に大変難しいものでしたし、これらのことをするために録音・録画を繰り返すたびに、コピーの質が落ちてしまったのです。

　ところがデジタル方式が導入されると、すべての情報が「数字」（一般的には0と1）で記録されますので、コンピュータを用いて部分的に情報を置き換えたり、他の情報と重ねたりすることが、極めて容易になりました。このため著作物の利用について、174ページの図に示したように、次のようなことが起こりました。

「改変」がしやすくなった

　第一は、コンテンツの「改変」がしやすくなったことです。既に述べたよ

うにアナログ方式の場合には、撮影されているフィルムの一部分のみについて形や色を変えるようなことは、極めて困難でした。しかし、デジタル方式で撮影・記録されている映像の場合は、各部分がそれぞれ独立した数字で記録されていますので、コンピュータを使ってその数字を置きかえることにより、このような操作が簡単に行えます。コンピュータを使って「モナリザ」の顔の形を変えたり、髭を書いたり、別人の顔と置きかえたりするようなデモンストレーションを見たことがある方も多いと思いますが、他人のコンテンツについてこのような操作をすることが、極めて容易になりました。

こうした行為は、「著作権②」の中の「人格権」の一部である「無断で改変されない権利」（同一性保持権）を侵害することがあります。このため、権利者側は「このような時代になったのだから、人格権をもっと強くすべきだ」と主張していますし、逆に利用者側は「このような時代になったのだから、人格権をもっと弱くすべきだ」と主張しています。この論争はまだまだ続くと思われますが、デジタル方式とコンピュータによる操作の普及が、このような議論を巻き起こしたのです。

このような議論の結果、2002年（平成14年）の法改正によって、実演者に「人格権」（同一性保持権・氏名表示権）が付与されたことは、105ページで述べたとおりです。

様々なコンテンツの「融合」ができるようになった

第二は、多種多様なコンテンツを「融合」することができるようになったことです。アナログ方式の時代には、文章、絵、音楽、音声、写真、動く映像などをひとつの「物」の中にいっしょにコピーすることは、殆ど不可能でした。このため、「本にカセットテープを付けて売る」といったことなどが行われていましたが、デジタル方式が普及すると、これらを融合することが極めて容易になります。デジタル方式では、上記のような多種多様の著作物がすべて同じ形式（0と1を組み合わせた数字の集合体）に変換されますので、ひとつのCD-ROMやDVDの中に多様な情報を記録し、融合させることができるのです。また、これを再生するときにも、コンピュータを使った操作

第1章 「無断ですると違法になること」のルール ──「法律によるルール」の世界

を行えば、文章、絵、音楽、音声、写真、動く映像などを、好きな組み合わせでディスプレイ画面やスピーカーに取り出すことができます。

　このような「物」のことが（ひとつのCD-ROMなどの中に、多種類の情報やコンテンツが「融合」されており、コンピュータを用いて好きなように組み合わせて使用できるような「固定物」が）、かつて一般に「マルチメディア」と呼ばれていたようです。この用語について、アメリカ政府がかつて出版したある報告書には、「マルチメディアという用語の一般的な使われ方は、そもそも英語として誤りである」ということが書かれていました。その理由は、次のとおりです。

　まず「メディア」ということばは、「媒体」を意味しますので、具体的には、新聞（紙）や無線放送（電波）など、人々に情報を「伝達する手段」がこれに含まれます。また、「マルチ」とは「多数」を意味します。したがって、「マルチメディアで伝える」ということは、本来は「多種多様な伝達手段を使って、情報を人々に伝える」という意味になり、例えば、ある人が作曲した音楽を、楽譜の出版、ライブコンサート、テレビ・ラジオでの放送、有線放送、CDの販売、インターネットでの配信などといった様々な手段で人々に伝達する、ということを意味するはずです。

　しかし一般には、当時マルチメディアと呼ばれていた「物」（CD-ROMなど）が「マルチ」であったのは、その「伝え方」ではなく、その「物」の中に含まれている情報やコンテンツの「種類」（文章、絵、音楽、音声、写真、動く映像など）でした。したがって、一般的に言われていた「マルチメディア」の「マルチ」は、その後に続く「メディア」ということばを修飾しておらず、このため英語として誤りであり、これはむしろ「マルチ・タイプ・コンテンツ・フィクセーション」（多種類のコンテンツを固定したもの）などと呼ぶべきである、と言われていました。

　このようなマルチメディアの出現は、世界中の著作権関係者を驚かせ、一時は「著作権制度を根本的に見直さなければならないのではないか」といったことも議論されていました。しかし後には、次の項で解説するように、WIPO（世界知的所有権機関）などにおける検討の結果、「マルチメディアの出現は、著作権制度の基本にとっては大したことではない」ということが、

― 180 ―

国際的な常識・共通理解になりました。なぜそのようなことが国際的な常識になったのかということは、この節の中で詳しく述べます。

(2) 「ネットワーク化」の進展

　ところで、これまで例示してきた「デジタル化」の影響、すなわち「完全なコピー」が出現したこと、「改変」が容易になったこと、「融合」が可能になったことなどは、ある個人の一台のパソコンの中だけで起こっている限りは、形式的には違法でも、著作者等の利益に大きな影響を与えるわけではありません。自分のパソコンの中だけで他人の著作物を改変したり、色々なものを融合させて「楽しむ」ようなことは、経済的にもあまり大きな意味はありませんし、著作者に精神的・人格的な損害を与えることもないからです。

　最近の「情報化の急速な進展」が著作権の保護に大きな影響を与えつつあるのは、こうした「デジタル化」よりもむしろ、これとは別の動きとして進みつつある「ネットワーク化」の方です。具体的には、多くの人々がインターネットなどのネットワークに接続されたパソコンや携帯端末を持ち、著作物等を簡単に世界中に「送信」することができるようになったことです。かつては、「公衆への送信」という行為は、少数の無線放送局などのみが行えることでしたが、インターネットの時代を迎え、パソコンやスマホなどを使って、こうしたことが子どもでもできるようになったのです。さらに、前記の「デジタル化」の影響がこれに加わると、174ページの図に示したように、ある人が他人の著作物のデジタル・コピーを作成し、これを改変し、他の著作物と融合し、これをインターネットで多くの人々に送信し、これを受信した人がそのデジタル・コピーを作成し、これを更に改変し、他の著作物と更に融合し、これを再度インターネットで送信し……ということが、多くの人々によって無断で連続的に行われる危険性が高まってきました。

　こうした状況における最大の問題は、日本とイギリスを除き、アメリカを含む世界の殆どの国で、「著作物をインターネットで送信する」という行為が「著作権③」の対象（無断でしてはいけない行為）とされていなかったことでした。既に述べたように、コンテンツを「公衆に伝達すること」のうち「無

第 1 章 「無断ですると違法になること」のルール ──「法律によるルール」の世界

線放送」(多くの人々の手元まで一方的に番組を送信し続けること)は、昔から「著作権③」の対象とされていましたが、インターネットなどを使った「インタラクティブ送信」については、最近になって新しく出現した送信形態であったため、日本とイギリスを除く多くの国は、著作権法の整備をしていなかった(「無断ですると違法になる行為」とはされていなかった)のです。

特に、ネットワークが非常に発達したアメリカが、先進諸国の中で最も著作権保護の弱い国であり、インターネット等のネットワークを使ってコンテンツを送信することについて著作者の権利を認めていなかったことが、追って述べるように大きな混乱をもたらしました。この問題については、既に述べたように、日本やイギリスと同様の制度を国際条約(WCTとWPPT)に取り入れ、他国もこれに従って著作権の保護を強化するという方向で国際的な解決が図られましたが、アメリカは「送信可能化」に関する権利を著作権法に明記していないため、後に述べるように「ナップスター事件」での合法性論争が起きてしまいました。

2．WIPO による国際的な検討の結果

こうした「デジタル化・ネットワーク化」の進展に対応するために、著作権制度はどのように整備・改善されるべきか──ということについては、1990年代に入って多くの国々で検討が開始されました。その中心になったのは、ジュネーブにある WIPO(世界知的所有権機関)という国際機関です。この WIPO が中心となって、数年にわたり様々な調査研究事業、国際的なシンポジウムやセミナー、具体的な条約の検討などが行われてきましたが、この結果現在では、次の3点が「国際的常識」となるに至っています。

(1) 対応すべき課題は「デジタル化・ネットワーク化」

第一は、こうした情報化の進展に伴って対応すべき課題は、「マルチメディア」などの「物」への対応ではなく、より広範な「デジタル化・ネットワーク化」という「現象」全体への対応である、ということです。

第2節　情報化で何が変わったか？

　著作物の利用について起こってきた変化は、デジタル化・ネットワーク化という現象がもたらしたものであり、いわゆる「マルチメディア」などの出現は、その結果のひとつ（様々な著作物の「融合」が可能になったということの結果）にすぎません。マルチメディアなどと呼ばれていた「物」は、その出現以前に「最も複雑な著作物」であった「映画・ビデオ」よりもさらに複雑なものであり、かつ、使用者がパソコンで操作することによって自由に内容の組み合わせや取り出し方を変えられる、という画期的なものでした。このため、マルチメディアの出現後数年間は、世界の著作権関係者の多くがマルチメディアに目を奪われ、「マルチメディアへの対応」ということのみを検討していたのです。

　しかし、既に述べた「何が起こっているのか」ということに対する理解が深まり、議論が落ち着くにつれ、また、インターネットでの送信利用が拡大するにつれ、「検討すべき課題は、マルチメディアではない」ということが次第に明らかになってきました。確かにマルチメディアは、「デジタル化・ネットワーク化」の進展という新しい動きによって出現したものでした。しかしよく考えてみると、この「デジタル化・ネットワーク化」ということは、複雑なものだけでなく、例えば「五・七・五の俳句」とか「小さな挿し絵」についても起きたものです。著作権制度全体の在り方を検討するのであれば、ごく一部の極めて複雑な著作物であるマルチメディアに注目するのではなく、より単純な著作物も含めてすべてのコンテンツについて起こりつつある「デジタル化・ネットワーク化」という現象全体を視野に入れるべきであるということが、国際的な共通理解になったのです。

　1996年（平成8年）にジュネーブで採択された2つの新しい条約（WCTとWPPT）は、「デジタル化・ネットワーク化」に対応するための新しい国際ルールを、それぞれ「著作権②」「著作隣接権」について確立したものでしたが、この新条約の中には「マルチメディア」ということばは一度も使われていません。このことも、上記のような流れの結果です。また、著作権という観点から見ると、「マルチメディア」と言われるものは決して新しいものではない、ということも、国際的に明らかになりました。一時は、マルチメディアのための特別の制度（マルチメディアを保護するための新しい権利や、利

— 183 —

第 1 章 「無断ですると違法になること」のルール ——「法律によるルール」の世界

用する場合の特別の制度）を作るべきではないか、という議論が行われていましたが、その後こうした議論は殆どなくなりました。

　そのような議論がなされなくなった理由は、前記のように、「著作権という観点から見ると、マルチメディアは新しいものではない」ということが国際的な常識になったからです。「新しいものではない」ということは、「既に存在している何かだ」ということになりますが、それは何でしょうか。マルチメディアとは、多くの場合、多種多様な著作物や情報が「融合」されたものであるため、その多くは、「著作物の種類」のところで解説した「編集著作物」や「データベース」に該当すると言われています。日本の制度では、31ページで述べたように、コンピュータで読み取れるものが「データベース」、そうでないもの（紙に書かれたものなど）が「編集著作物」と呼ばれていますが、マルチメディアは一般的にコンピュータで読み取るものですので、「データベース」に該当する場合が多いと言えましょう。

　中国のある専門家は、「マルチメディアとは、いろいろな料理が大皿に盛られた中華料理のオードブルのようなもの」であって、「大きな皿が発明されて色々な料理をひとつの皿に盛ることができるようになっただけで、中華料理には違いなく、新しいものではない」と説明していましたが、こうした認識が、世界共通のものとなりました。別の例を挙げれば、マルチメディアとは、「編集著作物」の代表である「百科事典」（文章、絵、写真、グラフなどが「融合」されている）の「スゴイやつ」ということも言えます。これまでの百科事典のようなものが CD-ROM などにデジタル方式で蓄積され、さらに動く影像や音楽・音声などが付け加えられ、利用者が自由に組み合わせを変えて利用できる、といったものがマルチメディアだったのです。

　ただし、マルチメディアと呼ばれていたものは非常に広範にわたっていましたので、中には、「映画の著作物」に該当するものや、「コンピュータ・プログラムの著作物」に該当するものもあったようです。しかしいずれにせよ、これまでの著作権制度が既にカバーしていたものや、その発展型であるにすぎません。したがって、マルチメディアというものがつくられた後にこれを「著作物」として保護することについても、また、マルチメディアというものをつくったり使ったりすることについても、既に現在の著作権制度でカバー

されている、ということなのです。こうしたことから、国際的にも、著作権の世界で法律的な議論をするときには、「マルチメディア」という用語は、議論の混乱を防ぐ観点から殆ど使われなくなり、著作権に関する限り「マルチメディア」という用語は「死語」になりました。

なお、「マルチメディア」という用語がはやっていた理由のひとつは、インターネットの送信速度が遅かった（動画の送信は困難だった）ために、CDなどの「パッケージ系コンテンツ」が主流だったことです。「送信系コンテンツ」を十分に活用できるブロードバンド時代となった今日、かつてのマルチメディアは「ブロードバンド・コンテンツ」と名を変えています。

(2) 「デジタル方式」は現行の条約・法律で既にカバーされている

第二は、「デジタル方式」は、「アナログ方式」と同様に現行の条約・法律によって既にカバーされている、ということです。ある著作物の記録方式をアナログからデジタルに変換すると、既に述べたように、「改変」や「融合」など様々な利用方法の可能性が広がるため、デジタル化が広く普及し始めた当初は、著作権の専門家の間でもこのことを「特別のこと」と考える傾向がありました。

このため、「コピーに関する権利とは別に、デジタル化に関する権利（無断でデジタル化されない権利）というものを新たに設けるべきである」とか、「デジタル化した人には、レコードを作った人と同じような著作隣接権を与えるべきである」とか、「著作権者が、著作物のデジタル化を承諾したときには、その後の改変・融合・送信などについてもすべて承諾したとみなすように、法律を改正すべきである」といったことが、（今となっては信じがたいことですが）政府の審議会でも真面目に議論されていたのです。

言うまでもなく、これらの議論は、現在では殆ど否定されています。これは、「デジタルという方式は、著作権という観点からは決して特別のものではない」ということが明らかになったためであり、言いかえれば、「デジタルとアナログは『方式』の差にすぎず、著作権システムが対象とする『行為』の差ではない」ということが、国際的な常識になったためです。このため、デ

第1章 「無断ですると違法になること」のルール ——「法律によるルール」の世界

ジタル化に対応するために策定された新条約（WCT と WPPT）の中にも、「デジタル」ということばは使われていません。

　かつて、カセットテープの普及により、レコード盤に録音された音楽をこれにダビングすることができるようになったため、ウォークマンのようなものを使って、歩きながらでも音楽を楽しめるようになりました。これは、それまでのレコード盤ではできなかったことであり、つまり、録音という「行為」を行うときの「方式」を「レコード盤」から「カセットテープ」に変えることによって、利用形態が広がったわけです。しかし、だからといって、カセットテープにダビングすることが特別な行為であるわけではなく、「無断でカセットテープにコピーされない権利」などというものを新たに作る必要はありませんでした。レコード盤であろうとカセットテープであろうと（「方式」を問わず）、コピーという「行為」はコピーなのです。同じように、アナログであろうとデジタルであろうと（「方式」を問わず）、コピーという「行為」はコピーなのです。

　また、デジタル化の進展は、グーテンベルクの印刷機が発明されたときの状況とも似ていると言われています。印刷機が発明されたときにもし著作権法があったとしたら、多くの人々が、「印刷機でコピーされたものは、これまでの手書きでコピーされたものとは違う。著作権法上も別の扱いにすべきだ」と思ったことでしょう。しかし、こうした考え方は完全な間違いです。なぜなら、印刷機発明当初には、印刷された著作物は「特別のもの」に見えたかもしれませんが、そのうちにすべてのものが印刷機でコピーされるようになったからです。同様に、現在はデジタル方式でコピーされた著作物が特別のものに見えるかもしれませんが、そのうちに大部分の情報がデジタル化されるようになるでしょう。

　こうしたことが徐々に理解されるようになったために、「デジタル方式は、現行の条約・法律で既にカバーされている」（現行の条約・法律中の「コピー」「送信」などの概念は、アナログ・デジタルを含むあらゆる「方式」をカバーしている）ということが、国際的な常識になったのです。このことは、WIPO の外交会議でも、各国によって公式に確認されています。

(3) 緊急課題は「デジタル化」よりも「ネットワーク化」への対応

　第三は、「緊急に対応すべき課題は、『デジタル化』よりもむしろ『ネットワーク化』の方だ」ということです。既に述べたように、「デジタル化」によって可能になった既存のコンテンツの「改変」や「融合」は、あるひとりの人のパソコンの中だけで起こっている限りはそれほど大きな影響をもたらしません。むしろ問題は、こうした改変や融合を伴いつつ、インターネットなどのネットワークを通じて、様々なコンテンツが多くの人々から多くの人々に手軽に「送信」されるようになったことなのです。世界の著作権関係者は、「マルチメディア」に目を奪われていた時代を経て、問題の本質がこのような「ネットワーク化」にあるということに、ようやく気づきました。

　「公衆への伝達」の一部である「公衆への送信」については、既に述べたように、昔から「放送権」(無断で無線放送されない権利)という権利がありました。しかし「放送」とは、テレビやラジオのように、多くの人々(公衆)を対象として、無線放送局が受信者の手元まで一方的に電波を送り続けるような送信方式を意味します。このような行為は、大きな設備を持つ少数の無線放送局だけが行うことができましたので、誰が何を放送しているかということの把握も比較的容易でした。

　これに対して、パソコンや携帯端末の普及とインターネットなどのネットワークの拡大によって急速に普及してきた送信方法は、既に述べたように、「無線放送」ではなく一般に「自動公衆送信」(インタラクティブ送信)と呼ばれるものです。「自動公衆送信」は、受信者の手元まで一方的に送信を続ける「無線放送」「有線放送」とは異なり、「サーバ」などまで情報を届けておき、受信者が「端末」と呼ばれる「パソコン」などを使って、サーバ等に対して「この情報を送ってくれ」という信号を発したとき(アクセスしたとき)にのみ、受信者の手元への送信が行われる方式です。かつての「ビデオ・オンデマンド」はその典型であり、いわゆる「インターネット放送」や「IPマルチキャスト」なども、アクセスした番組だけが手元に送信されますので、これに当たります。受信者側(端末のパソコン等)からのアクション(アク

第1章 「無断ですると違法になること」のルール ——「法律によるルール」の世界

セス）を受けて初めて送信者側（サーバ等）からのアクション（送信）が行われること、すなわちアクションが相互に（インター）行われることから、国際的には「インタラクティブ（インター・アクティブ）送信」と呼ばれているわけです（63ページの図を参照）。

「クラウド」とは何か？

かつてマルチメディアと呼ばれたものについての国際的な検討や対応について長々と述べてきたのは、昔語りをするためではありません。新しいものに対応するときには、「はやり言葉」や「定義されていない用語」や「人によって意味が異なる総称」などに惑わされてはならず、「何が起きているのか」を分析的に見なければならない、ということを強調するためです。

例えば、最近「クラウド」なる利用形態が話題になることが多いようですが、この用語の定義はまだ定まっておらず、人によって異なるものがクラウドと呼ばれているようです。こうしたものについて、著作権の観点から「何が起きているのか」を分析的に考えるには、まず、どこで「複製」「送信」が起こっているかを確認することが必要です（これらのうち「送信」には、著作権が及ぶ「公衆向け送信」と、著作権が及ばない「非公衆向け送信」があります）。著作権が及ぶ行為には「上映」なども含まれますが、送信を伴う複雑な利用形態については、まずは「複製」と「送信」がどこでどのように起きているのかを整理すると、話が分かりやすくなります。

同様に、サーバを介する「自動公衆送信」も、最近では多様化が進み、「ストリーミング」「ウェブキャスティング」「サイマルキャスティング」など、様々な新語が（定義が明確にされずに）飛び交っていますが、これらについても、「複製」と「送信」がどこでどのように起こっているか、という観点から整理すると、著作権制度上の何なのかが理解しやすくなるのです。

3．日本が始め世界に広めた「インターネット対応」

インターネット利用の普及などによって急速に拡大してきた「コンテンツ

第2節　情報化で何が変わったか？

の自動公衆送信」は、コンテンツの新しい流通形態であったため、世界のほとんどの国では、これを著作権の対象（権利者に無断ですると違法になる行為）とはされていませんでした。特に、ネットワークが早く発達したアメリカで著作権法にこうした規定がなかったことが、国際的にも大きな問題となりました。この問題が広く注目されるきっかけになったのが、1990年代の前半に起こったいわゆる「プレイボーイ事件」です。

　この事件は、アメリカのある人が、雑誌「プレイボーイ」の中のグラビア写真をスキャナでパソコンに読み込み、ネットワークとサーバを通じて広く送信してしまったというものですが、アメリカの著作権法に自動公衆送信に関する権利が規定されていなかったため、大きな問題となりました。この事件が世界中に大きなインパクトを与え、国際的な検討が加速されたのです。

インターネット以前から対応済みであった日本

　しかし日本は、「将来は、アクセスされたコンテンツだけが送信されてくる、という送信形態が主流になる」ということを1980年代前半の段階で既に予測し、「無断で（サーバ等からの）自動公衆送信をされない」という権利を「著作者」に（「著作権③」の一部として）付与する法改正を、（インターネットが普及するはるか前の）1986年（昭和61年）に終えていました。「プレイボーイ事件」が話題を集めたころには、多くの人々が「著作権の保護水準が高い」という誤解を持っていたアメリカについて著作権法の遅れが喧伝されていたため、「日本はもっと遅れているにちがいない」という誤解と偏見を持っていた関係者やジャーナリストが多かったようですが、実は日本は、その数年前に既に法整備を終えていたのです。

　その後日本は、国際的な検討の中で、こうした法律ルールを条約に書いて国際的なものにすべきだ、ということを訴え続けましたが、10年後の1996年（平成8年）になってようやく、WIPO（世界知的所有権機関）によって、インターネット対応のための条約が2つ作られました。ひとつが「WCT」と呼ばれる「著作権②」の条約で、もうひとつが「WPPT」と呼ばれる「レコード製作者」「実演者」の「著作隣接権」の条約です。10年経って、やっと世界

第1章 「無断ですると違法になること」のルール ──「法律によるルール」の世界

が日本に追いついてきたわけですが、この２つの条約も、日本の強い主張等を受けて実現したものであり、インターネットに対応した国際的な法律ルール作りということについて、日本は世界をリードしてきたのです。

「無断で送信可能化されない権利」が必要になった理由

　ところで、前記の「WCT」「WPPT」という２つの条約は、日本の著作権法に追いついて「インターネット対応」の権利を条約に規定したものでしたが、２つの点について日本の著作権法を越えていました。
　第一は、「著作権②」の条約である「WCT」において、「著作者」の「著作権③」に関し、(日本の著作権法が1986年（昭和61年）から権利の対象としていた)「サーバ等から受信者への自動公衆送信」だけでなく、その前段階の「サーバ等への入力・蓄積」（送信可能化）も、権利の対象としたことです。条文上は、前者の権利を「公衆伝達権」と呼び、その対象となる行為に「送信可能化も含む」とされました（63ページの図を参照）。
　第二は、「著作隣接権」の条約である「WPPT」において、新たに「レコード製作者」「実演者」にも、インターネット対応のための権利を付与することとされたことです（「無線放送局」は対象外）。これは、日本の著作権法にも規定されていませんでした。ただし、既に述べたように、「著作隣接権」は「著作権②」よりも弱くするという伝統から、「レコード製作者」と「実演者」には、「サーバ等への入力・蓄積」（送信可能化）だけを対象とする「送信可能化権」のみが付与されました。このため、理論的には「実演・レコードについては、送信可能化は無断ではできないが、サーバ等からの自動公衆送信は無断でしてもよい」ということになりますが、実際には「送信可能化」せずに「自動公衆送信」する──ということはあり得ませんので、この差異はそれほど大きな問題にはならないでしょう。
　いずれにせよ、「著作物の送信可能化」と「レコード・実演の送信可能化」という２つの部分について、条約が日本の著作権法を越えた（日本も、権利強化をしなければならなくなった）わけです。しかしこれらについても、日本は、条約制定後わずか半年の1997年（平成９年）前半に、先進諸国の先頭

を切って法整備を終えました。

　ところで、「送信可能化」に関する権利は、なぜ必要になったのでしょうか。日本が「自動公衆送信」に関する権利を法定した1986年（昭和61年）の時点では、「自動公衆送信」が実際に行われていたのは、「ビデオ・オンデマンド」のようなものだけでした。つまり、独立したひとつのサーバから複数の端末に送信するという、極めて単純なものだったのです。このため、無断送信が行われた場合も「犯人」が探しやすく、「サーバ等からの送信を無断でされない」という権利さえあれば十分でした。ところが今日では、サーバなどはネットワークによって相互に結ばれています。このため権利者にとっては、「自分のコンテンツが、いつ、どのサーバから、どこを経由して、どこに送信されたか」ということを証明することが、ほとんど不可能になってしまいました。つまり、世界に冠たるものだった日本の著作権法の「自動公衆送信に関する権利」は、実際には極めて行使しにくいものとなってしまったのです。

　そこで、「権利者は、無断での送信行為を、具体的に立証する必要はない」という状況を作るため、「サーバ等への入力・蓄積」を権利の対象（無断でしてはいけない行為）にする、ということが行われたわけです。サーバ等への入力・蓄積は、「インターネット放送」のように、サーバ内のメモリへのコピーを伴わない「入力」という形で行われる場合と、一般のサイトのように、サーバ内のメモリへのコピーを伴う「蓄積」という形で行われる場合がありますが、いずれにせよ、権利者が自分でアクセスしてみれば「送信可能化」が行われているかどうかは確認できますので、少なくとも「サーバからの送信行為」よりは確認・立証が容易です。このために、新たに「送信可能化」に関する権利（無断で送信可能化されない権利）が作られたわけです。

すべてのコンテンツについて法整備を終えているのは世界中で日本だけ

　ところで、「WPPT」は「著作隣接権」の条約ですので、本来は「無線放送局」についても「送信可能化権」を規定すべきでした。番組の「送信可能化」とは、例えばテレビとパソコンを直結して、番組をネットで同時再送信する行為です。ところが「WPPT」が作られた当時は、まだ「ブロードバンド」

第1章 「無断ですると違法になること」のルール ——「法律によるルール」の世界

時代が訪れておらず、送信の速度・容量の制約のため、動画コンテンツである「テレビ番組」をそのままネット送信するということは困難でした。

既に述べたように、無線放送局や映画会社などは、「ユーザー・クリエータ」であって、コンテンツの製作時点では（部品コンテンツ等の）「利用者」、コンテンツの製作後は「権利者」となります。しかし、インターネットへの対応ということについては、「テレビ番組が無断でネット配信される」という実態（「権利者」としての無線放送局にとっての問題）がまだ顕在化していなかったため、世界の放送関係者はむしろ「利用者」の立場に立ち、「WCT」「WPPT」の足を引っ張るような動きをしたのです。ましてや、「自分たちにも権利をよこせ」などという主張はせず、このために、著作隣接権条約としては異例のことですが、「WPPT」は「無線放送局」を対象としていませんでした。

ところが後に、「ブロードバンド時代」の到来によって、例えば「WOWOW」のような有料番組などが、ネットを使って横流しされるという事態が拡大し、無線放送関係者も遅ればせながら、「自分たちにも送信可能化権を」という運動を開始しました。このことについては、現在WIPO（世界知的所有権機関）が、新条約を検討中です。

しかし、国際的にも「インターネット対応の老舗」という評価が定着していた日本は、2002年（平成14年）の法改正で「無線放送局・有線放送局」にも「送信可能化権」を付与しています（92ページを参照）。現在でも、「著作物」「無線放送番組」「有線放送番組」「レコード」「実演」のすべてについて、「インターネット対応」（インターネット等を用いた無断送信を阻止するための権利の付与）を終えているのは、世界中で日本だけです。

「送信可能化」の具体的な内容

なおここで、日本の著作権法における「送信可能化」の意味を改めて整理しておきましょう。「送信可能化」（公衆からのアクセスがあり次第それぞれの手元への「送信」ができる状態に置くこと）は、次のような行為によって起こります。これらの行為を権利者に無断で行うと、権利侵害になってしまうわけです。

第2節 情報化で何が変わったか？

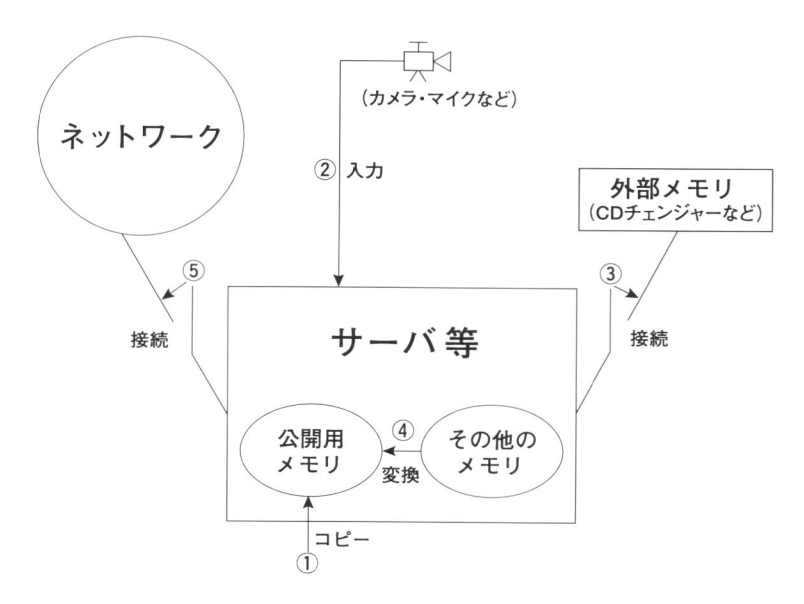

```
     ネットワーク        (カメラ・マイクなど)
                           ② 入力
                                          外部メモリ
                                         (CDチェンジャーなど)
         ⑤                            ③
        接続                          接続
              ┌─────────────────────┐
              │      サーバ等        │
              │                     │
              │  ┌────┐  ④  ┌────┐ │
              │  │公開用│←──│その他│ │
              │  │メモリ│変換│メモリ│ │
              │  └────┘      └────┘ │
              └──────────┬──────────┘
                       コピー
                         ①
```

(1) **既にネットワークに接続されているサーバ等について**

　①そのサーバ等の公開用メモリーに「蓄積」すること

　　（サーバのメモリ内に「コピーを作る」ことも同時に行われている）

　②カメラやマイクを使ってそのサーバ等に「入力」し続けること

　　（インターネット放送などの場合。蓄積（コピー）は行われない）

　③「CDチェンジャー」などをそのサーバ等に接続すること

　　（新たなコピーは作られていない）

　④コンテンツが蓄積されている「非公開のメモリ」を「公開用のメモリ」に変換すること

　　（ファイル交換ソフトのウィルスはこれを勝手にやってしまう）

(2) **まだネットワークに接続されていないが、上記①〜④によって著作物が蓄積・入力されているサーバ等について**

　⑤そのサーバ等をネットワークに「接続」すること

　　（「ファイル交換ソフト」を「立ち上げること」も含まれる）

「リンク」は著作権の対象外

　なお、いわゆる「リンク」は、リンクが行われているサーバで「コピー」も「送信可能化」も「公衆送信」も行われていないため、著作権が及ぶ行為ではありません。「リンクを張る」ときに了解を得るというのは、習慣やモラルの問題であって、著作権の観点からはリンクは自由です。
　最近では「リンクを張る行為にも著作権を及ぼすべきだ」という主張があるようですが、そのためには次のことについて検討が必要でしょう。
　例えば「Aさんのサイト」内で「Bさんのサイト」が紹介されている（BさんのサイトのURLが表示されている）としましょう。このとき、Cさんが、Bさんのサイトにアクセスしたいと思ったら、「Aさんのサイトを見ながら、表示されているBさんのサイトのURLを、自分のパソコンに自分で打ち込む（あるいはコピーする）」ということをする必要があります。
　これでは面倒なので、Aさんのサイト内に表示されているBさんのサイトのURLをクリックするだけで、CさんがBさんのサイトに直接アクセスできるようにしておく（上記のプロセスをCさんのパソコン内で自動化する）――というのが、「Aさんがリンクを張る」という行為です。したがってAさんは、Bさんのサイト内のコンテンツについて、コピーも送信もしておらず、単に「URLを表示・紹介している」にすぎません。
　この行為（URLの紹介・表示）に著作権を及ぼすなら、例えば「色々な店やレストランなどのサイトのURLを本に表示して紹介すること」にも、著作権を及ぼす（URLそのものを著作権保護の対象にする？）ことが必要になるのです。

アメリカ著作権法の不備を露呈させた「ナップスター事件」

　ところで、こうした自動公衆送信について、アメリカで裁判になり話題となったのが、いわゆる「ナップスター事件」です。この事件の意味は、「個々人のパソコンがサーバとして利用されるようになった状況に、著作権法は対

第 2 節　情報化で何が変わったか？

応しているか？」ということにありました。従来の自動公衆送信では、「業者」が用意する大きなサーバが用いられ、利用者は自分のパソコンをこれに接続してアップロードやダウンロードを行っていました。ところが最近では、ネットワークや通信ソフトの発達により、多くの人々のパソコンを相互に接続して、各人のパソコンに蓄積（コピー）されている情報を相互に直接やり取りする（個々人のパソコンにサーバ機能を持たせる）ためのソフト（いわゆる「ファイル交換ソフト」）が普及しています。

　著作物が蓄積されている自分のパソコンをこのようなソフトを用いつつネットワークに「接続すること」は、その著作物を「公衆からのアクセスがあり次第『送信』できる状態に置くこと」であり、日本の著作権法の「送信可能化」に該当しますので、無断でこれを行うと、日本では明らかに違法になります。日本の著作権法は、このように広い概念である「送信可能化」を権利の対象としているため、将来どのようなシステムが出現しても、無断での行為を「違法」とすることについては、おそらく対応可能なのです。

　これに対してアメリカでは、業者のサーバを用いる従来型の自動公衆送信を前提として、「アップロードとは、結局サーバ内へのコピーにすぎない」という単純な発想から、「コピーに関する権利だけで十分」と考え、新しい権利を著作権法に規定せずに新条約を批准してしまいました。「将来、新しいシステムが出現したらどうするのか。コピーに関する権利だけでいいなら、なぜ何年もかけて新しい権利を検討してきたのか」という、日本やヨーロッパの専門家の警告は無視されました。しかし、従来型の自動公衆送信には「無断でコピーされない権利」だけで対応できても、個々人のパソコンをサーバとして用いるシステムの場合は、「個人のパソコン内にコピーするのは、私的なコピーだから、テレビのビデオ録画と同様に自由にできるはずだ」という主張もできるため、訴訟になってしまったのです。

　いわゆる「ナップスター訴訟」では、権利者側がなんとか勝訴しましたが、別のものについては、次々に訴訟を起こして違法性を確認していかなければならなくなるでしょう。また、アメリカからの送信についてはアメリカ法が適用されてしまうため、アメリカが早く日本と同等の水準の法整備を行うことが期待されます。このため日本政府は、既に述べたように、条約の規定に

第1章 「無断ですると違法になること」のルール ──「法律によるルール」の世界

従って日本と同様の送信可能化権を早く法律に明記するよう、正式にアメリカ政府に要求しました。（28ページを参照）

第3節　法律ルールを「変える」
　　──民主国家の一員として──

　著作権の「法律ルール」について、第1節で現在の法律ルールの概要を述べるとともに、第2節では、最近の動きである「デジタル化・ネットワーク化への対応」について概説しましたが、この節では、さらに将来に向けて「法律ルールを変えていくこと」について述べたいと思います。

　第2節で述べたように、パソコン・携帯端末やインターネットの普及など、「デジタル化・ネットワーク化」への対応については、既に国際的な法律ルールが作られており、法律ルールの基本についての議論は一応終わっています。しかし、コンテンツの創作・流通・利用・使用の形態は、これまでになく急速に変化しており、さらなる「法律ルール」の改正ということは、常に考えなければならない課題です。

　法律を検討・立案・議決・施行するには、どこの国でも相当の時間がかかりますが、これは、変化が激しい状況にあっては、「世界中のあらゆる法律は、すべて宿命的に時代遅れ」ということを意味しています。社会の変化が停止しない限り、著作権法に限らずあらゆる法律は常に「時代遅れ」であり、すべての「法律ルール」について不断の改善努力が必要でしょう。

　条約の範囲内で「誰にどのような著作権を付与する（しない）か？」ということは、各国の国民の判断に任されています（条約上の義務は「外国のものの保護」だけですので、日本のものについては全く保護しなくてもかまいません）が、「1億総クリエータ、1億総ユーザー」という時代を迎え、著作権が「すべての人々」に関わるようになった今日、著作権の「法律ルール」は、多くの国々で「税制」と並ぶ国民的な課題になっており、ひとりひとりがそれぞれの意見を持つべき時代となっています。

　また、かつての「日本の著作権保護が（保護水準が低いアメリカは別としても）他の先進諸国よりも遅れていた」という時代には、先行するヨーロッパ諸国がお手本であり、「日本独自の方向性」というものについて国民全体が議論をする余地が少ない──という状況にありました。しかし現在では、世界中で日本だけがすべてのコンテンツについて「インターネット対応」「プロ

第1章 「無断ですると違法になること」のルール ——「法律によるルール」の世界

テクション技術対応」「透かし技術対応」を終えているなど、日本の著作権保護は既に世界最高の水準に達しています。つまり、著作権の「法律ルール」についても、日本は「お手本なき世界」に突入しているわけです。

　このように、第一に「一部業界の一部のプロ」だけでなく「すべての人々」が著作権に関わるようになったこと、また第二に、「ルール作りの方向性」について日本が既に「お手本なき世界」＝「独自の方向性を考えるべき時代」に入ったこと——により、著作権に関する次の時代の「法律ルール」については、日本人自身が考え、憲法ルールにしたがった新たなルール作りを目指していかなければならない時代を迎えているのです。

　さらに、既に述べたように、「インターネット」や「レンタル・ビジネス」への対応などについては、日本は世界に先駆けて国内法律ルールを作り、これを世界に訴えて国際ルール化（条約化）してきましたが、今後も、日本が先頭に立って作る「国内法律ルール」を世界に広めていくことによって、日本はこの面でも世界に貢献できる可能性が大きいと思われます。しかし、これまで著作権の世界で世界をリードしてきた「インターネット対応」や「レンタル・ビジネス対応」については、世界に貢献した日本の国内法律ルールの検討・構築は、文化庁や関係業界など、「一部の専門家」が行ってきたものであって、「すべての人々」を巻き込んだ国民的議論の結果ではありませんでした。著作権について、国民的議論による「法律ルールづくり」ということは、日本人全体にとっての新しいチャレンジなのです。

　そこでまず、個々の具体的な課題を取り上げる前に、著作権に関する「法律ルール」の改正を考えるときに基本としておさえておかなければならないポイントを整理し、さらに、多様で民主的な社会に住む人々にとって必要な「ルール感覚」というものが、日本人の間に十分に育っていないのではないか——大きく言えば「民主主義」を使いこなせていないのではないか——と思われる状況について、概略を述べてみたいと思います。

第3節　法律ルールを「変える」——民主国家の一員として——

1．日本人は「ルール感覚」を持って「民主的なルール作り」ができるか？

(1)　「全員が不満」が「普通の状態」
　　——「宿命的対立構造」の中で必要な「ルール感覚」——

　著作権に関する法律ルールについては「全員が不満」というのが「普通の状態」だ——ということは、序章で簡単に述べました。ここでは、この点をもう少し掘り下げ、なぜ著作権の法律ルールづくりが日本人にとって「民主主義の学校」と言われるのか、ということについて述べてみたいと思います。
　様々な法律について、「この法律は改正すべきだ」「いや、今のままでいい」といった議論が行われていますが、殆どの法律については、このように、現行法の内容について「良い」という意見と「良くない」という意見の対立が見られます。ところが著作権法の場合は、ほとんどすべての人々が、常に「良くない」と言っており、これが「普通の状態」なのです。なぜそうなるかというと、人々の「欲求」（もっとはっきり言えば「欲望」）に限りがないからです。「利用者側」は、著作権法を廃止して「何でも自由にコピーできる」という状況になるまで完全には満足しませんし、逆に「権利者側」は、法改正によって権利が強まり、印税が2倍になれば4倍、4倍になれば8倍ほしいと思いがちです。つまり、著作権については「無限の欲求と無限の欲求のぶつかり合い」というものが常に存在しているのです。
　また、この「欲求」は、単に「お金がほしい」ということだけはありません。「社会全体や他人のために尽くしたい」という善意の欲求も当然含まれています（いわゆるボランティア精神や公共の精神も「欲求」のひとつです）。特に、コンテンツの創作・利用については、権利者側も利用者側も、それぞれ大なり小なり社会全体の文化・産業・教育などに貢献しています。このため、権利者・利用者の双方が、「自分はこんなに社会に貢献しているのだから、著作権についてももっと優遇されてしかるべきだ」と常に思っています。その「優遇」が、権利者側にとっては「コピーされないこと」であり、利用者側にとっては「コピーできること」なのです。

第1章　「無断ですると違法になること」のルール　──「法律によるルール」の世界

　少なくとも日本国憲法のもとでは、すべての人々に「思想・信条・良心の自由」や「幸福追求権」が保障されていますので、自分自身の思想や利害に基づいて自らの欲求を追求することは、「悪」ではありません。問題は、そうした欲求が人々の間で相互に対立・矛盾するということであり、そのために、民主的手続によって「法律ルール」を作る必要があるのです。著作権に関する「法律ルール」について考えるときには、そのような「宿命的な対立構造」の存在を、よく認識しておくことが極めて重要です。

　そのような宿命的対立構造の中で「法律ルール」を作っていく「民主的手続」のルールは、日本では「憲法」によって定められています。その基本は「国会での多数決」であり、このことは、日本国民は「正当に選挙された国会における代表者を通じて行動」する──という日本国憲法の前文に明記されています。「この憲法ルール自体がケシカラン」と言う人は、憲法改正を目指すか、革命を起こすしかありません。

　このように、思想信条の自由や幸福追求権に基づく「多様性」と「対立」の存在を前提として、また、「民主主義」と「憲法」のルールにしたがって、建設的な話し合いと多数決によって「法律ルール」を作り、それを守っていく──ということが「ルール感覚」（2ページで述べた「フラテルニテ」という感覚のひとつの側面）なのですが、これまで著作権の「法律ルール」に関する議論に関わってきた日本人の中には、それが不足している人が少なくありませんでした。例えば、法律ルールについて議論するときに「違う思想や利害を持つ人」を一方的に「敵」とか「悪」などと呼んで、建設的な話し合いができないとか、「自分に有利な法律ルール作り」を「全体の奉仕者」であるべき「役人」にやらせようとするとか、ルール違反をしているのに「ルールの方に問題がある」と言うとか、ルールの問題を「情やモラルの問題」にすり替えようとする──などといったことが、「ルール感覚」の欠如を示しています。

第3節　法律ルールを「変える」――民主国家の一員として――

「自分にとって不満」を「不公正」と呼ぶ不思議
――「業界エゴではない」と言う人ほど「エゴ」のかたまり――

　このように、著作権に関する「法律ルール」は、「常に全員が不満」という「宿命的な対立構造」を前提として考えなければならないものですが、「自分にとって不満」という状況のこと（単に、「自分にとって有利な法律ルール」が、自分自身の力不足のために多数の支持を得られておらず、「憲法ルール」のもとで、法律ルールとして採用されていない――ということ）を、「不公正だ」などと言う人が少なくありません。こうしたことが、「ルール感覚の欠如」を象徴する典型的な例であり、「多様化の中での民主的なルールづくり」ということについて、大きな問題をもたらしています。

　「ルールを越えた公正さ」というおかしなものを振りかざす人々の「公正」とは、実は「自分の都合・利害」にすぎません。ところが、憲法ルールのもとでいずれも「悪」ではない「異質な人々」の間で、建設的な話し合いをしていく――ということにまだ慣れていない人々は、考え方や利害を異にする人と出会うと、まず「なぜ私のすばらしい考えに賛同できないのだろうか？」と「驚き」を感じ、どうしていいか分からず「戸惑い」を覚え、最後にはこれが「怒り」になってしまうようです。

　「著作権の世界では、権利者側にも利用者側にも、原理主義者が多すぎる」などと言われるのは、このためです。ここで言う「原理主義者」とは、民主主義の基本である「相対主義」に基づく相対化（各人それぞれの「思想・信条・良心の自由」や「幸福追求権」を認め合うこと）ができずに、「自分の思想や利害」を絶対視して、他人に押し付けようとする（同調しない人を「悪」と呼ぶ）独善的な人のことでしょう。

　相手を「悪」と呼ぶかわりに自分を安易に「弱者」と呼ぶ人も同様です。著作権の「法律ルール」に関する協議や議論においては、対立する当事者の双方が、口をそろえて「自分たちは『弱者』であって、『不当』で『不公正』なルールを押し付けられている」などと主張し合うことが少なくありません。例えば、利害が対立する「無線放送局」と「俳優」の団体が、それぞれ「自分たちは弱者であって、不当で不公正な法律ルールを押し付けられている」

第1章 「無断ですると違法になること」のルール ——「法律によるルール」の世界

と主張していたのが、その典型例です。当然ですが、「弱者のための法律ルール」というものもたくさん作られています。しかしそうしたものも、(誰を弱者と見るか、ということも含め)憲法のルールにしたがい、「国会での多数決」によって決められたものであり、多数の支持を得なければ実現されないのです。多数の意見を無視して、双方が「自分たちの方が相手よりも弱者だ」などと勝手に主張するだけでは、建設的な議論はできません。

　また、ある音楽関係のコンテンツ業界団体の会長は、「我々の権利拡大は、『業界エゴ』ではない。日本の(産業の)将来のためだ」と言っていましたが、実は「業界エゴではない」と言う人に限ってエゴのかたまりです。「自分たちのエゴではない」というのは、要するに「自分たちの主張どおりにすることが、みんなにとっていいことなのだ」という独善であり、つまり「他者の意見の否定」「自分の意見の絶対化」にすぎないのです。

　「みんなにとって何がいいのか」ということは「みんな」で決めるべきことであり、また、「日本の(産業の)将来の在り方」というものも「国民」が決めるべきことです。「ウチの業界が伸びることが日本のためだ」などということを勝手に決めるのは、憲法ルールを無視した独善以外の何物でもありません。こうしたことを言う人に限って、相手が自分の意見(自分の業界の利益増進)に賛成しないと、「我々はエゴのためではなく、日本のために言っているのに、反対するのは非国民」などと言い出します。「みんなのため」などと言う人に限って、実は無意識に「自分のため」を絶対視している——ということに、十分注意する必要があります。

　宿命的な対立構造を背景とした著作権の「法律ルール」については、まず、「どっちもどっち」「相手もエゴだが、自分もエゴ」(いずれの主張も、善でも悪でもなく、憲法ルールに反していなければ、公正でも不公正でもないという相対化)ということについて、共通の認識を相互に確立しておくことが必要であり、そうすれば、「対立」が感情的な「敵意」に容易に変わってしまうようなことは回避できるのです。

第3節　法律ルールを「変える」——民主国家の一員として——

(2) 「ルール」に対する「醒めた目」が必要

　思想や利害について人々の間に大きな対立がある——しかも、そのいずれも「悪」ではない——という状況で、憲法に定められた民主的な手続きにしたがって「法律ルール」を作っていくには、まず、「これは人工的に作る『ルール』にすぎず、倫理的な善悪やモラルとは関係ない」という基本的な認識——つまり、ルールに対する「醒めた目」——を持つべきでしょう。
　当然のことながら、「多数の人々が共有する思想・良心・倫理観・モラル」というものがあれば、それが、国会での多数決を通じて自然に「法律ルール」になっていくわけですが、どのような「法律ルール」を作っていくかということを議論していくときには、絶対的なものではない「善悪」(自分が信じる善悪) を振りかざして「これが善だ」とか「それは悪だ」などという水掛け論をしていても、建設的な合意形成はできません。したがってそうした議論には、(少なくとも日本国憲法のもとでは)「相対的」なものである「善悪」や「モラル」などというものは、持ち込むべきではないのです。
　国際人権規約にも明確に規定されている著作権というものは、「人権」という側面も持っていますが、既に述べたように、一般に「人権」と言われるものは、「人間が、その英知によって、長い時間をかけて作り上げてきた基本的なルール」というものです。「基本的人権は、神が人間に与えたものだ」という意見もあるようですが、イスラム教における人権感覚は、キリスト教を基調とする西洋文明のそれとは大きく異なっており、「後者が正しい」と決めつけるのは独善でしょう。したがって、人権と呼ばれるものも、本質的には人間が作り上げてきた「人工的なルール」だと割り切って考えるべきなのです。
　「自分の言論を抑圧されたくない」と思う人が、「自分は言いたいことを言うが、他人には言わせない」などということを主張しても、少なくとも「多数決」を基本とする民主主義の社会では受け入れられません。したがって、「自分が、言いたいことを言いたい」のであれば、「他人も、言いたいことを言える」——つまり「全員が、言いたいことを言える」ということにするしかないのです。その結果人工的に作られたものが「言論の自由」というルー

第 1 章　「無断ですると違法になること」のルール　──「法律によるルール」の世界

ルだ──と考えるべきでしょう。そこで「自分だけが考える神の意思」などというものを振りかざしても、民主的な社会における建設的なルール作りはできないのです。

　同質性の高い日本では、「ルール」と「モラル」を混同している人が少なくないためか、「著作権を守ること自体に価値がある」などと言っている人がいますが、「人間が作るルール」について「それ自体に価値がある」などということは、あるはずがありません。人間が作るあらゆるルールは、「人々が幸福に生活できる」ということを「目的」としたものであって、「著作権を保護する」ということは、そのための「手段」にすぎないのです。したがって、民主国家の国民の多数が「著作権を保護しない方が、人々は幸福になれる」と考えるのであれば、著作権保護など止めればいいのです。

　「モラル」と「ルール」の関係は2つありますが、第一は、「多数の人々が共有するモラル」があればそれが「法律ルール」になっていくということであり、第二は、「価値の相対性と多様性を前提とする自由で民主的な社会」において「すべての人々に共通するモラル」があるとすれば、それは「ルールを守ること」だ──ということでしょう。共通の「悪」であるのは、「コピーすること」ではなく、「ルールを破ること」なのです。

「ボール4つで1塁」と同じ

　要するに、著作権に関する「法律ルール」の内容は、「アメリカでは、車は右側」とか、「日本では、赤信号で止まる」などといったことと同じ（倫理的な善悪やモラルとは関係ない）「社会のルール」であり、別の例を出せば「ボール4つで1塁」というのと同じなのです。「ルール」とは、本質的に「考え方や利害を異にする人々が、それぞれ勝手に行動すると、全体が混乱してしまうとき」に作るものですので、こうした野球のルールについても、その背景には「利害対立」があるはずです。

　当然のことですが、ピッチャーの側は「できれば、フォアボールという制度は廃止してほしい」と思っており、「せめてボール6つにしてくれ」などと希望しているでしょう。逆にバッターの側は、「空振り3回でアウトなのだ

から、ボール３つで１塁というのが『公正』だ」などと理屈をこねるかもしれません。こうした対立の結果、「ボール４つで１塁」という「ルール」が人工的に作られたわけであり、３つでも５つでもなく「４つ」としたことが「倫理的に正しい」とか、「神の意思だ」などということはあるはずがありません。

著作権に関する法律ルール作りも、本質はこれと同じであり、そうした「どっちもどっち」（どちらが「正しい」わけでもない）という状況においては、「フラテルニテ」の感覚を持った建設的な話し合いと、最終的には憲法のルールに従った「多数決」によるルール作りが必要なのです。

なお、「対立」を前提とした「法律ルール作り」のための協議・交渉においては、まず、「利害の対立を隠さず、むしろすべて洗い出す」ということが必要です。そのような協議・交渉は「誠実」に行うことが重要ですが、「誠実」と誤訳されることの多い「sincere」という英単語の同義語は、実は「honest」であって、交渉当初に対立点を「正直」に洗い出すことが、後の協議を建設的に進める必須条件です。そこで、対立を先鋭化させないために、「和の精神で対立を乗り越えよう」（実際には、「相手が自分に合わせること」を「和の精神」と呼んでいる人が少なくない）などと言って対立点をあいまいにしてしまうと、当面は対立を隠せても、次の段階で、より深刻な対立を生んでしまうのです。

(3) 期待される「ユーザー・クリエータ」の貢献

このように、宿命的な対立構造の中で著作権に関する「法律ルール」を作っていくためには、権利者・利用者がそれぞれ、自分の立場や利害を「相対化」する必要があります。そうした相対化を達成し、一方的で偏狭な考え方に毒されない「醒めた目」で法律ルールを考えられるのは、著者が「ユーザー・クリエータ」と名付けた業界でしょう。つまり、「権利者」「利用者」の両側面を併せ持ち、両方の立場を理解できる（両方の立場に配慮した法律ルールを作らないと自分たち自身が困る）業界であり、特に産業界の中では、建設的な法律ルール作りについて、彼らのリーダーシップが期待されます。

そうした「ユーザー・クリエータ」の業界としては、伝統的なものである

— 205 —

第1章 「無断ですると違法になること」のルール ──「法律によるルール」の世界

「映画」や「レコード」なども含まれますが、今後の貢献が期待されるのは「新聞」や「無線放送」の業界・団体でしょう。これらの業界は、売り物となるコンテンツを「つくる段階」では「部品コンテンツ」等の権利者の了解を得なければならない「利用者」(ユーザー)であり、そのコンテンツを「世に出した後」には、無断利用を防止したい「権利者」(クリエータ)となります。このため、どのような法改正を行っても、いわゆる「痛し痒し」の状況となり、バランスのとれた考え方を持たざるを得ない環境にいるわけです。

　「新聞」や「無線放送」のコンテンツ(記事・番組)は、パソコンやインターネットがない時代には、「その場限りのもの」──つまり「二次利用が想定されないコンテンツ」──でした。例えば、今朝の新聞記事が1万枚コピーされても、新聞社に大きな影響はありませんでした。朝刊は既に売ってしまっていますし、朝刊がコピーされても、内容が異なる夕刊の売上には影響しないからです。放送番組も同様で、生放送が主体で家庭用ビデオなどというものもなかった時代には、「流しっぱなし」の状態でした。「無断で行われる二次利用によって、損害をこうむる」などということは、心配する必要がなかったのです。例えて言えば、「午前中に生ものを売り切る」ような業界だったわけであり、このためこれらの業界は、二次利用について心配すべき「権利者」(クリエータ)の側面よりも、コンテンツ製作の便宜を心配する「利用者」(ユーザー)の立場に立ち、むしろ「著作権を弱めてくれ」という主張をしていました。

　ところが、ビデオ・DVDやインターネットなどの普及によって、こうした状況は一変しました。新聞社は「記事」や「データベース」を無断利用から守る必要性に直面し、また、無線放送局も、番組のビデオ化・販売やネット配信について、無断利用の横行に対抗する必要に迫られてきました。このため、新聞業界や放送業界は、急速に「権利者」としての意識を持つようになってきたのです。しかし、既に述べたように、無断利用を防止するために「権利強化」を行うと、「ユーザー・クリエータ」である彼らにとっては、「コンテンツをつくる段階」で仕事がしにくくなることがあり得ます。

　このような状況において、「ユーザー・クリエータ」の業界こそが、「次の時代の著作権法律ルール」を考え提案することに関し、「醒めた目」を持って、

第3節　法律ルールを「変える」——民主国家の一員として——

「バランス」のとれたアイデアを提示しなければなりません。言うまでもありませんが、これは、彼らが「正しい行動」をとるからではなく、「バランスを取ること」が彼らの「利益」だからであって、「モラル」や「意識」の問題ではないのです。

飛躍を遂げた「民放連」と、はしゃぎすぎ（？）の「新聞業界」
　——「知る権利」を守る「新聞記事」に著作権は不要？——

　特に無線放送業界は、かつては「番組を作るときは（部品コンテンツの）著作権を弱く」「番組を作った後は（番組コンテンツの）著作権を強く」などという矛盾した主張を平気でしていました。また、そもそも条約・外国法・日本法などに定められた「法律ルール」の現状や、外国での契約実態などについて、十分な知識を持たずに重大な発言をしてしまい、恥をかく団体幹部も少なくありませんでした。

　例えば、かつて民放連の会長という人が文化庁長官室を訪れ、「再放送を自由にできるよう、既に放送した番組の権利を法律で否定してくれ」（そんなことをしたら、「無線放送局の著作隣接権」も否定され、A局のドラマをB局が無断で再放送できるようになってしまう）とか、「アメリカではどんどん再放送しているのに、日本でできないのはおかしい」（アメリカの無線放送局は最初から「再放送もする」という契約をしており、日本の放送局が自分でそれをサボッているだけ）などという要望をして、関係者の失笑をかったこともありました。当時の民放連会長は、「アメリカ政府から圧力をかけさせて、著作権法を改正させる」などと言っていましたが、そんな条約違反の法改正が実現されたら迷惑するのは「アメリカの権利者」であり、当時のアメリカ特許商標庁長官から、即座に「アメリカ政府は、そんな法改正を日本に要望するつもりは毛頭ない」と一蹴されてしまいました。

　しかし、後にはこれも過去の笑い話になり、民放連の著作権関係者の成長・発展には目覚しいものがありました。例えば、出版・映画・レコードなどの（コピーを生産・販売してきたいわゆる「パッケージ系」の）伝統的なコンテンツ業界は、ブロードバンド時代になっても新しい画期的なビジネスモデル

第 1 章　「無断ですると違法になること」のルール　──「法律によるルール」の世界

をなかなか構築できずにいましたが、民放連は「送信」という利用形態に親しんできたためか、比較的早く「心を入れ替える」（?）ことができたようです。例えば、WIPO で検討されている「放送局の権利に関する新条約」については、NHK もできなかった「条約案の作成・提案」によって世界の動向をリードし、また、国内においても、民放連は一時期、放送局の利害に直接関係しない部分についても、将来の「法律ルール」に関する議論において、国全体を視野に入れたリーダーシップを発揮していました。（ただし最近は、「元に戻ってしまった」とも言われます。）

　これと比較すると、（パッケージ系の代表である）新聞業界の方は、突然に「自分たちも権利者だ」ということに目覚めたせいか、「はしゃぎすぎ」が目立つと言われています。

　例えば N 新聞社は、既に述べたように、その新聞社が開発した方法で計算した「平均株価」などの経済指標（数字そのもの）に著作権があると主張していましたが、多くの著作権関係者の失笑をかうだけに終わりました。

　もうひとつの「はしゃぎすぎ」の例は、Y 新聞社が「新聞記事の『見出し』にも著作権がある」として起こした訴訟です。40 ページで述べたように、「本の題名や章・節などのタイトル」「映画の題名」「新聞記事の見出し」などは、長さの関係で十分な「創作性」を発揮できないため著作権はない──というのが国際条約のルールです。ところが Y 新聞社は、こうしたことを知ってか知らずか、「見出しも我社で考えたものなのだから、著作権がある」と主張して裁判を起こしたのです。第一審でも第二審（知財高裁）でも著作権侵害は当然否定されましたが、もし著作権侵害が認められていたら、Y 新聞自身が翌日の朝刊を発行できなくなっていたところでした。

　仮に、「新聞の見出しのような短いものにも著作権がある」という判決が出されたとしたら、翌日の朝刊で Y 新聞社自身が使おうとするすべての見出しについて、過去のあらゆる新聞・雑誌・単行本・ホームページなどの見出しや題名や章名などで同じフレーズは使われていない──ということを確認しなければ、Y 新聞社自身が権利侵害を問われることになってしまうからです。前記の民放連会長の不用意な主張は「他人の権利を弱めると、自分の権利も弱まってしまう」という典型例でしたが、これは逆に、「自分の権利を強

第3節　法律ルールを「変える」――民主国家の一員として――

めると、他人の権利も強まってしまう」という典型例です。このような単純なことにも気づかずに大新聞社が安易に訴訟を起こしてしまうのが、「ユーザー・クリエータ」として未熟な「はしゃぎすぎ」――と言われてもしかたのないところでしょう。

「権利者意識」に目覚めた新聞協会は、かつて、「新聞と著作権」についてのレポートを公表して「新聞記事にも著作権がある」という見解を示しました。このとき、著作権の専門家の間では「当然のことが書いてあるだけ」という評価を受けただけでしたが、一般の人々からは大きな反発がありました。「新聞社は、これまで『知る権利を守る』ということを根拠に、報道利用に関する例外規定（151ページの「b-22」）を使って、他人のコンテンツを合法的に無断利用してきたのに、報道したあとは『権利がある。無断で使うな』などと言うのか」という反発です。

この主張は、もちろん現在の著作権法に反するものであり、新聞記事にも当然著作権はあるのですが、問題はむしろ、日本の新聞業界が「知る権利」なるもの（新聞社の特権ではなく、国民全体の権利）を強く打ち出してきたことでしょう。情報化の進展により、人々が「知る権利」を確保するための「情報伝達ルート」は急速に多様化していますが、このため、「情報伝達ルートが新聞や放送に限定されていた」ため、「知る権利を持つ『国民』と『報道機関』が、一体として見られていた」という状況は、既に終焉しています。

「知る権利」を持つのは「新聞社」ではなく「国民」であり、新聞社が「知らせる権利」を持っているわけではありません。このために、「新聞が国民の『知る権利』を守るためのものであり、そのために『報道利用』については著作権の例外があるのであれば、知る権利を守るための『新聞記事』そのものについて、著作権を否定して『新聞発行後は、誰でも自由利用』とすべきではないか」という意見が、政府にも寄せられるようになりました。「新聞記事の著作権を一律に否定する」ということは、国内の新聞だけなら条約違反になりませんので、日本の新聞業界は、「情報」「コンテンツ」「著作権」「知る権利」などの関係を、考え直してみるべきでしょう。

なお、「報道利用」の例外が使われ、他人のコンテンツが部品として取り込まれている新聞記事については、新聞社は（その部分については）記事を二

第1章 「無断ですると違法になること」のルール ——「法律によるルール」の世界

次利用したい第三者に「了解を与える」ことはできませんし、「その新聞記事を自社のサイトから送信する」ということも、その部分の権利者に無断ではできません。しかしＳ新聞社のある幹部は、「過去の紙面をホームページで流すのも『報道利用』だから、無断でできる」という解釈をとっていました。これは、実は極めておもしろい法解釈です。

　なぜかと言うと、「過去の新聞紙面をホームページから送信することも、すべて報道利用であって、例外の対象だ（無断でできる）」ということであれば、それを行う「主体」は（最初にその紙面を作った新聞社には）限定されませんので、「その新聞社の記事は、『報道だ』と言えば誰でも自分のホームページから送信できる」ということになるからです。少なくともそのような解釈を主張している新聞社自身は、自社の記事を（報道利用として）ネット配信されても、モンクは言えないでしょう。

　優秀な職員を多くかかえる新聞各社や新聞業界には、早く成長を遂げていただきたいと思います。

NIEを促進する法改正に反対し続けた新聞協会

　また、学校の授業のための教材作成について、教員だけでなく子どもたちも、一定の範囲内でコピーを作れるようにする——という法改正（139ページの「b-6」の新設）については、文芸家協会やJASRACなどの権利者団体が「条件付容認」を表明していた中で、最後まで最も頑強に反対して建設的な議論を阻害したのが新聞協会でした。このため文化庁の著作権課は、審議会（新聞協会の代表も委員）の中でこの問題を検討する「小委員会」に新聞協会の代表を加えずに法改正案を検討・作成しました。小委員会での結論を受けた審議会本体での議論において、「子どもたちのための法改正」に新聞協会が反対できなかったことは、言うまでもありません。

　このように、頑なな態度は、（多数決において勝利する力がない限り）結局は「自らの意見を反映できない」という結果を招くだけなのです。日本の新聞業界も、今後は発想の「相対化」を進め、有力な「ユーザー・クリエータ」として、将来の法律ルール作りにおいて建設的な提案を行うなど、リーダー

シップを発揮できるようになってきただきたいと思います。日本の新聞業界は、一方では「NIE」（学校教育の中で、新聞記事を教材として活用していくこと）の推進を訴えつつ、他方では「子どもたちが新聞記事をコピーしやすくする」（著作権の例外を拡大する）という前記の法改正に強く反対したのです。（なお、ここに記した経緯を会議や文章で人々に公開したところ、新聞協会の関係者から、「新聞協会の態度に矛盾があるのは認めるが、そのことは公に言わないでくれ」という圧力が、ある有力者を通じて筆者に加えられました。「言論の自由」を基礎として知る権利を守っているはずの新聞協会関係者によるこのような言論妨害については、怒りを通り越して深い悲しみと哀れみを覚えます。）

２．様々な論議に「すべての人々」が関心と参加を

(1) 「行政」でなく「政治」の役割

　著作権が「すべての人々」に関わるようになるということは、世界の多くの国々で起こっていますが、著作権というものが「宿命的な対立構造」を伴うものであることから、先進諸国の多くでは、著作権は「税制」や「年金」などと並ぶ重要な「政治課題」になっています。

　社会の中で対立する利害を調整するのは、本来「行政」ではなく「政治」の役割ですが、関係者が拡大するにつれ、「政治の出番」が訪れているわけです。「一部の業界」だけが著作権に関わっていた時代には、役人による利害調整ということも可能でした。例えば、1970年（昭和45年）に「レコードの無線放送」に係る法改正を行ったときの関係者は、NHK・民放連・JASRAC・レコード協会・芸団協の５者だけでした。しかし、全国民を巻き込む鋭い利害対立の中で法律ルールを決めていくような利害調整は、「行政」（役人）に任せてはならず、「政治」（選挙で選ばれた人々）の役割であり、他の先進諸国では、政治主導による「法律ルール」作りが行われています。

　例えばアメリカでは、多くの国会議員が「ハリウッド派」（映画会社の利益を擁護したい）と「シリコンバレー派」（ネット上でのコンテンツ利用を促進

第1章 「無断ですると違法になること」のルール ——「法律によるルール」の世界

したい）といったものに分かれ、国会での論戦と多数決で「法律ルール」を決めていく——さらにその国会議員は、当然のことながら国民の意向で選ばれる——ということが行われていますが、これが、近代的・民主的な法律ルールの作り方です。これを行政機関（役人）にやらせようとすると、例えば、「役人と団体執行部の特定の人々」が密室で法律ルールを決めてしまう、といったことが起こりやすくなります。著作権に関わる人々が爆発的に拡大した今日、そんなことを許してはなりません。

日本では最近「政治主導」が流行していますが、政治主導が（審議会を含む官僚組織に依存せずに）本当に実現されているかは、「すべての人々」に関わり「宿命的な対立構造」を持つ著作権法の改正を、政治家たち自身で実施しているか——ということを見れば、簡単に分かるのです。

(2) セクターごとの意見集約を

建設的な「法律ルール」作りを進めていくためには、ひとつの業界やセクターの中で意見の対立があっては困りますので、まず各セクター内での「意思統一」が必要です。一般的な傾向としては、「教育セクター」や「福祉セクター」は「権利の切り下げ」を求めることが多く、「芸術セクター」などは「権利強化」を求めることが多いようですが、問題は、肝心の「産業セクター」です。日本の産業界の中では、かつては、外国のものを多く導入していたためか、「著作権を弱くしてくれ」という意見が支配的でした。ところが最近では、「10兆円産業」などと言われるいわゆる「コンテンツ業界」が強くなってきたため、日本の産業界の内部は混乱しているようです。

「産業セクター」の統一意思は？

21世紀に入って最初の「政府IT戦略本部」の会議では、ソニーの出井会長（当時）が、日本の産業界のリーダーとしてはおそらく歴史上初めて、「著作権保護を強めるべきだ」という画期的・歴史的な発言を、総理や各閣僚も出席した公式の場でなさいました。しかしその後、ソニーの関係者から文化庁

第3節　法律ルールを「変える」——民主国家の一員として——

に対して、「あれはソニーの会長としての発言ではありません。ソニー・ミュージック・エンタテインメントの会長としての発言です」とか、「ソニーに対して、一般的に著作権を強めたいか弱めたいか、という確認の質問はしないでください。答えられないから」などという申し入れがあったのです。ソニー・グループの全体を見ると、実は売上の約4割が「コンテンツ」で、約6割が「ハード」なのだそうですが、つまり、「権利者・利用者の宿命的対立構造」がソニーの社内に存在しており、統一方針がないのです。

まして日本経団連に統一方針はなく、すべての産業を所管する経済産業省も戦略構築に苦労しているようです。過渡期におけるこうした産業界内部の混乱の中で、「権利者側の業界」と「利用者側の業界」の双方が、「日本の産業界の意向が、著作権法に反映されていない」などと主張していたため、文化庁著作権課では、「統一的な産業界の意向などというものがあるのなら持っていらっしゃい。そのとおりの法案を作ってあげましょう」と言っていましたが、誰も持ってきた人はいませんでした。「産業界の意向が著作権法に反映されていない」のではなく、「産業界全体としての産業戦略（どの産業分野が優遇されるべきかということ）がない」のです。

これに対してアメリカは、著作権保護の水準は先進諸国中で最低ですが、明確な「産業戦略」を踏まえた著作権法を持っています。この戦略とは、簡単に言うと「アメリカがたくさん作っているものは外国でコピーできず、外国がたくさん作っているものはアメリカでコピーできるようにする」という極めて単純で分かりやすいものです。前者に属するのが、マイクロソフトのコンピュータ・プログラム、ハリウッドの映画、レコードなどです。著作権の法律ルールは単なる「手段」であり、目的は「国民の幸せ」にあるわけですが、今日の社会では「国民の幸せ」は「産業の在り方」と密接に結びついており、明確な産業戦略が早急に構築・確立されることが望まれます。

「消費者」というセクターも「団結」を

繰り返し述べてきたように、著作権の世界には、各セクター間の「宿命的な対立構造」が常に存在しますが、よく考えて見ると「消費者」というのも

第 1 章　「無断ですると違法になること」のルール　──「法律によるルール」の世界

ひとつのセクターであり、「消費者」対「特定業界」という対立構造も当然あるわけです。そうした対立構造の中で「消費者の利益」を実現できるのは消費者自身だけであり、日本の「消費者」も、団結して声を上げるべきでしょう。「国民と政治家が法律を決める」というのは教科書に書いてある憲法の基本ルールですが、現実には、国民と政治家が直接接触するのは数年に一度の選挙のときなどに限られるため、実際には、（特に「政治主導」という動きによって「行政主導・官僚依存体質」からの脱却が進められている今日）人々の意思を政治プロセスに伝えていく「市民団体」などの役割が重要になります。特に、従来は著作権にあまり関心を持っていなかった「消費者団体」などの積極的な取り組みが期待されます。

　既に述べたように、「どの産業を（消費者に不便を強いても）将来の日本の基幹産業にするか」ということを決めるのも国民自身ですし、これからは、「消費税」や「年金」の問題と同じように、すべての人々が著作権についても自分の考えを持って行動すべきなのです。

(3)　「会員の利益」「団体の利益」「団体執行部の利益」は一致しない

　個人であれ企業であれ、あるセクター内の人々が、自分たちにとって好ましい「法律ルール」について意思を統一し、その実現を目指していくためには、NGO とか業界団体・市民団体などと言われるグループを構成し、その意見を政治に伝えていく必要があります。しかし、そうしたプロセスにおいて、（著作権の世界に限らず）世界中の団体が抱える問題は、「会員の利益」と「団体の利益」と「団体執行部の利益」と「団体執行部の中の『ある人』の利益」とが、通常は対立するということでしょう。

　「団体の執行部」というものは、必ずしも「団体の会員の利益」のためには行動してくれないのですが、このことは、「日本国民」を会員とする「日本」という団体の執行部（官僚）は、常に「国民の利益」のために行動するとは限らない──ということを考えれば、すぐにわかるでしょう。「団体の執行部」が常に「会員の利益」のために行動するようにするためには、会員自身が、常に執行部の行動を監視し、コントロールしなければなりません。

第3節　法律ルールを「変える」——民主国家の一員として——

「会員」には「許諾権」、「団体執行部」には「報酬請求権」が有利

　著作権の世界で、「団体執行部」が「会員」の利益よりも「団体」や「執行部」の利益を優先することが少なくない——ということの例として、他国でも起こっていることですが、新しい権利について団体執行部が「許諾権」よりも「報酬請求権」を希望する、ということがあります。

　「レコード製作者」と「実演者」の「著作隣接権」のところで述べたように、音楽CDなどのレコードを「放送」で流すことについて、「レコード製作者」と「実演者」の権利は、「許諾権」ではなく「報酬請求権」とされています。これは、政治力が強い「放送局」を優遇するため、特権として「レコードを放送するときに、放送局が、レコード会社や歌手の了解を得なくてもいいようにする（あとで利用料を支払えばよい）」という法律ルールです。

　既に述べたように、「許諾権」とは「無断利用をストップできる権利」であり、利用者は権利者の「事前の了解」を得る必要がありますが、「報酬請求権」とは「事後的に利用料を請求できる権利」であるため、利用者は事前に権利者の了解を得る必要はなく、あとで利用料を振り込めばいいのです。事前の了解を得なくていいということは、「誰が権利者か」について事前に特定する必要がない——ということですので、その利用料を誰に送金したらいいのかが分かりません。このため、各国の政府が「指定団体」（日本では、「日本レコード協会」と「芸団協」）を指定して、「その団体を通じてのみ権利行使ができる」——権利者は、放送局への直接請求はできず、この団体に請求する。また、放送局は、この団体に「年間いくら」という利用料をまとめて支払っておけばいい——という制度になっています。

　音楽を放送する場合に、「著作者」（作曲家）の「著作権③」は「許諾権」であるため、放送局は「事前の了解」を得る必要がありますが、音楽についてはJASRACがほとんどの曲の「著作権③」を（苦労して各作曲家との契約を進め）集中的に持っているため、基本的にJASRACの了解さえ得ればいい状況になっており、しかもJASRACは、必ず了解を与える（法律によって、断ってはならないこととされている）というシステムになっています。

第1章　「無断ですると違法になること」のルール　——「法律によるルール」の世界

　一般的に言うと、「事前の了解」が必要な「許諾権」（いくらでも高い利用料を設定できる）の方が、「報酬請求権」よりも、「権利者」にとっては有利なはずですが、なぜ権利者団体執行部は「報酬請求権の方がいい」などというのでしょうか。実際に日本でも、「レコード製作者」と「実演者」にインターネット対応の「送信可能化権」が付与されようとしていたとき（WPPT という新条約が検討されていたとき）に、「レコード協会」と「芸団協」の団体執行部はそろって、「許諾権（強い権利）よりも報酬請求権（弱い権利）の方がいい」などと言っていたのです。

　その理由は実は簡単で、団体（の執行部）にとっては、「許諾権」よりも「報酬請求権」の方が有利だからです。レコードの放送に関する著作隣接権を「許諾権」ではなく「報酬請求権」に弱めているということは、一見「放送局に有利」な状況を作っているように見え、実際にもそうなのですが、実は放送局以上に利益を得ているのは、「レコード協会」「芸団協」の「執行部」なのです。

　許諾権の場合は、当然のことながら権利を持つのは「個々の権利者」ですので、団体が力をつけるためには、ひとりひとりの権利者を粘り強く説得して、信託契約などで「権利の集中」を実現することが必要になります。ところが、権利の集中管理を行うと、利用料について「統一価格」が設定されるため、人気があって独自に高い利用料を設定できる作曲家にとっては、むしろ不利な状況になってしまうのです。このために、権利を集中するための契約交渉は簡単ではないのですが、JASRAC は長年にわたって粘り強く交渉・契約を進め、ひとりひとりでは弱い存在である多くの作曲家たちを糾合して、極めて強い力を得るに至っています。

　それに対して「レコード協会」と「芸団協」は、苦労して会員と契約しなくても、黙っていれば放送局から億単位の利用料が毎年振り込まれる——という「ぬるま湯」につかってきたため、「許諾権」を扱う覚悟・能力・体制が十分に育っていません。このために、せっかく与えられようとしていた新しい「許諾権」（送信可能化権）について、「報酬請求権の方がいい」などという、いわば会員の利益を裏切るようなことを言っていたのでしょう。

　「送信可能化権」は、結局「許諾権」として付与されましたが、「レコード

第3節　法律ルールを「変える」——民主国家の一員として——

協会」「芸団協」がその完全な「集中管理」を実現していなかったため、例えば「音楽コンテンツをネットで流す」というときの契約がなかなか進まない——という状況になりました。同じ「ネット配信」でも、後に述べる「着メロ」の場合は、（コンピュータで直接作った音源が使われ、演奏家やレコード会社と無関係であるため）JASRACとだけ契約すればいいので、爆発的にビジネスが拡大しましたが、JASRACのほかに「歌手・演奏家などの実演者」や「レコード製作者」の事前了解も必要な「着うた」については、「レコード協会」「芸団協」が完全な集中管理を実現できていなかったために、「着メロ」ほどにはビジネスが急速に拡大しなかったのです。

　このように、団体（実質的には「執行部」が仕切っている）の中では、「会員の利益」よりも「団体（執行部）の利益」が優先されがちだ——ということを、会員はよく認識すべきなのです。

「役人」と「役員」は常に監視せよ

　既に述べてきたことの中にも、このことと関係すると思われるような事例を、いくつか見出すことができます。例えば、「映画会社」を優遇するための特権である「俳優の了解を得て撮影（録画）が行われると、その後の映画の利用については、俳優の権利は消滅する」という法律ルールについては、109ページで述べました。

　この法律ルールを改正して俳優の権利を復活させるためには、「多くの俳優のうちひとりでも反対すると、映画のビデオ化や放送ができなくなる」といった事態を回避するために、（日本の映画関係者が遅れているだけで他国では当然の）「最初の撮影時点での契約システム」を構築する必要があります。ひとりひとりの俳優の多くは、ひとりひとりの作曲家と同じように、マーケット内で「弱い」存在ですので、JASRACやアメリカの俳優団体と同じように、契約システム作りについて（シマウマが団結して円陣を組みライオンと対抗するような）「団結」が必要になります。

　JASRACの場合は、長年苦労して多くの作曲家の権利を（「同じギャラ」によって不利になる有名作曲家を説得して）集めたわけですが、日本の俳優

第1章 「無断ですると違法になること」のルール ──「法律によるルール」の世界

団体は、既に述べたように「後々まで権利を行使できる」という「有利な契約」を勝ち得た俳優だけを集めて、権利の集中管理を行おうという案を作りました。これは、「ライオンと個別に闘って勝ったシマウマだけが団結する」というもので、要するにマーケット内での「強者」である「有名俳優」だけの集まりを作り、団体が管理手数料を取ろうとするもの（努力しないで利益だけを得ようとする発想）でしょう。

同じように「映画会社」を優遇するための特権である「映画監督の『著作権③』は自動的に映画会社に移転する」という法律ルールの改正についても、75ページで述べたように、映画監督協会の執行部の行動には「本当に会員の利益を考えているのか？」という疑問が持たれていますが、団体の理事など、「執行部」を構成する「有名監督・有名俳優」などの多くは、契約で利益を確保できる人々（マーケット内の強者）であり、彼らが本当に「権利がない中で苦労している会員たち」（マーケット内での弱者）のために動いているのか──ということは、（国民が常に役人を監視するのと同じように）団体の「会員」自身がチェックしなければなりません。会員自身が「ま、いいか」と言っているのであれば、彼らの「私権」について外部の者がとやかく言う筋合いはないのです。

(4) 民主国家の行政は「水戸黄門」ではない

団体の「役員」と並べて「役人」ということばを出しましたが、「相手が『悪』でこちらが『善』なのだから、役人がこちらの味方をして、相手側を説得し、こちらの主張にそった法改正をすべきだ」などという主張が、日本では「権利者側」「利用者側」の双方にはびこっています。

例えば「環境問題」や「社会福祉」などについて、各省庁が「国民全体のため」に行動するのは当然のことですが、これらの分野については、多くの国民について利害がかなり一致するため、「何が国民のためか」ということの特定が比較的容易です。しかし著作権については、繰り返し述べてきたように「宿命的な対立構造」が常に存在しているため、「ある人々のためになる」ような法律ルールの改正を行うと「それ以外の人々のためにならない」とい

第3節　法律ルールを「変える」——民主国家の一員として——

うことが、ほとんど常に起こります。そのような状況にあって、「どちらにとって有利にするか」「何が国民全体のためか」ということを役人に決めさせようとするのは、民主主義を否定する態度でしょう。それは国民の意思によって決めるべきことであり、憲法ルールの基本を言えば、「国会での多数決」＝「政治主導」で決まるのです。

　「民衆ではなく、『権力者』である水戸黄門が悪代官をやっつける、というあの番組の視聴率が高いうちは、日本は民主国家にはなれない」と言った外国人がいましたが、多くの日本人は、どうも「弱者に味方する権力」というのが好き——という意味での「権力主義者」であるようです。国民の間に対立が少ない課題（例えば、「あの悪代官は、誰が見ても悪だ」というような状況）については、権力だのみでもいいのかもしれませんが、既に述べたように「宿命的な対立構造」を抱える著作権の世界では、「全員が常に不満」「全員が自分を『弱者』と思いがち」という状況があり、そのような状態において、著作権制度全体を担当する「全体の奉仕者」に「こちらに有利にせよ」などということを言うのは、憲法の理念に反しています。

　かつてA新聞社のある記者が、「国会での多数決に任せていたら、真の公益や弱者救済が実現されないので、そこは官僚が配慮すべきではないか」などという驚くべきことを言っていましたが、こうした発想が「官僚支配」を生んだのです。また、Y新聞社のある記者は、「あの団体がやっていることは、法律ルールには違反していないが、『道義的』に問題がある。したがって、やめるように役所が指導すべきだ」などと言っていました。ここで言う「道義的に問題」とは、単に「自分の倫理観に合わない」ということであって、相対的なものであり憲法ルールのもとで自由である自分の「倫理観」に基づいて他者を「悪」と決め付けるのは独善でしょう。さらに、新聞記者が自分で論陣を張らずに「役所が（私の倫理観にしたがって）指導すべき」などと言うのは、権力主義以外のなにものでもありません。

　「誰が弱者か？」とか「何が公益か？」といったことは、日本国憲法のルールでは「国権の最高機関」である「国会」が政治主導で決めるのです。こうした人が「弱者」とか「公益」と呼ぶのは、あくまでも「その人の思想・信条・良心」に基づくものであって、それらは人によってバラバラです。また、

第 1 章　「無断ですると違法になること」のルール　──「法律によるルール」の世界

「バラバラでよい」ということが、「思想・信条・良心の自由」として、憲法上の基本的人権とされており、「共通のもの」は、「国会」が「ルール」として定めるのです。こうした憲法ルールを無視して「自分が考える公益」等を「正義」として他人に押し付けること自体が、憲法の精神に反していますが、さらに、「自分が考える正義」を「役人の権力」で実現しようとする人が（著名な新聞社のジャーナリストの中にさえ）多いということが、日本の民主主義の根本問題です。

　こうした官僚依存体質を作った責任は、政治家たちにもありました。社会的な対立をはらむ種々の問題について、多くの政党内では殆ど「多数決」が行われないのです。政治主導を実現し「政治の意思を官僚に実行させる」ためには多数決による「政治意思の統一」が必要ですが、多くの政党の各部会等では「満場一致」が原則です。逆に言えば、「個々の議員に拒否権がある」わけですが、多数決で意思統一をしてしまうよりもその方が、「個々の政治家が個別に官僚に圧力をかける」ことがやりやすいのです。

　本当に「政治主導」になっているかは、社会的な対立をはらむ問題について、まず「与党内」で「多数決が行われているか」を見れば分かるのです。

3．多くの人々に関心を持ってほしいテーマの例

　著作権法は毎年のように改正されていますが、そうした改正が「国民のため」になるかどうかということは、既に述べたように「国民自身」が判断しなければなりません。繰り返し述べてきたように、著作権は既に「すべての人々」の問題になっているのです。ここでは、広く多くの人々に関心を持っていただき、それぞれ声を上げていただきたいものをいくつか例示して、問題提起をしてみたいと思います。

　これらのテーマの中には、「一部業界」の利益のための「権利強化」ということが、その業界自身によって主張されている──というものがいくつかありますが、これらは逆に言うと、「消費者に不便を強いる」「消費者に損害を与える」というものです。そうした主張をしている業界は、「自分たちが日本経済を支えている（のだから優遇されて当然）」とか、「一時的には消費者に

第3節　法律ルールを「変える」——民主国家の一員として——

不利になっても、日本経済全体が活性化されて、将来は国民全体が利益を受ける」などということを主張することが多いようです。しかし、「どの産業を日本の基幹産業にするか」「どの業界を優遇するか」「特定業界のために、国民・消費者は、どの程度の我慢を強いられるべきか」などといったことも、国民・消費者が決めることであり、「関係業界間のみの合意形成」によって重大なことが決められないようにするためには、各人が自ら学び、行動することが必要です。

① 「輸入権」（無断で国境を越えさせない権利）
　　―国際市場の分析支配による「高価格維持」を許すべきか？―

　作曲家であるAさんが、名曲を作りました（Aさんが著作者）。Aさんは、日本のレコード会社であるB社と契約して原盤を作成し（B社がレコード製作者）、日本でCDを発売しました。これが、1枚3000円です。

国によって「物価」が違う
　　——「業界の利益」になる「輸入権」——

　その後この曲が、中国でも評判になり、中国のレコード会社であるC社が契約交渉に来ました。儲かる話なのでAさんもB社もこれに乗り、「著作者」であるAさんと「レコード製作者」であるBさん（ともに、「無断でコピーされない権利」を持つ）がC社と契約しました。Aさんの曲が入ったB社の原盤を使ってC社が中国でCDを生産・販売すると、中国では同じCDの値段が1枚500円です。そこで、AさんとB社は、重大なことに気づきます。この中国製CD（500円）が日本に持ち込まれたら、値段が6倍もする日本製のCD（3000円）は全く売れなくなってしまうでしょう。そこでAさんとB社は、C社との間で、「作られたCDは、中国の国内だけで販売する。日本には輸出しない」という契約をしました。ところが数ヶ月後、B社の社長は、たまたま立ち寄った日本国内のレコード店で、中国製のCDが山と積まれてい

るのを発見します。なんと、1枚1000円で売られているのです。

「契約違反だ！」と怒ったB社の社長は、さっそくC社に電話して抗議しました。ところが相手の返事は、「契約違反はしていません。我社が作ったCDは、契約に従ってすべて中国の国内で販売しました。D社という中国の商社が、全部まるごと買い取りたいと言ってきたので、10000枚全部500円で売りましたよ」というものでした。B社（やAさん）とD社の間には契約関係は存在しないので、D社は契約違反も法律違反もしていません。これでB社の日本製CDは、1枚も売れなくなってしまいました。このような場合に、B社やAさんの利益を擁護するものとして提案されているのが、「輸入権」（無断で国境を越えさせない権利）とか「国内消尽譲渡権」（「無断で譲渡・販売されない権利」であって、最初の販売が外国であるときは、日本国内では消えない権利。輸入行為そのものは止められないが、この権利があると、外国から持ち込まれたものは、国内では権利者に無断では販売できなくなる）と言われているものです。要するに、「自分がつくったコンテンツが『国境を越えること』や『国境を越えて売られること』について、『ストップ』と言える許諾権」のことです。

「国によって物価が違う」という現実を考えると、関係業界にとっては、この権利があった方が有利ですが、この権利は、条約交渉で何回も提案されていながら、毎回否決されています。「絶対反対！」という国が多いのです。

多くの「先進国」「途上国」が反対
——「消費者の不利益」を招く——

　反対派の国には2種類ありますが、その第一は「途上国」です。安い労働力を生かして、ちゃんと権利者の了解（ライセンス）を得て生産している（海賊版でない）製品を作っても、外国に輸出できなくなってしまうからです。彼らは「それぞれの国が安く作れるもの（比較優位にあるもの）が、開かれた国際市場で買われて勝利する——というのが『自由貿易』であって、輸入権という発想自体が『非関税障壁』を作ろうとする途上国いじめだ」と主張しています。確かに、最近アメリカを中心として、他国と自国を比較して「違

第3節　法律ルールを「変える」——民主国家の一員として——

うところ」をすべて「貿易障壁」と呼ぶとか、また、口では「自由貿易」を唱えながら、著作権を含むあらゆる制度を動員して実際は「非関税障壁」を作ろうとしている——という傾向が見られると言われています。輸入権についても、「自由貿易」に反する——という途上国の主張はうなずけるのです。

　反対派の第二は、「比較的産業規模の小さい先進諸国」です。具体的には、スウェーデンなどの北欧諸国、カナダ、オーストラリア、ニュージーランドなどで、実は、日本の経済産業省も、このグループと同じ意見をとり続けてきました。例えばフィンランドという国には、レコード産業がありません。音楽CDはすべてアメリカなどから輸入しており、市場を支配されています。したがって、アメリカのレコード会社はハッピーなはずなのですが、もっとハッピーになりたいようです。もし「輸入権」（無断で国境を越えさせない権利）が与えられたら、アメリカのレコード会社は、まず、フィンランドへのアメリカ製CDの輸入を全部ストップします。次に、フィンランド国内に「子会社」を作り、そこだけに輸入を許可します。こうなると、いわゆる併行輸入は違法になるので、フィンランド国民は、現在3000円であるCDが5000円になっても10000円になっても、それを買わざるを得ません。

　このため彼らは、「国際的に開かれたマーケットの中で、各国の消費者がそれぞれ一番安いものを買える——というのが『自由貿易』であって、輸入権という発想自体が、消費者の利益を犠牲にして特定業界を優遇するものだ」と主張しています。これも、もっともな意見でしょう。輸入権の創設は、音楽CDの消費者には、明らかに不利益をもたらします。つまり、消費者・国民が自分の不利益を我慢してでも、各国の国民が国のためにそうした制度を支持すべきか、という問題なのです。

　既にお気づきのように、反対派は、途上国も先進国も、「自由貿易に反する」ということを反対の理由にしています。両者の違いは、途上国が「（安く作れる）自国の生産者にとって不利になるから反対」であるのに対して、先進国が「（安いものが買えなくなる）自国の消費者にとって不利になるから反対」ということです。（なお、EUは、賛成派・反対派の妥協策として、「国ごとの輸入権」は設けないが、「EU域内」への持込に権利を及ぼす——という制度にしました。これなら、ギリシアやポルトガルが安い製品をドイツやフラン

— 223 —

第1章 「無断ですると違法になること」のルール ──「法律によるルール」の世界

スに輸出できるからです。)

「輸入権」で「車の輸入」も止められる？

　さらに、実際にこんな事件もありました。既に国内法で「輸入権」(無断で自国に持ち込ませない権利)を規定しているX国(先進国)の企業が、Y国(途上国)のメーカーと契約して、「シャンプー」を生産させました。当然「Y国だけで販売する。X国に持ち込んではならない」という契約をしましたが、前記の中国製CDの場合と同じように、他社に転売されてX国に持ち込まれる危険性があります。ところが、著作物ではない「シャンプー」には著作権がないので、国内法で「輸入権」が規定されていてもシャンプーの輸入を阻止することはできません。そこでこのX国の企業は、いいことを思いつきました。

　まず、ある画家に絵を描かせ、その絵の「著作権③」を買い取って著作権者になります。次に、Y国の企業とライセンス契約をするときに「シャンプーのボトルには、この絵が印刷されたラベルを貼らなければならない」という契約をしました。こうしておけば、シャンプーには著作権がありませんが、ラベルには著作権があり、その著作権は自社が持っているので、「ラベルを自国に持ち込むな」(結果としてシャンプーも持ち込めない)と主張できるわけです。つまり、「著作権が及ぶ『絵』などをつけておきさえすれば、著作権と関係ないものについても、貿易をコントロールできる」という発想です。極端に言うと、自動車の輸出入も(既に組み込まれているマイクロ・プロセッサーの中のプログラムなどを根拠として)「輸入権」でコントロールできるようになってしまうかもしれません。

他の商品とどこが違うのか？

　日本で「輸入権」の導入を主張してきたのは「レコード業界」ですが、他の業界からは、「そもそも、『再販制度』などという、マーケット・メカニズムを無視した価格コントロール制度で甘やかされている業界のワガママだ」

第3節　法律ルールを「変える」——民主国家の一員として——

「衣料品から自動車に至るまで、国際市場での競争力が低下した場合には、生産拠点の海外展開など、血のにじむような努力をしてきた」「コンテンツ業界だけが、海賊版でもないものについて『法律で輸入を止めてくれ』などと主張するのはおかしい」「各業界が不況の中でも『消費者』を中心に戦略を考えているのに、『消費者に高いものを買わせる』という法律を作れというのは理解に苦しむ」などといった強い批判も出されていました。

　国民が「自分たちが高いものを買わざるを得ない状況を我慢してでも、あの業界を優遇して日本経済を活性化しよう」と考えるのであれば、当然そのような制度も可能です。現に農産物については、多くの国が多かれ少なかれそのような制度を持っており、例えば日本の消費者は、国際価格の3倍も高くコメを買っています。問題は、関係業界の人々が、「自分たちは今後、日本の産業の中心になっていくのだから、当然に優遇されるべきだ」などという傲慢な考えを持っていることでしょう。「消費者に犠牲を強いる法制」を導入するには、（消費税の例を出すまでもなく）当然のことながら、消費者の支持が必要なのです。

　なお日本では、この問題について、消費者団体が強く反対していたにもかかわらず、文化庁はそれまでの「関係者間協議にはどんな団体でも参加できる」「すべての参加団体の間で合意が成立するまでは協議終了とはしない」という方針を2004年（平成16年）に突如変更し、一部の関係団体間のみの合意形成をもって「協議終了」として、「新しい許諾権は設定しないが、了解を得ていない輸入行為を権利侵害とみなす」という異例の法改正を行いました。これは、「ワガママを言っているレコード業界に露骨に味方した」「官僚支配への逆行」「従来の民主化努力に対する反動」などといった批判を生みました。

　なお、日本のレコード業界は、外国からのCD逆輸入によって、「国内向けCDの売り上げが落ちている」「逆輸入を恐れて海外向けライセンスが伸びない」などという主張をしていましたが、統計学的・経済学的な分析結果によれば、上記の法改正後も「国内向けCDの販売上昇」「海外向けライセンスの増大」はいずれも有意に起きておらず、レコード業界の主張がそもそも間違いだった——ということが明らかになっています。

第1章 「無断ですると違法になること」のルール ──「法律によるルール」の世界

> ②　「公貸権」の拡大
> ──「公益実現」の「コスト」は誰が負担すべきか？─

　著作権の「法律ルール」について、新聞紙上などを賑わすことのある話題のひとつに、「公共貸与権」（公貸権）の拡大というテーマがあります。本の著者たちが主張している「公貸権」とは、（彼らにとっては「無料貸本屋」であって本の売上減少を招く）「公共図書館」から、「本の館外貸出し」について、それによる売上減少を補償するための「補償金」をもらえる権利──というものです。

「貸与権」があっても「図書館」は例外の対象

　154ページの「b-26」で述べたように、「無断で公衆に『貸与』されない権利」（貸与権）については、「非営利・無料」の貸与の場合には権利が及ばないという例外（権利制限）があり、これによって公共図書館などは、例外として、本などの図書館資料を権利者に無断で館外に貸し出せることとされています。ところがこの例外について、本の著者などは次のように主張しています。「図書館が地域住民に本を貸し出すことに『公益性』があるのは分かる。したがって、いちいち著者の了解を得よとは言わない。しかし、公益実現のための『コスト』は、普通は税金で負担するのではないのか。図書館が本を貸し出すと本の売れ行きが落ちて著者が損害を蒙るが、これは、公益を実現するためのコストを著者個人に押し付けているものであり、売上減少分について、図書館が補償金を支払うべきだ。土地収用法でさえ、補償金の規定がある」。

　確かに、保育園から自衛隊に至るまで、「公益」を実現するためのコストは通常「税金」で賄われていますので、この主張はスジが通っています。さらに、「ハリーポッターを百冊も買い込んで貸しまくる」などという図書館の出現が、著者たちの神経を逆なでしました。ここで言う「（貸与を事前にストップすることはできないが、事後的に）補償金をもらえる権利」のことを、「公

── 226 ──

第3節　法律ルールを「変える」——民主国家の一員として——

貸権」（公共貸与権）と言います。したがってこれは、「許諾権」ではなく「報酬請求権」の一種です。

「ビデオ・DVD」などについては既に「公貸権」がある

　しかし、「例外規定を使った非営利・無料の公衆向け貸与について、補償金を受け取る権利」（公貸権）というものは、154ページの「b-27」で述べたように、日本の著作権法には（そうした名称は使われていませんが、実質的には）既に存在しています。ただしその対象は、「ビデオ」「フィルム」「DVD」などの「固定された動画コンテンツ」（著作権法で「映画」と総称されるコンテンツ）に限られています。これは、ビデオなどの場合は、143ページの「b-10」で述べた例外を使って、貸出し後に合法的に「上映」されることがあるために、権利者の損害がより大きくなるからです。

　この制度のために図書館は、ビデオ等を貸し出すたびに権利者に補償金を支払わなければなりませんが、それでは面倒なので、（法律には規定されない実務上・契約上のやりかたとして）関係者間の合意により、「貸出用ビデオについては、図書館がそれを購入するときに、通常より高い（2倍から10倍程度の）『ライブラリー価格』で購入するかわりに、補償金はその時点で『一括支払い済み』とする」というビジネスモデルが作られています。このシステムの長所は、補償金が（販売ルートを逆にたどれば）確実に権利者の手に渡るということであり、逆に短所は、補償金の額と貸出回数が連動しないということでしょう。この制度を「書籍」に拡大する法改正はむしろ簡単であり、政府の審議会も、法改正の方向性を支持しています。

　しかし実は、むしろ著者の側が、法改正について「ちょっと待ってくれ」と言っているのです。もし、ビデオ等の公貸権を「書籍」に拡大したら、おそらく実務上は、ビデオ等と同様の「ライブラリ価格方式」が採用されるでしょう。そうなったとすると、それによって起こることは、要するに「書籍の価格の上昇」ということです。そうなれば、図書館の図書購入予算が増えない限り、購入される書籍が減り、結局は著者が損をするのです。

イギリスの「税金肩代わり」方式
——図書館未設置地域の人の税金も使うべきか？——

　そこで著者たちは、別のことを考えました。実はイギリスでは、この補償金を「税金で肩代わりする」という制度が（著作権とは無関係の文化振興策として）設けられています。「図書館」を所管する行政当局が税金で「基金」を作り、その基金から補償金を支払っているのです。著作権の世界では、既に述べたように、「利用料をよこせ」という権利者側と「払いたくない」という利用者側の間に、「宿命的な対立構造」が常にありますが、イギリスの制度は「それを政府が税金で肩代わりしてくれれば、両方ともハッピーじゃん」というものです。

　著者の団体と図書館の団体は、図書館を所管する文部科学省生涯学習政策局を巻き込んで、同じような制度の実現を目指したいようですが、「著作物利用料を税金で肩代わりする」という制度が実現したら、様々な分野に大きな影響があるでしょう。図書館による本の貸出しだけでなく、映画も放送もCDも出版も、大なり小なり「公益」に貢献しており、「だから著作権料を税金で負担しろ」という声が沸きあがるでしょう。

　もちろん、国民・納税者が認めれば、どこに税金を使ってもいいわけですが、イギリス型の「税金肩代わり」システムを実現するには、「図書館から本を借りない人」についても、その税金の一部が補償金に使われることを支持してもらわなければなりません。「まだ図書館が設置されていない地域に住む人々の税金を、東京や大阪の人々が図書館から本を借りるための補償金に使っていいのか？」という指摘も、既に国会で行われているのです。

高校生の方が頭が柔軟

　ところでこの問題は、中学や高校での著作権教育において、単に「現行の法律ルールを知識として学ぶ」だけでなく、「ルールの在り方を自分の問題として考える」ためのテーマとして、非常に面白いものです。

　ある高校では、生徒たちから「図書館を有料にして補償金に充てたらどう

第3節　法律ルールを「変える」──民主国家の一員として──

か」「それでは貧しい人が本を借りられなくなる」「それなら所得制限を設けたらどうか」「それでは、本を借りるときに貧乏かどうか分かってしまう。差別につながるかもしれない」「図書館は、ひとつの本を1冊しか買えないようにすればいい」「それでは大都市が不利になるので、人口比例にしたらどうか」「新しい本は半年間貸出禁止とかにしたらどうか」など、様々な意見が出されました。

　大人たちはつい「権利付与！」「反対！」などという単純な議論に陥りがちですが、子どもたちの方がより柔軟に「ルール」を考えられるのかもしれません。

---

③「デジタル補償金」の改訂
　──「エイヤッ！」という制度を「実態」に合わせる？──

　127ページの「a-1」で述べたように、著作権の例外の中に、「私的使用のためのコピー」というものがあります。これは、「家庭内などの限られた範囲内」で、「仕事以外の個人的な目的」に使うために、「使う本人」がコピーする場合は、例外として権利者の了解を得る必要がない──というもので、一番よく使われているのは、おそらく「テレビ番組を予約録画して、後日見ること」でしょう。また、「音楽CD」をダビングしてiPodで聴くというのも、この例外があるから無断でできるのです。

　こうしたコピーが例外とされている理由は、2つあります。第一に、その程度のコピーであれば、権利者に大きな損害を与えません。また第二に、閉じた私的な空間で行われる行為については、仮に権利を与えてもチェックのしようがないのです。（インターネット送信は「外向き」なのでチェックし得ます。）

デジタル方式の「クローン・コピー」の登場と「エイヤッ！」という補償金制度

　ところが最近、デジタル方式のコピーができるようになって、この状況が

第 1 章 「無断ですると違法になること」のルール ──「法律によるルール」の世界

変わってきました。デジタル方式でコピーすると、オリジナルと全く同じクローンができるからです。例えば、「自分用に作ったコピー」を公衆に販売すると当然違法になりますが、「オリジナル」（中古品）の方の転売は違法になりません。自分でダビングしたカセットテープを手元に残してオリジナルのCDを売る人はあまりいなかったでしょうが、全く同じ質のCDを作れるようになると、オリジナルが転売されて新品の売上に大きな影響を及ぼします。こうした事態に対応するためには、「デジタルの場合は、個人使用目的でもコピーはダメ」という法律を作るという考え方もあり得ます。しかし、そもそもこの例外は、前記の第二の理由のように「権利を与えても密室内まではチェックできない」ために設けられたものです。「デジタルコピーはダメ」と法律に書いても、（アナログの場合と同様に）家庭内のすべてのコピー行為をチェックすることはできません。

そこで、128ページ・178ページでも述べたように、日本を含むいくつかの国で採用されているのが、「補償金」のシステムです。考え方としては、まず、「デジタル方式のコピーは、個人で楽しむためであってもしてはいけない」ことにします。ただし、「権利者に補償金を支払った人は、コピーしてもいい」ということにします。そして、コピーするたびに補償金を支払いに行くのは面倒なので、その補償金は、「最初からコピー用の機器・媒体の価格に上乗せして（含めて）おく」ということにするのです。

つまりこの制度は、「どの曲をコピーしたか？」とか、「何回コピーしたか？」などといった「利用の実態」とは関係なく、「エイヤッ！」と補償金を取って権利者に分配し「双方納得する」──という、そもそも「コピー行為の実態とは関係させない」システムとして、当初から設計されているものです。ところが、この制度について、本来の趣旨を覆して、「実態に合わせるべきだ」という意見を主張する人が出てきました。しかも、権利者側・製造者側の双方から出てきたのです。

「実態と関係させない」制度を「実態に合わせる」？

まず、「権利者側」が「実態に合わせろ」と言う理屈はこうです。「補償金

第3節　法律ルールを「変える」――民主国家の一員として――

は、政府が指定した『録音専用』の機器・媒体だけにかけられているが、最近では、パソコン、スマホ、DVD、ハードディスクなどの『汎用性』があるものにも音楽が録音されている。したがって、そうしたものからも補償金を取るべきだ」。「制度発足当初には、音楽CDの中古販売がこんなに盛んになるとは予想されていなかった。補償金を値上げすべきだ」。

　他方で、CDなどの「製造者側」（補償金を負担しているのは消費者だが、補償金の分だけ価格が上昇して売れにくくなるため、実は実質的に補償金の一部を負担している）が「実態に合わせろ」という理屈は、次のようなものです。「最近では、コピー・プロテクションがかけられたコンテンツが増えている。そうしたものについてはコピーができないのだから、その分については補償金を値下げすべきだ」。

　これらは、両方とも（方向は反対であるものの）スジが通った意見ですが、双方とも「もともと『実態と関係させない制度』として設計されている補償金制度に、実態なるものを持ち込もうとしている」という点に注意する必要があります。

　コピー・プロテクションは、今後も拡大していくでしょう。このことについては、「個人用のコピーは著作権法で自由に作れることになっているのだから、それを技術的に止めるのは権利侵害だ」などと言う人がいますが、これは間違いです。「個人用のコピーは例外として作ってよい」というのは、「ストップと言える」という権利者側の権利を例外的に制限しているだけであって、人々に「個人用のコピーを作る権利」を与えているわけではありません。本屋の本にビニールをかけるのは、「立ち読みする権利の侵害」ではないのです。むしろ国際的には、違法コピーの蔓延や中古品流通の防止への対応について、「権利者自身が自分でプロテクションをかける」ということが、条約の前提になっています。

すべてが「ガード」「把握」されたら当然「補償金制度」は廃止
――問題は「途中」の段階におけるシステム――

　こうしたコピー・プロテクションなどが普及して、将来あらゆるコンテン

ツについて「個人用のコピー」も無断では作れなくなったとしたら、この補償金制度は当然に廃止されるべきものです。また、理論的には、世の中のあらゆるコンテンツについて、「誰が、何を、何回コピーしたか」ということが技術的に把握できるようになり、契約に基づいて「広く薄い自動課金」ができるようになった場合も、この制度は不要になるでしょう（後に解説する「着メロ」に、既にその萌芽が見られます）。問題は、そうした状況に向かって徐々に進みつつある過渡期において、この制度をどうするか（「実態」なるものに合わせようとすべきか）ということなのです。

　権利者側・製造者側ともに「実態に合わせろ」と主張しているのですが、まずはその「実態」——どの程度のものにプロテクションがかけられ、コピーしたくてもできない状況になっているのか、また、パソコンやスマホやハードディスクにはどの程度音楽等が録音されているのか、といったこと——を、「実態に合わせよう」と「提案している人自身」が詳細に調査すべきでしょう。既に述べたように、将来はあらゆる利用行為が技術的に把握され、広く薄い課金が実現するかもしれません。そうなる前の過渡期においては、「正確さを犠牲にして大雑把なシステムによる関係者の『納得』を目指すのか」、あるいは「あくまでも正確さと実態整合性を重視するのか」というジレンマが続くのです。

> ④「中古品コントロール」
> 　—消費者に便利な「リサイクルショップ」は悪なのか？—

２種類ある「中古品問題」

　著作権について最近関心を集めている話題に、「中古品流通」というものがあります。様々な商品の「リサイクル」は、地球環境にも、資源の有効活用にも、消費者の利益にも「いいこと」であるはずであり、リサイクルショップで売られている様々な生活必需品だけでなく、音楽CDや本などについて

第3節　法律ルールを「変える」——民主国家の一員として——

も、「中古品店」があることは、一般の消費者にとって大変ありがたいことです。しかし、出版やレコードなどの「関係業界の利益」という観点から見ると、音楽CDや本などについて大規模な中古品販売店などができると、新品が売れなくなって損害を蒙ることも起こります。

このために、「著作権法に、自分が買った本やCDでも権利者に無断で『転売』してはならない、と書いてくれ」などという主張が行われてきました。現実的な法改正の形としては、「2度目以降の譲渡には及ばない」（最初の1回の譲渡だけに及ぶ）とされている「無断で譲渡されない権利」（譲渡権）を、「2回目以降の譲渡にも及ぶようにすること」が考えられます（125ページを参照）。もしそうした方向での法改正が実際に行われたとしたら、「買った本やCDをプレゼントにする」ということもできなくなるかもしれませんが、ここで注意すべきことは、「音楽CD」と「本」では問題の本質が全く違うということです。

「本」と「中古車」は同じこと
　　——「著作権問題」ではない？——

　本の場合、なぜ中古市場が形成されるのか——なぜ人々は自分の本を売ってしまうのか——というと、それは、「その本を手元に置いておきたいというインセンティブがなくなるから」でしょう。例えば「推理小説」は、犯人が分かってしまえば2回読む人は少ないので、中古書店に売られてしまうことが多いようですが、同じ本でも、「聖書」を売る人は少ないでしょう。

　これは、リサイクルショップで売られているあらゆる物や、中古車などにも共通することであって、「著作物に限って中古品販売を規制せよ、などと言うのはスジ違い」（著作権問題ではない）というのが、国際的な常識です。現に、中古品の販売をコントロールできるような権利を著作権法に書いている国は、殆どありません（日本の著作権法に「映画」だけを対象として規定されている「頒布」（＝譲渡＋貸与）に関する権利は、最初の譲渡の後にも消滅しないので、中古品販売のコントロールにも使えますが、最高裁判決によれば、これは「劇場用映画」等だけが対象となる権利です）。

第1章 「無断ですると違法になること」のルール ――「法律によるルール」の世界

　日本で自家用車の普及が始まった数年後に、中古車市場が急速に拡大して新車の売上に影響が出ましたが、この時に各メーカーは、「ディーラー純正中古車」の発売なども含め、様々な経営努力を行いました。パンティーストッキングに至っては、「新品を売るために、わざとデンセンしやすく作ってある」などというウワサさえあるのです。要するに、「いったん売った物がいつまでも使われたり、リサイクルで転売されると、新品の売上が落ちる」という当然のことに対応するため、各業界は様々な努力を行ってきました。それと比べると、「再販制度などで甘やかされている出版業界は、全く努力不足であり、法律による規制などといったワガママを安易に主張せずに、他の業界の努力を勉強せよ」などという意見も出てきます。また、中古車の「下取り」を禁止したら、多くの車が廃車まで乗られるようになり、かえって新車が売れなくなるのでは――という趣旨のことも、最高裁が指摘しています。

「国民・消費者」の支持を得られるか？

　ただし、国民の多数が支持すればそうした法律ルールを作ることももちろん可能であり、現に、このことについては、実現を目指している出版団体等と、これに強く反対している日本経団連との間で協議が行われていました（既に解説したように、出版者には著作隣接権も与えられていませんが、著作者に権利が付与されれば、著作者との協力によって中古品販売を阻止することは可能です）。確かに、現在の世界の常識によれば、中古品販売を著作権でコントロールするというのは荒唐無稽な考え方ですが、「レンタル」や「インターネット送信」については、日本の著作権法は「世界の常識」を破って画期的な制度改正を行い、世界をリードしてきたのです。

　ただし、「中古車」や「リサイクルショップの家具」なども含め、いったいどのような商品について「中古品販売の禁止」をすべきなのか、また、「コンテンツ」と呼ばれるものに限ってそのような制度を設けるとしても、どんなコンテンツのどのような中古販売を止めるのか――などといったことについては、「提案者」の側が責任を持って検討し、国民が納得できる法制を提案すべきでしょう。提案されている新しい権利は、少なくとも短期的には、一般

第3節　法律ルールを「変える」——民主国家の一員として——

消費者に対して明らかに不利益をもたらすのです。

音楽 CD の方は「著作権問題」

　これに対して「音楽 CD」の中古品販売は、全く事情が異なります。音楽 CD は、普通は何回も繰り返して聴くものであるため、本来ユーザーは「手元に置いておこう」と思うはずであり、中古品店に売られてしまうはずはないのです。ではなぜ中古品市場が形成されているのかというと、既に述べたように、「個人が楽しむためならば、無断でコピーしてよい」という例外があるからです。

　この例外規定によって、人々は「テレビ番組の録画」をし、また、音楽 CD を録音しなおして（コピーして）iPod などで聴いています。この場合、「デジタル補償金」の所で述べたように、コピーの方を中古品店に売ると「目的外使用」として違法になりますが、オリジナルの CD の方を売るのは合法です。この問題に対応するためには、「個人使用目的のコピーは OK という例外の廃止」などといったことも理論的には可能ですが、そのような行為のすべてを捕捉するのは不可能でしょう。

「自分でガードをかける」のが国際ルールの前提
　　——技術が遅れている日本の「レコード業界」——

　この問題については、インターネット等に対応するための新しい条約（1996年（平成8年）に制定された WCT と WPPT）を検討していたときにも国際的な議論が行われましたが、結局「権利者自身が、コピー・プロテクションをかけて、個人使用目的のコピーを防止すべきだ」という結論になりました。「個人が楽しむためのコピー」に関する例外は、利用者に「コピーする権利」を与えているわけではないので、権利者がコピー・プロテクションをかけるのは自由です。こうしたコピー・プロテクションの利用は普及しつつありますが、それと同時に、これをはずすような機器・サービスも普及しつつあります。このため新しいで条約は、251ページで詳細に述べるように、「コピー・

第1章 「無断ですると違法になること」のルール ——「法律によるルール」の世界

プロテクションの解除を防止する法整備」を各国に義務付けています。

　世界中で日本だけが「著作物」「無線放送番組」「有線放送番組」「レコード」「実演」のすべてについてそのような法整備を終えており、したがってあとは、音楽CDの業界がこのルールを活用すればよいわけです。日本での基本的な問題は、DVDに施された強力なガードなどと比べると、音楽CDのコピーガードは極めて貧弱であり、容易に破られてしまうということです。中古品販売を抑止したいのであれば、日本のレコード業界自身が、DVD業界などを見ならって、一刻も早く改善を図るべきでしょう。

　本の場合と同様に、「消費者の当面の利益を犠牲にして特定業界の利益を図る」という法制の導入は、もちろん不可能ではありませんが、当然のことながら国民・消費者の理解と支持が必要であり、「努力不足」が指摘されている業界についてそのような支持が得られるかどうかは、極めて疑わしいのです。

⑤「コミック誌」と著作権
　　—マンガ喫茶の問題—

　日本のコミック誌は外国でも人気が高いようですが、著作権との関係では、様々な場所で色々な課題が指摘されています。これまで解説してきた課題についてもコミック誌が関係するものが少なくありませんが、様々な権利がからみますので、「コミック誌」という切り口から再度整理してみましょう。

指摘されてきた4つの問題

　コミック誌との関係で権利者側が行っている主張の中には、「書籍一般」に共通するものと、「コミック誌」特有のものがありますが、それらは一応次のように整理できます。
　（1）　コミック誌について「出版者」に権利がない（版面権を創設するか？）
　（2）　「図書館」による貸出しについて「補償金」を課すべき（公貸権を拡大するか？）

第3節　法律ルールを「変える」──民主国家の一員として──

(3) 「中古販売」を禁止できるようにすべき（譲渡権を拡大するか？）
(4) 「マンガ喫茶」の営業を禁止できるようにすべき（展示権を拡大すべきか？）

これらのうち、(1)の「版面権」、(2)の「公貸権」、(3)の「中古品販売に関する権利」については、それぞれ79ページ、226ページ、231ページで既に述べましたので、ここでは(4)について述べることにします。

「マンガ喫茶」＝「展示権」の問題

「マンガ喫茶」が行っている行為は、著作権法の用語で言うと「展示」に当たり、実は「美術館」が行っているのと同じ行為です。マンガ本を棚から出して来て見るので「貸与」と勘違いしている人がいますが、「貸与」とは「占有の移転」を意味します。「店から持ち出せない」ということは「完全に占有していない」（まだ店が占有している）ということなので、これは「貸与」ではない──というのが、国際的な共通認識です。図書館でも、「館内閲覧」は貸与ではないのです。

「現物を提示して見せる」という意味である「展示」は、既に述べたように「美術館の行為」が典型ですが、美術館であっても、「壁に絵をかけておく」のではなく、「棚に並べてある絵から好きなものを取り出して、自分の席で鑑賞する」という展示方法も可能です。こう言えば、「マンガ喫茶と美術館は同じ展示行為」ということが理解できるでしょう。

著作者には、59ページに示したように、「展示権」（無断で公衆に展示されない権利）という権利が付与されていますが、実はこの権利は、条約にも規定されておらず、日本の著作権法が独自に規定しているものです。また、この権利については、大幅な例外があります。まず第一に、この権利は、「美術」の著作物の「原作品」などに限って付与されているので、「本」などに「コピーされている絵」などには及びませんし、「文字」の部分には及びません。また第二に、「その原作品の所有者」（例えば美術館）は、例外として自由に展示ができることとされています（158ページの「b-32」を参照）。

この権利の対象を、①「原作品」だけでなく「コピー」（コミック誌に印刷

第1章 「無断でするると違法になること」のルール ——「法律によるルール」の世界

されている絵など）に拡大し、②「所有者による展示」にも権利が及ぶようにすれば、「マンガ喫茶」は無断では営業できなくなりますが、この法改正は、技術的には簡単です。しかし、「展示権」の対象を前記のように拡大したらどうなるでしょうか。例えば、「ラーメン屋に置いてあるボロボロのマンガ雑誌」とか、「床屋の壁に貼ってある絵のコピー」とか、「歯医者の待合室に置いてある新聞・雑誌（の中のマンガや絵）」などといったものについても、権利が及ぶことになってしまうのです。

「マンガ喫茶」だけを考えれば、権利の拡大を支持する人が多いでしょうが、「どのような範囲の行為について権利の対象とする（無断ではできないようにする）か？」ということについては、他の類似の提案と同様に、「提案者」の側が、すべての人々の支持を得られる案を作って示す必要があるのです。

4．「アクセス権」を作るか？

新しい「法律ルール」の構築ということについて最後に言及しておきたいのは、「アクセス権」（無断で『アクセス』＝『知覚』されない権利）なるものを設けるかどうかということですが、これは、著作権というものの根本・本質に関わる問題です。「知覚」とは「見る」「聞く」「読む」などといった行為のことですが、文化庁では2003年（平成15年）に世界に先駆けて「アクセス権」を新設する可能性の検討を、審議会の場で開始しました（ただし、残念ながらその後、立ち消えとなってしまったようです）。

「無断で読まれない」のであれば「無断でコピー」されても問題ない

「コピー」などに関する権利は、すべて「便法」にすぎない――ということを19ページで述べましたが、再度このことを整理してみましょう。

「他人がつくったコンテンツは無断でコピーしてはいけない」という著作権のルールは、最近では多くの人々が知っています。しかし、著作者の利益を守るために、そんなルールは本当に必要なのでしょうか。無断でコピー・販売されても、印刷や出版の手間が省けるだけで、かえって好都合なはずで

第3節　法律ルールを「変える」——民主国家の一員として——

す。ただし、そこでひとつだけ条件があります。それは、そのコピー版を買った人が、「その本を開いて読む」ということをする前に、必ず著者に連絡して了解を得る（求められただけの料金を支払う）ということです。このように、「権利者の了解」なしには「読めない」「聴けない」「見られない」（つまり、許可なしには「知覚」（アクセス）されない）ということが確保されれば、「コピー」「譲渡」「送信」「レンタル」などに関する権利は、すべて不要になるかもしれません。

　小説や音楽や映画などのコンテンツは「価値」を持っており、だからこそ人々はそれにお金を払うわけです。しかし、人々がお金を払ってそうしたものを入手するのは、「読みたい」「見たい」「聞きたい」（要するに「知覚」したい）からであって、「コピーしたい」からではありません。つまり、あらゆるコンテンツは「知覚されてナンボ」というものなのであって、「著作権③」というものは、本来は「無断で知覚（アクセス）されない権利」という権利だけでいいはずです。

　この「無断で知覚（アクセス）されない権利」のことが「アクセス権」（ここでは、「アクセスできる権利」という意味ではない）などと呼ばれているのですが、もちろん現在は、どの条約にも、どの国の著作権法にも、この権利は規定されていません。「無断で読まれなければ、無断でコピーされても構わないはず」と述べましたが、実際には、極めて多く存在する末端のユーザーについて、「見る」「聴く」「読む」などといった「知覚行為」を完全に捕捉することなど不可能です。このために世界の著作権ルールは、本来価値を持つ「知覚行為」ではなく、その「一歩手前の行為（知覚幇助行為）」（エンドユーザーによる「知覚」を次の段階で実現するような、ひとつ前の行為）を権利の対象として、「無断でしてはいけない」ということにしているわけです。それが、「コピー」「配布」「公衆送信」「レンタル」などです。

　つまり、現在ある権利はすべて、「エンドユーザーによる知覚行為を完全に把握することはできない」ということから、本来権利を及ぼすべき「知覚行為」に権利を及ぼすことができないために、「その一歩手前の行為」を止む無く権利の対象としている——という「便法」に過ぎないわけです。「無断でコピーしてはいけない」ということ自体が、無理に作った「便法」としてのルー

第1章 「無断ですると違法になること」のルール ──「法律によるルール」の世界

ルであるために、「こんなことにまで権利が及ぶのか？」という疑問が生じるケースがあったり、様々な場面について多くの「例外」を置かざるを得なかったりするのです。

また、著作権の対象となる行為が、「知覚行為の前段階」の「知覚幇助行為」なのであれば、前の項で述べた「中古品店」や「マンガ喫茶」などがしていることも、エンドユーザーによる「知覚」を実現する「知覚幇助行為」には違いないのですから、著作権の対象とし得るはずだ（少なくとも頭から「著作権と無関係」と言うのはおかしい）──と言えるはずです。

専門家の人々が、「コピー・配布」や「送信」については「著作権問題だ」と言いながら、「中古品コントロール」や「マンガの展示」については「著作権問題ではない」と言うのも、そもそも既存の権利全体が「便法」にすぎないことの結果でしょう。要するに、多くの人々が、「価値を生むのは知覚行為」という本質を認識せず、単なる「便法」にすぎない「コピー行為」や「送信行為」に目を奪われすぎているのです。

「知覚」（アクセス）をコントロールできるシステムの出現

ところが、新しい技術の普及によって「料金を払って契約した人しか知覚できない」など、「エンドユーザーによる『知覚行為』を把握・コントロールしたりすること」が可能になってきました。

一番簡単な例は、「WOWOW」でしょう。番組が暗号化されており、契約した人しか「知覚」ができません。また、「ネット上で配信され、料金を支払った人だけが見られるようなコンテンツ」も、そうしたものの例です。さらに、これらの「送信系」のコンテンツだけでなく、CDなどに入っているいわゆる「パッケージ系」のコンテンツについても、「コピーは自由にできるが、お金を払って『カギ』を入手した人しか見たり聞いたりすることができない」というものが出現してきました。こうしたコンテンツの場合は（いくらコピーしても知覚できないので）「コピーするのは自由」ということになっている場合もあるようですが、このことからも「コピー行為」を権利の対象としている現在の著作権制度が「便法」にすぎない──「コピー行為」と「権利者の利益」

は直接的に結びつくものではない——ということが理解できるでしょう。

そうしたコンテンツについて、「料金を払っていない人は見られない」というシステムを回避し、「無断で見てしまう」（知覚してしまう）という行為は、普通の人々の倫理感覚からすると明らかに「悪いこと」と思えるでしょう。ところがそうした行為は、「無断で知覚（アクセス）されない」という権利が存在しないために、著作権侵害にはならないのです。

本来は「知覚行為」を対象とすべき著作権というものが、便法として「ひとつ前の行為」を対象としている（「知覚行為」は「無断でされない」という権利の対象とされていない）ため、「無断で知覚する」という行為は合法とされているわけです。そこで、本来権利の対象とすべきだった「知覚行為」について、そろそろ権利を設定してもよいのではないか——と考える余地が出てきます。

国際的な議論でも「白」とされた

このことについては、1996年（平成8年）の新条約（WCTとWPPT）の制定に向けて、第2章で詳しく解説する「コピー・プロテクション」の解除防止に関する法制の議論が行われていたときに、国際的にも話題になりました。このとき、「WOWOWのような場合に、暗号解除をして無断で番組を見てしまう行為も、コピー・プロテクション解除と同様に、禁止等の対象にするのか？」ということが国際的に議論されたのです。その結果は、結論だけ言うと、「そうした（既存の権利と関係ない）解除行為は禁止等の対象としない」ということになりました。この法制の背景にある論理構成が、次のようになっていたからです。

①権利者は「無断でコピーされない」という権利を持っている
②しかし、放っておけば無断でコピーされてしまう
③このため権利者は、権利を守るために「コピー・プロテクション」などの技術的保護手段を使う
④すると、それをはずす人がいる
⑤このため、①の権利を実質的に守るには、③の技術的保護手段を「解除

第1章 「無断ですると違法になること」のルール ──「法律によるルール」の世界

する行為」の防止・禁止が必要

　ところが、WOWOWのような場合には、そもそも「①」の段階で「無断で見られない」という権利が存在しません。したがって、(「コピーされないため」ではなく)「見られないため」の技術的手段については、「暗号を解除する行為」といった行為も法律上はOKということになってしまうのです。

いま「アクセス権」を作っても「例外」の方が多くなる

　このため、「無断で知覚（アクセス）されない権利」を作るということを検討する余地が生じるわけですが、今すぐにこの権利を作っても「例外」の方が多くなってしまうでしょう。「無断で知覚（アクセス）できない」ように、いわゆる「アクセス・コントロール」がかけられているコンテンツは、今のところまだ「WOWOWのような暗号化放送」「ネット上で提供される暗号化コンテンツ」「特別のガードがかけられたCD・DVD」などに限定されています。将来は、すべてのコンテンツがそうした「アクセス・コントロール」つきで流通するようになるかもしれませんが、現在世の中に出回っているコンテンツの大部分は、本屋で売っている本、レコード屋で売っているCD、普通の放送番組、街にあるカンバンなどを見てもわかるように、「了解を得ないと知覚できない」などとはされていません。

　したがって、「アクセス権」なるものを作っても、「ただし、合法的に入手した複製物（例えば、本屋で買った本）から知覚する場合は違法でない」「ただし、誰でも見られるテレビ番組は見てよい」「ただし、壁に貼ってあるポスターは見てよい」などということを法律に書かざるを得なくなり、むしろ権利が及ばない「例外」の方が多くなってしまいます。しかし将来、世の中に出回っているコンテンツの大部分に「アクセス・コントロール」がかけられるようになれば、この権利は重要な意味を持つでしょう。

「情報」は「原則自由利用」か「原則独占利用」か？

　そのような時代になったときに「アクセス権」を法律に書くのは簡単です

第3節　法律ルールを「変える」——民主国家の一員として——

が、その前に「著作権とは何のためのものなのか」「情報の流通についてどう考えるか」といった根本的な問題について、すべての人々がそれぞれの考えをまとめておく必要があります。

　既に述べたように現在は、幸か不幸か、エンドユーザーによるすべての知覚行為を把握することができません。このために、「便法」によって「権利が及ぼされている（無断ではできない）行為」も、限られているわけです。しかしこれは、「本来はすべての知覚行為について権利を及ぼすべきだが、実際には無理なので、この程度に止めざるを得ない」（理想は、原則独占利用）ということなのでしょうか。あるいは、「本来はすべての情報使用行為を自由にすべきだが、創作行為を継続させるためのインセンティブとして、限定的な場合に限って独占利用権を認めている」（理想は、原則自由利用）ということなのでしょうか。

　こうした根本的な議論を経ることなく、世界中で、「業界間の力関係」によって「どこまで権利を及ぼすか」ということが決まってきました。例えば、「一歩手前の知覚幇助行為に権利を及ぼす」というのであれば、既に述べたように、国際的にも「著作権問題ではない」とされている「中古品流通」や、「マンガ喫茶」の状況なども、知覚幇助行為には違いないのですから、権利の対象とされても（少なくとも国際的な検討の対象とされても）よさそうなものです。しかしこれらは、「円滑な流通を阻害する」などといった漠然とした理由で排除されています。つまり、「便法にすぎないがゆえに、便法の範囲についての哲学がない」というのが、世界の状況なのです。

　「エンドユーザーによるすべての知覚行為を把握することはできない」という「現実」があるために、これまではこうした根本的な議論をする必要がなかったのですが、多くのコンテンツについて「アクセス・コントロール」なるものが普及しつつある現在、「情報の創作・流通・利用」に関する根本的な考え方について、すべての人々が考えてみる時期に来ているのではないでしょうか。

第2章

権利が「侵害」されたらどうするか？
―― 「司法救済」の世界 ――

1.「司法救済」ルールの基本

　第1章で述べたように、著作権の「法律ルール」の基本は「他人がつくったコンテンツをパクッたら権利侵害」というものであり、「コンテンツの無断利用の防止」ということがその本質です。しかし、「○○したら権利侵害」という法律ルールの存在は、「誰もルール違反をしない」という状況を担保するものではありません。「ルール違反」をする人は、必ず出てきます。

　そのような「ルール違反」が起きた場合――つまり、自分がつくったコンテンツが他人によって無断で「コピー」されたり「ネット配信」されてしまった場合――には、どうしたらいいのでしょうか。「ルール違反」が起きた場合にできること（司法救済）としては、次に述べる「刑事」「民事」の2つの救済制度の活用があります。これらの「司法救済」（刑事救済・民事救済）については、一般法である「刑法」「民法」や「刑事訴訟法」「民事訴訟法」などの基本ルールが適用されますが、著作権に特有の法律ルールも、著作権法などに定められています。

　なお、違法コピーがつくられたり販売されるなど、権利の侵害が発生した場合、基本的には「その違法行為が行われた国」の著作権法が適用されることになります。例えば、アメリカ人がつくったコンテンツが「日本で違法にコピー」された場合には、アメリカの著作権法ではなく日本の著作権法が適用されるわけです。違法送信の場合は、「送信が行われた国の著作権法を適

第2章　権利が「侵害」されたらどうするか？——「司法救済」の世界

用する」という考え方と「受信された国の著作権法を適用する」という考え方があり得ますが、現在では前者（「発信地主義」と言います）が国際的に採用されています。具体的には、衛星放送であれば「衛星に向けて電波を発信した場所がある国」、インターネットであれば「サーバが所在する国」ということになります。

しかし実は、国境を越える違法行為については、「どの国の法律を適用するか」「どの国で裁判をするか」といったことに関する基本的な国際法（条約）は、まだできていません。このため例えば、日本人がアメリカの航空会社の飛行機に乗って、中国で墜落した場合、「どの国の裁判所」で「どの国の法律」をもとに損害賠償請求をするのか——という国際的なルールはまだ確立されていないのです。

著作権の場合も、ネットを使った国際的な侵害事件の場合にはややこしい問題が発生する可能性がありますが、もしそのような事態に巻き込まれた場合には、専門の弁護士などに相談するしかありません。なお、適用法や裁判管轄についても、契約で決めておくことがある程度可能ですので、国際的なビジネスを行う人は、そうした契約をしっかりしておくべきでしょう。

すべての権利は「重畳的」に働く

ここでひとつ注意すべきことは、「すべての権利は、それぞれ独立して、重畳的に働く」ということです。例えば、本に掲載された「楽譜」として出版されている「音楽」（著作物）が、作曲家に無断でコピー・販売された場合は、作曲家の「著作権②」が侵害されているので、その作曲家が相手を訴えることができます。

また、その曲がコンサートで演奏（実演）されているときに、コンサート会場でそれが無断で録音・販売された場合は、何が録音（コピー）されたかというと、「作曲家の曲」（著作物）と「演奏者の演奏」（実演）の両方です。前者は「著作権②」で保護されており、後者は「著作隣接権」で保護されているので、この場合には、それぞれの権利を持つ権利者である「作曲家」（著作者）と「演奏者」（実演者）の両者が、それぞれ独立して訴えを起こせるわ

けです。

　さらに、そのコンサートの模様を、あるレコード会社が権利者たちの了解を得てCDに入れて販売している場合、そのCDが無断でコピー・販売されたときには、「作曲家の曲」（著作権②で保護）と「演奏者の演奏」（著作隣接権で保護）と「レコード会社のCD」（著作隣接権で保護）を同時にコピーしたことになりますので、「作曲家」（著作者）と「演奏者」（実演者）と「レコード会社」（レコード製作者）の3者が、相手を訴えられることになります。

　さらに、そのCDをあるFM放送局が無線放送しているときに、その番組が無断で録音・ダビング・市販されたような場合には、「作曲家」「演奏者」「レコード会社」「無線放送局」の4者が、訴えを起こせるわけです。これが、「権利が重畳的に働く」ということの意味です。

　なお、例えば「シンガーソングライター」がコンサートで自分自身がつくった曲を歌っているような場合や、「無線放送局」が局制作の録画番組（著作権法上は「映画」に該当する）を無線放送しているような場合には、当然のことながら、「著作者の著作権②」と「著作隣接権」の双方を同時に持つことになります。

(1) 「刑事」の救済措置

　権利が侵害された場合の救済措置の第一は、将来同じことが繰り返されないように、「違反者を罰する」（刑事救済）ということです。「検挙にまさる防犯なし」と言いますが、「ルール違反をすると、必ず罰せられる」という状況を作ることが、「ルール違反の抑止」にとって最も重要なことです。日本では、あらゆる社会的問題を「システム」よりも「精神」（例えば「心の教育」や「意識改革」などと呼ばれるあいまいなもの）によって解決しようとする人が多いようですが、「教育」が「ルール違反の根絶」を達成してくれるまでの間は「刑法」も廃止できませんし、「ペナルティ」という手法を維持することが必要でしょう。

　そのための「刑事」の救済措置とは、簡単に言えば、自分のコンテンツをパクられた権利者が「告訴」を行うことであり、警察・検察の力を借りて、

第2章 権利が「侵害」されたらどうするか？——「司法救済」の世界

「犯人」を逮捕・起訴してもらうことです。「民事」の場合には、「権利侵害があったという事実」や「受けた損害の金額」について、権利者側が「挙証責任」を負わされますが、「刑事」については、「告訴」が受理されればあとは警察・検察が「捜査」「証拠保全」「起訴」などをしてくれます。ただし、「刑事」の措置は「社会全体に対する犯罪」を裁くものですので、これによって「被害者への賠償」が行われるわけではありません。

　日本では「民事」の裁判は、非常にお金と時間がかかりますので、悪質な侵害者に対しては、「刑事告訴」＋「記者会見」をすると通告する、という手段の方が有効である場合が、少なくありません。あらゆる私権侵害に共通することですが、権利侵害の被害にあった人は、まず自分自身の「目的」——「相手を罰すること」「社会的制裁を加えること」「賠償金を取ること」「とりあえず違法行為を差し止めること」などのうちどこに主眼を置くか？——をよく考えて、どのような法的手段をとるかを決めるべきでしょう。

　なお、罰則の基本は、「10年以下の懲役」または「1000万円以下の罰金」（企業等については、3億円以下の罰金）とされていますが、侵害の内容によって様々なレベルが法定されています。

前著作権課長に訴えられた「教育家庭新聞社」

　実はこの本の著者も、かつて「警察への通報」＋「マスコミへの情報提供」という対抗手段を実践してみました。「教育家庭新聞社」という会社から原稿を依頼されて執筆・送付したところ、題名を含む3か所（しかも筆者が最も時間をかけて工夫した3か所）について、無断で削除・改変されて掲載されたからです。

　著者は当初、文書で「謝罪と原文再掲載」などを求めましたが、「教育家庭新聞社」は侵害したという事実すら認めず、逆に著者を恫喝するという驚くべき行動に出てきたため、やむなく警視庁に訴え出ました。警視庁は直ちに、加害者である「教育家庭新聞社」に対して、被害者（著者）と誠実に話し合うようプッシュしてくれましたが、さらに時事通信社と毎日新聞社がこの事件を広く報道するに及び、「教育家庭新聞社」はようやく違法な侵害行為をし

たことを認め、謝罪等を行いました。

(2) 「民事」の救済措置

　第二は、「ルール違反」によって「損害」をこうむった人に対して、損害賠償などのチャンスを与えること（民事救済）です。前記の「刑事救済」の場合は、「反社会的な行為」について社会全体がペナルティを与えるわけですから、この場合は、社会全体の利益を踏まえて「検察官」が訴追を行うことになります。これに対して、個人や会社の「私的な損害の回復」を求める「民事救済」については、損害を受けた本人が相手を裁判所に訴えて、自ら損害の額などを立証しなければなりません。

　要するに、「民事」の救済措置とは、権利者自身が相手を裁判所に訴えて「民事訴訟」を起こし、権利侵害を行った相手に「損害賠償」を請求することを意味します。また、既に述べたように、日本では裁判に時間がかかることから、侵害と思われる行為が続いている場合や、侵害が起こるおそれがある場合には、相手に故意・過失があるかどうかにかかわらず、裁判所に訴えてその行為の「差し止め」を請求することもできます。

２．「侵害の発見・立証が困難な時代」の新ルール

　ところで、こうした「司法救済」は、警察・検察への告訴（刑事）にせよ、裁判による損害賠償請求（民事）にせよ、権利を侵害された権利者自身が「訴え出る」ということが必要です。これは逆に言うと、「権利者自身が侵害を必ず発見できる（ので、それから訴え出ればよい）」ということが前提とされているわけです。なぜかと言うと、そうした前提のさらに奥にある背景として、「コンテンツというものは、基本的に『コピー』『配布』によって利用される」という実態があったからです。

　他人の権利を侵害するいわゆる海賊版業者は、無断で大量の「コピー」を作りますが、それを「販売」しなければ利益は上げられません。しかし「販売する」ということは、海賊版を「人目にさらす」ということであり、そこ

第2章　権利が「侵害」されたらどうするか？──「司法救済」の世界

で権利者が侵害行為を発見するチャンスが生じるわけです。こうした実態のために、「権利者は侵害行為を容易に発見できるはずだ」ということが前提とされていました。

　しかし今日では、必ずしもそうではなくなってきました。まず、「コピー」といっても、本などの「単品」が出回るとは限らず、CDやDVDの中に「部品」として取り込まれることが多くなってきました。東京中の書店をチェックするのは、数日間の休暇を取れば不可能ではありませんが、東京中のCDの中身をすべてチェックするのは非常に困難でしょう。さらに、違法利用が「コピー・配布」ではなく「ネット送信」になったら、権利者が「自分のコンテンツが、いつ、どこからどこへ、どのように無断送信されたか」ということを発見・証明するのは、まず不可能です。

　このように「送信行為の把握」が極めて困難になり、「無断で送信されない」という権利の行使が実質的に不可能になったために、既に述べた「送信可能化権」（無断で送信可能化されない権利）が新設されたのですが、「サーバのメモリへのコピー」などの「送信可能化」も、これを把握するのはそう簡単ではありません。

(1)　**テクノロジーの活用による対応**

「すべてのコンテンツ」について「プロテクション」「透かし」の法整備を終えているのは日本だけ

　こうした状況の中で権利者が身を守るためには、まず第一に、「侵害を発見しやすくする」という工夫が必要です。そのために活用されつつあるのが「電子透かし」などの技術（いわゆる電磁的「権利管理情報」の付加）であり、デジタルコンテンツ等の中にあらかじめ「権利者の名前」などの情報を入れておき、「侵害行為の把握」や「自分が権利者だということの立証」を容易にすることです。

　また第二に、侵害が起こってから「事後」に発見・立証するのではなく、「事前」に侵害行為を阻止する──という工夫が必要です。そうした目的の

ために使われているのが、「コピー・プロテクション」などと言われる技術（いわゆる「技術的保護手段」）です。サーバへの「送信可能化」は、多くの場合「サーバのメモリへのコピー」を伴いますので、「コピー」についてプロテクションをかけておけば、違法な「ネット配信」もかなり事前に防止できるわけです。

ところが、こうした技術が普及してくると、「電子透かし」の情報を削除・改ざんするとか、「コピー・プロテクション」を回避・破壊する——などといったことが行われるようになってきます。このため、そうした回避や改ざんを（各国の国内法で）防止すべきことが、1996年（平成8年）の新条約（WCTとWPPT）に規定されました。日本は既にこうした法整備を終えていますが、現在でも、「著作物」「無線放送番組」「有線放送番組」「レコード」「実演」というすべてのコンテンツについて、そうした法整備を終えているのは、世界中で日本のみとなっています。

具体的には、次のような法律ルールが定められています。

○「**技術的保護手段**」（**無断利用を防止・抑止するために、コンテンツに付加される信号や、変換しないと利用できないようにするシステム**）
　→　・技術的保護手段の回避（方式変換で自然に起こる場合を除く）をした上で（他人が回避を行ったことを知っていた場合を含む）行うコピーについて「私的使用の例外」は適用されない
　　　　（注：他の例外については回避した上で利用しても合法）
　　・技術的保護手段の回避を行うための装置（部品を含む）・ソフトについて「公衆向けの譲渡・貸与」「公衆向けの譲渡・貸与を目的とした製造・輸入・所持」「公衆の使用に供すること」「公衆送信・送信可能化（ソフトの場合）」を行うと刑事罰
　　・技術的保護手段の回避を行うサービスをすると刑事罰
　　　　（注：回避する行為自体は合法）

第2章　権利が「侵害」されたらどうするか？──「司法救済」の世界

○「**権利管理情報**」（コンテンツに付加されてコピー・送信される、権利者名、利用条件等に関する電磁的情報）
　　→　「虚偽情報の付加」「故意による除去・改変」などは、権利侵害とみなされる

自転車には「カギ」と「隠しネーム」を

　ときどき、「インターネットでコンテンツを流すと、どこでどう使われるか分からない。著作権法が技術に追いついていない」などということを言う人がいますが、これは、「カギをかけずに外出したら泥棒に入られた。刑法が遅れている」と言うのと同じです。泥棒に入られるのは刑法のせいではなく、「カギをかけずに外出したため」でしょう。
　刑法に書けることは「泥棒はいけない」（した人は罰せられる）ということだけであって、個々人が窃盗行為の被害を受けないようにするには、自ら努力するしかないのです。同様に著作権法も、「無断でコピーしたら違法」（した人は罰せられる）ということしか規定できず、個々人が侵害行為の被害を受けないようにするには、自らプロテクション技術などを使って身を守るしかありません。
　「泥棒はいけない」という法律ルールがあっても、公園に自転車を放置しておいたらおそらく盗まれてしまうでしょう。これを防ぐには、まず自転車に「カギ」をかける必要があり、これが「コピー・プロテクション」に相当します。また、「隠しネーム」を入れておくことも、盗まれた後の発見や、自分の所有権を主張・立証する上で効果がありますが、これが「電子透かし」に相当します。そうした自助努力が必要なのであり、著作権の場合は、「カギをはずすこと」や「隠しネームを消すこと」に相当することについて、少なくとも日本では禁止措置等が法定されているのです。

(2) 「発信者情報開示請求権」はどこまで機能するか？
——ネット社会における「侵害者の特定」という課題——

　ネット上の送信行為（自動公衆送信）について、サーバから端末への「送信行為」自体の把握が困難になったために、送信の「ひとつ前の段階」である「送信可能化」に権利を及ぼし（「無断で送信可能化されない権利」というものを新たに設け）、さらに「もうひとつ前の段階」でほどこされる「プロテクション」の回避を防止する法律ルールを作ってきた（プロテクションを無断ではずしてコピーやアップロードなどをする行為を違法とするなどの法整備を行ってきた）わけですが、法律の規定があっても、プロテクションはずしや、（ファイル交換ソフトなどを使った）無断送信をする人はいます。そうした侵害者について、規定の整備が進んだ日本の著作権法では、摘発や訴訟が可能ですが、そのためにはまず、「侵害者の特定」ということ（誰が違法行為をしているのかを確認すること）が必要になります。

　コンテンツの利用形態が主として「コピー・配布」だった時代には、「侵害行為」の発見が容易でしたが、「侵害者」の特定も比較的容易でした。ニセ物が売られている店舗から、「仕入先」を順にさかのぼって行けばよかったからです。しかし、侵害行為がインターネットなどを通じた「送信」によって行われるようになると、「違法に送信されている」とか「違法に送信可能化されている」という事実をつかんだとしても、「誰が犯人なのか」ということを突き止めるのは非常に困難になります。

　同じ送信利用でも、その中心が「無線放送」であった時代には「電波の発信源を探知機で探す」といったことが可能でしたが、インターネットを用いた場合にはいくつものサーバを経由するために、「サーバは特定できても、実際にそこに入力や蓄積を行っている人までは分からない」という問題が生じます。サーバには必ず「管理者」がいますが、管理者は（侵害者も含む）サーバ利用者と契約をしている上に、「秘密保持」などについて通信に関する国内規制の適用を受けるため、明らかな侵害行為があった場合でも、「侵害情報の削除」や「発信者（侵害者）の公表」などを勝手に行うと、逆に自分自身が訴えられてしまう可能性があるわけです。

第２章　権利が「侵害」されたらどうするか？——「司法救済」の世界

　これについて注目されるのが、いわゆる「プロバイダ責任法」の効果です。この法律の中身は２つあり、第一は、「プロバイダが管理するサーバに侵害コンテンツがアップロードされているとき、権利者が（侵害者ではなく）プロバイダに削除を求めること」に関するルールです。しかしこれは、ファイル交換ソフト出現以前の、「自動公衆送信は、業者が管理するサーバへの蓄積によって行われる」という状況を前提にしているものであって、ファイル交換ソフトによる侵害には無力です。

　ファイル交換ソフトが出現した状況にとって重要なのは、むしろ第二の「発信者情報開示請求権」の新設です。これは、「サーバに『蓄積』又は『入力』（インターネット放送など、蓄積を伴わない場合）されている侵害情報について、権利者が、サーバを管理するプロバイダに『どこからサーバに送信されたのか教えてくれ（自分で相手を訴える）』と請求できる権利」のことであり、この法律によって創設されました。

　ファイル交換ソフトを用いた場合でも、いわゆる「接続サーバ」は必ず経由していますので、まず「権利者自らが（無断で送信可能化を行っている侵害者側にアクセスして）侵害者からの送信を受ける」ということを行い、自分の接続サーバのプロバイダに受信・送信の記録を開示してもらい、さらに順次プロバイダ（サーバ）を辿っていけば、発信元（違法な「送信可能化」を行っている場所）にたどりつけるはずです。

　法案を作った総務省は、法案作成段階で「接続サーバのプロバイダに対しても開示請求できる、という立法趣旨だ」と公式に説明していましたが、ファイル交換ソフトについては、裁判所がそのような判断をしてくれなければ、この法律はほとんど無意味になりましょう。

　また、開示請求から開示までの「時間」も重要ですが、いずれにせよ今後の運用・判例（必要なら、さらなる法改正）の動向が注目されます。

(3)　民事訴訟ルールに関する様々の工夫

　既に述べたように、コンテンツの（違法な）利用形態が「コピー・配布」から「デジタル蓄積」「ネット配信」などに変わってきたことにより、「侵害

があったことの立証」や「損害額の立証」ということが問題になりますが、それらを原告自身が立証しなければならない民事訴訟における手続についても、様々な法制上の工夫が行われつつあります。

「侵害があったこと」の立証

　第一は、「侵害があったことの立証」を楽にするためのルールであり、具体的には、被告側にも「書類提出義務」や「説明責任」などを課すというルールです。民事訴訟では、「原告」（権利者）の側が、「侵害があったこと」を立証しなければなりませんが、これは必ずしも簡単ではありません。例えば、コンピュータ・プログラムやデータベースなど、海賊版が「市販」されるのではなく、侵害した会社の中で「社内利用」のみをされている（外部の者には公開されていない）場合、権利者は「無断でコピーされているらしい」と思っても、確認や立証が困難です。

　このためまず、原告からの申し立てを受けて、「裁判所」が「被告」に対して「必要な書類の提出」を命じることができる——という法律ルールが法定されています。ただし、重大な企業秘密がからんでいる場合など、正当な理由がある場合にはその命令を拒めますが、この場合も、裁判官にはその書類を見せなければなりません。

　もうひとつの重要な法律ルールは、被告にも「説明責任」を負わせているものです。侵害があったことの挙証責任はあくまでも原告側にあるため、被告は「これは自分で考えてつくったものであって、違法コピーではありません」と言うだけで済んでしまうわけです。しかし、「説明責任」を課す新しい法律ルールができたために、裁判官が「では、どうやってつくったのか、そのプロセスを具体的に示してください」などと指示できるようになりました。この新しい法律ルールについて、Ｙ新聞社は、「『違法行為をしていない』などということの立証は不可能であり、この制度は疑問」などという社説を堂々と掲載していましたが、もう少し勉強してから掲載しないと恥をかくことになります。このルールのもとでも、被告は「違法行為をしていない」ということを立証する必要はなく（「説明を行う義務」があるだけで）、挙証責任は

第2章 権利が「侵害」されたらどうするか？——「司法救済」の世界

あくまでも「原告側」にあるのです。

「損害額」の立証

　第二は、「損害額の立証」を楽にするための特別の法制ですが、これには、様々なものがあります。損害額の計算方法については、民法にその原則が規定されていますが、要するに「自分が実際に損した金額」だけを「加害者」に請求できる——というもの（補償的賠償）です。

　これを著作権侵害の場合に当てはめると、次のようになります。例えば、ある本の海賊版が出版された場合、権利者は加害者にいくら請求できるかというと、「請求できる金額」＝「実際の損害額」は、

「ホンモノ１冊あたりの利益」×「海賊版販売がもたらした、ホンモノの売上減少冊数」

です。しかし実際には、本の売れ行きなどというものは変動しますし、「海賊版が売られたために、ホンモノの売上冊数がこれだけ減少した」などということを立証するのは、ほぼ不可能でしょう。このために、次のような「特別の計算ルール」が、法律ルールとして定められています。（「販売数」とあるのは、ネット配信などの場合は「送信回数」などになります。）

①「損害額」＝「海賊版の販売数」×「海賊版の１冊あたり利益」
　　　　　＝「加害者の儲け」

権利者が自分で販売等をしていない著作物等の場合は、「ホンモノの売上減少」が存在しないので、このルールを使うことになります。ただしこのルールは、上記の民法の原則から見ると大きな例外ですが、加害者にとっては「とりあえず無断でやっておいて、バレたら儲けを渡せばいい」というものですので、強い侵害抑止力にはなりません。

②「損害額」＝「海賊版の販売数」×「権利者のライセンス料」

権利者が、自分では販売等をしてないが、他人に正規のライセンスを与えて販売させている——という場合には、このルールが使えます。その「他人」から取っている著作権料と同額を請求できるわけです。ライセンスを与えていない場合でも、音楽や小説など、ライセンス料（印税等）についての「相場」がある場合にも、このルールは使えます。ただしこのルールも、加害者にとっては「とりあえず無断でやっておいて、バレたら通常のライセンス料相当を払えばいい」ということになりますので、強い侵害抑止力にはなりません。

③「損害額」＝「海賊版の販売数」×「ホンモノ1冊あたりの利益」

権利者が自分でホンモノを販売している場合には、このルールを使うのが有利です。海賊版は通常「ホンモノ」よりも安く、利益も小さいので、①のルールでは大した金額は請求できません。しかし、こちらのルールを使うと、「ホンモノ1冊あたりの利益」が「海賊版の1冊あたり利益」よりも通常は高額であるため、加害者は「持ち出し」の状態となり、「バレたら儲け以上に賠償金を取られる」という状況になります。つまり、抑止力としても働くわけです。

④「損害額」＝「裁判所が認定する額」

事実の性質上、損害額の立証が極めて困難である場合には、裁判所が口頭弁論や証拠に基づいて、損害額を認定できることとされています。

考えていただきたい課題——懲罰的賠償・法定賠償——

こうした工夫が様々に拡大されていますが、さらに次の課題に関する議論も行われつつあり、そうした「訴訟に関する新しい法律ルール」については、

第2章　権利が「侵害」されたらどうするか？——「司法救済」の世界

「何が公正か？」といった観点——そもそも「主権者」である「国民」が決めるべきこと——から、是非多くの人々にお考えいただきたいと思います。

その第一は、「侵害行為の抑止」のための「懲罰的賠償」という法律ルールを作るか、という課題です。民法に定められている日本の損害賠償制度の基本は、あくまでも「損した額を請求できる」（補償的賠償）というものなので、加害者にとっては「バレて（賠償金を取られても）もともと」「マイナスにはならない」ということになります。前記の様々なルールについても、③の場合を除き、「バレたら損する」ということにはなりません。

そこで、一部の国で採用されている「3倍賠償」などという懲罰的賠償制度の導入が、議論されています。これは簡単に言うと、「100万円損したら、加害者に300万円請求できる」というもので、確かに「バレたら大変」という状況が作れ、「抑止力」にはなるでしょう。しかし、「権利を侵害されたために、逆に（200万円）儲かる」ということがあっていいのか、抑止力は刑事の「罰金」で実現すべきではないか——などの反対意見もあるのです。

第二は、そもそも「請求できる損害額」を「法律に書いてしまう」という、いわゆる「法定賠償」という法律ルールです。前記の「3倍賠償」の場合も、そもそも「損害は100万円だった」ということを立証しないと、「3倍」することができません。しかし、例えばネット配信などの場合には、「いくら損したのか？」ということの立証自体が極めて困難です。

このため、法律に例えば「1件の侵害ごとに、10万円から500万円までの範囲で、裁判所が決めた金額を、賠償額とする」などと書いてしまう——ということが考えられます。そうなれば、権利者は「侵害があった」ということを立証するだけでよく、「損害額の立証」は不要になります。ただし、「いったい、いくらくらいが適当か？」とか、「映画が違法コピーされたような場合は、多くの部品があるため、合計すると天文学的な賠償額になる」などの問題も指摘されています。読者の皆様は、どうお考えでしょうか。

3．「侵害に類する行為」への対応

既に述べたように、著作権という法律ルールによって「無断ですると違法

3.「侵害に類する行為」への対応

になる」とされている行為の多くは、「コンテンツが実際に価値を発揮するエンドユーザーによる『知覚行為』は、把握しきれない」という事情のために、「便法」として法定されているものです。このために、「なぜこんな場合にまで権利が及ぶのか？」という疑問が生じる場合があったり、既に述べたような様々な「例外」や「除外」を定める必要が生じるわけです。

　しかし逆に、「無断ですると違法になる行為」をしたとは言えない（権利者の許諾権を直接侵害したとは言えない）が、法律ルールによって違法とすべき行為――というものも存在します。コンテンツの利用形態は様々であるため、そのような行為も数多くあるのです。このような場合、本来は「無断ですると違法になる行為」を増やしていく（法律ルール上の「使用」を「利用」に変えていく）べきでしょう。かつての「レンタル」や「ネット配信」などは、正面から新しい権利を法律ルールとしていったわけです。

　しかし、「新しい権利を作るほどではないが、放置してはおけない行為」というものがあるため、法律ルールにおいて、様々な工夫がなされています。次に、そうした例を示してみたいと思いますが、これらの行為を行うと、「権利を侵害したとみなされる」（みなし侵害）ことになります。

・名誉声望を害する著作物の利用

　　　コピーなどについて著作者の了解を得ている場合であっても、その使い方が著作者の名誉声望を害する場合には、人格権侵害とみなされて違法になります。典型的な例は、「絵画や写真をいわゆる風俗営業のチラシに使った」といった場合（何に使うかの契約をせずに、コピー・配布を了解していた場合）です。この法律ルールは著作者の「心」を守るためのものであるため、「第四人格権」などと呼ばれることもあります。

・国内で作ったとしたら違法となる外国製品の持込み

　　　著作権を保護していない国や、保護水準の低い国でコピーが作られた場合、「日本国内で作ったとしたら違法になるが、その国では合法」ということがあり得ます。そのようなコピー（海賊版ではない）を海外で入手した場合、（日本に持ち込んで自分が使うだけなら合法ですが）「国内

で公衆に譲渡・貸与する目的」で日本に持ち込むと、「みなし侵害」になります。

・海賊版の譲渡・貸与・輸出・所持

国内製・外国製の「海賊版」を、海賊版と知りつつ、「公衆に譲渡・貸与」（譲渡・貸与するという申し出を含む）したり、「公衆に譲渡・貸与する目的で所持」したり、「業として輸出」したり、「業として輸出する目的で所持」したりすると、「みなし侵害」になります。したがって、「海賊版とは知らなかった場合」や「自分が使うだけ」という場合は、違法にはなりません。

・海賊版ソフトの使用

違法にコピーされたコンピュータ・プログラムを、海賊版と知りつつ入手し、自分のコンピュータで使用すると、「みなし侵害」になります。したがって、海賊版であることを「入手した後」に知った場合は、違法にはなりません。

・権利管理情報の改ざん

248ページで述べたように、「虚偽情報の付加」や「意図的な除去・改変」などをすると、「みなし侵害」になります。

・海外のみで販売されているレコードの国内持込み

音楽CDなどのレコードのうち特別のものについては、これを販売等を目的として日本に持ち込むと、違法になる場合があります。「自分が使うだけ」という場合は、違法になりません。

4．権利者自身がアクションを起こす必要

既に述べたように、著作権は「規制」ではなく「個人の権利」（私権）です。誰かが政府の「規制」に違反した場合は、当然政府自身が摘発に乗り出しま

すが、著作権侵害の場合は「私権」に対する侵害であるため、「侵害された本人」が行動を起こさないと何も起きません。つまり、「本人がいいと言えばいい」「本人が黙認するならいい」という世界のものなのです。

　土地所有権も同様に「私権」であるため、例えば誰かの家の庭で他人が寝ていても、警察官はすぐに逮捕したりはしません。「地主の了解を得ている」かもしれないし、「地主は黙認している」かもしれないからです。同じように、電車の中の「痴漢」も「私権侵害」をしているわけですが、被害者が「この人、痴漢です！」と叫ばなければ、（了解済みの関係かもしれないので）警察も動けません。

　このように、私権が侵害された場合には、（訴えても訴えなくてもいいわけですから）権利者本人が、「選択と自己責任」の原則によって自由を活用し、何を目的とし、どのような行動をとるかを決めなければならないのです。

行政は「私権行使」に介入できない

　しかし、現行の「法律ルール」によって与えられている権利を自ら行使することについても、「ルール感覚」を欠いた人々の間には、「お上だのみ」と言われるような状況が未だに見られます。既に述べたように、私権の侵害は「本人がいいと言えばいい」というものであり、権利者本人が法的手段を講じないと、裁判所も警察も動くことはできません。したがって、「こうしたことをしたら、違法になりますか？」という相談があった場合でも、権利者本人でない役人や弁護士は「違法だから止めなさい」とは言えず、「権利者に訴えられたら、おそらく裁判で負けるでしょうね」と言えるだけなのです。

　しかし実際には、「あそこで私のコンテンツがコピーされているのは、著作権侵害の疑いが強い。役所が指導して止めさせてくれ」とか、「現行法では違法ではないかもしれないが、著作権保護の『理念』を考えれば良くない行為なので、行政が止めてくれ」などという「ルール感覚」を欠いた要望が、非常に多く行政機関に寄せられます。かつて日本雑誌協会から文化庁に、「あの図書館で行われていることは、違法の疑いがあり、理事会でも訴訟を起こすべきとの意見が強かったが、そうなっては騒ぎが大きくなって、文化庁も

第2章　権利が「侵害」されたらどうするか？——「司法救済」の世界

お困りでしょう。今のうちに文化庁から指導して、止めさせてほしい」などという驚くべき要望書が、いきなり公式の文書として送りつけられてきたことがありました。

　こうした態度が、「今の日本」をつくってしまったのであり、私権を付与されている人々は、その権利をどう使うか（使わないか）ということについて、常に「選択と自己責任」で行動する覚悟を持つことが必要です。

　「自由と民主主義」という用語はいつも安易に使われていますが、「訴えるのも、訴えないのも、自由」という「私権侵害」について、日本人は本当に「自由」を使いこなせているのか——ということが問われているのです。

第3章

日本人の弱点である「契約」と「ビジネス」
―――「契約によるルール」の世界―――

1．日本人に必要なのは「DVD」よりも「紙」
―――日本が遅れているのは「法律」ではなく「契約」―――

　比較的同質性の高い社会に住み慣れてきた日本人の多くは、「以心伝心」で「言わなくてもわかるはずだ」という同質性（同じ「心」の共有）を前提にしているせいか、思想や利害などについて「異質な相手」としっかり交渉し、明確な約束をし、それをきっちり守るということが苦手であり、このため「文書で明確な契約を交わす」という習慣に欠けている――ということがよく言われます。このことは、社会の「多様化」が急速に進みつつある（むしろ日本人自身が「個性化・多様化の推進」などと言って多様化を進めている）今日では、著作権に限らず、社会のあらゆる側面について極めて大きな問題をもたらしつつあります。

　日本の著作権法の「法律ルール」は、インターネットへの対応等を中心に、世界最高水準と言ってよい整備が行われています。しかし、そうした「法律ルール」をもとに、「自由」を使いこなして、権利者・利用者がコンテンツを広く「活用」していくために必要な「契約」や「ビジネス」については、これに必要な「システム」や人々の「マインド」に関して、日本は国際的に見ても非常に遅れていると言われているのです。

第3章 日本人の弱点である「契約」と「ビジネス」——「契約によるルール」の世界

(1) 「著作権問題」の大部分は「著作権法問題」ではなく「著作権契約問題」
——「契約のミス」が「法律のせい」にされている——

　既に述べたように、「1億総クリエータ、1億総ユーザー」という時代を迎え、「すべての人々」が著作権と関係するようになってきたため、最近「著作権問題」ということばがよく使われるようになりました。しかし、このことばが使われるときには、「法律問題」と「契約問題」の混同が広く見られます。実は、日本で「著作権問題」と呼ばれているものの大部分は、「著作権法問題」ではなく「著作権契約問題」であり、要するに、「当事者同士が最初から明確な契約・約束をしていれば防げた問題」なのです。

　また、「著作権ルール」という用語もよく使われますが、これも「法律ルール」と「契約ルール」を混同して使われていることが多いようです。アパートに例えて言うと、「法律ルール」の問題とは「土地・建物の『所有権』などが、法律で明確になっているか」ということであり、「契約ルール」の問題とは「アパートの所有者と借り手の間の『賃貸借契約』が、当事者間で明確に定められているか」という問題です。当事者同士が話し合いではっきりと契約しておくべき「家賃の金額」や「賃貸借の期間」など（契約によって当事者間で定めるべきルール）について、契約内容があいまいだと、後々問題が生じますが、これは「法律問題」ではなく「契約問題」であって、明確な契約をしていなかった本人が悪いのです。そうした問題が「不当に法律のせいにされている」というのが、日本で「著作権問題」と呼ばれるものの大部分の本質です。

　例えば、かつてある小説家が、自分の作品であるエッセイ集をある出版社に「これ、キミんとこで、どう使ってもいいよ」と言って渡したことがありました。そこでその出版社は、そのエッセイ集をインターネットで配信したのですが、これを聞いた小説家が怒って「『どう使ってもいい』とは言ったけど、キミんとこは本屋でしょ。雑誌連載でも単行本でも文庫本でもいい、と言う意味で言ったのであって、『ネットで送信していい』と言った覚えはない」と言いました。ところが、それを聞いた出版社もいわゆる「逆ギレ」をし、「先生は『どう使ってもいい』と言ったじゃないですか。今どき出版社だって、

インターネットくらい使いますよ」と言って怒ったのです。

　この二人が水掛け論をしているだけなら単なる笑い話ですが、なんとこの二人が、そろって文化庁にやってきて、「なんとかしてくれ」と言ったのです。「小説家が出版社に『どう使ってもいい』と口頭で言った場合の、その『どう使ってもいい』の法的な意味について、政府の統一見解を示してくれ」などと要望しました。そして、埒があかないと知ると、最後は「だいたい法律が悪いんだ」などという捨て台詞を残して去って行ったのですが、これが、今の日本で「著作権問題」と呼ばれているものの本質を象徴しています。

外国からもバカにされている「契約書なきビジネス」

　こうした「契約問題」が、「著作権法問題」と「著作権契約問題」の区別がつかない人々によって、安易に「法律問題」にされている——というのが、日本の現状です。また、「区別がつかない」のではなく、「契約に関する自分のミスを暴露・追及されたくない」という人が、「著作権法が悪い」などという悪意の宣伝をしている場合も少なくないようです。このため、よく考えればすぐに「おかしい」と分かる暴論が堂々と主張されてきました。

　例えば、「利用料について権利者と折り合いがつかないときは、こちらの言い値でコンテンツを利用できるような法律を作れ」とか、「権利者を探すのが面倒なときは、了解を得ずにコンテンツを利用できるような法律を作れ」とか、「放送のみについて権利者と契約した場合であっても、放送以外の利用行為もできるような法律を作れ」などといったものが、そうした暴論の例です。

　これらの主張は、それぞれ「家賃について家主と折り合いがつかないときは、こちらの言い値でアパートに住めるようにせよ」、「家主を探すのが面倒なときは、誰でも勝手にアパートに住めるようにせよ」、「1年間だけアパートを借りる、という契約をした場合であっても、2年目以降も住めるようにせよ」という意見に相当するものです。アパートの場合にはこうした主張がすぐに「おかしい」と分かるのに、コンテンツの利用に関する著作権契約の場合には、「むずかしい」という先入観があるためか、そのおかしさに気づかない人が少なくないようです。

第3章　日本人の弱点である「契約」と「ビジネス」──「契約によるルール」の世界

　こうしたおかしな意見は、これらを聞いた外国の人々からも失笑を買っていますが、例えば「著者が本を出版するときに、出版社と文書で契約することはまだ少ない」とか、「俳優がテレビに出演するときに、文書で契約することは殆どない」などということを言うと、殆どの外国人は「信じられない」と言います。かつて、映画製作が盛んな香港と、放送が発達したフィリピンに、文化庁から「俳優との契約システム」についての調査に行ったことがありましたが、相手側はまず「また海賊版についてモンクを言いに来たな」と警戒しました。そこで、「契約システムの分野はむしろ日本が遅れているので、学びに来たのです」と説明しても、「日本ほどの先進国が、そんなシステムもなしにビジネスをやっているはずがない」と言ってなかなか信じてもらえませんでした。ようやく信じてもらえたら、「やはり日本人は、自分たちだけが分かるルールで閉鎖的にビジネスをやっているんですね。よそ者は入っていけませんね」と言われ、返す言葉がなかったのです。

「放送番組の二次利用」が進まないのは「契約ミス」のせい

　同じようなことが、既に放送されてビデオが保管されている「放送番組」の二次利用（DVD化、再放送、ネット配信など）についても起こっています。DVD、衛星放送、CATV、ブロードバンドなどの出現・普及によって（デジタル化により飛躍的に増えるチャンネルを全部埋めるだけの番組制作能力がない、ということもあり）「過去の放送番組」の二次利用ということが、最近よく話題になっています。そのような二次利用がなかなか進まないことについて、「著作権の存在が障害になって、映像コンテンツの活用が進まないのだ」などと言う人がいますが、これも実は「法律問題」ではなく、単に「契約の不備」という問題です。

　よく考えてみればすぐに分かることですが、同じ「映像コンテンツ」でも、「寅さんシリーズ」などの「映画」は、何回も繰り返し放送されており、ビデオやDVDも広く市販されています。また、「放送番組」についても、海外では「奥様は魔女」や「ミスター・エド」などといった懐かしい番組が、今でも再放送されています。こうしたことができるのは、海外の放送・映画関係

1．日本人に必要なのは「DVD」よりも「紙」

者や、国内の映画関係者が、番組や映画を「つくる時点」で「二次利用も想定した契約を、最初からちゃんとしている」からです。ビデオ化・再放送・ネット配信などに関する「法律ルール」は、日本でも外国でも基本的に世界共通ですので、あとは、「先を見通した契約をちゃんとしていたか」という問題が残るだけです。つまり、日本で放送番組の二次利用がしにくいのは、基本的に国際ルールと同じものである「著作権法」の問題ではなく、単に日本の放送関係者が「二次利用もできるような契約を、番組の制作時点でサボッていた」——ということにすぎません。

つまりこの問題は、「日本だけ」「放送番組だけ」の「契約殊問題」なのです。また、「あとからすべての俳優を探し出すのは大変」などということを言う人がいますが、109・159ページで解説したように、「録画の了解を得た上での撮影」をすれば、二次利用について「俳優」の権利は消滅します。これによって、俳優の了解を得なくても二次利用ができるようになるため、映画会社は当然そのようにしています。しかし、日本の放送局の多くは、（あらかじめ「了解を得た番組録画」をしておけば映画と同じ扱いになって俳優の権利を消せるのに）161ページで解説した「放送について了解を得ている場合は、録画について了解を得ていなくても、例外的に無断で録画ができる」（ただし、その録画物はその放送にしか使えない）という例外を、短期的な利益（目先の契約のしやすさ）だけを考えて安易に使ってきました。つまり、わざわざ自ら選んで「二次利用をしにくくする契約」をしていたのです。

「マンションに入りたい」というときには、「買取る」という方法と「賃貸する」という方法があります。買取りには多くのお金がかかりますが、すべて自分のものになるので後々自由に使えます。これに対して賃貸の場合は、お金はあまりかかりませんが、自分のものになるわけではないので、契約が切れた後は自由には使えません。つまり、マンションに例えると、日本の映画会社は（多少のお金はかかっても後々を考えて）「買取り」を行っているのですが、日本の放送局の方は、（支払うお金を惜しんで）「賃貸」を選んでいるわけです。自分が判断して「賃貸」を選んでいるのに、「契約が切れた後も住めないのはおかしい」と言っている——というのが、日本の放送関係者が言っていたことの本質なのです。

(2) 「多様化」すると「明確な契約」が必要になる

このように、日本で「著作権問題」と言われているものの大部分は、「著作権法問題」ではなく「著作権契約問題」であり、より具体的には、コンテンツ利用に関する「過去の契約慣行」などが、急速に進む「関係者の拡大・多様化」に追いついていない――ということのために起きています。

「一部業界」の「常識・慣行」はもう通用しない

当然のことですが、小説・絵画・写真などのコンテンツは昔から「創作」されており、また、出版・放送・映画などの伝統的なコンテンツビジネスによって「利用」されてきました。そこには、口頭であれ書面であれ、何らかの「著作権契約」があったはずです（契約がなければ、すべて違法な利用ということになります）。したがって、問題の本質は「契約がない」ということではなく、「多様化」に対応した「誰でも使える」ような「契約システム」がない――ということなのです。

既に述べたように、著作権というものは、かつては「一部業界の一部のプロ」だけが関わるものでした。日本で、限られた「一部業界の一部のプロ」同士が契約をしたら、どうなるでしょうか。通常は、その業界の「常識」と「慣行」と「馴れ合い」と「口約束」と「もたれあい」と「人間関係」による契約――といったものになり、明確な「契約書」など交わされないことになりがちです。これは、多様性が低い「閉じたプロの世界」だけで通用するものです。ところが今日では、コンテンツの「創作手段」「利用手段」の爆発的普及によって「1億総クリエータ、1億総ユーザー」という時代がおとずれ、「すべての人々」が著作権に関わるようになっているため、「コンテンツそのもの」「創作・利用する人々」「利用形態」など、あらゆる側面について急速な拡大・多様化が進んでいます。

つまり、これまでの「業界の慣行」など通用しなくなっているわけであり、「常識のズレ」ということが、あちこちで問題になりつつあります。前記の「小

説家が出版社に『これ、どう使ってもいいよ』と言った場合の『どう使ってもいい』の意味は何か？」という問題は、まさにこの「古い常識」と「新しい（多様な）常識」の間のズレ——もっと言えば、「常識の消滅」——ということによって生じた問題です。多様化によって「常識のズレ」や「常識の消滅」が生じたら、「明確な契約書」を交わすしかありません。

中には「いや、ちゃんと契約書は交わしてきた」と言う人もいますが、例えば「この契約書の内容・解釈に疑義が生じた場合には、双方が誠実に協議する」などということが書いてあるものは、国際的なスタンダードに照らして「契約書」とは言えません。契約当事者双方が「すべきこと」「してはならないこと」などが、誰が見ても明確な形で書かれていないものは、契約書とは呼べないのです。このようなあいまいな条文を含む契約書では、結局のところ「常識のズレ」は解消できません。このため日本では、「契約書に書いてある条文の意味や、用語の定義についての裁判」というものがかなり多く行われていますが、これは当事者がマトモな契約書を作っていれば防げた訴訟であり、まさに「税金の無駄遣い」と言うべきものでしょう。

「借地借家法」は読まないのに「著作権法」は読むのか？
——「契約書」がないから「法律直接適用」になってしまう——

ところで、「すべての人々が著作権に関わるようになったのだから、みんなが著作権法を読んで勉強すべきだ」などと言う人がいますが、そんなバカなことがあるはずはありません。例えば、アパートや賃貸マンションに住んだことのある人は非常に多いと思いますが、賃貸借に関する基本的な「法律ルール」は、「借地借家法」という法律に書いてあります。しかし、「着地借家法」を読んで勉強してからからアパートを借りた——などという人は殆どいないでしょう。それは、不動産屋に行けばスタンダードな契約書が常備されており、それを使えば、借地借家法など知らなくても契約ができるからです。

つまり、「著作権法を読まなければならない」という状況自体が、「契約システムの不備」という問題を示しているのです。不動産屋の契約書のような「素人でも使える契約システム」が発達していないと、口約束でアパートを借

第3章　日本人の弱点である「契約」と「ビジネス」——「契約によるルール」の世界

りるような事態が生じてしまい、その後に起こる様々な（家賃の値上げなどの）問題について、「法律直接適用」（法律の規定が直接適用される）という状況が生じてしまいます。そうなると、「法律を読んで内容を知っていなければならない」という状態になってしまうわけです。

　著作権については、「このような場合は、コピーしてもいいのでしょうか？」などという問い合わせが文化庁などにも多数寄せられますが、権利者の了解を得て使っているような場合、そうした相談の本質は、再びアパートに例えて言うと、次のようなものに相当します。例えば、大家さんが「この部屋空いてるから、入っていいよ。家賃は5万ね」と言ったので、契約書なしで入居してしまったとします。ところが翌月になって、大家さんが突然に「悪いけどさあ、今月苦しいから、家賃は10万ね」と言ったら払う義務はあるのか。また、大家さんが「来月甥がアメリカから帰ってきてこの部屋使うからさあ、悪いけど出てって」と言ったら出て行く義務はあるのか。さらに、大家さんが急に亡くなり、アパートを相続した奥さんが「ダンナが何て言ったか知らないけど、アタシャ聞いてないからね。すぐに出てって」と言ったら出て行く義務はあるのか。これらの質問には、専門の弁護士さんや借地借家法に精通した人は答えることができるのでしょうが、普通の人には全くわかりません。

　既にお気づきのように、こうした問題を防ぐために「だから国民全員が借地借家法を読んで勉強すべきだ」——などというのはバカげた考えであって、これらの場合にどうなるのかということは、最初から（借地借家法に書いてあることも含めて）「契約書」に書いておくべきなのです。つまり、こうした問題の本質は、「契約書を交わす」という当然のことをサボったために、（専門家にしか分からない）「法律直接適用」という状況を招いてしまった——ということでしょう。これと同じように、著作権の場合も、「法律直接適用」という状況をできる限り回避し、後々の問題を防ぐためには、明確な「契約書」を最初から交すという努力をすべきです。

　こうしたことから、著作権の世界について今の日本人に必要なのは、パソコンやDVDよりも、（契約書という名の）「紙」だ——ということが言われているのです。

1．日本人に必要なのは「DVD」よりも「紙」

必要なのは「不動産屋の契約書」のような「スタンダード」

　今日のこうした状況の基本的な問題は、再度「アパート」に例えて言うと、かつては「一部業界の一部のプロ」だけが「常識と慣行と口約束」で（契約書など交わさずに）アパートを借りていたが、今では多くの多様な人々がアパートを借りるようになったのに、不動産屋に行ってもスタンダードな「契約書」がない――という状況です。

　このような「従来の（契約書を交わさないような）契約慣行が、新しい時代の多様化に追いついていない」という状況の中で、一部の人々は「コンテンツの利用についても、アパートと同様に、明確な契約書が必要だ」という当然のことにようやく気づき、契約書を書こうとし始めています。しかし、個々のケースについて契約の素人同士がそれぞれ契約書を作るというのは、また「アパート」に例えて言うと、「契約の素人であるすべての家主とすべての借り手が、契約するごとに膝を突き合わせて1条1条契約書を書いている」という状況です。これでは契約が進みません。素人がいちいちそんなことをしなくてもいいように、アパートの場合には不動産屋に「スタンダードな契約書」があるわけです。そうした、素人が契約をするときに頼れる「スタンダードな契約書式」といったものの開発・普及が、様々なコンテンツの創作・利用に関する著作権契約についても、急務でしょう。

　例えば「シンポジウム」の場合、従来は参加者の発言の「録音」「テープ起こし」「記録冊子の作成・配布」という程度だった利用形態が、最近では、「ネット生中継」や「録画物のデータベース化・送信」など、極めて多様になってきました。そこで、あらかじめ参加者と交わしておくべき「契約書」が問題になってきているようです。しかしよく考えて見ると、シンポジウムなどというものは全国で毎年何千回も行われていますが、「環境」「教育」「福祉」などの「テーマ」が違うだけで、パターンはだいたい同じです。現場で行われることも「基調講演」「パネル討議」「質疑応答」など一定のパターンがありますし、利用行為についても前記のような共通のパターンがあります。それならば、「不動産屋の契約書」に相当する「スタンダードなシンポジウム契約

書」が作れるはずであり、コンベンション関係企業などの当事者が、そうしたものを開発・普及する努力を早急に行うべきでしょう。

　要するに、「多様化」が進むと「常識」が通用しなくなるため、「明確な契約」が必要になるのですが、これは著作権の世界に限ったことではありません。例えば、かつて「留学生にはアパートを貸さない」という差別事件が頻発した時期がありました。留学生にアパートを貸すと「畳の上を土足で歩く」ような学生がいる——ということが頻発したのです。そこで大家さんが「ダメじゃないか」と言うと、留学生の方は「契約書に書いてない。出るときには畳を替えると契約書に明記されているのだから、それまでは自由のはず」と反論してくるのが一般的でした。確かに、日本の一般的な「アパート賃貸借契約書」には「畳の上を土足で歩くな」とは書かれていません。そんなことをする人はいなかったからであり、それが日本の「常識」だったからです。そこで、「そんな『常識』もないなら、留学生にはアパートを貸さない」という大家さんが増え、差別問題にまで発展してしまったのです。

　この問題を解決してくれたのは、大阪のある不動産屋さんで、「留学生用の契約書」を開発してくれました。例えば、「畳の上を土足で歩かない」「夜10時以降は騒がない」「友達を3人以上泊めない」などといったことを、すべて契約書に書いてしまうのです。「同じ常識を共有していない人々」が「共存」するためには、相対的な「モラル」に基づく「思いやり」などというものはむしろ危険であり、「当事者間のルール」を決めることが必要であって、それを明記した「契約書」が必要です。さらに、ひとりひとりが契約書開発の産みの苦しみを味わわなくていいように、関係者が協力して、多様性に対応できる「スタンダード」を開発することが必要なのです。

「契約システム」は国内に国際社会があるアメリカに学べ

　なお、既に述べたように、アメリカは先進国の中で最も著作権の保護水準が低く、「法律ルール」についてはアメリカ著作権法から学ぶべきことはあまりありません。しかし、契約に関するシステムやマインドについては、アメリカから多くのことを学べると思われます。これは、「アメリカ人が契約に

ついて優れている」ということではなく、国内に国際社会があるからです。常識を共有していない多様な人々が共存していくためには、「相手は自分と同じ常識を共有していない」という前提に立ち、はっきりとものを言い合って交渉し、約束事項（当事者間のルール）を「契約書」という形で明確に定めておく（また、その約束は必ず守る）必要があったのです。さらに、法律や行政に頼らずに「私的自治」と「自助努力」を重視するアメリカの文化が、契約システムの高度な発達をもたらしました。

　日本のコンテンツ業界で、こうした契約システムが最も発達しているのは「アニメ業界」だと言われています（その契約が「誰にとって有利か？」ということは、全く別の問題です）が、その理由のひとつは、日本のアニメが世界中にビジネスを展開していることでしょう。アメリカやフランスやインドや中国でビジネスをするときに、「キミ、こんなこと契約書に書かなくても常識だろ」などと言って「日本の一部業界の常識」を振りかざしても、当然通用しないからです。

　このことからも分かるように、「国内に国際社会がある」という状況で鍛えられたアメリカの人々が作ってきた契約システムは、同様に「常識が通用しない」という国際マーケットにおいてビジネスを展開していく上で、応用がききました。これが、コンテンツに関するビジネスに限らずあらゆる分野について、アメリカのビジネスが国際的な展開に成功してきた理由のひとつだと言われていますが、日本のコンテンツ業界も、国内の多様化に対応するとともに、元々多様なものである国際マーケットでビジネスを展開していくためには、「契約システムによる多様性への対応」ということを学ぶべきでしょう。そうしたことを推し進めていくためには、日本人の「マインド」そのものが「多様化」に対応していかなければならないのですが、そのことについては次の項で述べることにします。

(3) 日本人は「契約マインド」を持てるか？
——「全員が不満」が「普通の状態」——

　既にお気づきのように、この項の副見出しは199ページと同じです。しか

第3章　日本人の弱点である「契約」と「ビジネス」──「契約によるルール」の世界

し、「全員が不満」というのが「普通の状態」だというのは、「法律ルール」については「著作権法」に特有の状況でしたが、「契約内容」については「著作権契約」だけの特性ではありません。およそ「契約」というものは、すべて「全員が不満」というものなのです。例えば、「今夜いっしょに飲みに行こうぜ」というときに、「契約書」を交わす人はいないでしょう。なぜなら、全員が「同じ方向」を向いているからです。そのような場合には、契約書は不要です。

　これに対して「大家さんからアパートを借りる」というときには、契約書が必要になりますが、これは、双方が「別々の方向」を向いていて、利害・希望について「対立」があるからです。大家さんの方は、「家賃をできるだけ高くしたい」とか「いつでも出て行ってもらえるようにしたい」などと思っていますが、逆に借り手の方は、「家賃はできるだけ安くしたい」とか「希望すればいつまででも居られるようにしたい」などと思っており、双方の利害や希望について、基本的な対立があるのです。

　このような「対立」がある場合に、交渉・合意・契約といったことが必要になるわけですが、当然のことながら、両者の間には基本的な対立関係がありますので、最終的にどんな内容の契約書ができても、「双方が不満」という状況になるのです。つまり、「契約」というものについて考えるときには、そもそも「利害対立がある」（欲求と欲求がぶつかり合う）ときに行われるものである「契約」というもの自体が、「すべての契約当事者が契約内容に不満」という宿命を負ったものなのだ──ということをよく理解する必要があるわけです。日本国憲法のもとでは、すべての人々に「幸福追求権」や「思想・信条・良心の自由」が保証されていますので、契約交渉において「自分の利益」を追求することは、もちろん「悪」ではなく、憲法上の権利です。

　そのような状況において、利害が対立する当事者同士が行う「契約」というものの内容は、（「アパートの家賃」や「野菜の値段」などといったものを例に出すまでもなく）要するに「マーケット内の力関係」によって決まるものですが、例えば「人身売買」のように、社会全体として「悪」とすべきものなどについては、民法や独禁法などにより「契約に関する法律ルール」が作られています。逆に言うと、そうした「法律ルール」が許す範囲内であれ

── 274 ──

ば、すべての人々が憲法の保障する権利の行使として「自分に有利な契約」を目指すことができるわけであり、それは「私的自治」の問題であって、完全に自由なのです。したがって、契約交渉において「弱者に対する思いやりがあってしかるべき」などという「超ルール」的な（自分の）「モラル」を持ち出しても、建設的な合意形成は進みません。

　もちろん、そうした「契約に関する法律ルール」を（自分に有利な方向に）変えようとするのも各人の自由ですが、そのための民主的手続は憲法に規定されているとおりであって、第1章で解説した「著作権に関する法律ルールを変えようとする場合」と全く同じです。要するに、「法律ルールには従う」「法律ルールの範囲内で、契約は自由」「法律ルールを変えるには、手続きが必要」という単純なことなのであって、そこに「自分だけのモラル」を持ち出しても、「多様化」への対応はできないのです。

「自分にとって不満」を「不公正」と呼ぶ不思議

　この項の見出しも、実は201ページと同じです。「法律ルール」作りについても「契約」についても、「多様性」や「利害対立」の中で、それぞれの立場の「相対化」や建設的な合意形成努力が必要ですが、これまで著作権に関わってきた人々の多くは、既に述べた「法律ルール」作りだけでなく「契約交渉」においても、大きな問題を抱えています。契約交渉においても、方向性や利害を異にする人と出会うと、多くの人々がまず「この人はなぜ、こんなにすばらしい私の企画に賛同できないのだろう？」と感じて「驚き」、次に建設的な交渉・合意形成ができずに「戸惑い」、最後にはこれが「怒り」になっていくようです。そして多くの人々が、自分に「交渉力」や「マーケット内での実力」がないために結ばざるを得なかった（自分の判断でサインしている）「不満な契約」——つまり、すべての契約——のことを「不公正な契約」などと呼ぶのです。

　さらに、「法律ルール」の場合と同様に、「自分が不満」ということを「自分は弱者」と表現する人が非常に多いということも、契約に関する日本人の態度の特徴だと言われています。実はおもしろいことに、例えば「テレビ局

第3章　日本人の弱点である「契約」と「ビジネス」──「契約によるルール」の世界

と俳優の間の契約」についても、放送局・俳優の双方が「自分たちは弱者であり、いつも不公正な契約を押し付けられている」と言っているのです。このことからも、こうした場合に乱発される「自分たちは弱者だ」という主張の殆どが、単に「自分はこの契約に不満だ」ということを言っているにすぎない、ということが理解できます。そうした不満は、要するに「自分には実力がありません」とか、「団結すれば強者になれるのですが、そうした努力をしていません」などといったことを白状しているだけでしょう。

　このような状況においては、権利者・利用者の双方から「暴論」が飛び交い、無用な感情的対立を巻き起こして、建設的な交渉・合意形成を妨げることが少なくありません。例えば、「利用者側の暴論」の典型としては、「こちらが『適正な利用料』を提示しているのに、権利者が利用を了解しないのはケシカラン」などというものがあり、逆に「権利者側の暴論」としては、「人権である著作権の『譲渡』などという契約を提案してくること自体がケシカラン」などというものをあげることができます。

　前者について言えば、そもそも「断れる」というのが（「アパートの賃貸借」や「商品の販売」の例を出すまでもなく）国際ルールに基づく「自由な契約」というものの本質であり、「コチラの言い値で売ってくれない売り手の側がケシカラン」などという主張は、コンテンツ業界以外のビジネスでは聞いたことがありません。「価格統制」や「強制契約」などといった法律ルールを作ることももちろんあり得ますが、現在の法律ルールが気に入らないのであれば、正々堂々と「法律ルールの改正」や「WTO脱退」を自分で提案して、多数派を形成するしかありません。また、後者について言えば、どんな契約交渉でも「提案」をするのは自由であって、気に入らなければ「断ればいいだけ」なのです。既に述べたように、契約交渉は元々「対立」の存在を前提としたものなのですから、「相手からの提案」というものは、こちらの利益に反するのが普通であって、それについていちいち「ケシカラン」という感情論を言っていたのでは、いかなる契約も成立しません。

　建設的な契約交渉のためには、「自分と相手の利害・立場を『相対化』し、冷静な『交渉』によって妥協点を探り、その妥協点において『約束』を行い、それを守って、結果について自己責任を取る」ということ──つまり「当然

1．日本人に必要なのは「DVD」よりも「紙」

のこと」——が必要であり、そうしたことができる「契約マインド」が不可欠です。

「フラテルニテ」と「誠実さ」

　２ページで述べた「フラテルニテ」は、対立の中で「法律ルール」を作っていく場面では、199ページで述べたように「ルール感覚」とほぼ同義ですが、対立の中で「契約」をしていく場面では「契約マインド」と同義と言ってもいいでしょう。この両者は、「対立関係の中での利害・立場の相対化と、ルールにのっとった合意の形成・遵守」といった点について、同根のものなのです。当事者間の合意・約束が「契約」であるのに対して、社会全体の合意・約束が「法律ルール」であると考えれば、いずれについても、多様性と利害対立を伴う社会においては、建設的な合意形成のために同じ態度が必要だ——ということが理解できます。

　「対立」の存在と、「いずれの立場も悪ではない」ということを前提として、合意形成に向けた「交渉」を建設的に行っていくためには、法律ルールについて述べたのと同じように、「誠実」さが必要です。205ページで述べたように、「誠実」を意味する「sincere」という英単語の同義語は「honest」であり、契約交渉においても、交渉を始める時点で自分の希望を「正直」に述べることが「誠実」さの基本なのです。最初の時点で対立点をごまかして曖昧にしておくと、当面は対立を糊塗できても、後々大きな問題に直面してしまいます。

　こうしたことを理解すると、多様性に慣れたいわゆる欧米の人々が、「ホンネとタテマエ」の違いといったことに嫌悪感を覚えるとか、「言わなくても察し合う」という文化に戸惑うとか、「ウソつきだ」と言われるのを最大の侮辱と感じる——といったことの背景を理解できるでしょう。

　国際的にアニメビジネスを展開しているあるビジネスマン（日本人）は、「アメリカでは、契約交渉に弁護士を連れて来ないと『不誠実』と言われるが、日本では、弁護士を連れて行くと『不誠実』と言われる」と苦笑していましたが、契約交渉において弁護士の介在を嫌うのは、むしろ前記の意味での「誠

第3章　日本人の弱点である「契約」と「ビジネス」——「契約によるルール」の世界

実」な交渉を避けようとする態度でしょう。「弁護士がいると、ウッカリ言ってしまったことについて、後々になって揚げ足を取られるのではないか」などということを心配する人もいるようですが、それは「契約書なしの口約束」を前提とした発想です。最終的に明確な「契約書」を交わすのであれば、そこに書いてあることが合意内容であり、そこに至るプロセスにおいて言ったことなどは関係ないのです。

政府が「我々に有利な契約」を実現すべき？
　——民主国家の行政は「水戸黄門」ではない——

　この項の副見出しも、実は218ページと同じです。「法律問題」と「契約問題」に共通する見出しはこれで3つ目ですが、既に述べたように、多様性と利害対立を内包する民主的な社会においては、「ルール感覚」と「契約マインド」は同根のものであって、どちらかが欠けているということは、両方とも欠けているということであり、「法律ルールづくり」に関する問題と「契約」（当事者間のルールづくり）に関する問題とは、当然パラレルになるのです。
　「法律ルール」については、大部分の法律案が内閣から国会に提出されるという日本の現状においては、未だに「お上だのみ」の「甘えの構造」から脱却できない人々がいることも、心情的には理解できないわけではありません。しかし、元々「私的自治」と「マーケット・メカニズム」と「力関係」の世界の話である「契約」についてまで、「お上だのみ」の体質が残っているということは、多くの外国人を驚かせています。
　第一に、「契約書や契約システムを、政府が作ってくれ」とか、（自分たちはイヤな思いをして交渉したくないので）「政府が両者間の『調整』をして、利用料などについて結論を出してくれ」——などという驚くべき要望が、著名な大企業や新聞社などからも文化庁に寄せられます。また、「相手が交渉のテーブルについてくれないので、政府から指導してくれ」などという間の抜けた要望が来ることもあるのです。言うまでもなく「契約」とは、そもそも契約交渉をするかどうかということも含め、「当事者」同士が自らの判断で行うものであり、そうしたことについて、政府に頼ろうという発想をビジネ

1．日本人に必要なのは「DVD」よりも「紙」

スの世界の人々が持っているのは、先進国の中で日本だけでしょう。

　このような要望が「お上だのみ」の企業や業界団体から政府に寄せられる——ということを言うと、諸外国のビジネス関係者は非常に驚き、常に彼らの失笑を買っています。また、そうした要望を出してくる企業や業界団体が、口をそろえて「とは言っても、政府が作った契約書案を受け入れるかどうかは内容次第だ（自分達の側に有利かどうかで判断する）」などということを、恥ずかしげもなく平気で言っていることからも、こうした要望が単に「本来なすべき自助努力の懈怠」「責任放棄」「怠慢」にすぎない（「自由」を使いこなせていない）——ということは明白でしょう。

　第二に、さらに驚くべき「甘え」の例として、民法・独禁法等の「法律ルール」の範囲内で、マーケット・メカニズム（市場内での力関係）によって当事者同士が決定すべき「契約の内容」について、これを「自分に有利」にすることを、自らの努力ではなく「権力」によって達成しようとする人（自由と民主主義が分かっていない人）が多い——ということをあげることができます。既に述べたように、あらゆる人々は、憲法で保障された権利の行使として、「自分に有利な状況」の実現を目指すことができますが、それはあくまでも「自分ですること」であって、全体の奉仕者である政府が（法律ルールに定められた場合以外には）「契約内容」に介入して一方の利益に加担するはずはないのです。

　ところが実際には、「私が提示している適正な利用料について、権利者が納得しないので、その金額で契約するように政府から言ってくれ」（「私が提示している適正な家賃について、アパートの大家が納得しないので、政府から言ってくれ」というのと同じ）とか、「いいことに使おうとしているのに、権利者が許諾してくれないので、政府から許諾するよう説得してくれ」（「彼女がプロポーズに応じてくれないので、政府から結婚するように言ってくれ」というのと同じ）など、信じがたい要望が文化庁に多数寄せられます。

　そこでも「不公正」とか「弱者」とか「政府のリーダーシップ」などといった単語が（「自分に有利にしたい」が「自ら努力はしたくない」というだけの理由で）飛び交い、全体の奉仕者である公務員に対して「アンタはどっちの味方なんだ？」などという質問まで飛び出す始末ですが、「ルールに基づく自

第3章　日本人の弱点である「契約」と「ビジネス」——「契約によるルール」の世界

由な契約」を「自助努力」によって行えるような「契約マインド」を、日本のビジネス界の人々も、「権力主義」を乗り越えて早く身に付けていただきたいと思います。

２．どんな場面で「契約」が重要か

　これまで述べてきたように、日本における「著作権問題」の大部分は、「法律ルール」よりも「契約」に関する問題となっていますが、ここでは、具体的にどんな場面で、どのようなことに注意した契約が必要かを整理してみましょう。

(1) コンテンツを「つくる」とき

　著作権契約と言うと、「他人がつくった既存のコンテンツを使わせてもらうとき」の契約を思い浮かべる人が多いようですが、トラブルの原因になることが多いのは、むしろ「つくるとき」の契約です。この段階で適切な契約を怠ると、後々のリカバリーが非常に困難になってしまいます。

　例えば、以前に次のような事件がありました。その当時、あるゲームソフトが全国的に大ブームを呼び起こし、多くの女子高生がそれを持っているという状況があったのですが、そこで、例によってその海賊版を売る業者が現れました。当然のことながら、オリジナルを生産・販売していた企業はその海賊版業者を訴えましたが、その裁判の途中で、「原告の企業は、本当にそのゲームソフトの著作権を持っているのか？」ということを被告側が指摘したのです。

　その企業は、「自分たちが開発して生産・販売しているのだから、著作権は当然我々が持っている」と単純に考えていたようですが、そのソフトは、他の企業や社外の専門家に発注してつくられたものでした（70ページで述べたように、著作権を持つのは「受注者側」です）。しかも、完成時点で「誰が著作権③を持つか」という契約をしていなかったのです。その開発チームに自社の社員が加わっていたということが判明したために、原告側はホッとした

のですが、そうでなければ「著作権がない」とされるところでした。このように、「つくるとき」の契約は、極めて重要なのです。

「ベニスの商人」にならないために

　こうした「つくる」ときの契約は、特に「部品を含むコンテンツ」の場合に極めて重要です。このことは、32ページで既に述べましたが、放送番組や映画・ビデオなど、「音楽」「脚本」「実演」「美術品」「写真」などといった「部品」を含むコンテンツをつくるときには、そうした「部品」について、後々の利用がしやすくなるような契約を当初からしておかないと、極めて使いにくくなってしまいます。そうした契約を怠ると、「全体は使えるが、部品はつかえない」（したがって、結局使えない）――という「ベニスの商人」状態に陥ってしまうのです。

　二次利用の促進という観点から見る限り、そうした契約について最も不備が多いのが、既に述べたように日本の放送番組であり、このために、NHKのアーカイブスには（国民の受信料でつくった）数十万本のビデオがあるのに、二次利用できるのはわずかに数千本――などという状況になっています。これは、国際ルールに則っている著作権法の問題ではなく、すべて「制作時点での契約の不備」のせいであり、他の多くの国々では、同じような著作権法律ルールを使っていながら、制作時点での契約によって二次利用が行われているのです。

　アメリカでは、こうした「部品を含むコンテンツ」について、そうしたものを商業的に流通させるときには、すべての「部品」（や、さらにそれらの部品の中に含まれている部品）について、権利関係や契約関係を詳細に整理・記述した書類（「チェーン・オブ・タイトル」という）を常に用意しておくのが常識になっています。「いつでも、どこでも、誰でも訴訟を起こす」というアメリカでは、そうした情報を常に整理しておかないと、安心してビジネスができないからです。いわゆる「業界」の常識・慣行や口約束に未だに頼っている日本のコンテンツ業界も、早くそうしたシステムを確立すべきでしょう。

第3章　日本人の弱点である「契約」と「ビジネス」——「契約によるルール」の世界

新聞記事の二次利用が進みにくい理由

　32ページで述べたように、「部品」を含むコンテンツには、動画コンテンツやいわゆるブロードバンドコンテンツなどといった複雑なものだけでなく、簡単な「記事」や「レポート」なども含まれます。例えば「新聞」の紙面の中には、新聞社が著作権を持つ部分のほかに、写真や他人の文章など、様々な「部品」が含まれています。これらの「部品」の中で、131ページの「a-3」で述べた「引用の例外」によって掲載されているものについては、後々の二次利用についても問題はありません。後になってその記事を「コピー」したり「送信」したりしても、（そのまま改変せず使っているのであれば）例外的に無断で「引用」できる条件を満たさなくなる——などということはないからです。

　しかし、新聞記事（や報道番組）の場合は、151ページの「b-22」で述べた「報道利用」のための例外というものもあり、例えば「盗まれた絵が発見された」という場合に「新聞にその絵の写真を掲載する（コピー・配布する）」などといったことを、例外的に無断でできることとされています。この例外を使って新聞紙上に掲載（コピー）されたコンテンツは、あくまでも「報道利用」に限定して無断利用が認められているものですので、後になって新聞社がその記事をデータベース化して配信するなどという利用は、無断ではできません。（実は、そうしたコンテンツについては、従来からあった「縮刷版」の作製自体が権利侵害だったのですが、権利者たちが訴えを起こさなかっただけなのです。）

　「報道利用は自由」というのは、あくまでも人々の「知る権利」を守るための例外であって、新聞社に「二度おいしい」という商売をさせるためのものではありません。多くの新聞社が「過去の新聞記事をネットで配信する」という「商売」を始めていますが、そのためにはまず、それぞれの紙面の中で「どの部分について、誰が権利を持っているのか」ということを当然整理する必要があるわけです。しかし殆どの新聞社は、（投稿された俳句、広告、連載小説、写真などについては整理しているものの）「報道利用」の例外を使って

2．どんな場面で「契約」が重要か

無断掲載した部分については、整理ができていないようです。

　また、「報道利用は自由」という例外は、人々の「知る権利」を守るものであると同時に、「新聞社の優遇」という側面を持っています。161・266ページで述べたように、「放送の了解を得れば、録画の了解がなくても（その放送のためだけに）録画できる」という「優遇規定」を放送局が安易に使ってきたために、放送番組の二次利用がしにくいという皮肉な状況が生じていますが、新聞記事についても同様に、新聞社が「報道利用は自由」という優遇措置に頼ってきたために、二次利用がしにくいという状況を生んでいます。このため、大きな新聞社の中にも、278ページで述べたように、「過去の新聞記事の利用に関する契約システムを政府が作ってくれ」などといったおかしな要望をされる幹部がいるようですが、二次利用を考えぬ「流しっぱなし」の状況から放送業界が脱皮しようとしているのと同じように、新聞業界もかつての「売りっぱなし」の状況からの脱皮が必要でしょう。

　放送業界が、「出演俳優の名前・連絡先のリストさえ作っていなかった」という（外国の放送局が一様に驚く）状況を乗り越えつつあるように、新聞業界もまず、紙面の作製段階で「どの部分については、誰が権利を持っているのか」ということのデータベース化から始めるべきなのです。

⑵　コンテンツを「つくってもらう」とき

　コンテンツの作成を「外注」するときの契約の重要性については、71ページの「発注者は著作者ではない」のところでも触れました。「著作物をつくった人が著作者だ」ということは、「著作物をつくった人でない人は、著作者ではない」ということであり、これには「費用を負担した発注者」も含まれます。発注者の側は、「こちらが金を払って注文したのだから、出前のピザと同じように、こちらのものだ」という意識を持ちがちですが、国際ルールはそうはなってはいないのです。

　しかし、創作手段・利用手段の爆発的普及によって、発注者側もカラーコピー機やスキャナやパソコンを持つようになった今日、発注者が「自分で自由に使いたい」と思うのは当然であり、これは「契約」で解決すべき問題で

第3章 日本人の弱点である「契約」と「ビジネス」——「契約によるルール」の世界

す。こうした契約の形態は、「ポスターの外注」とか「データベース用プログラムの外注」など、それぞれの分野ごとのスタンダード（「不動産屋にある契約書」のような雛型）が、20年もすれば整備されるでしょうが、それまでの間は、「すべての大家とすべての借り手が、1条1条相談しながら契約書を書いていく」という、過渡期の産みの苦しみを経なければなりません。発注者側に最も有利な契約内容は、「著作権③の譲渡」＋「人格権の不行使」というものですが、受注者側は、「著作権③」を譲渡してしまうと、例えば「自社作品集」や「会社の宣伝パンフレット」への掲載などができなくなってしまうため、そう簡単には「著作権③」の譲渡に応じてくれません。

そこで「契約交渉」が必要になるわけであり、例えば、「著作権③は受注者に残すが、発注者側も一定の範囲でコピー自由」とか、「著作権③は発注者に移転させるが、受注者側も一定の範囲でコピー自由」などといった契約が考えられます。そのほかにも様々なバリエーションがあり得ますが、「不動産

	発注者	受注者（著作者）
(1)「著作権③」を買取るとともに「人格権不行使」の契約をする	・「著作権③」を持つ（著作権者となる） ・人格権に関わる利用についても受注者の了解は不要	・自社が創ったものでも「発注者（著作権者）」に無断ではコピー等ができなくなる
(2) 無制限の利用契約をする	・人格権に関わる利用についてのみ受注者の了解が必要	・「著作権②」を引き続き持つ（自社による利用も可能）
(3) 当初の利用目的のみについての利用契約をする	・当初の利用目的以外の利用については、改めて受注者の了解が必要	・「著作権②」を引き続き持つ（自社による利用も可能）

屋の契約書」のようなスタンダードを定着させるためには、各業界自身の努力が必要なのです。

そうした場合の契約のしかたについて、「著作物」の作成を外注する場合に関し、人格権の部分も含めて典型的なものを284ページに示しました。

なお、この「つくってもらう時の契約」は、実は古くて新しい問題です。例えば「学校の校歌」などは、昔からトラブルが多いものの典型です。ある市の教育委員会が「市立の全学校の校歌集を冊子の形でつくる」などということは、すぐに思いつきそうですが、そう簡単にはできません。その校歌を作詞・作曲した人がプロ（JASRACのメンバーである作詞・作曲家）であれば、JASRACにわずかな利用料を払っておけば、誰でも簡単にコピーできます。しかし、よくある問題は、例えば「たしか、30年くらい前にこの学校にいた音楽の先生がつくってくれたんですよねぇ。あのころもう50すぎだったから、亡くなっているかも」とか、「3番の歌詞は、当時の子どもたちがみんなでつくったんですよ。いいでしょう」などという場合です。この校歌は、おそらく絶対にコピーできないでしょう。すべての権利者（や、その相続人）を探し出して、了解を得なければならないからです。これも、著作権法が悪いのではなく、「つくってもらったとき」の契約が悪かったのです。

「JASRAC」と「Linux」は基本的に同じ？

ところで、例えばLinuxなど、多くの人々が参加して誰でも利用できるコンテンツを共同でつくっていくような活動がありますが、こうしたものは将来大きな著作権問題に直面する可能性があります。

このような活動を通じてつくられるコンテンツは、フリーウェアなどと呼ばれ、「自由利用」ということがうたわれていますが、これは「著作権がない」ということではなく、単に「参加者が著作権を行使しない」ということにすぎません。Linuxのオフィシャルサイトに示されている説明を見ても、「パブリックドメインのもの（保護期間満了・保護対象外などであるため、誰の権利も及んでおらず、自由に利用できるもの）ではない」「各参加者が書いたコードについては、それぞれの人が著作権を持つ」と明記されています。

第3章　日本人の弱点である「契約」と「ビジネス」――「契約によるルール」の世界

　つまり、各参加者が「私は著作権を行使しない」と言っているだけなのですが、将来そうした参加者たちが亡くなると、彼らの著作権は自動的に家族らに相続されることになります。その時点で相続人が「著作権を行使する。以後は無断で使うな」と言い出したら、どうなるのでしょうか。現在はまだ、新しい状況に突入したばかりの「過渡期の入り口」にあるため、将来のことを考えていない人が多いようです。

　自動的に著作権が付与されているこのようなコンテンツについて、将来にわたり「自由利用」を確保するためには、「権利の集中」が必要です。前記の「みんなでつくった校歌」も同じですが、つくられた段階で「契約」によって「著作権③」をどこか「ひとつの主体」に移転させ、「その主体は著作権を行使しない」ということにするしかありません。

　Linuxのような「著作権を行使しない」という動きは、プロの権利者たちがJASRACのような集中管理システムを構成して「著作権を徹底的に行使する」という動きと「対立する正反対のもの」とみられがちですが、実は「権利の集中を行わないと目的を達成できない」という点で全く同じなのです。要するに、多くの人々が関わる（権利を持つ）コンテンツについては、すべてのコンテンツについて「完全なコントロール」を実現するには――権利を「行使する」という場合も「行使しない」という場合も――参加者全員を網羅する「集中管理システム」が必要になるのです。

　「私たちは、著作権の行使なんてしないのよね」などと言っている市民グループの方々などが、実は将来最も問題をもたらしやすい――ということを知るべきでしょう。

(3)　コンテンツを「利用させてもらう」とき

　他人のコンテンツを利用させてもらうときに「契約」が必要であることは、言うまでもありません。例えばアメリカでは、学校をインターネットに接続するときには、すべての保護者と学校との間で、子どもたちの「肖像権」「著作権」について契約書を交わすのが常識になっています。日本でも、最近「ウチの子の写真や作文は、学校ホームページに載せないでくれ」という親が増

えてきたため、ある教育委員会は、「学校ホームページに載せるものと載せないもの」についての「基準」をつくっているそうです。しかし、そのような基準の押し付けは明らかに人権侵害であり、そんなことは、個々に契約で決めるべきことです。こうした所にも、「ルール感覚」や「契約マインド」の欠如が見られます。

「契約インターフェイス」とは？
　　——「生命保険」に学べ——

　ところで、「ある程度パターンが決まった契約を、多くの人々を相手に反復・継続して行う人」のためには、スタンダードな契約書が開発されていると便利です。その代表が「不動産屋にある賃貸借契約書の雛型」ですが、様々なコンテンツの多様な利用については、「コンテンツの利用はアパートよりもずっと複雑である」ということや、「そうしたスタンダードは『すべての人々』が使うという前提でつくらなければならない」といったことに留意した上で、スタンダードな契約システムを開発する必要があります。例えば、「分かりやすい図」などを用いて、選択可能な契約内容を、誰でも容易に理解できるようにしておくことが必要でしょう。

　昔からそうした努力を行ってきたのが、実は「生命保険」の業界です。生命保険に入る（契約する）とき、数千万円という契約をしているにもかかわらず、あの分厚い「約款」（契約書）なるものを熟読する人はまずいません。契約内容はセールスの人が持ってくる「図」で理解し、その「図」の内容は「約款」の内容と同じだ——と信じて、契約書にサインするのです。こうしたシステムを、著者は「契約インターフェイス」と名付けました。何と何をインターフェイスするのかというと、一般人には分からない「法律や正規の契約書」の世界と「普通の人々の感覚」の間を、「図」などを使ってインターフェイスするのです。

　専門的な法律知識を持たず、契約実務にも精通していない「1億人の素人」を相手にビジネスを展開していくには、まず第一に、「法律直接適用」という状況を「契約」によって回避しなければなりません。生命保険の場合も様々

な関係法があるのでしょうが、多くの人々はその存在すら知りません。契約システムがしっかりしているため、「生命保険○○法」などというものがあったとしても、それを読むようなことは不要なのです。また第二に、素人に「契約書を読め」と言うような状況も回避しなければなりません。そのために、「図」を使った「契約インターフェイス」が開発されてきました。

　著作権に関する契約についても、「1億総クリエータ、1億総ユーザー」の時代を迎え、法律や契約書についての「1億人の素人」が著作権契約をできるようにするためには、「著作権法直接適用」とか「正規の契約書を熟読しろ」などといった状況を回避するために、コンテンツに関するあらゆる業界が、生命保険会社と同じ努力を行い、「契約インターフェイス」を開発すべきでしょう。

「生命保険」にならった文部科学省の「エル・ネット」

　こうした「契約インターフェイス」の開発例が、文部科学省の「エル・ネット」に関する契約システムです。「エル・ネット」とは、通信衛星を利用して、本省、教員研修センター、科学博物館、オリンピックセンター、全国の教育センターなど、全国約40の送信局から、教育委員会、公民館、図書館、学校など、2000以上の受信局に、様々な番組を配信するシステムでした（後に、通信衛星ではなくインターネット回線が使われるようになりました）。例えば、「子ども放送局」「大学公開講座」「教員研修番組」「家庭教育番組」などが、毎日放送されていました。これらの放送番組は、「生で見ている人は少ない」という前提で、受信局での「録画・二次利用」を促進する方針で作られていたため、制作時の著作権契約が極めて重要になります。

　まず、受信局での二次利用形態が、「A」（録画・上映等）、「B」（ビデオ貸出・上映）、「C」（再送信）に分けられました。これらの組合せによって、殆どの番組が、「A」「AB」「AC」「ABC」という4つの「著作権契約レベル」に分けられていました。毎週受信局に送信される「番組予定表」（新聞のテレビ欄のようなもの）には、すべての番組についてこの「著作権契約レベル」が表示されており、また、各番組の始めと終わりにも、「この番組の著作権契約

2. どんな場面で「契約」が重要か

レベルは『AB』です」といったテロップが表示されました。2000以上の各受信局が持っている「マニュアル」には、「A」「AB」「AC」「ABC」がそれぞれ何を意味するか（受信局でどんな二次利用ができるか）——ということが4枚の「図」によって表示されており、「何ができるか」が一目瞭然になっています。下に、そのうちの2枚を示しました。

「エル・ネット」受信局用マニュアルの一部（「AC」「ABC」は省略）

著作権契約レベル「A」の番組について受信局でできること
（非営利の「学校教育」または「社会教育」を目的とするものに限る）

受信局
A 録画・複製
A 会場で見せる

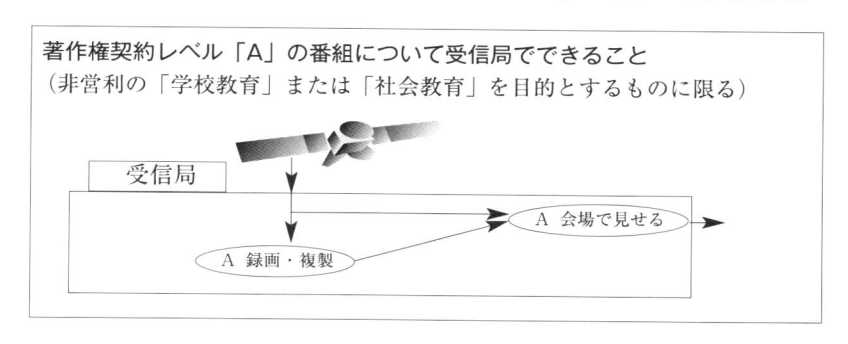

著作権契約レベル「AB」の番組について受信局でできること
（非営利の「学校教育」または「社会教育」を目的とするものに限る）

受信局
A 録画・複製
A 会場で見せる
B ビデオの貸出し
B 貸出しを受けた者が上映

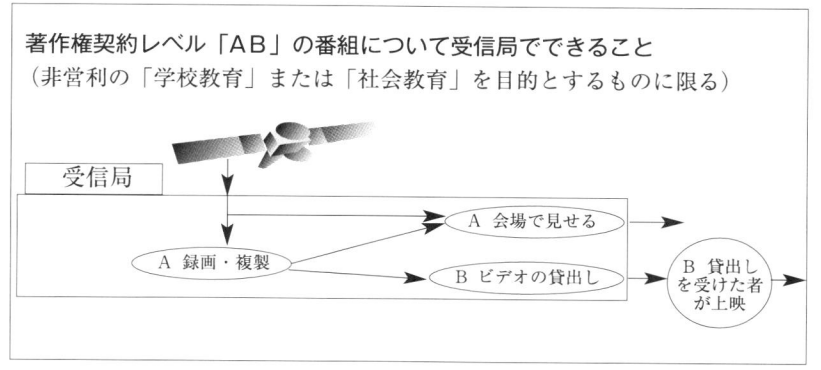

　一方、約40ある送信局は自ら番組を制作するので、送信するコンテンツ（例えば「公開講座」の「講義」そのもの）について、受信局での二次利用も含めた著作権契約を制作の時点でしておくことが必要です。そこで、送信局用の「マニュアル」で「契約しておくべき権利者は誰か」ということだけは理解してもらいます。あとは権利者（公開講座番組であれば「講師」）と契約するわけですが、そのための契約書（承諾書）を291ページに示しました。その

第3章　日本人の弱点である「契約」と「ビジネス」——「契約によるルール」の世界

条文もA・B・Cになっていて、図のA・B・Cと対応しています。権利者には、A・B・Cのどこまで了解するかを選んでもらい、了解しない部分について「×」印をしてサインしてもらうのです。

　送信局の担当者（自分自身も、著作権の法律ルールや、この契約書の条文はよく理解していない）は、A・B・Cの内容を権利者に説明する必要がありますが、実は、契約書の内容は説明せずに、「受信局が持っているマニュアルの4枚の図」を権利者に示します。そこで、「受信局でこうしたことを起こしたいのですが、どこまで了解していただけますか？」と言って、4枚の中から1枚を選んでもらいます。権利者の選択が例えば「AB」であった場合、そこで初めて契約書を出して、「先生の場合、ABをお選びですので、この契約書の中のCに×をしてサインしてください。条文と図は対応しています。読まなくていいです。読んでも分かりません。実は私も分からないのです。絶対に対応してますから、信じてください」と言って、サインしてもらうのです。そして本省に「この番組はABです」という連絡をし、本省が「著作権契約レベル：AB」という表示をするわけです。

　つまり、「図」が「生命保険会社の人が持って来る図」に、「契約書」（承諾書）が「生命保険約款」に、それぞれ対応しており、契約する人は、「図」の方で契約内容を理解するわけです。この契約システムは、全国の2000以上の「エル・ネット」送受信局で、数千人の人々が使っていましたが、その中に「著作権法を読んだ」などという人は殆どいなかったでしょう。「借地借家法」や「生命保険ナントカ法」の場合と同様に、契約システムづくりの目標は「人々が著作権法の存在すら意識しなくなること」なのです。

　なお、この例からも分かるように、契約書や契約システムを作るときは、「法律の内容を学ぶこと」ではなく、「**最終的に実現したい状態を特定すること**」から始めるべきです。

文化庁HPの「著作権契約書作成支援システム」はミスだらけ

　ところで、多くの人々にとって著作権契約を行うことが必要になってきたため、文化庁が「著作権契約書作成支援システム」なるものを作り、文化庁

2．どんな場面で「契約」が重要か

「エル・ネット」の著作権契約書

様式1（「著作権者」用）

承　諾　書

　私が著作権を有する著作物である＿＿＿＿＿＿＿＿＿＿＿＿＿＿＿＿＿＿を「教育情報衛星通信ネットワーク（エル・ネット）」を通じて＿＿＿＿＿＿＿＿＿＿＿＿＿（送信局）から送信するに当たり、下記「A」の利用行為を反復して行うことをすべての送信局及び受信局に対して許諾するとともに、下記のその他の利用行為を反復して行うこと（「×」印を付したものを除く）をそれぞれの行為を行う人に対して許諾します。ただし、すべての利用は非営利の学校教育又は社会教育を目的とするものに限ります。なお、この許諾は、私の同一性保持権及び氏名表示権に影響を及ぼすものではありません。

記

A　エル・ネット送信局による送信利用等
　送信局において、複製し、公衆送信（送信可能化を含む。以下同じ。）し、及び公に上映するとともに、受信局において、公に伝達し、複製し、及び公に上映すること。

B　送信局・受信局における「ビデオ二次利用」等
　送信局及び受信局（「C」が許諾されている場合には再受信局を含む）において、複製物を公衆に貸与するとともに、貸与を受けた者が公に上映すること。

C　受信局における「再送信二次利用」
　受信局において、公衆送信するとともに、これを受信した局（再受信局）において、公に伝達し、複製し、及び公に上映すること（再受信局における同様の利用を含む）。

　　　　　　　　　　　　　　　　　　＿＿＿＿年＿＿＿月＿＿＿日

　　　　住所　＿＿＿＿＿＿＿＿＿＿＿＿＿＿＿＿＿＿＿

　　　　（所属・職名　＿＿＿＿＿＿＿＿＿＿＿＿＿＿＿＿＿＿＿）

　　　　署名　＿＿＿＿＿＿＿＿＿＿＿＿＿＿＿＿＿＿＿

第3章　日本人の弱点である「契約」と「ビジネス」——「契約によるルール」の世界

のホームページ上で使えるようにしていますが、このシステムは非常に欠陥が多く、各方面で問題・批判をもたらしていますので、使わない方がいいでしょう。

　まず第一に、契約書作成プロセスで使われる用語があいまいであるなどの問題から、このシステムを使って（自ら条文を書かずに）契約書を作成した人が、そもそも契約内容を誤解している危険性が高くなります。

　また第二に、契約当事者同士が相互の共通理解を（条文を使わずに）形成するための「インターフェイス」がついていないため、後々になって、契約内容に関する当事者同士の認識のズレが生じ、問題が生じる可能性が多々あります。このシステムが提供しているインターフェイスは、「システム」と「契約書作成者」の間のものであって、「契約書作成者」と「契約の相手方」の間のものではありません。このため契約書作成者は（契約書の内容・条文は熟読しないので）契約内容を熟知しておらず、結果として自分の「思いこみ」で契約を交わしてしまう危険性が高くなります。

　さらに第三に、このシステムは専門の弁護士などによって構築されたそうですが、弁護士が関わったとは思えないような初歩的ミスが少なからず見られます。例えば、「甲と乙の契約書」（甲と乙の権利と義務を規定するもの）であるにも関わらず「第三者の義務を勝手に規定してしまっている」（その部分は当然無効）といった条文が見られ、実務専門家たちの失笑を買っています。

(4)　コンテンツを「利用させる」とき

　自分が権利者の立場に立ち、自分のコンテンツを他人に利用させる場合については、264ページで、小説家が出版社に原稿を渡して「どう使ってもいいよ」と言ってしまった場合——という例について述べました。要するに、第一に「自分は何を了解しているのか」ということを自らよく自覚すること、第二に「それについて相手と共通理解を得ておくこと」（例えば、「契約書」という名の「紙」に書いておくこと）などが重要なことです。その時点で、例えば「契約書で使った用語の定義があいまいだった」などというミスをす

ると、後々のリカバリーは非常に困難になってしまいます。
　また、「双方の意思表示による約束」を意味する「契約」とは異なりますが、「一方的な意思表示」というものも、自分の意思の範囲でコンテンツを流通させるということについて、大きな効果があります。

空き地には「カンバン」を――「自由利用マーク」の活用――

　例えば、「インターネットを通じて入手したコンテンツをプリントアウト・コピーし、会社の会議で配布して議論の参考にする」などということは、多くの職場で行われていると思いますが、そうしたことを「例外的に無断で行っていい」という例外は存在しませんので、権利者に訴えられたら侵害とされるかもしれません。こうしたことは、「インターネットで情報を流している人は、それくらいのことは了解しているのではないか」という「想像」のもとに、リスクを冒して行われているわけです。
　実はこの行為は、法律的には「空き地を横切ること」と非常によく似ています。多くの人々が「空き地を横切る」という経験を持っていると思われますが、法務省に電話して「合法ですか、違法ですか？」と聞けば、「違法です」という答えが返ってくるに違いありません。それでも空き地を横切る人が多いのは、「柵もないし、地主は黙認しているのではないか」と「想像」してるからであって、これは法的に見ると、非常に不安定な状況です。
　この状況を安定化させ、安心して空き地を横切れるようにするためには、地主による「意思表示」が必要です。地主がカンバンを立てて、「どうぞ自由にお通りください」とか、逆に「立ち入り禁止」とか、あるいは「子どもの遊び場。ゴルフの素振りは禁止」などという意思表示を（一方的ではあっても）しておけば、通過する人も「していいこと」と「してはいけないこと」の区別がつきやすいでしょう。
　ネット上で公開されているコンテンツなどの場合も同様で、「ネット上で公開されているコンテンツは自由利用だ」などという誤解を持っている人のためにも、また逆に、著作権に関する知識があって「仕事目的でのプリントアウト・コピーは違法だ」と知っているために（権利者が「してもらってか

第3章　日本人の弱点である「契約」と「ビジネス」——「契約によるルール」の世界

〈自由利用マーク〉

「プリントアウト・コピー・無料配布」OKマーク

「プリントアウト」「コピー」「無料配布」のみを認めるマーク

（変更、改変、加工、切除、部分利用、要約、翻訳、変形、脚色、翻案などは含まれません。そのまま「プリントアウト」「コピー」「無料配布」をする場合に限られます）

（会社のパンフレットにコピーして配布することなどは、営利目的の利用ですが、無料配布であればできます）

「障害者のための非営利目的利用」OKマーク

障害者が使うことを目的とする場合に限り、コピー、送信、配布など、あらゆる非営利目的利用を認めるマーク

（変更、改変、加工、切除、部分利用、要約、翻訳、変形、脚色、翻案なども含まれます）

「学校教育のための非営利目的利用」OKマーク

学校の様々な活動で使うことを目的とする場合に限り、コピー、送信、配布など、あらゆる非営利目的利用を認めるマーク

（変更、改変、加工、切除、部分利用、要約、翻訳、変形、脚色、翻案なども含まれます）

自由利用マークの解説・ダウンロードのためのホームページ（文化庁サイト）
www.bunka.go.jp/jiyuriyo

まわない」と思っている行為を）遠慮してしまう人のためにも、権利者としての意思表示をしっかりとしておくことが望ましいのです。それをしておかないと、すべてのコンテンツについて、できるだけ避けなければならないものである「法律直接適用」という状態をつくってしまいます。

こうした「意思表示システム」についても、それぞれのセクターにおける関係者の開発・普及が必要ですが、日本ではそうした動きが緩慢であるため、ある範囲で「自分のコンテンツを自由に使ってもらって構わない」と考える権利者のために、文化庁が「自由利用マーク」というものを作りました。このマークに限りませんが、今後は、「契約システム」とともに、こうした「意思表示システム」の発達が期待されます。

3．コンテンツのマーケットとビジネス

(1) 「しじょう」があっても「いちば」がない

これまで述べてきたような「ルール感覚の欠如」「契約マインドの欠如」などの問題を克服してビジネス（ここでは教育や福祉などの「公益的な事業」も含みます）を展開していく上では、まず関係するマーケットの特性をよく知っておくことが必要です。そこでまず、「コンテンツのマーケット」の特性について考えてみましょう。

一方にコンテンツを「供給」する権利者（クリエータ）がいて、他方にコンテンツの利用について「需要」を持つ利用者（ユーザー）がいるということは、コンテンツに関する「マーケット」（市場）が存在するということを意味しています。「需要」と「供給」があれば、理念としての「マーケット」（市場）は必ず存在するのです。

ところで、デパートに行くとハンドバッグを買うことができますが、これは、よく考えてみると大変なことです。そうしたことができるのは、デパートでは「売り手」と「買い手」と「商品」が、「同じ時間」に「同じ場所」に存在できるからです。そのような場のことを「マーケットプレイス」（いちば）と言います。「需要」と「供給」があれば、「マーケット」（しじょう）は常に

存在しますが、「マーケットプレイス」(いちば)は、常にあるとは限りません。実は「物」についても、かつては常設の「いちば」がありませんでした。このために、「四日市」とか「廿日市」などの地名に残っているように、一定の日に「売り手」と「買い手」が「同じ場所」に集まって、「いちば」を形成していたのです。デパートやスーパーは、そのような場を人工的・恒常的に作っているわけです。

　これに対してコンテンツの場合は、必然的に「売り手」から離れて流通しますので、「売り手」と「買い手」がなかなか出会えません。このため、「しじょう」の中に「n」(多数)の「売り手」と「n」(多数)の「買い手」がバラバラに存在している状態となり、簡単に言えば、「しじょう」があっても「いちば」がない——という状況になっているわけです。このような場合、「買い手」にとっては、ちゃんと契約をしてコンテンツを利用しようと思っても、契約の相手である「売り手」がどこにいるのかを探し出すだけで、大きな時間的・経済的コストがかかります。そうした「契約をするために事前に必要となるコスト」(利用料そのものは含まれない)のことを「トランザクション・コスト」と言いますが、コンテンツの場合は、これが非常に大きくなるわけです。

(2) 「いちば」なき「しじょう」への対応

「1対n」の「不動産屋」方式

　「いちば」なき「しじょう」における「n対n」の混沌状況のために契約がしずらい——という問題に対応するために、様々な努力が行われてきましたが、世界の多くの国々で(特に音楽や文芸作品などについて)採用されてきたのが、「売り手」である「権利者」の権利を(権利の信託契約などによって)集中し、契約窓口を一本化する(「n対n」の状況を「1対n」にして契約を容易にする)という、「権利の集中管理」の方式です。日本では、音楽の著作権を集中管理しているJASRACが有名です。

　しかしよく考えてみると、「n対n」の混沌状況(「しじょう」があっても

「いちば」がないという状況）のために、契約当事者同士がなかなか出会えない——という状態は、アパート・賃貸マンションなども同じです。アパートはたくさん空いているし、借りたい人も多いのですが、借り手が街をうろついても、どの部屋が空いているのか、大家さんはどこにいるのか、家賃はいくらなのか、全く分かりません。そこで登場するのが「駅前の不動産屋」です。不動産屋が多くの大家さんの情報を集中管理し、（アパートの所有権まで集中しているわけではありませんが）一方の当事者の契約窓口を一本化して、「n対n」の状況を「1対n」にしているのです。つまり、JASRACのような著作権の「集中管理団体」の方式（売り手の側を「1」にする方式）は、「不動産屋」方式とも言うべきものです。

　こうした「著作権の集中管理」には、かつては信託業法などによる規制が及んでいて、音楽などの限定された分野のものに限り、さらに、文化庁長官の許可を得た場合に限って、許されていました。しかし現在では、大幅な規制緩和が実施され、実質的に誰でも（どんなコンテンツについても）自由に行えるようになっています。ただし、「集中管理を行う者が、権利者に相談せずに、利用料を決定するような方式」（いわゆる「一任型」。不動産屋に例えて言うと、不動産屋が大家に相談せずに家賃を決定できるような集中管理）の場合だけは、権利者の利益を保護するために、「文化庁への登録」が必要とされています（ある程度の規制が行われます）。この規制緩和により、音楽などについても複数の集中管理団体が出現していますが、ここで言う「1」の方式とは、「すべての権利者を1にまとめる」という意味ではなく「複数の権利者の権利を1か所にまとめる」という意味であって、そうした事業を行う団体等は「ひとつ」とは限りません。

　この方式は、音楽などを中心に、長い間よく機能してきました。利用者にとっては「権利者を探す」という手間がはぶけますし、権利者も契約業務を団体に代行してもらえます。しかしこの方式は、大きなデメリットも伴います。不動産屋の場合は、管理している物件の数がそう多くはないので、契約のたびに「大家さんに（家賃の金額などを）相談する」ということができますが、例えばJASRACの場合は、膨大な量の音楽が膨大な場所で日々使われるため、利用料等についていちいち権利者の意向を確認しているヒマがあ

第3章　日本人の弱点である「契約」と「ビジネス」――「契約によるルール」の世界

りません。

　このため、「統一価格」が設定されています（既に述べた「一任型」が採用されています）。例えば、有名な作曲家の曲であっても、無名の作曲家の曲であっても、その曲を「CDにして売る」とか「放送する」といった利用をする場合の「利用料」は、全く同じなのです。そもそもこの方式は、「権利者側にカルテルを作る」というものです（独禁法の適用は除外されていますので、独禁法違反にはなりません）が、カルテルである以上、マーケット・メカニズムを阻害します。マーケット・メカニズムとは、要するに「強い者が勝つ」ということですので、これが阻害されている状況とは、「強い者が力を発揮できずに損をする」ということです。

　権利者側について言えば、有名作曲家でも無名作曲家でも利用料は同じですので、本来はもっと「高く売れる」はずの有名作曲家が損をしています。それでも、膨大な量が膨大な場所で日々使われるという音楽の利用実態を考えて、「自分で管理するよりは、結局この方が得」と判断しているわけでしょう。他方、利用者側について言えば、有名なレコード会社が無名作曲家の作品を使う場合、本来ならば「買い叩き」ができるはずですが、これができません。

「1対1」の「着メロ」方式

　こうした「1対n」の「集中管理」方式は、長い間使われてきており、今後もなくなりはしないと思われますが、最近では別の方式も出現してきました。そのひとつは、「着メロ」の方式です。これは、簡単に言うと、権利者側だけでなく利用者側も「1」に集中し、「n対n」の状況を一気に「1対1」にする――というものです。

　「プロテクション技術」「契約システム」「自動課金システム」などをうまく組み合わせれば画期的なビジネスができる――といったことは、当時文化庁にいた著者が1995年（平成7年）から指摘していたのですが、多くの人が具体的なイメージを持てず、なかなか実現しませんでした。しかし、1998年（平成10年）に開始された「着メロ」がその好例を示したのです（着メロを最初

3．コンテンツのマーケットとビジネス

に事業化したＳさんは、本書の著者の講演からアイデアを得たとおっしゃっているそうですが、著者が講演で述べたのは上記の一般論のみであり、着メロというビジネスモデルを着想されたのは御本人です)。「着メロ」の音楽は、携帯電話の各ユーザーがそれぞれ自分の電話の中にコピーしていますので、本来はひとりひとりがJASRACと契約をすべきです。しかしそれでは面倒なので、電話会社などが一括してJASRACと契約をしています。つまり、JASRACが権利者を「1」に集める一方で、電話会社等が利用者である携帯電話ユーザーを「1」に集め、「1対1」の契約システムを作っているのです。

また、ネット上での配信について権利者は、「受信された後にどう使われるのか」ということを気にしますが、「着メロ」の場合はプロテクションによって、簡単にはパソコンなどにコピーできないようになっています。さらに大きな要素は、「自動課金システム」でしょう。「着メロ」利用のための著作権料は、電話料金に含まれていたり上乗せされていることが多かったため、たいていの人は、いくら著作権料を支払っているか気にしていませんでした。ここまで条件整備をすれば、爆発的に普及するのはむしろ当然です。

実際に、1998年（平成10年）のサービス開始後約2年半で、「着メロ」の売上げは、全国のあらゆるタイプの「カラオケ」の総売上に匹敵する500億円を記録し、現在では1000億円を突破しています。これは「日本発の画期的なコンテンツビジネス」として海外でも紹介され、国際的にも脚光を浴びています。ただし、こうした画期的な試みを進める人がいる一方で、日本のコンテンツ業界の中には、「レコード業界」や「実演家団体」の関係者など、法律上の権利もなしに「着メロ売上の分け前よこせ」などと言う人が出てきましたが、これが日本のコンテンツ業界の現状のようです。

当時の「レコード協会」の会長は、「着メロが成功したのは、我々ががんばってCDを売ったから。だから分け前をもらう権利がある」などと言っていましたし、ある「実演家団体」の役員は、「着メロの音楽のリストには、歌手の名前が使われている。だから分け前をもらう権利がある」などと言っていました。後者については、言っている御本人が「実は95％は『いいがかり』です」と白状していましたが、クリエータを自認する人々は、ビジネスモデルについても創造性を発揮すべきであり、こうした「便乗」や「いいがかり」

は「恥」とすべきでしょう。なお、余談ですが、前記のことを言っていたレコード協会会長に対して著者は、「着メロの音はコンピュータが作った無味乾燥な MIDI データ。これに代わってモー娘や SMAP の声が出たら、利用者はもっと喜ぶ。あなた方はそうした音源をたくさん持っているのだから、他人の儲けなど狙わずに自分たちでそうした新しいビジネスを始めればいいではないですか」と申し上げ、その後いわゆる「着うた」が開始されました。

　なお、「着メロ」と似て非なるものである「ネット上のレコード販売」（当時はスマホがなかったので PC 向け）が、当初日本ではアメリカほどに拡大していなかったのは、地方の「レコード販売店」の経営を圧迫しないために、日本のレコード業界が価格を高く設定していたからだとも言われていました。従来の古い枠組みにとらわれず、「着メロ」のような新しいアイデアと戦略を持つべきでしょう。特に、いわゆる「活字系」など、「古いコンテンツ業界」の人々には、「着メロ」を実現した人のような「新しいコンテンツ業界」の人々を、是非とも見習っていただきたいと思います。

「n 対 n」の「出会い系サイト」方式

　「1 対 1」の「着メロ」方式は、爆発的な普及を達成しましたが、これを「将来のコンテンツビジネスにおけるビジネスモデルの典型」と誤解してはなりません。よく見るとこのビジネスモデルは、「権利者側は、JASRAC が以前から『1』に集中させていた」「利用者側はすべて『携帯電話ユーザー』であり、ハードも限定されているので、『1』に集中しやすかった」という特殊な状況のために成功したものなのです。

　つまり、「極めて特殊な（ラッキーな）状況」による成功であって、これを、今後のあらゆるコンテンツビジネスの典型と誤解してはなりません。「1 億総クリエータ、1 億総ユーザー」の時代に必要なのは、実はこのようなものではなく（これも当然あってよいのですが）、「n 対 n」で直接機能する「契約システム」「ビジネスモデル」でしょう。

　よく考えてみると、「いちば」なき「しじょう」の中の「n 対 n」の混沌状況において、必要な人と人や、人と情報を結びつけるのがインターネットの

特性であるはずです。したがって、誰が何と言おうと、インターネットの特性をもっともうまく使っているのは、いわゆる「出会い系サイト」です。ニーズに適合する形でインターネットをうまく使っているからこそ、広く使われて多くの問題も起こしているのでしょう。「出会い系サイト」は、出会いたいが（おおっぴらに欲求を言えないために）出会えない「n 対 n」の人々をうまく出会わせているわけですが、このビジネスモデルは、出会いたいが出会えない「n 対 n」のコンテンツ権利者・利用者についても応用できるはずです。

　こうしたものについて、かつて文化庁が実験的な開発を行いましたが、それは、「バーチャルいちば」としてのサイトを設け、「写真」などのコンテンツについて、自分の作品を売り出したい人がサンプルをアップロードし、利用料などの条件も自分で設定・表示するというものです。それを使いたい人はサイト上で必要なものを検索し、ネット上で交渉・契約します。これなら自分で利用料を設定でき、売れなければ値下げすればよいのですから、JASRAC のような「1」の方式では機能しなかったマーケット・メカニズムが機能するわけです。

　こんなことは、いわゆる「ネット・オークション」に近いものなので、技術的には今日からでもできるものです。しかし例えば、「誰かが『自分の作品』としてアップロードしたものが、そもそも『パクリ』だった」という場合、契約や保険などでどうカバーするか——などといったことを考えると、システム全体としてはまだまだ研究の余地が大きいのです。しかし、「すべての人々」が著作権と関わるようになった今日、基本的に「プロ向け」である「集中管理団体」方式（「1」のシステム）でなく、こうした「n 対 n」で機能できるビジネスモデルが、今後ますます必要になってくるでしょう。

(3)　**コンテンツ流通を阻害する「1」の発想**

　こうした「契約システム」や「ビジネスモデル」への関心が高まり、各省庁や日本経団連などによって、様々な「プロジェクト」や「モデル開発」が雨後の筍のごとく立ち上げられてきましたが、それらの多くは、（一部のコンテンツについては将来実用化できるかもしれませんが）汎用性のあるシステ

ムとしては、すべて失敗しました。その理由は、そうしたプロジェクト等のほとんどが、「集中管理」を前提とした「１」のシステムを当然視する──という間違った発想に陥っていたからです。

「権利を弱めて流通させる」という発想からの脱却
──権利がなくなると商業的流通が止まる──

　ところで、かつて通産省や郵政省の中には、「著作権を弱めてコンテンツの流通を促進する」という短絡的な考え方を持つ人が非常に多くいました。宿命的な対立構造を内包する著作権の世界では、当然のことながら、「権利を弱めよう」という意見も「権利を強めよう」という意見も、「誤り」ではありません。しかし、当時のこうした発想（手段）は、「流通促進」という観点（目標）から見て、大部分が誤りだった（目的合理性を欠いていた）のです。

　特に、「権利がなくなると流通しない」というビジネスの実態が理解されていませんでした。例えば、2003年（平成15年）に行われた著作権法の改正で、「映像コンテンツ業界」を選択的に優遇するために、動画コンテンツ（著作権法上の「映画」）の保護期間を、「公表後50年まで」から「公表後70年まで」に延長する改正が行われました。この法案を作る段階で文化庁は、「ビデオ業界などが迷惑をこうむるのではないか」ということを事前に確認しましたが、驚いたことにこうした利用者側の業界からは、「むしろ、著作権が切れると流通しなくなる」という答えが返ってきたのです。

　例えば、既に著作権が（原作や部品も含めて）完全に切れている映画があったとしましょう。この映画は誰でも自由に利用できるわけですから、あるビデオ会社がこれをDVD化して、１本当たり（著作権料のコストが不要なので）破格の1000円で販売したとします。しかし、このビデオが発売された瞬間に、別の会社がそれを購入・ダビングして、１本500円で販売してしまうのです。著作権は切れているのですから、誰もそれを止められません。ということは、DVD化についてイニシャルコストを負担したビデオ会社が投資を回収できないことになり、そうしたことが予想されるのであれば誰もDVD化はしない──ということになるのだそうです。もちろん、個人利用者に

とっては著作権が切れている方が使いやすいわけですが、「ビジネス」として成り立つかということを考えると、「誰かの権利」が及んでいて「契約秩序」がある方がよい、ということです。要するに、「既存のコンテンツを二次利用しやすくする」という法制は、実は「それをさらに三次利用する」ことにも使えるため、二次利用のための投資をした者がバカを見ることになり、結局誰も使わない――ということなのです。

「権利がなくなると流通が止まる」ということは、放送局の関係者も言っていました。「千と千尋の神隠し」が最初に地上波で放送されたときに50％近い視聴率を得られたのは、著作権があるために「誰でも勝手に放送できるわけではない」（契約を勝ち取った放送局だけが放送でき、他では簡単に見られない）からであって、著作権が完全に切れていて誰でもネット配信できるようになったものなどに高い金を出すスポンサーなどいない――のだそうです。

つまり、「権利がないと流通する」というのは、「個人が趣味でネット配信する」といった世界の話であって、「ビジネス」としてコンテンツを流通させるためには、「権利に基づく秩序」が必要だということなのです。ただし、当然のことながら、そこには「契約システム」が必要です。

「著作権契約」の「専門家」って誰？

そこで、「契約システムだ」ということに突然気づいた各省庁や経済団体などが、様々な「プロジェクト」等を乱立させるようになったわけですが、そうしたプロジェクト等を企画する人々自身が「著作権契約」というものの本質を分かっていなかったために、多くの場合、「○○検討会」や「○○委員会」や「○○チーム」などのメンバーとして、「これまで著作権契約に携わってきた」という「専門家」を招いていました。これが、基本的な失敗でした。

既に述べたように、「しじょう」があっても「いちば」がないという「n対n」の混沌状況に対応するため、従来は、「集中管理団体」による「1対n」の方式（「不動産屋」型）が採用されてきましたが、今日では、これは「1対1」の方式（「着メロ」型）、「n対n」の方式（「出会い系サイト」型）、「n対1」

第3章　日本人の弱点である「契約」と「ビジネス」——「契約によるルール」の世界

の方式(「サイト・ライセンス」型)などに、急速に多様化しつつあります。このような時代に、旧態依然たる「集中管理」の「専門家」を集めても、「新しいビジネスモデルのアイデア」など出てくるはずがありません。そのような「検討会」などでは、いつも「誰かがアレもコレも全部集中管理してくれれば、一気に流通が拡大するんだけどねぇ」などという愚痴が飛び交うだけだったのです。

　一見「成果が上がった」ように見えるプロジェクトであっても、殆どの場

著作権契約を進めるパターンの多様化

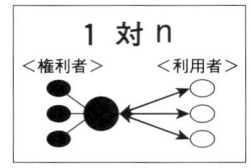

1 対 n
＜権利者＞　＜利用者＞
従来の「集中管理団体」の方式

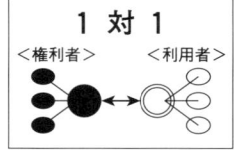

⇩

1 対 1
＜権利者＞　＜利用者＞
例:「着メロ」での音楽利用

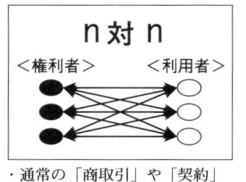

n 対 n
＜権利者＞　＜利用者＞
・通常の「商取引」や「契約」の形態
・スタンダードとなる「契約書」が必要

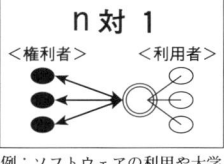

n 対 1
＜権利者＞　＜利用者＞
例:ソフトウェアの利用や大学電子図書館のための「サイトライセンス」

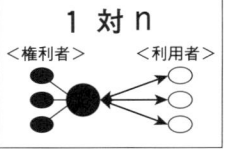

1 対 n
＜権利者＞　＜利用者＞
従来の「集中管理団体」の方式

合は、「既に『集中管理』が行われている『音楽』や『脚本』などの世界だけで契約が完結するようなコンテンツ」に対象を限定してしまっています。ブロードバンド上を飛び交う複雑な(多くの「部品」や「権利者」が関係する)コンテンツについて検討が必要なのは、そうしたものではなく、「組織化されていない多くの権利者」や「権利が集中管理されていない多くの部品」について、効率的に契約ができるシステムなのです。

JASRACにお金を払える幸せ？

　こうした検討などを進める中で、多くの人々が「JASRACの有難さ」を理解するようになり、最近JASRACの評判が以前よりも良くなっているそうです。かつては、音楽を使おうとすると必ずシャシャリ出てくるJASRACは嫌われ者でした。しかし、多くの部品を含む「ブロードバンド・コンテンツ」などについての著作権契約が課題になってくると、「大部分の音楽については、JASRACに利用料を払っておきさえすれば、必ず使える」——個々の作曲家を探し出す必要はなく、JASRACは絶対に利用を拒否しない——という、実質的に「報酬請求権」に近いシステムがいかに有難いか、ということが理解されるようになってきました。

　つまり、コンテンツ流通の促進にとっての問題は、音楽や脚本などの「既に集中管理されている部品コンテンツ」ではなく、「それ以外の（集中管理されていない）多種多様な部品コンテンツ」（の権利者）であるわけです。こうしたことが理解されてくると、「ルール感覚」や「契約マインド」のない人々が、またまたおかしな主張を始めます。例えば、「権利を集中管理して窓口を一本化しようとしない権利者側がケシカラン」とか、「政府から権利者に指導して、窓口を一本化させよ」とか、「法律で集中管理を義務付けよ」などというものです。これらの主張のどこがおかしいかということは、もう説明する必要はないでしょう。

　「権利の集中管理」ということ自体が、各権利者と集中管理団体との間の「契約」（信託契約など）で行うものであって、そうした契約をするかどうかも、当然に各権利者の自由なのです（その自由を奪って「集中管理の義務付け」——集中管理されていないものの保護の廃止——をするには、「WTO脱退」などが必要です）。利用者側が「自分の都合」（対立する利害や立場の「相対化」ができていない人は、これを「公益」とか「日本のため」などと呼ぶ）のために、「権利者側に集中管理をしてほしい」と思うのであれば、権利者が自然に「そうしたい」と思うようなスキームを自ら考えて、提案するしかないのです。

第3章　日本人の弱点である「契約」と「ビジネス」——「契約によるルール」の世界

「窓口一本化」を求めるセールスマンはクビになる
——ビジネスの基本は「n対n」——

　そうした「集中管理」による「窓口一本化」については、それができる業界とできない業界があります。既に述べたように、「音楽」の場合は、膨大な数の作詞・作曲家（権利者）がつくり出す膨大な量の音楽があり、これが膨大な場面で日々使われています。このため権利者たちは、「有名でも無名でも同じギャラ」ということを受け入れて、JASRAC等と集中管理の契約（権利の信託契約）をしているのです。

　これと同じことを目指して数十年間努力しても完全に達成できていないのが、写真家の団体です。アマチュアが撮ったスナップ写真と、有名写真家が撮った写真が同じ利用料だ——というのでは、有名写真家の方が納得しないでしょう。これは、「音楽」と「写真」とでは、つくる人、つくられる量、使われ方などについて、大きな差があるためです。

　よく考えてみればすぐに分かることですが、権利の集中管理が行われているコンテンツの方が種類の上で「少数派」——もっと言えば「例外的なもの」——であり、「音楽」や「脚本」などに限定されているのです。つまり、つくられ方や使われ方の面で「極めて特殊なコンテンツ」である「音楽」の集中管理を見て、あらゆるコンテンツについての「契約システム」や「ビジネスモデル」を、集中管理を前提とした「1」の発想で考えてしまっている——というところに、多くの関係者の致命的な誤りがあるわけです。

　また、ちょっと考えればすぐに分かることですが、そもそもあらゆるビジネスや契約は、「n対n」で行うものです。例えば、「セールス」とか「営業」などといった仕事を靴をすり減らしながら日々行っている人々は、それぞれ契約をしてくれそうな会社などに飛び込み、なんとか説明を聞いてもらい、うまく交渉して、契約を取って帰ってくるわけであり、日本中で何万人という人々が、そうした地道なビジネスを毎日行っています。

　そうしたセールスマンなどが、「ウチの会社と契約しそうな会社が、全部まとまって契約窓口を一本化してくれて、そこに行きさえすれば、価格交渉もしないで必ず全社から契約が取れる——ってことになれば、オレの仕事も楽

になるんっすよね」などと言ったら、上司から笑い飛ばされるか張り倒されるかのどちらかでしょう。翌日には、ひょっとするとクビです。ところが、いわゆるコンテンツビジネスや著作権契約の話になると、多くの人々が、何の疑問も感じずにこれと同じことを言っているのです。

同様に、「全国のすべての賃貸マンション・アパートの大家が大同団結して、全国大家連合を結成し、例えば『駅から10分、3LDKなら全国どこでも家賃は12万円』などと決めて、いちいち大家と交渉・契約しなくても、金さえ払えば好きなマンションに住めるようにしてくれ」などと言っても、実現するはずがありません。おもしろいことに、新聞業界の中には、既存の紙面の（自社による）二次利用について、「関係権利者の契約窓口一本化が必要（それを政府が作るべき）」などということを言っている人がいるのに、逆に学校教育の関係者から求められている「学校が新聞記事を教材や研究資料として（例外を越えて）使う場合について、すべての新聞社の契約窓口を一本化してほしい」ということについては、新聞社側が強く拒否しているのです。

要するに、「集中管理ができない部分」（つまり、大部分の種類のコンテンツ）については、「集中管理ができない」という単純なことを前提として、契約システム・ビジネスモデルをつくることが必要なのです。

「権利処理ルール」とは何か？

ところで、こうしたこととの関係で、「権利処理ルールの確立」とか「契約ルールの確立」などというおかしなことばが、ITに関する政府の文書などの中にさえ出てきますが、これはいったい何でしょうか。

まず、「著作権ルール」ということばを使う人がいますが、これは使用禁止にした方がいいものです。それでなくても「法律で決める社会全体のルール」と「契約で決める当事者だけのルール」を混同している人が多い日本では、この「著作権ルール」というものが「法律」の話なのか「契約」の話なのかということについて、議論のすれ違いや誤解・混乱が発生するからです。

また、著作権が「一部業界の一部のプロ」だけのものだった時代の「権利処理」という用語も、もう使用禁止にした方がいいでしょう。第一に、これ

は単なる「契約」ということにすぎないのですが、特別な世界の特別な人々がしている「特別なこと」——という（専門家と称する人が好きな）ニュアンスを持っています。著作権が「すべての人々」のものになった時代にはふさわしくなく、無用な誤解も生じます。

　第二に、「権利処理」とは「既に存在しているコンテンツの利用許諾契約」のことですが、今後重要になるのは、既に繰り返し述べてきたように、むしろ「つくる時」の契約です。「1」の発想に基づく非現実的な議論が横行しているのも、アメリカのように「つくる時」の契約をしっかりして「チェーン・オブ・タイトル」などで権利関係を当初から明確にしておく——ということが軽視され、「後になってから無理に許諾契約をしようとしている」からでしょう。したがって、「権利処理」などというカビの生えた用語はやめて、単に「契約」と呼ぶべきです。

　第三に、「権利処理ルール」とか「契約ルール」などということを言う人がいますが、これは何でしょうか。実はこれには、2つの意味があり得ます。「権利処理ルール」「契約ルール」の1番目の意味は、「契約によって当事者同士を拘束するルール」ということのようです。これは単に「契約内容」という意味であって、「権利処理ルール」とか「契約ルール」などというややこしい用語を使う必要はありません。

　問題は2番目の意味ですが、これは、「契約をするときに、あらかじめ当事者を拘束すルール」ということのようです。本来「私的自治」によって自由に行うものである「契約」についても、当事者を拘束するルールはありますが、それは「民法」や「独禁法」に定められた「法律ルール」のことであるはずです。ところが実際には、「権利処理ルール」「契約ルール」ということばは、これとは別の意味で使われているようです。

　例えば各放送局は、音楽の利用料についてそれぞれJASRACと交渉してもよいはずで、本来は独自の契約交渉をしたいはずなのですが、実際には「民放連」という団体が出てきて、JASRACと契約条件を交渉しています。その結果決まったものが、「契約ルール」とか「権利処理ルール」などと呼ばれているのです。各放送局は、JASRACと民放連が「あらかじめ決めてしまった権利処理（契約）ルール」に「拘束されてしまう」（交渉の余地を奪われる）

わけですが、逆に言うと、その契約条件なら「必ず契約できる」（交渉の手間がはぶける）のです。つまり、こうした意味での「権利処理ルール」「契約ルール」とは、集中管理とは別の意味での「1」の発想（横並び主義）に基づくものです。

　また、経済産業省のある官僚は、「経済産業省が言う『権利処理ルール』とは何のことですか？」という問いに対して、「要するに『料率』のことです」と答えていましたが、これは、「その利用料＝料率で、必ず契約できる」（権利者が利用を拒否しない）ということであって、そうした状況のことを「権利処理ルールが確立された状態」と呼んでいるようです。この状態——つまり、「あらかじめ定められた利用条件（契約ルール・権利処理ルール）で、必ず契約ができる」（拒否されない）という状態——は、要するに「個々の権利者が、相手が誰であっても、必ず利用を了解する」ということを意味しているので、簡単に言うとJASRACのような「権利の集中管理」が目指されているわけです。繰り返し述べてきたように、こうした「1」の発想では、伝統的なコンテンツとプロだけの世界にはある程度対応できても、多くの多様な権利者や多種多様なコンテンツには絶対に対応できません。

　既に述べたように、集中管理を前提としない「n対n」の「普通のビジネスのモデル」を構築するとともに、後々の利用も考えた「つくる時」の契約システムを構築すべきなのです。

「1」のシステムができるかどうかの見極めが必要

　このように、「1」の発想による契約システムには、2つのものがあります。第一は、JASRACのような「権利集中方式」であり、また第二は、前記の「民放連」対「JASRAC」の合意のような、「権利の集中管理はしないが、業界間の合意により各社が基本的に『同じような内容の契約』をできるように、団体が会員各社を『仕切る』」という「業界仕切方式」です。

　誤解のないように強調しておきますが、こうした「1」の方式による契約システムは、「悪」なのではありません。それが実現できるなら、「着メロ」の例を出すまでもなく、「1」による窓口一本化の方がいいに決まっています。

第3章　日本人の弱点である「契約」と「ビジネス」——「契約によるルール」の世界

　間違っているのは、様々なコンテンツの異なる特性を無視して、「すべてのコンテンツを『1』の方式で流通させよう」とするような「画一的発想」です。なぜそのような発想が間違っているかと言えば、「権利者の不利益になるから」といったことではなく、単に「実現不可能だから」です。つまり、「1のシステムでいける分野・コンテンツ」と「いけない分野・コンテンツ」を見極めることが、まず重要でしょう。既に述べたように、音楽は「いける」が、写真は「いけない」のです。

　現在の過渡期において新しい「契約システム」「ビジネスモデル」を作ろうとしている人々にとっての問題は、どの分野・業界のどんなコンテンツについて、こうした「1」のシステム（「権利集中方式」または「業界仕切方式」）が実現する見通しがあるのかないのか、また、そのような見通しがあるとすれば、それはいつごろになるのか——ということが分からないことでしょう。権利者の団体が、JASRACのような「1」のシステムの実現に向かっているのであれば、「それを待つ」という方法や「それを支援する」という方法がありますが、「1」のシステムが当分はできない——ということが明らかになっているのであれば、「n対n」のシステムづくりに投資する方がいいのです。

4．「その先」にある新しいビジネス

(1)　新しい世界としての「権利ビジネス」

　これまで述べてきたことはすべて、「著作権ビジネス」ではなく「コンテンツビジネス」に関することです。ブロードバンドを使ったビジネスの可能性が広がるにつれ、コンテンツの流通に関するビジネスやプロジェクトが広く展開されつつありますが、実は多くの人々が、「コンテンツビジネス」と「著作権ビジネス」を混同しています。

　日本の関係者はまだ、「コンテンツビジネス」における「契約の重要性」などという（諸外国では当然の）ことにようやく気づきつつある——という段階にありますが、コンテンツビジネスを越えた先に、実は「権利ビジネス」という広大な世界が広がっています。この世界は、アメリカを中心とするい

4.「その先」にある新しいビジネス

わゆる欧米諸国では、既に非常に大きな規模のビジネスとして発達しているのです。

「コンテンツビジネス」と「権利ビジネス」は全く違う

　「コンテンツビジネス」とは、当然のことながら「コンテンツ」の「創作」や「流通」を行うビジネスですが、その意味では、伝統的な出版・映画・放送などもコンテンツビジネスです。こうした伝統的なビジネスが引き続き行われているのに新しいビジネスが脚光を浴びているのは、衛星通信やブロードバンドなどのためでしょう。しかしこれは、単に「コンテンツを運ぶメディア」が変わっただけであって、よく考えてみれば大した変化ではありません。これらは「著作権で保護されるもの（コンテンツ）に関するビジネス」ではあっても、（著作権そのものを扱う）「著作権ビジネス」ではないのです。「これまで自転車で運んでいた牛乳」を「トラックで運ぶようになった」からといって、突然「自動車産業」になるわけではありません。

　「著作権ビジネス」とは、（著作権が及ぶ）「コンテンツ」ではなく、「著作権」という「権利」そのものを扱うものであって、実はむしろこの部分について、全く新しい世界が拓けつつあります。従来からあるJASRACなどの「権利の集中管理」ということも、もちろん著作権ビジネスの一種ですが、その仕事は、「多くの権利者の権利を一か所に集める」という単純なものでした。今後はもっと多様なビジネスが展開できるはずです。

　こうした「権利」そのものに関するビジネスは、日本でもようやく注目されつつあり、信託業法などの法律ルールの改正も進められています。まだイメージが湧かない人が多いようですが、例えば次のようなビジネスがあり得ます。人気のあるキャラクター作家や小説家などで、年間1000万円の印税（著作権料）収入がある人がいたとします。この人がこの印税を20年間ためると2億円になり、新しいビジネスを起こせますが、20年も待つのは大変です。そこで、例えばいわゆるSPC法によるSPCと呼ばれる会社や信託銀行が、この人の「著作権③」について信託を受け、2億円を支払います。これによってその作家は、すぐに新しいビジネスを起こせるわけです。

— 311 —

一方でこのSPC等は、この2億円を10万円×2000口の債券に分けて、市場に流通させます。毎年1000万円の収入があるわけですから、これを2000口で割ると5000円になり、一口10万円に対する最低利回りは、年に5％ということになります。この債券が20万円で売買されたとすると、売った人は差し引き10万円儲かり、買った人も、年に2.5%の利回りを確保できるわけです。さらにこのSPC等が、コンテンツの活用・流通を行う企業等と連携して印税収入を拡大すれば、債券の利回りが上がって、債券自体も高値で流通することになるでしょう。

これは、毎年1000万円という「キャッシュ・フロー」がある場合の権利ビジネスの例ですが、次の項で述べるように、「キャッシュ・フロー」がなくても権利ビジネスは可能です。

なぜ有名俳優の出演料が50億円にもなるのか？

「権利ビジネス」が発達したアメリカには、もっと多様で複雑なビジネスがありますが、例えば、あるハリウッド映画について、製作費総額が200億円で、そのうち主演俳優のギャラが50億円——などということがよくあります。これも、背後に「権利ビジネス」があるのです。前の項の例は、「既にコンテンツがあって、著作権料収入（キャッシュ・フロー）が毎年ある場合」の権利ビジネスでしたが、こちらの方は、「これからコンテンツをつくる場合」（まだコンテンツもキャッシュ・フローも存在していない場合）の権利ビジネスです。

新しいコンテンツをつくるには、「資金」がいります。そのコンテンツがマーケットで成功すれば、将来十分な収益が得られますが、製作段階ではまだ資金がありません。そうした場合、「融資」を受ける必要があるわけですが、担保にできるのは「これから作る映画の著作権」（まだ発生していない権利）だけです。「これからつくるコンテンツの著作権」で金を貸す銀行は、日本には殆どありません。ある小説家が「来年すごい小説を書くんです」などと言っても、どれだけ売れるかということは事前に分からないからです。

ところが、ハリウッド映画の場合は分かるのです。なぜかというと、例え

４．「その先」にある新しいビジネス

ば「ジョニー・デップの主演作品で、過去の興行収入が〇〇〇万ドルを下回った例はない」などといったデータや事前評価システムがあるからです。そこでは「主演俳優」が大きなメルクマールになっていますので、融資がほしい映画会社の間で、そのクラスの俳優の取り合いが起き、需要と供給の関係でギャラが50億円——ということになるのです。それでも、それによって200億円集められるのであれば、何の問題もないでしょう。

　ところで、200億円を貸し付ける銀行は、前の項で述べた例と同じように、この著作権を1口につき100万円くらいの債券に分け、市場に流通させます。株式会社の株のように、広く資金を集める——別の言い方をすると、広く負担と危険を分散するわけです。映画の興行成績がいいと配当も多くなる、などというシステムも、当然存在します。こうしたことはすべて、実際の映画製作の前に起こることであって、コンテンツ（映画）の「創作」そのものや「流通」などとは全く関係しない、「権利」のみについての取引です。

　実際にはもっと複雑なシステムが動いているのですが、日本のコンテンツ業界も、「資金」や「権利」に関する従来の単純すぎるやり方を乗り越えたシステムがないと、大きな発展は望めないでしょう。ただし、こうした「権利ビジネス」を行うのは、「コンテンツビジネス」の世界に属する人々とは限りません。当然のことながら、銀行や証券会社なども関与してきますし、アメリカのように、「権利ビジネスの専門家」「コンテンツビジネスの専門家」「権利ビジネスが分かるコンテンツビジネスマン」「コンテンツビジネスが分かる権利ビジネスマン」など、多様な人々の連携や、そのためのコーディネータや、さらにその前提となる人材育成などが必要なのです。

(2)　さらに先にある「リスク・ビジネス」
　　　——気づかれていない「保険」と著作権の関係——

　前の項では、日本の関係者はまだ「コンテンツビジネス」での「契約の重要性」などということにやっと気づいた段階にあり、その向こうの「権利ビジネス」という広大な世界に踏み出していない——ということを述べました。しかし実は、そのまた先に、保険などを含む「リスク・マネジメントのビジ

ネス」というさらに広大な世界が広がっているのです。

　例えば、前記のような映画製作の例において、映画の完成前に主演俳優が交通事故で急死したら、借りていた200億円はどうなるのでしょうか。実はアメリカの映画会社は、そのような場合に備えて、「完成できなかった場合」に支払われる「保険」（コンプリーション・ボンド）に必ず入っているのです。また、このような「コンテンツの完成」に関するものだけでなく、アメリカでは極めて多様な「保険」が、コンテンツビジネスや著作権ビジネスを取り巻いています。「保険」とは、そもそも将来における「不確定な事態」や「好ましくない事態」に備えるためのものですが、日本でコンテンツビジネスに関わる人の中では、「保険」の重要性に気づいている人はまだ非常に限られているようです。

著作権に関わる実務はすべてが「リスク・マネジメント」だ
　　　――誰が「著作者」かは絶対に分からない――

　本書も含めて著作権に関するすべての本には、「コンテンツをつくった著作者が権利を持つので、著作者の了解を得ずにコピーすると違法になる」などということが当然のように書かれており、世の中の多くの人々がこのことに何の疑問ももっていないようです。しかし、よく考えてみると、あるコンテンツについて「誰が著作者か？」ということは、「絶対に分からない」のです。

　仮に俳句などの創作の瞬間を見ていたとしても、それは単に「記憶していた他人の作品を書いただけ」かもしれないでしょう。「実は私のです」と後から名乗り出てくる人がいるかもしれませんし、さらに言えば、その名乗り出てきた人もウソを言っているのかもしれません。また、「どこまでが著作権で保護される著作物なのか」「どの程度コピーしたら著作権法上の複製に該当するのか」「どのような場合に例外規定が適用されるのか」といったこともすべて、「裁判で確定するまでは分からない」というものです。要するに、「何も確実には分からない」という状態の中で、「この人が権利者だろう」という前提で、すべての実務が行われているのであり、裁判で決着するまでは法的

に不安定な状況に置かれている——というのが、教育など非営利目的のものも含め、コンテンツに関係するすべての実務の宿命なのです。

　こうした状況にあっては、①法律のあいまいさにモンクを言っても始まらない（すべての法律には必然的にあいまい部分がある）、②法律の解釈は自分で決めるしかない（私権については、お役所の有権解釈というものはあり得ず、また、行政にガイドラインを作らせても無意味）、③リスク・マネジメントのレベルは自分で決めるしかない（専門家が「合法です」と言うのは「最高裁まで行けば」という意味）、④リスクを減らす努力は自分でするしかない（アブナイと思ったら許諾を得る）といったリスク・マネジメントが不可欠です。

　ましてアメリカのように、「いつでも、どこでも、誰でも訴訟を起こす」ような社会では、常に「訴えられる」というリスクを想定していなければなりません。既に述べたように、「不確実な状況」に対応するのが「保険」の役割ですが、このためアメリカでは、「著作権侵害で訴えられた場合」に対応するための保険も発達しています。日本のある放送局は、「投稿された『おもしろビデオ』は（著作権侵害で訴えられる可能性があるので）絶対に放送しない」という方針をとっているそうですが、これは、極めて日本的な「法律直接適用という状態が好き」「何でも法律ルールで仕切ってもらいたい」「法律関係が不確定な場合は、何もしない」「オール・オア・ナシング」という態度であって、これではビジネスは拡大しません。「リスク・マネジメント」という発想に欠けているのです。

　アメリカではどうなっているかというと、第一に、部品も含めて権利関係や契約関係を明示した「チェーン・オブ・タイトル」が用意され、第二に（そこにウソがあった場合に備えて）コンテンツを持ち込んだ者との間で「第三者から訴えられた場合」の責任関係も含めた明確な契約書が交わされ、第三に（それでも自分が訴えられるような）万一の場合に備えて「保険」がかけられています。あらゆるビジネスには、こうした「リスクマネジメント」の要素が必要であり、「誰が権利者なのかは、絶対に分からない」という著作権の世界ではなおさらなのです。

　日本のビジネス界は、最先端にあるはずのブロードバンド関係業界でさえ、

第3章　日本人の弱点である「契約」と「ビジネス」——「契約によるルール」の世界

未だに「例外規定の解釈」などということにこだわっているような極めて遅れた状況にありますが、「著作権法の存在や内容など意識しなくなる」のがビジネスが発達した状況であり、「コンテンツ契約システム」「権利ビジネス」「意思表示システム」「保険（リスク・マネジメント）システム」などを有機的に組み合わせた、ビジネスの総合的な展開が期待されます。

第4章

著作権教育は何をする？
──「教育」の世界──

1．何を学ぶべきなのか？

(1) 著作権教育の3つの側面

　序章で述べたように、コンテンツの創作手段・利用手段が爆発的に普及して「1億総クリエータ、1億総ユーザー」という時代が訪れたため、かつては「一部業界の一部のプロ」だけが関係していた著作権というものについて、「すべての人々」が関係するという時代が「突然」にやってきました。我々は、そうした「大過渡期の入り口」に立っているわけですが、あらゆる社会的な課題への対応と同様に、著作権についても「教育」という側面が脚光を浴びています。

　特に、情報化の急速な進展によって、多くの人々が、デジカメ、コンピュータ、携帯端末、インターネットなどの「コンテンツ創作手段・利用手段」を使うようになっているにもかかわらず、著作権に関する知識がまだ広く普及していないという状況は、様々な問題を生んでいます。今日の状況は、例えて言えば、「赤信号では止まる」という基本的なルールを人々が知る前に車が普及してしまい、多くの人々が交通ルールを知らずに車を乗り回している──という状態でしょう。したがって、まず著作権について「ルールを知ること」が必要になりますが、それだけでは不十分です。

　第一に、「民主主義」を基礎とする国では、そもそも主権者である国民が法

第4章　著作権教育は何をする？――「教育」の世界

律ルールを作るわけですから、現在の法律ルールを正しいものとして無批判に受け入れるのではなく、（著作権に関する法律ルールには限りませんが）次の時代の「ルールを作ること」についても、自ら考え、自分の提案を作り行動できるような能力が必要です。

　第二に、「自由」を基礎とする国では、すべての国民が法律ルールのもとで「自己責任で自由に行動する」わけですから、日常生活やビジネスなどにおける契約等について「ルールを使いこなすこと」に関する能力が必要です。

　そこでここでは、著作権教育が取り組むべき側面を、①「ルールを知ること」、②「ルールを作ること」、③「ルールを使いこなすこと」の3つに整理して、述べてみたいと思います。

　①　ルールを「知ること」

　前記の3つの側面のうち第一のものは、「すべての人々」が現在の「法律ルールを知る」――ということです。社会のルールについては、後に述べるように「どのようなルールを作るべきか」ということを考え、新しいルール作りのための建設的な合意形成を行えるようなスキル・態度が重要です。しかし、「交通ルール」や「著作権ルール」の場合は、既に現行ルールが定められており、また、車やパソコンが既に普及しているため、日常生活を「安全」におくるためには、とりあえず、「赤信号では止まる」とか「無断コピーは原則違法」などといった現行の法律ルールを「知る」ということから始めるしかありません。

　このため既に、中学・高校で著作権教育というものが「必修」になっています。しかし、あらゆる新しいテーマに関する教育に共通して言えることですが、「過渡期」が終わった後の安定期には「小中学校で学ぶ内容」「高校や大学で学ぶ内容」「社会に出てから学ぶ内容」などといったものが分化するものの、全く新しい課題については、子どもから大人まで、同じようなことをいっせいに学習しなければならない、という事態が生じます。例えば「パソコンの使い方」などということについては、まさにそうした状況が生じました。

　著作権の場合も同様で、中学・高校で著作権教育を受けた子どもたちが社

会の中核を担うような時代になるまでは、大人から子どもまで、同じようなことをいっせいに学ばなければならない、という「過渡期」が続くのです。

「刑法」は読まないのに「著作権法」は読むのか？
　　——1945年と同じ——

　この項の見出しは、実は269ページの見出し（「借地借家法」は読まないのに「著作権法」は読むのか？）とよく似ています。そこでは、「一部業界の一部のプロ」だけが著作権に関わっていた時代が終わって、「すべての人々」が著作権と関わるようになり、多くの人々が権利者・利用者として「著作権契約」をしなければならない時代になったとは言っても、「だから著作権法を読め」などと言うのはおかしい——ということを述べました。

　アパートやマンションの「賃貸借契約」をしている人の中で、「借地借家法」をあらかじめ学んでいたなどという人は殆どいないと思われますが、それは、法律など読まなくても、不動産屋に行けば「スタンダードな契約書」があるからです。つまり、「法律を読まなければならない」という状況自体が、「契約システムの不備」を表しているわけです。

　教育についても同じように、「このような時代になったのだから、みんなが著作権法を学ぶべきだ」などと言う人がいますが、これも大きな間違いです。例えば、「人殺し」や「泥棒」はしていはいけない——という「社会の基本的なルール」は、子どもでも知っていますが、それらが「刑法」の第何条に書いてあるかなどということを知っている人は、あまりいないでしょう。そんなことは知る必要もありませんし、刑法自体を読む必要もないのです。

　必要なのは、「人殺しや泥棒は、してはいけない」という「ルールの内容」を知っていることです。なぜ多くの人々が刑法を読まずにそうしたルールを知っているのかというと、それは、子どものころから親や先生に言われてきたからでしょう。このように、「社会の基本的なルール」というものは、ことさらに組織的な教育をしなくても、親から子へ、先生から生徒へ——つまり、ある世代から次の世代へと、自然に伝達されていくものなのです。ところが著作権の場合は、「1億総クリエータ、1億総ユーザー」という時代が「突然」

第4章　著作権教育は何をする？——「教育」の世界

に訪れたために、親も先生も、「ルールを自然に伝える」という準備ができていません。親や先生も、これからいっしょに学ばなければならないという状況に置かれているわけです。

このため、大げさに言えば1945年と同じ状況にあるのです。1945年に日本が突然民主国家になり、子どもたちに「民主主義とは何か」ということを教える必要が生じましたが、それを自然に伝えるべき親や先生の側が、「民主主義とは何か」ということを当時はまだよく理解できていませんでした。このような状況では、大人から子どもまですべての人々が、一斉に学習を開始するしかありませんが、現在「著作権教育」と呼ばれるものが置かれている状況も、これに似ているのです。

② ルールを「作ること」

前記の３つの側面のうち第二のものは、「法律ルールを作る」ということです。「１億総クリエータ、１億総ユーザー」の時代の著作権教育は、既に述べたように、「現行の法律ルールを人々が学ぶ」ということだけではなく、より大きな広がりが必要です。

そもそも「法律ルール」というもの自体が、民主的な国家では、主権者である「国民」が「正当に選挙された国会における代表者を通じて」定めるものであり、まずひとりひとりが、将来の「法律ルール」の在り方について考え、それぞれの意見を持って行動できることが必要です。そうした法律ルール作りのための能力や「ルール感覚」（民主国家の一員として社会のルールの在り方を考え、それを実現する努力を自ら行い、できたルールを守ること）の必要性については、既に第１章で詳細に述べました。

特に学校等における著作権教育の場では、単に現行の法律ルールを知識として学ぶだけではなく、「なぜそのようなルールになっているのか」「今後も同じルールでいいのか」「誰がどのような主張を持っているのか」「自分はどのようなルールを提案するか」——などといったことを考えられるような配慮が重要でしょう。例えば、227ページで述べたように、「公貸権」の拡大の是非という課題について高校生に意見を求めると、様々な意見が出されます。

③　ルールを「使いこなすこと」

　前記の3つの側面のうち第三のものは、「法律ルールを使いこなす」ということです。第3章で詳しく述べたように、「すべての人々」が権利者・利用者として「著作権契約」に関わらなければならない時代においては、「契約」や「意思表示」というものを適切に行える能力や「契約マインド」を養うことが重要です。「契約書」というものを書かなくても、「これ、使わせて」「いいよ」と口頭で言うだけでも「契約」は成立します。自分が「権利者」である場合も「利用者」である場合も、自らの「選択と自己責任」で行うべき契約というものについて、「自分は何を約束しているのか」「その結果何が起こるのか」といったことを正しく認識し、他人のせいにせずに責任を持った判断・行動ができることが必要なのです。

　既にお気づきのように、「法律ルール作り」についても「契約・意思表示」についても、これまで述べてきた能力や資質は、多様化が進む「自由」と「民主主義」の社会においては、著作権に限らず社会のあらゆる分野・側面について必要なものです。例えばいわゆる「消費者教育」の世界でも、著作権は他の課題と並列して取り上げられることが多くなりました。「他の課題」とは、「株取引」や「ネット・オークション」への参加などです。かつては、家庭の主婦の方々が株取引やオークションに参加するといったことは、あまりありませんでした。ところがインターネットの出現・普及によってこれらが非常に簡単になり、様々なトラブルを引き起こしています。そこで、株取引やネットオークションについて、「ルールを知る」「自己責任でルールを使いこなせる」ための消費者教育が必要になるわけですが、こうした動きは著作権教育を取り巻く動きと全く同じです。このために、消費者教育に取り組んでいる方々から見ると、「著作権も、株取引も、ネットオークションも、消費者にとって基本的に同じ構造の課題であり、同じ対応が必要」ということになるわけですが、これは完全に正しい見解と言えましょう。

　「著作権教育」ということばを聞くと、非常に狭い分野の何か専門的なもの――という印象を持つ人が少なくないようですが、実は、自由と民主主義を基本とする国家・社会における「教育」というもの全体の在り方について、

第4章 著作権教育は何をする？——「教育」の世界

極めて重要な示唆を与えているものだと言えましょう。

(2) 注意すべきポイント

前の項で述べたように、著作権教育は、単に「現行の法律ルールを知る」ということだけではなく、民主主義そのものとも関連するような広範な内容を対象とすべきものですが、最初は現行のルールを知るということから始めることになりましょう。ここでは、そのような場面で注意すべきいくつかのポイントについて述べてみたいと思います。

①「暗記」でなく「理解」するには「納得」が必要
　　　——子どもたちには「人格権」が分かりやすい——

第一は、ルールを学ぶには「納得」することが必要だということです。ルールというものは実際の生活の中で「使う」ものですので、ただ「暗記」しているだけでは意味がありません。実際の場面において、どのルールが何に関係しているかが分かる（ルールを使える）ためには、「なぜそのルールが必要なのか」ということも含めた「理解」が必要であり、（批判的精神を持って「ルールの変更」を考えていく前の段階で）そのルールの存在について「納得」していることが重要です。

例えば、読者の皆さんは、第1章を読まれて、「著作権②」のうち、「人格権」と「著作権③」（財産権）のどちらについて、より「分かりやすい」と感じられたでしょうか。あるいは、どちらについて「なるほどそういうことは、やはり無断でさせてはいけない」と感じられたでしょうか。この質問を一般の大人の人たちにすると、約8割の人が「著作権③の方が分かりやすい」と答えます。しかし、同じ質問を小中学生にすると、ほぼ全員が「人格権の方が分かりやすい」と答えるのです。高校生では約8割が「人格権の方が分かりやすい」と答え、大学生ではだいたい半々となり、大人になると、（すっかり心が汚れてしまうためか）「心を守る人格権」よりも「サイフを守る財産権」の方が分かりやすい、と答えるようになるようです。

こうした結果が出る理由のひとつは、子どもたちは「自分がつくったコン

1．何を学ぶべきなのか？

テンツで儲けようとは思っていない」ということです。小学生に向かって「キミが書いた作文を出版社が勝手に出版して儲けたら、悔しいだろう？」などと言っても、ポカンとされるのが普通です。子どもたちにとって「お金」とは、「お母さんがくれるお小遣い」のことであって、自分で儲けるという発想は、まだあまり持っていないのです。

もうひとつの理由は、「子どもたちは学校で心が傷つくことが多い」ということのようです。例えば、小学生に人格権（特に「無断で改変されない権利」＝同一性保持権）の話をすると、非常に盛り上がります。あちこちで「ハイ、ハイ！」と手が上がり、「この間、図工の先生が、ボクがつくった粘土細工を勝手に直しましたっ！」などという話がたくさんでてきます。また、これはかつて本当にあった話で、新聞で大きく報道されたものですが、ある小学生が詩の中で「小川の水が、すってんころりんと流れていく」と書いたところ、それを見た教師が「日本では、小川の水は、昔から『さらさら』流れると決まってるんだ」と言って直させたというのです。

さらに、ある教師からは次のような質問がありました。「私が担任する4年生の女子が大変すばらしい作文を書いたので、私が少し手直しをして『市の文集』に載せました。その子は喜ぶと思ったのですが、泣いてしまったのです。その子が言うには、『先生だけが読んでくれると思って、他人には知られたくない家庭内の色々な問題のことも書きました。まさか、市の文集に載ってみんなに読まれるとは思いませんでした』ということでした。これは、教育上の配慮ということは別として、著作権的にもマズかったのでしょうか」。この質問に対する法律的な回答は簡単で、「公表権侵害」「同一性保持権侵害」「複製権侵害」となりますが、それよりも問題なのは、子どもたちの心が学校で（著作権についても）傷ついている、ということでしょう。「子どもの人権」ということを声高に叫ぶ人は多いのですが、「子どもの著作権」ということを言ってくれる人は殆どいないのです。

このように、「子どもたちには人格権の方が分かりやすい」ということは、子どもたちへの著作権教育においても、ルールを教える部分は「人格権から入った方がよい」ということを意味しています。そうした「大人がつくったルール」は、子どもたちに対して「こうなっておる。左様心得よ」などと言っ

第4章　著作権教育は何をする？——「教育」の世界

ても、子どもたちは「暗記」はできても「理解」はできません。「こんなことされたらキミたちだってイヤでしょ。だから他人にもしてはいけないんだよ」などといったことから——つまり、「なぜ、そうしたルールが必要なのか」といったことから「理解」を促さなければ、効果は上がらないのです。

②　「モラル」と「ルール」を混同しないこと

　第二は、(日本では様々な分野について頻繁に起こっている)「モラルとルールの混同」という状況に陥らないことが重要だ——ということです。

　文部科学省は、学習指導要領を改訂して中学と高校で著作権教育を必修にしましたが、これを担当する（何か問題が起こると、「システムの改善」よりも常に「心を良くすること」や「意識の改革」で対応しようとする）初等中等教育局は、「モラルとルールの混同」という誤りを犯し、著作権を「情報モラル（倫理）教育の一環として教える」ということを言っていました。これについては、「著作権は、全員が守るべき法律ルールであって、自由な内心の一部であるモラルや倫理ではない」という文化庁著作権課からの抗議を受けて、国会答弁なども「著作権などの情報モラルを……」から「著作権などのルールや、情報モラルを……」と修正されましたが、この混同は、日本人の多く（特に、教育関係者）が陥りがちな問題です。

　例えば、「他人のものをコピーするのは悪だ」と思い込んでいる人がいるようですが、これは間違いです。例えば「殺人」は、相手が「自分を殺してくれ」と言ったとしてもしてはならないことであり、「殺人」という行為自体が「悪」とされています。しかし著作権の場合は、「コピーすること」自体が悪なのではなく、「無断でコピーすること」が（ルール違反であるが故に）違法なのです。

　この本の著者自身が、かつて地方自治体職員の研修（国際交流関係）に講師として招かれたときに、「テキストは私が書いたこの本を使いますが、薄い物だし研修生も20人程度なので、すみませんが全体をコピーして配布してください」と言ったところ、「本一冊を丸ごとコピーしてはいけないはずです」と叱られたことがありました。「私が書いた本であって、私が著作権を持っているのですから、私が『コピーしてよい』と言えばコピーしても構わない

のですよ」といくら言っても、なかなか理解してもらえませんでしたが、「ルール違反」かどうかではなく「行為自体」を「善」「悪」で切り分けたい——というのも、日本人の「ルール感覚の欠如」の表れでしょうか。

こうした「モラルとルールの混同」は、例えばアメリカのような多様性の高い国では起こりにくいものです。キリスト教徒・イスラム教徒・ヒンズー教徒・仏教徒などが集まって、「ブタを食べてよいか、牛を食べてよいか」などといった「モラル」について議論しても、結論が出るはずはないからです。したがって、（日本国憲法にも書いてあるように）「思想・信条・良心・倫理観・モラルは、各人の自由」（心は自由）とするしかありません。

しかし、人々がバラバラに行動していたのでは社会が成り立ちませんので、（心に関する）「モラル」とは別に（行動に関する）「ルール」が作られます。例えば、「アメリカでは車は右」とかいったものであり、これらは「決め」の問題としての「ルール」であって、「モラル」とは直接関係しません。

ところが日本では、社会の同質性が高かったためか、「モラルの問題」と「ルールの問題」が頻繁に混同されています。このために、「ルールの変更」や「システムの改革」によって対応すべき問題についても、「〇〇する心の育成」とか、手段としての「意識改革」（英語で言えば、マインド・コントロール）などということがよく言われているようです。何でも「心」や「意識」のせいにして「ルールやシステム」を建設的に変えようとしないことが、日本では種々の社会的問題への対応を遅らせていますが、日本人自身が「個性化・多様化」（思想・信条・良心・モラルがバラバラになっていくこと）の実現を目指している今日、「モラルとルールの区別」や「（モラル感覚を含む心の）多様性を前提としたルールづくり」ということが重要でしょう。

著作権教育についても、著作権が「一部業界の一部のプロ」のものであった時代には、プロたちがこれを「著作権思想の普及」などと呼んでいましたが、これもモラルとルールの混同の結果でしょう。「赤信号では止まる」というのは「ルール」であって、「思想」ではないのです。権利者側の一部の団体などは、今でも著作権について説明するときに「情報モラル」という用語を多用し、「ルール」の問題を意図的に「モラル」（善悪）の問題にすりかえようとしているようですが、学校等での著作権教育においては、こうした「モ

第4章　著作権教育は何をする？──「教育」の世界

ラルとルールの混同」に陥らないような「ルール感覚」の育成に努めていただきたいと思います。

　なお、「モラル」そのものと「ルール」そのものは全く異なるものですが、「ルールを守ろうとする心」というのは「モラル」の問題です。したがって、社会が多様化していく（日本人自身が多様化を進めようとしている）中にあっても、すべての人を対象として育てるべき「共通の心」があるとしたら、それは「ルールを守ろうとする心」でしょう。

　余談ですが、いじめなど、日本で「子どもたちの問題」と言われているものの大部分は、「子どもたちが、してはいけないことをしている」（ルール違反をしている）ということです。これを「ルールを守らせること」や「ルールを守る態度の育成」ではなく、例えば「友達を大切にする心の育成」などという「モラル」で解決しようとしているのが、根本的な問題でしょう。

③　大切なのは「知識」より「感覚」

　第三は、「知識」よりも「感覚」が重要だということです。例えば、超満員になってしまった講演会場で、主催者が「車椅子の人は場所を取るので、今回はお引き取りください」と言ったとしたら、多くの人が「それはおかしい」とか「差別ではないか」と言い出すでしょう。

　しかし、車椅子の人を排除したら、それは何法の第何条に違反するのでしょうか。これに答えられる人は、殆どいないでしょう。しかし、そんなことはどうでもいいことであって、「それはおかしい」と思える「感覚」の方が重要です。逆に言えば、すべての関係法令を暗記していたとしても、実際の場面で「それはおかしい」と思えなければ、何の役にも立たないのです。

　著作権について言えば、例えば誰かが「コピーして配ればいいんじゃない？」とか「これもホームページに載せてしまえば？」などと言ったときに、「ちょっと待って」「それってマズイかも」「なんかルールがあったんじゃない？」と思えるだけで十分なのです。あとは、専門家に相談したり、そうした疑問に答えるための本やサイトなどを見ればいいのです。

　例えば学校において、こうした「感覚」を養うためには、コンテンツの利用・使用に関わるあらゆる場面で、子どもたちに問いかけを行い、考えさせ

ることが重要でしょう。年に1回だけ「著作権」という授業を行う——などというのは、愚の骨頂なのです。国語や音楽の授業など、直接に「コンテンツ」を使う授業はもとより、様々な活動の中でこの問題を取り上げることにより、「あれもダメ、これもダメ」などという「知識」ではなく、「ルールを使いこなす」ための資質や感覚を育てていただきたいと思います。

2．教育活動と著作権

　この項では、「著作権に関する教育」という意味での「著作権教育」とは直接関係しませんが、学校教育・社会教育の現場において、著作権との関係で注意すべき点などを述べてみたいと思います。そうした注意点は、簡単に整理すれば、著作権侵害を「しない」「されない」「させない」という3つに整理できましょう。

(1)　著作権侵害を「しない」

　第一の、著作権侵害を「しない」とは、種々の教育活動を企画・実施する人々や参加者・学習者などが、教育活動を行う中で「他人の著作権を侵害しないように注意する」ということです。

　既に述べたように、著作権は「国際人権規約」にも規定された「人権」という側面を持っていますが、様々な意味で人々の人権の実現・保障に関わっている教育活動自身の中で、他人の権利が侵害されるような事態は、ぜひとも回避しなければなりません。

　具体的には、「インターネットを通じて送信されてくるコンテンツは自由に利用してよい——と誤解した」「学校や施設を紹介するために外注したビデオ・ホームページについて、発注した側に著作権があると誤解した」「生徒や受講者の作文・作品などを、名誉だからいいと考えて、無断で文集・作品集などに掲載した」「プールの壁面に、無断でミッキーマウスの絵を描いてしまった」「ニューズレターに寄稿された文章を、原稿料を払ったからいいと思って、無断でホームページにも搭載してしまった」「講演会の講師の話を、

第4章　著作権教育は何をする？──「教育」の世界

講演料を払ったからいいと思って、無断で録音・冊子化・配布・ネット配信などしてしまった」などという問題が多いようです。特に、「原稿料」や「講演料」を払った場合について、「著作権③を譲渡する」という契約をしていないかぎり、著作権③は引き続き著作者が持っている（ので、筆者・講師等に無断では二次利用できない）──ということに注意することが必要です。

　しかし、すべての学校や社会教育施設のすべての教職員が、著作権法のすべての規定に精通している──などという状況を目指す必要はありません。既に述べたように、必要なことは「原則として無断でしてはいけないこと」についての「感覚」を身に付けておくことであり、不明な場合には専門家に相談すればよいのです。また、「例外」のルールについては、「教育」に関係する部分に関してはある程度の知識を持っておく必要がありますが、個々具体のケースについては、「アブナイことはしない（するなら自己責任）」「分からなければ専門家にきく」という態度で臨めばよいのです。

　さらに、第3章で詳しく述べたように、日本が直面している最大の問題である「契約システム」については、教育関係者が協力して、様々なシステムを構築していくことが期待されます。アメリカでは、教育関係者が団結して権利者側と交渉・合意形成をしているために、著作権法に頼らない秩序が形成されているのです。

　教育現場でのコンテンツ利用に関する例外の拡大（例えば、136ページの「b-4」で述べた例外によってコピーされた教材を、ひとつの学校の中で「ライブラリー化」したり「校内LAN」を使うことによって、校内で共有すること）については、教育関係団体と権利者団体の間で協議が進められていましたが、権利者側が「補償金制度を導入するなら、例外拡大の余地がある」と述べているテーマがいくつかありました。そうしたものについては、教育関係者の側が、実現可能で有効な「補償金システム」（関係者間の合意に基づく「契約システム」の一種）を企画できるか──ということがカギになっているのです。

　「契約システム」が未発達な状況では、すべてが「法律直接適用」の状態となり、「合法か違法か」という「二者択一」「オール・オア・ナッシング」の状況になってしまいますが、アメリカの教育関係者のように適切な「契約シ

⑵　著作権侵害を「されない」

　第二の、著作権侵害を「されない」とは、学校教育・社会教育に関する機関・施設・団体などや、これらの関係者が持っている著作権について、他人に権利侵害をされないように注意するということです。
　「1億総クリエータ、1億総ユーザー」という時代を迎え、すべての人々や企業等が「権利者」にも「利用者」にもなる時代を迎えていますが、これには当然「教育機関」も含まれます。教育機関においても、パソコンやデジカメなどを使って様々なコンテンツがつくられるようになっていますが、そうしたもののうち、その機関や職員が「著作権②」や「著作隣接権」を持つものを、しっかりと把握しておくことが重要です。特に、公立の学校・公民館・図書館・博物館などの教育機関は、住民の税金によって運営されているものですので、その業務の一環としてつくられるコンテンツが外部の企業等に無断利用されないよう、よく注意することが必要です。
　例えば、教育機関が作製する「パンフレット」「冊子」「機関誌」「ニューズレター」「展示用パネル」「写真」「立体模型」「ビデオ」「データベース」「ホームページ」「コンピュータ・プログラム」などは、すべて「著作権②」の対象となりますし、何らかの「録音物」がつくられれば「著作隣接権」の対象となります。
　特に、施設がつくる「ホームページ」については、「インターネット上で公開されているものは、自由に利用できる」と思い込んでいる人がまだ多いため、「明確な表示」をしておくことが望まれます。「ネット上で公開されているコンテンツについて、どこまで使えるのか分からないので不便」などと言う人がいますが、そうした人に限って「自分のホームページ」には「どこまで使えるか」という表示をしていない場合が殆どです。294ページで述べた「自由利用マーク」などを活用することにより、「していいことと」と「してはいけないこと」を表示することが、著作権侵害を「されない」ためにも重

— 329 —

第4章　著作権教育は何をする？——「教育」の世界

要でしょう。

(3) 著作権侵害を「させない」

　第三の、著作権侵害を「させない」とは、教育機関が「預かっているコンテンツ」について、第三者から著作権侵害をされないよう、責任を持って保管や管理をする、ということです。

　他人のコンテンツを預かっている教育機関の典型は、図書館・美術館などですが、これらは、書籍や絵画など、他人がつくったコンテンツを多数収蔵しています。しかし通常は、それらのコンテンツの著作権まで買い取っているわけではありませんので、それらの管理を適切に行い、外部の人や企業による著作権侵害から守らなければなりません。

　また、図書館や美術館などの専門施設でなくても、今日では学校や公民館などで、学習者等によって多くのコンテンツがつくられています。「作文」「レポート」「音楽」「写真」「絵画」「彫刻」「詩・短歌・俳句」「ビデオ」「地図」「模型」「ホームページ」などがそうしたものの例ですが、これらについては、教育機関が「預かっている」ことが少なくありません。そうしたコンテンツについて、教育機関自身が著作権侵害をしないのは当然ですが、外部の人々や企業などによる利用についても、よく注意することが必要です。

3．インターネットの活用と著作権

　最後に、学校・大学や社会教育施設などの教育機関におけるインターネットの利用について、著作権との関係を再度整理しなおしてみましょう。
　一般的に、教育機関でのインターネットの活用には、「情報の入手と活用」「情報の発信」「他の機関等との交流」という3つの側面があります。これらの行為は、それぞれ主として「受信」「公衆送信」「特定少数者間の送受信」と関係していますが、これらの類型ごとに、著作権との関係を再度整理してみましょう。

(1) インターネットを通じて著作物等を入手・利用する場合（受信）

インターネット上で公開されているコンテンツについても、「受信」後にそれらを利用する場合には、原則として著作者の了解を得ることが必要です。

「インターネット上に著作物をアップロードしている人は、自分の著作物を『オープン』にしているのだから、当然自由利用を了解しているはずだ」などということを言う人が未だにいるようですが、このような意見は、既に述べたように全くの誤りです。

「受信」による情報利用
（「テレビ受像器」的な機能）

【次頁のような例外等がある】

例えば、「書店で売っている本」や「図書館が貸出している本」も、世の中に「オープン」になっているものですが、だからといってこれを無断でコピーしていいということにはなりません。これと同じように、インターネット上で公開されている著作物についても、「オープンになっているから無断で利用していい」などということはないのです。

ただし、インターネットを通じて著作物等を「受信」して利用する場合については、次のページの図のように例外の適用があります。しかしこれらは、本来はできるだけ回避すべき「法律直接適用」という状況における例外ルールの適用状況であり、コンテンツの教育利用を拡大するためには、教育関係者自身が、294ページで述べた「自由利用マーク」の活用も含め、意思表示の

第4章　著作権教育は何をする？──「教育」の世界

教育機関内でのインターネット利用（受信）と例外の関係

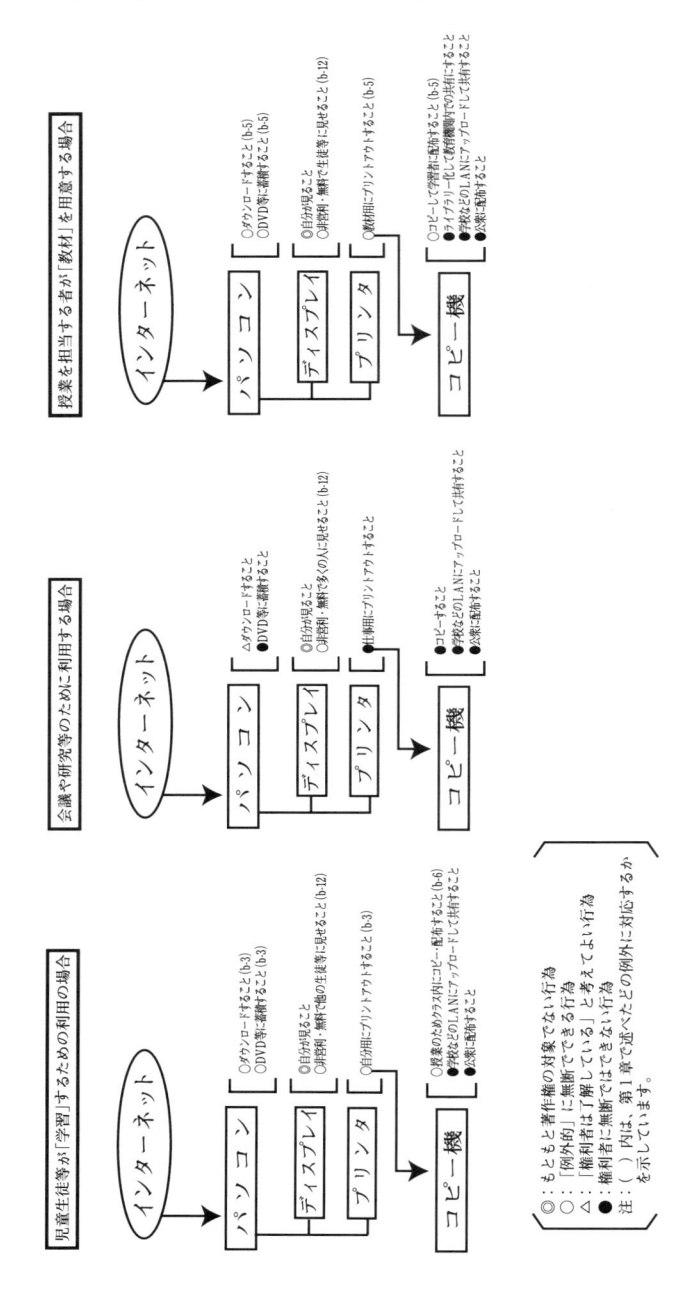

児童生徒等が「学習」するための利用の場合

インターネット → パソコン → ディスプレイ／プリンタ → コピー機

- ◎ダウンロードすること (b.3)
- ●DVD等に複製すること (b.3)
- ◎自分が見ること
- ◎非営利・無料で他の生徒等に見せること (b.12)
- ◎自分用にプリントアウトすること (b.3)
- ◎授業のためクラス内にコピー配布すること (b.6)
- ●学校などのLANにアップロードして共有すること
- ●公衆に配布すること

会議や研究等のために利用する場合

インターネット → パソコン → ディスプレイ／プリンタ → コピー機

- △ダウンロードすること
- ●DVD等に複製すること
- ◎自分が見ること
- ○非営利・無料で多くの人に見せること (b.12)
- ●仕事用にプリントアウトすること
- ●コピーすること
- ●学校などのLANにアップロードして共有すること
- ●公衆に配布すること

授業を担当する者が「教材」を用意する場合

インターネット → パソコン → ディスプレイ／プリンタ → コピー機

- ◎ダウンロードすること (b.5)
- ◎DVD等に複製すること (b.5)
- ◎自分が見ること
- ◎非営利・無料で生徒等に見せること (b.5)
- ◎教材用にプリントアウトすること (b.5)
- ◎コピーして生徒等に配布すること (b.5)
- ○ライブラリー化して教務機関内での共用にすること (b.5)
- ●学校などのLANにアップロードして共有すること
- ●公衆に配布すること

注：
- ◎：もともと著作権の対象でない行為
- ○：「例外的」に無断でできる行為
- △：権利者は了解している」と考えてよい行為
- ●：権利者に無断ではできない行為

注：（ ）内は、第1章で述べたどの例外に対応するかを示しています。

— 332 —

普及や契約システムの開発を進めるべきでしょう。

(2) 教育機関のホームページから著作物等を発信する場合（送信）

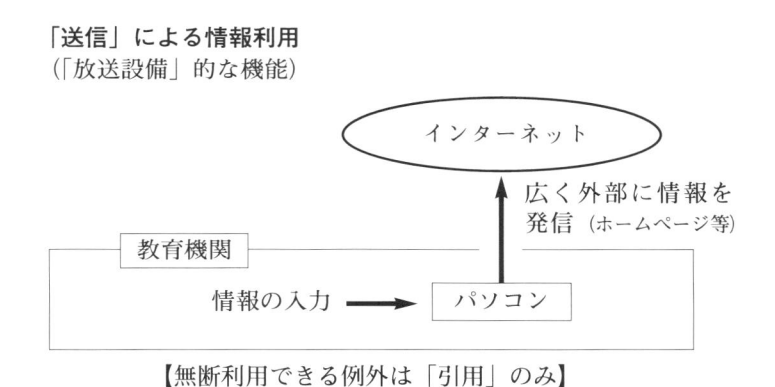

「送信」による情報利用
（「放送設備」的な機能）

```
                    ┌─── インターネット ───┐
                            ↑
                            │  広く外部に情報を
        ┌──────────────────┐│  発信（ホームページ等）
        │ 教育機関          ││
        │                   ││
        │  情報の入力 ───→ パソコン │
        └──────────────────┘
```

【無断利用できる例外は「引用」のみ】

ホームページからの「送信」については、通常「（サーバ内への）コピー」「送信可能化」「公衆送信」という行為が関係しますが、これらについては、教育目的での利用についても「例外規定」が置かれていません（唯一関係する例外は、131ページの「a-3」＝134ページの「b-1」の「引用」でしょう）。したがって、学校や社会教育施設などのホームページに既存の著作物等をアップロードして公衆に送信する場合には、「引用」の場合を除き、常に権利者の了解を得ることが必要です。

教育目的でインターネットを活用する人々は、「受信」と「送信」の違いをあまり意識していないようですが、著作権という観点からは極めて大きな違いがある、ということに十分注意する必要があるのです。

また、「送信」のために権利者の了解を得る（「契約」する）手続きを簡略化するためには、教育関係者の団体と権利者の団体の間で、何らかの「包括的な契約」が行われることが期待されます。

(3) インターネットを通じて他の学校等と合同授業・合同講座などを行う場合（特定少数者間の送受信）

　この場合の送信行為は、合同授業を行う学校等以外は受信できないのであれば、送信先が「公衆」（「不特定」または「特定多数」）ではなく「特定少数」ですので、電話で話す場合と同様に、著作権が及ぶ「公衆送信」ではありません。

「送受信」による情報利用
（「トランシーバ」的な機能）

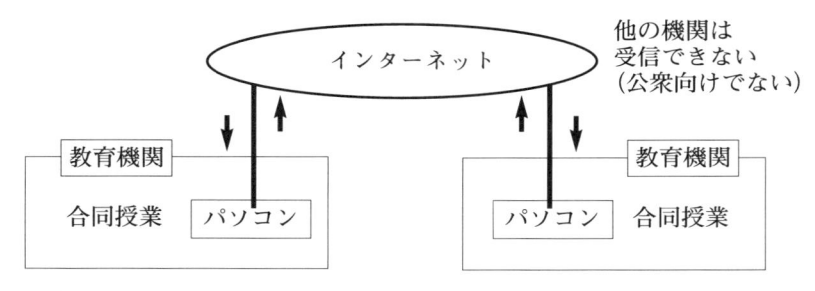

```
                    インターネット              他の機関は
                                              受信できない
                    ↓  ↑         ↑  ↓      （公衆向けでない）
  ┌─────────────┐                      ┌─────────────┐
  │ 教育機関     │                      │ 教育機関     │
  │ 合同授業 │パソコン│              │パソコン│ 合同授業 │
  └─────────────┘                      └─────────────┘
```

【特定少数の間の送信であれば、送信行為には著作権は及ばない】

　また、受信地点で、プロジェクターやディスプレイ装置を用いて「上映」する行為には権利が及んでいますが、「非営利・無料」であれば、143～145ページの「b-10」「b-11」「b-12」の例外の対象となり、例外的に無断で行うことができます。

　ただし、「コピー」については注意が必要です。このような場合に、一方の教育機関から他方の教育機関へ、あらかじめコピー（サーバー等への蓄積など）してあった著作物（教材）を送信する場合には、そのコピー行為は、137ページの「b-4」の条件を満たしていなければなりません。これを受信した教育機関の側がコピーを行う場合も同様です。

　なお、「遠隔授業」や「合同授業」などにおいて授業の「生中継」等を「公衆向け」に行う場合の条件については、140ページの「b-7」を参照してください。

第5章

国際政治に巻き込まれた著作権
――「国際問題」の世界――

　著作権は、国際的な場面でも話題になることが多くなり、サミットなどの議題にも殆んど常に盛り込まれるようになってきました。しかしこれは、「著作権というものが、国内的な課題から国際的な課題に発展した」ということを意味するものではありません。著作権というものは、120年以上も前から「国際的な課題」であり、「著作権②」に関する基本条約である「ベルヌ条約」も、既に1886年（明治19年）に制定されていたのです。

　特に、著作権に関する法律ルールが最初に作られ発展してきたヨーロッパでは、小さな国々が陸続きで接していますので、著作権は元々「国際的保護」をする必要がありました。ある国では無断でコピーできないが、100キロ先の国境を越えればコピーできる――ということでは保護の実効性を確保できないからです。

　「創作手段」「利用手段」の爆発的普及に伴う「１億総クリエータ、１億総ユーザー」という時代の到来は、著作権の世界に大きな変化をもたらしましたが、これは世界中で起こっていることです。このため、これまでの各章で述べてきた「法律によるルール」「司法による救済」「契約によるルール」「著作権に係る教育」という４つのテーマは、国際的な課題にもなっています。それぞれ、「条約による国際的な法律ルールを、今後どうするか？」「海賊版など、国境を越えた侵害行為にどう対抗するか？」「国際的なビジネス展開をどうするか？」「途上国の著作権教育をどう支援するか？」などといったことが、具体的な課題の例です。

第5章　国際政治に巻き込まれた著作権——「国際問題」の世界

　これらはすべて重要な課題ですが、最近になって国際的な場面で著作権がクローズアップされるようになったのは、「貿易戦争」とも呼ぶべき各国間のせめぎ合いが、「条約による国際著作権法律ルール」との関係を急速に深めてきたためです。この章では、特にこの部分をとらえ、国際的な動きの背景や現在の動きについて述べることにします。多くの人々の関心を集めている海外海賊版の問題には多くのページを割きませんが、その理由は以下に述べるとおりです。

1．語るに値しない「海外海賊版」問題

　多くの人は「著作権に関する国際問題」と言うと、まず、アジア地域を中心とする海外で日本のコンテンツの海賊版が横行している、という問題を連想するようですが、率直に言って、これは「語るに値しない問題」です。
　「私権」である著作権については、コンテンツの無断利用が行われても、権利者が何も行動を起こさなければ、何も起こらない（無断利用がなくならない）のが当然だからです。（260ページを参照）

権利者が黙っていたら何も起こらない

　既に述べたように、「他人の土地にホームレスのおじさんが入り込んで寝ている」「電車の中でA君がBさんのお尻を触っている」といった状況があっても、警察や裁判所はすぐには動きません。私権の侵害については、「本人がかまわないと思っていれば問題ない」からです。権利を侵害された本人が、「この人、不法侵入です」とか「この人、痴漢です」と言って始めて警察が動くのであり、これは「私権」に関する共通の基本原則です。したがって、私権侵害については、「自ら発見」し「自ら救済を求める」ということをしなければならないわけですが、「侵害を発見しにくい状況」に対応するための国際ルールについても、249ページで既に述べました。
　権利者が、「最近、私の本が、北海道で大量に違法コピーされている。どうも北海道の人は、意識が低くて困る。なんとかならないものか」とか、「最近、

1. 語るに値しない「海外海賊版」問題

我が社の DVD の海賊版が、関西方面で出回っている。(自分は告訴や提訴はしないが) 政府がなんとかしてくれ」――などと言っても、「警察に行けば?」とか「裁判を起こせば?」と言われるだけです。自ら行動を起こさない人の方が、「おかしい」と言われてしまうでしょう。

ところが、全く同じ状況が海外で起きているにすぎない海外海賊版問題になると、人々の反応が国内海賊版問題と違ってくるのは、なぜなのでしょうか。これは、全く理解しがたい状況です。

中国でバカにされている日本のコンテンツ業界

WTO 協定の一部として知的財産権に関する国際ルールを定めた TRIPS 協定は、海外での司法救済を容易にするため、各国に司法救済制度の整備を義務づけました。しかし、外国での権利行使についても、「訴えるかどうかは本人の自由」であり、本人が訴え出なければ、何も起こりません。つまり、海賊版の被害にあった権利者は、国内であれ外国であれ、「自分で行動を起こす」ということをしなければ救済されないのです。「なんとかならないものか」「あの国の国民は意識が遅れている」「日本の産業の将来を考えれば、政府がなんとかすべきだ」などと言っても、救済はされません。

現在の司法救済制度は、国内でも海外でも、もちろん完全ではありません。このため国内では、既に述べたように、侵害の立証や損害額の計算などについて、次々に新しい法律ルールが制定されてきました。それらは、権利者が実際に裁判を起こし、「これでは立証がしにくい。司法救済に関する法律ルールを変えてくれ」という声を上げてきたために、実現したものです。

それに対して海外での侵害については、日本の権利者は十分な行動をしていません。外国で裁判を起こさずに、「あの国で裁判をやっても……」などと尻込みしているケースも少なくないようです。例えば、政府の知財事務局のアレンジによって日本のコンテンツ業界関係者が大挙して訪中し、中国政研関係者に「中国で作られている海賊版をなんとかしてくれ」と申し入れたところ、先方から「裁判を起こしていないではないか」と逆に突っ込まれて追い返された――というのは、有名な話です。

第5章　国際政治に巻き込まれた著作権——「国際問題」の世界

　またこのとき、日本のレコード産業関係者が「日本のレコードが中国でたくさん違法コピーされている」と言ったところ、「そんなに言うならデータを出せ」と逆ギレされて、黙らざるを得なかった——というのも、よく知られた逸話です。

　中国の遊園地で日米のアニメキャラクターが無断で使われていたときも、ディズニー社はすぐに訴え出ましたが、日本の関係企業の多くはそうした行動を起こしませんでした。

権利者の団結による行動の必要

　このように、日本のコンテンツについて海外での海賊行為が撲滅されない唯一最大の理由は、「日本の権利者が権利を行使していない（告訴や裁判をしていない）こと」であり、自ら行動しないで「政府がなんとかしてくれ」などと言っている状況は、まさに「語るに値しない」ものです。

　「そうは言っても、多くの外国の多くの司法制度や弁護士の活動などに精通するのは無理」などと今ごろ言っている人がいますが、文化庁も特許庁もJETROも、多くの資金を投入して各国の状況を調査し、権利者が海外で裁判を起こしやすくするための情報や冊子などを提供してきました。それすら、あまり活用されていないのが現状であり、要するに、自分で裁判を起こすという前提での情報収集さえ十分に行われていないのです。

　また、「一社が色々な国で裁判をするのは無理」という声も聞かれますが、それなら「団結」するしかありません。国内では、「インターネット上で無断利用されたら、どうしようもない」などという泣き言や不満を言っていずに、JASRACは規模の経済を生かして、毎日10万以上のサイトを自動的にチェックして違法な音楽ファイルを探し出す検索ロボットを開発しました。また国際的な場では、アメリカのソフトウェア各社は、BSAという団体を作って会員社から資金を集め、世界各地に事務所を置いて、違法コピーの監視や裁判を行っています。

　「そのような組織を作ることについて、政府が援助してくれ」とか、「裁判費用について補助してくれ」などといった要望があってもよさそうなもので

すが、実はそうした要望さえ、殆ど行われていません。これらの要望が出るとすれば、それは「自分で行動する覚悟がある」（ただし支援してくれ）ということですが、日本のコンテンツ業界の大部分は、ただ「政府がなんとかしてくれ」と言い続けているだけなのです。

　かつて政府の（著作権に関する）審議会総会の場で、日本のビデオ・DVD業界を代表する団体の会長が、「中国ではびこっている海賊版のために我々は大変困っている。政府がなんとか対策を講じてくれ」と発言したときには、国内での権利行使に苦労している他の団体の委員たちの失笑をかっていましたが、これが、海外海賊版問題に対する日本のコンテンツ業界の現状と問題を象徴しています。

日本政府による取締りを要求しなかったアメリカ

　著者は、1995年（平成7年）から1999年（平成11年）まで、文化庁で国際著作権の仕事をしていました。この間、アメリカから様々な理不尽な（？）要求を受けましたが、感心したのは、アメリカ政府は日本政府に対して一度も、「日本におけるアメリカのコンピュータ・プログラムの違法複製について、日本政府がなんとかしてくれ」とは要望しなかったことです。

　この問題についてアメリカ政府から来た要望の多くは、「日本国内でアメリカの権利者が権利行使をするときに、それをやりやすくするようなルール改正をしてくれ」ということでした。良くも悪くも、アメリカ政府は「業界の言いなり」と言われますが、このような要望も、もちろんアメリカ政府の役人が考えたものではなく、実際に日本で裁判を起こして苦労した業界がアメリカ政府に対して行った要望を踏まえたものです。実際に著作権侵害訴訟をやっていないアメリカ政府の職員には、日本の司法制度のどこに問題があるかなどということは、分かるはずがありません。

　これに類すること（外国政府が作っている法制やルールの改善に関する要望）は、もちろん日本政府も行えます。例えば、日本の権利者が中国で裁判を起こした結果、裁判制度に不具合があることが明らかになれば、日本政府が中国政府に対して改善を要求することは可能です。もしその不具合が

第5章　国際政治に巻き込まれた著作権――「国際問題」の世界

「WTO協定違反」であれば、WTOに提訴するとか、協定で認められた「報復」を行うこともできるのです。

　数年前、「著作権侵害への刑事罰適用法制について、アメリカ政府が中国をWTO提訴」という事件がありましたが、これはまさにアメリカ政府が中国の法制の「国際ルール違反」を指摘したものでした。この報道を見て、「アメリカ政府はこのように熱心なのに、日本政府は不熱心だ」と言っていた日本のコンテンツ産業関係者がいましたが、この批判は全く的はずれです。アメリカ政府は、「（権利者が利用する）中国の国内司法ルールの不備」を指摘しただけであり、「中国政府による（権利者の提訴に基づかない）直接的な取締り」を求めたのではありません。日本政府が同様のことをこれまでしなかったのは、「訴え出たがうまくいかない」という苦情が、日本の権利者から日本政府に殆ど来ていなかったからでした。アメリカによる上記のWTO提訴については、日本政府内部で「アメリカとの共同提訴」が検討されたようですが、結局は実現しませんでした。おそらくは、「実害」を示せない提訴はWTOが受け付けてくれない（そんなものを受け付けてしまうと、他の政治的理由による「いやがらせ」のような提訴合戦が起きてしまう）からでしょう。

　このように、司法救済制度に関する「法律ルールやシステムの改善」については「日本政府⇒中国政府」というルートがありますが、「個々の侵害に対する実際の権利行使」については「日本の権利者⇒中国の侵害者」「日本の権利者⇒中国の司法当局」というルートしかありません。「日本政府⇒中国の侵害者」というルートで「なんとかする」ということは、（私権である以上）あり得ないのです。

2．「国際政治問題」になった「著作権」

「経済問題」になった「著作権」

　著作権（著作権①）が国際的な場面で大きく取り上げられるようになった背景にも、「テクノロジーの発達」ということがあります。「デジタル化・ネッ

2.「国際政治問題」になった「著作権」

トワーク化の進展」といったテクノロジーの変化が、いわゆるマルチメディアやインターネットの出現をもたらし、著作権の世界にも少なからぬ影響を与えた――ということは、既に第1章で述べました。しかしこうしたテクノロジーの発達は、より大きく、著作権に関する国際的な動き全体にも影響を与えています。

　既に述べたように、第一に、著作権の対象となる「著作物」というコンテンツについて、コンピュータ・プログラム、データベース、ゲームソフト、ブロードバンド・コンテンツなどといったものが増えてきたこと、第二に、著作物の「コピー」に使われる「媒体」について、CD-ROM、DVD、ハードディスクなどが次々に出現してきたこと、第三に、「コピー以外の利用形態」について、ブロードバンドによる送信や携帯端末を使った配信が拡大してきたこと、などという変化が急速に起こりつつあります。

　上記のような変化から、様々なコンテンツに関して、その「権利者」についても「利用者」についても、芸術家や小説家などの「個人」よりも「企業」の存在が大きくなってきました。

　上記の「新しい著作物」について言えば、コンピュータ・プログラム、データベース、いわゆるブロードバンド・コンテンツなどは、多くの場合個人よりも企業によってつくられています。また、音楽CD、CD-ROM、DVDなどといった「新しいコピー媒体」を広く製造・利用するのも、主として企業です。さらに、「コピー以外の新しい利用形態」についても、インタラクティブ送信はパソコンさえ持っていれば個人でも行えますが、これを広くビジネスとして展開しつつあるのは企業です。

　こうしたことから、著作権というものに「関心を寄せる」(利害関係を持つ)人々が、これまでの「芸術文化」の世界よりも、むしろ「産業経済」の世界で急速に拡大してきました。デジタル化・ネットワーク化が進んだ現在では、著作物を使った製品がデジタル方式で大量に生産（コピー）されますし、これがインターネットなどのネットワークを通じて世界中に瞬時に供給されます。このため殆どの企業が、著作権について知識を持たないととんでもないことになる、という状況に置かれるようになりました。

　例えば、ある企業がコンピュータ・プログラムやデータベースなどの著作

第5章　国際政治に巻き込まれた著作権——「国際問題」の世界

物をつくった場合、自社がどのような権利を持ち、その権利が侵害された場合にはどのような手続きがとれるか、といったことを知らないと、大きな投資をしてつくったこれらの製品が他社に無断で利用されても何もできない、ということになってしまいます。海賊版を作る業者は、通常は短い期間に大量のコピー商品を作り、これを一気に売りまくって逃走しますので、タイミングを失せずに適切な法的措置をとらないと、大損害を被ることになってしまうのです。

　また、ある企業が自社製品の海賊版業者を裁判で訴えたものの、よく調べてみたら自社が著作権を持っていなかった（社外の専門家やソフトハウスに外注した部分について、開発時点で著作権の帰属に関する契約を怠っていた）といった問題も起こってきます。

　さらに、ある企業が他人の著作物を違法と知らずに使ってしまっていた、ということもあり得ます。こうしたことは、昔であれば、ある出版社が他人の絵を「挿し絵」として無断で使ってしまったといった程度のことであり、賠償金を支払うにしても大した金額にはなりませんでした。しかし今日では、他人の写真をうっかり使ってDVDを大量に生産・販売してしまい、かつこれをインターネットで世界中に流してしまった、といったことが容易に起こり得るようになりました。したがって、著作権について正しい知識を持ち、適切な契約を交わしていないと、ある日突然に膨大な金額の賠償金を請求されるということがあり得るのです。

　このようなことから、著作権は、個々の企業の活動や産業経済全般と深く関わるようになり、「芸術文化」の課題から、むしろ「産業経済」の課題に移りつつあるのです。

　こうした動きは、著作権というものを担当する各国の行政機関にも反映されています。現在は大雑把に言って、世界の国々で著作権を担当している行政機関のうち、「文化省」的な行政機関が約3分の1、「法務省」的な行政機関が約3分の1、「産業省」的な行政機関が約3分の1となっており、さらに少数の国では、「大統領府」的なものや「国立（国会）図書館」などが著作権を担当しています。ところが最近、これらの中で「産業省」的な行政機関に著作権を担当させる国が増えており、賛否両論が起こっています。賛成派の

2．「国際政治問題」になった「著作権」

意見は「著作権が産業経済の課題になってきた現状を積極的に反映させるべきだ」というものであり、反対派の意見は「それでは主として利用者である営利企業の利益が優先され、芸術家など個人の著作者の人権が犠牲にされる」というものです。

このように著作権は、主としてテクノロジーの発達・変化を背景として、「経済問題化」の道をたどっていますが、こうしたことが、著作権に関する国際的な場での議論にも大きな影響を与えつつあります。

「国際政治問題」になった「経済問題」

前の項で述べたように、著作権は、「芸術文化」の課題というよりも、むしろ「産業経済」の課題になりつつあります。ところで、今日の「産業経済」は、「国際関係」を抜きにしては考えられません。経済の分野での「国際化」が急速に進み、「経済問題」＝「国際問題」という状況になったからです。具体的には、貿易の拡大、対外投資の活発化、多国籍企業の増加、通貨・為替システムの変化、労働者の国際的移動の増加などの様々な動きにより、ある一国の国内だけで完結する経済活動というものは、殆どあり得なくなっています。

このような動きのため、「国際政治」という世界において、「経済」の問題の重要性が飛躍的に高まりました。国際政治とは、それぞれ「正義」を決定できる「主権国家」が、それぞれの「国益」（民主的な国家にあっては「自国民の幸せ」のこと）を追求する場を意味します。そうした「国益の追求」は、かつては主として軍事行動によって行われていましたが、今日の世界においては、むしろ「経済」が国益追求のための手段の中心になっています。つまり、様々な「国際経済システム」をいかにして自国の経済にとって有利なものにし、自国の産業に有利な「貿易環境」などを実現していくか——ということが、「国際政治」の場でしのぎを削る各国政府にとっての中心的な課題になっているのです。

このため、国際政治の場で各国の元首や閣僚が集まるような会議等では、紛争地域への対処などが議論されるような場合を除き、多くの場合「経済問

題」が議論の中心となっています。軍事力を使って他国を恫喝したり、戦争によって自国の国益を実現するといったことは昔よりも少なくなり、各国は、より巧妙に、貿易や為替や投資をコントロールする国際経済システムを動かすことによって、国益の実現を図るようになりました。つまり、「経済」というものが、「軍事」などに代わって「国際政治」の場で「国益」を実現するための主たる「手段」になったのです。

「国際政治問題」になった「著作権」

　ところで、「著作権は経済問題になった」ということを述べましたが、このことは、前記の「経済問題が国際政治問題になった」ということと合わせて考えると、「著作権は国際政治問題になった」ということを意味するはずですが、実はこうした動きが、最近活発化しているのです。
　既に述べたようにこのことは、「著作権問題の国際化」ではありません。著作権は、ずっと昔から国際的な課題でした。現在起こりつつあることは、著作権が属していた「芸術文化や学術」の世界とは全く別のところで昔から動いていた「国際政治」という世界の中に、著作権がその「手段」のひとつとして組み込まれてしまった、ということです。つまり、多くの国が、「国際的な著作権システムを自国に有利な方向に変えていくことによって、自国に有利な貿易環境を実現し、国益を実現することができる」という観点から、著作権というものを見るようになったのです。
　こうした動きは、別の言い方をすると、「国際的な著作権システムが目指す目標が『相対化』されてしまった」ということでもあります。1886（明治19年）年に制定された「ベルヌ条約」は、ビクトル・ユゴーなどの芸術家たちの運動によって実現されたものです。当時の彼らの意識は、条約を作る理由について、「国や民族を越えて人類共通の価値を持つ文化的な資産を、国家間の政治的な問題などとは関係なく、世界のすべての人々が手を取り合って守っていこう」というものでした。
　このため、ベルヌ条約ができてから今日まで世界は何度も戦争を経験しているのに、政治的な動きの一環として著作権の保護をどうこうしようという

動きは、全くありませんでした。むしろ、戦争が終わった後には、戦争中に事実上保護されていなかった著作物について、戦争の期間の分だけ「保護期間」を延長するという措置（戦時加算）がとられてきたのです（唯一の例外は、サンフランシスコ平和条約）。こうしたことからも、著作権というものがかつては「国際政治」とは別次元のものであった、ということをご理解いただけると思います。

ところが今日では、多くの国が、「自国に有利な貿易環境」（場合によっては、「著作権」に名を借りた「非関税障壁」）を実現するための単なる「手段」として著作権を見るようになりました。つまり、かつては「人類共通の価値を持つ文化的な資産を、世界のすべての人々が手を取り合って守っていく」という「ひとつの目標」に向かっていた国際的な著作権システムというものが、現在では、「各国のそれぞれバラバラの国益」という「別々の目標」（相対化された目標）を目指すための「手段」になったのです。

このような動きについて、芸術家などの著作者たちは、大きな危惧を表明しています。本書の中で繰り返し述べてきたように、著作権は、本来は何かを創作した「個人」の権利を守るためのものであり、その本質的な目的は、国家間の政治ゲームの手段ではなかったからです。

3．アメリカが招いた国際著作権システムの混乱

(1) アメリカの国際著作権戦略

このような「著作権の国際政治問題化」を引き起こしたのは、主としてアメリカの動きです。既に述べたようにアメリカは、先進諸国の中で「著作権①」の保護水準が最も低い国です。アメリカでは、まず「著作権①」の中で「著作隣接権」が全く保護されていませんし、また、「著作権②」の中でも「人格権」が十分には保護されていません。

アメリカは日本を含む他国に対して、常に「著作権の保護が不十分である」という攻撃を行っているため、「アメリカは他の先進諸国よりも著作権の保護が進んでいる」と誤解している人が多いようですが、実は逆なのです。よ

第5章　国際政治に巻き込まれた著作権——「国際問題」の世界

く注意して新聞報道等を見ると、アメリカの主張の多くが「コンピュータ・プログラム」「レコード」「映画」のみに関するものであり、その他のコンテンツについては殆ど言及されていない、ということに気づかれると思います。これは、この三分野のみがアメリカが十分に（または他国以上に）保護しているものだからであり、他の分野については自国の保護水準が低いために主張できないのです。

このように、アメリカは「著作権①」の保護が国際的水準に達していないため、日本が1899年（明治32年）に加入していた「ベルヌ条約」にも長い間加入できず、なんと日本の90年後の1989年（平成元年）になって、ようやくこれに加入しました。しかし、例えば「人格権」の保護については、「アメリカはこの条約に違反している」ということがアメリカ人専門家によってさえ公言されており、一般的には国際水準に達していません。

特に「著作隣接権」については、アメリカはこの用語や概念さえ否定しています。このため例えば、あるホールで演劇の生上演が行われているときに、ある放送局がここに忍び込んでその上演を生放送してしまったという場合、演じている人々（実演者）の「著作隣接権」について、日本やEU各国では権利侵害になりますが、アメリカの著作権法では侵害になりません（このことは、後に述べる「TRIPS協定」という条約に違反している、とEUから指摘されています）。「著作権②」の世界における「ベルヌ条約」に相当するものとして、「著作隣接権」の世界には「ローマ条約」という基本条約がありますが、アメリカは著作隣接権を保護していないため、先進国の殆どを含め世界の多くの国が既に加入しているこの条約への加入を、未だに拒否し続けています。

こうした問題点について、日本政府がアメリカ政府に対して正式に「6項目の要求」をつきつけたことは、28ページで既に述べましたが、このように「著作権①」の保護が弱い国が、「国際著作権システムを自国に有利な方向に変えることにより、自国に有利な貿易環境を作って国益を追求できる」ということに気づいたのです。したがって、アメリカが「ベルヌ条約」に加入したのも、「これからは世界の趨勢にしたがって、ベルヌ条約の考え方でやります」ということではなく、「ベルヌ体制そのものをアメリカ流に変えていこう」

という「トロイの木馬作戦」だった、とも言われています。

　こうしたアメリカの「著作権戦略」とは極めて単純なものであり、要するに「自国が多く生産しているもの（「映画」や「レコード」や「コンピュータ・プログラム」）は他国でコピーされないようにし、他国が多く生産しているものは自国でコピーできるようにする」ということだと言われています。アメリカは、全体的な保護水準が低かったために、かえってこうした「メリハリ」（保護水準の差別化）が容易でした。アメリカは、このような戦略を強力に推進していったのです。

コンピュータ・プログラムをどう保護するか？

　こうしたアメリカの「著作権戦略」が最初に世界を動かしたのは、1970年代から1980年代にかけて、「コンピュータ・プログラムをどのように保護するか」ということが国際的な課題になったときでした。結局この問題は、アメリカがその国際政治力をフルに活用して、ヨーロッパ各国や日本などに強力な圧力をかけた結果、「特許」のような制度ではなく「著作権」によって保護するということになりました。現在では、「コンピュータ・プログラムは著作物のひとつである」ということは、国際的な常識になっています。しかし、コンピュータ・プログラムは様々な点で他の著作物とは異なっているため、果たしてこのような制度でよかったのかということについては、未だに議論が行われています。

　それではなぜ、アメリカは著作権による保護にこだわったのでしょうか。その主な理由は、「コンピュータ・プログラムは、コピーしないと見えない」ということにあったのですが、このことが、コンピュータ・プログラムと他の著作物の間の最も大きな違いのひとつです。

　例えば「音楽」の著作物について言うと、ある作曲家がレコード店で他の作曲家のCDを購入し、これを聴いて自分の作曲の参考にすることは、著作権の侵害にはなりません。そのCDの曲を「コピー」したり、そっくり真似たりすれば当然著作権侵害になりますが、今後の自分の創作活動の「参考にするために聴く」のはかまわないのです。同じように「小説」についても、

第5章 国際政治に巻き込まれた著作権——「国際問題」の世界

　ある小説家が他の小説家の小説について「参考にするために読む」という行為を行い、表現の仕方やストーリー展開を学ぶことは、盗作などにならなければ問題ありません。このように、社会に「公開」されている「先人の著作物」は、「アクセス権」の項で解説したように、無断でコピー等をしなければ、これを「見たり聴いたりすること」（知覚すること）は自由なのです。

　では、コンピュータ・プログラムの場合はどうでしょうか。コンピュータ・プログラムは、本などとは異なり通常はCD-ROMなどに記録されているため、そのままでは見ることができません。これを見るためには、いったん自分のコンピュータ内に「インストール」し、ディスプレイに表示することが必要です。この「インストール」という行為は、そのプログラムをコンピュータの「ハードディスク」内に「蓄積する」ことを意味しますが、このことが著作権法上の「コピー」にあたるのです。小説の場合には、本を「読む」という行為は著作権が及ぶ行為に含まれませんし、音楽CDの場合も、公衆を対象としなければ、ひとりで「聴く」行為はしてもかまわないのですが、コンピュータ・プログラムの場合には、コンピュータ内への「コピー」という（権利者に無断ではできない）行為を行わない限り、これを「見ること」ができません。

　つまり、コンピュータ・プログラムを著作権で保護することは、先発の企業が作ったコンピュータ・プログラムを後発の企業が「見て参考にすること」を禁止する効果（238ページで述べた「アクセス権」の実質的取得）があり、先発企業にとって非常に有利な状況を作り出すわけです。こうしたことから、コンピュータ・プログラムの先進国であったアメリカは、他国の追随を阻止するために、著作権による保護にこだわったのだと言われています。通常、著作権の制度が議論されるときには、「苦労して作ったのだから、よりよく保護されるべきだ」といった建前のみが主張され、かつ報道される傾向がありますが、多くの場合、こうした利害や打算が隠されているのです。

レコードをどう保護するか？

　既に述べたようにアメリカは、「著作権①」の保護水準が先進諸国の中で最

3．アメリカが招いた国際著作権システムの混乱

も低い国ですが、レコードの保護だけは他国よりも強い保護制度を持っています。このような状態が生じたのは、次のような事情によります。

アメリカは前記のように、「著作隣接権」の保護を行わず、その用語や概念の存在すら認めていません。つまり、多くの国で保護されている「無線放送事業者」「レコード製作者」「実演者」などの著作隣接権は、アメリカでは認められていないのです。ところが、1960年代に業績を飛躍的に伸ばしたレコード業界が多額の政治献金等によって強大な政治力をつけ、レコードの保護を開始せざるを得ない政治状況が出現しました。アメリカ政府は、「著作隣接権は保護したくないが、レコード製作者の権利保護は開始せざるを得ない」というジレンマに陥ってしまったのです。著作隣接権の保護を行えないのは、仮にこれを行うとすると、当然「実演者」の権利も検討課題となってしまい、俳優などの実演者と利害が対立する（レコード業界よりもはるかに政治力の強い）ハリウッドの映画業界が黙ってはいないからです。

そこでアメリカ政府が考え、1972年（昭和47年）から実施した「苦肉の策」が、「レコードを『著作物』とし、レコード製作者を『著作者』として、『著作権②』で保護する」というものでした。既に述べたように、「レコード」（音の録音物）は「著作物」ではなく、音楽の著作物などの「音」を人々に「伝達」するための手段にすぎません。このため世界の多くの国々では、レコード製作者の権利を「著作隣接権」で保護しているわけです。しかしアメリカは、上記のジレンマを回避するため、「レコードは著作物だ」（レコード製作者は著作者だ）という特異な制度を無理やりに作りました。この結果、奇妙な「逆転現象」が生じてしまったのです。

第1章で述べたように、著作者が持つ「著作権②」は「著作隣接権」よりも強い権利であり、「著作者」は「著作隣接権者」よりも強い権利を持っています。このため、「レコード製作者の権利」の部分だけを見ると、「著作隣接権の保護を行わないアメリカの方が、（著作隣接権ではなく著作権②を使っているために）他の先進諸国よりもレコードの保護が強い」という逆転現象が生じてしまったわけです。

アメリカはこのように、世界的に見ても特異な制度を作って、遅ればせながらレコード製作者の保護を開始しましたが、著作者の権利（著作権②）と

第5章　国際政治に巻き込まれた著作権——「国際問題」の世界

著作隣接権の間には、条約上も各国の法律上も、様々な違い（多くは、「著作者」を「著作隣接権者」よりも優遇するような違い）が存在しています。アメリカの国内では「著作者」としての権利を持ち、これを「当然のこと」と思っているアメリカのレコード業界にとっては、「他国では著作隣接権者としてしか扱われない」ということは、「不当な差別」と映るようです。このためアメリカのレコード業界は、アメリカ政府を動かして、世界の著作権システム全体を変えようとしてきました。

(2) 国際著作権システムを混乱させた「TRIPS協定」

　このような、コンピュータ・プログラムやレコードに関するアメリカの「戦略」が、国際法律ルールとしての条約の世界で大きく進展したのが、いわゆる「TRIPS（トリップス）協定」の締結でした。この条約は、ガット・ウルグアイ・ラウンドの結果を受け、「WTO設立協定（マラケシュ協定）」の一部として1994年（平成6年）に締結された知的財産権に関する条約ですが、アメリカを除く世界の著作権専門家の間では、極めて評判の悪いものです。というのは、アメリカの政府高官が「TRIPS協定は、アメリカの著作権法を元にして、それ以上でも以下でもないものにさせた」と豪語していたように、この条約はアメリカの特異な制度を元にした条約であるからです。
　それまでの国際著作権条約は、次のページの図に示したように、「ベルヌ条約」などの「著作権（著作権②）関係条約」と「ローマ条約」などの「著作隣接権関係条約」にきれいに分かれていましたが、このTRIPS協定は、その両方をカバーするものでした。にもかかわらず、アメリカが十分に保護していない（国際的に保護したくない）「人格権」の部分は保護の対象から除外され、かつ、同様にアメリカが保護したくない「実演者」の権利や「無線放送局」の権利も、それまでの条約よりも後退した内容とされてしまったのです。他方で、アメリカが強く保護したい「レコード製作者」の権利については、それまでの条約と比べて極端に強い保護が与えられました。さらに、アメリカ国内では「著作隣接権」という用語を使うことさえタブー視されているため、「著作隣接権」という用語が排除されてしまい、「関連する権利」という

3. アメリカが招いた国際著作権システムの混乱

奇妙な用語が新たに作られました。このようなことから、「TRIPS協定は、国際著作権システムの混乱を招いた」と言われているのです。

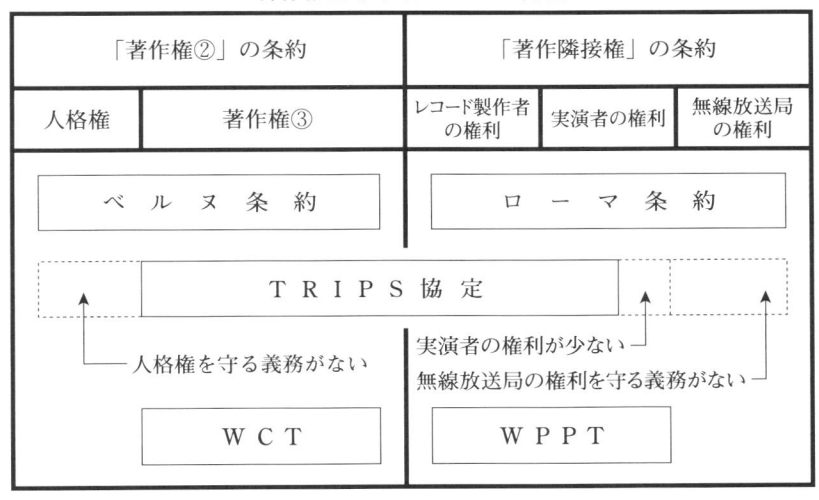

著作権基本条約とTRIPS協定

「著作権②」の条約		「著作隣接権」の条約		
人格権	著作権③	レコード製作者の権利	実演者の権利	無線放送局の権利
ベルヌ条約		ローマ条約		
TRIPS協定					
↑人格権を守る義務がない		↑実演者の権利が少ない 無線放送局の権利を守る義務がない↑		
WCT		WPPT		

しかし、実はアメリカも、TRIPS協定では目標を完全に達成することができませんでした。このため、いわゆるTPPなど、その後の条約交渉でもアメリカは、最終的には国際著作権システムを完全にアメリカ国内法と同じにすることを目指して、様々な動きをしています。

「ダマシ討ち」にあった（？）日本政府——WTO提訴の背景——

アメリカがTRIPS協定において「完全に達成できなかった目標」のひとつが、「過去につくられていたレコードの保護」ということです。既に述べたように、「『著作権②』は『著作隣接権』よりも強い」というのが国際的に確立された秩序ですので、関係する条約においても、「著作権②」は「著作隣接権」よりも優遇されています。その例のひとつが、この「過去につくられて現存するものの保護」ということです。

「ベルヌ条約」という「著作権（著作権②）条約」においては、「ある国が

第5章　国際政治に巻き込まれた著作権——「国際問題」の世界

条約に加入したら、加入以前につくられて現存している外国の著作物も、保護（権利）の対象としなければならない」という原則が「第18条」に定められています。これに対して「ローマ条約」などの「著作隣接権条約」では、「ある国が条約に加入したら、加入以後につくられた外国のレコード等だけを保護（権利）の対象とすればよい」というのが原則です。このことが、自国内では「著作者」の待遇を受け、かつ過去において世界の多くの国々にレコードを供給していたアメリカのレコード業界が、（国際的に確立されていたシステムを無視して）長年「差別」と主張し続けてきたことでした。

アメリカ政府は、上記の「TRIPS協定」においてこの制度を一気に覆そうとし、この条約の交渉過程で、「50年前につくられたものまで、過去につくられた既存のレコードを保護（権利）の対象とする」という案を主張しました。しかし、多くの国が「50年前につくられたものまでというのはキツイ」と主張したのです。

このため、この条文は検討段階で、「50年前につくられたものまで保護する」という規定から「ベルヌ条約第18条を準用する」という規定に改められました。ベルヌ条約第18条というのは、「著作隣接権」ではなく「著作権②」について、上記の「ある国が条約に加入したら、加入以前につくられて現存している外国の著作物も、保護（権利）の対象としなければならない」という原則を規定したものです。また、このベルヌ条約第18条については、「何年前につくられたものまでを保護の対象とするのか」ということに関し、「各国が自由に決めてよい」という解釈が、国際的に定着していました。

この解釈を前提として、「50年はキツイ」という多くの国の主張に歩み寄る形で、「50年でなくてもよい」と解釈されていた「ベルヌ条約第18条」の「準用」に条文を変えるとともに、国際会議（アメリカも参加）において「この新しい条文の趣旨は、必ずしも『50年前につくられたものまで』でなくてよいということだ」という確認が行われたのです。

しかし、このような妥協が図られた過程で、アメリカ政府（特許商標庁）は大きな過ちをおかしました。「50年前につくられたものまでの範囲で、既存のレコードを保護（権利）の対象とする」ということは、1950年代から60年代に多くのヒット曲を出しているアメリカレコード業界の「悲願」だった

のですが、アメリカ政府（特許商標庁）は、アメリカレコード業界の意向をはっきり確認せずに前記の「妥協」を行い、かつ、その条文の解釈を「必ずしも50年でなくてよい」と国際的に確認してしまったのです。

このため、先進諸国がTRIPS協定を批准するための法改正を行い、この協定が実質的に実施された1996年（平成8年）1月の時点で、50年前につくられたものまでを権利の対象としない国が、ヨーロッパの数か国や日本も含め、相当数にのぼりました（日本は、日本で「著作隣接権」の保護が開始された1971年（昭和46年）以降に作られたレコードを保護対象としていました）。

これを見て驚いたのが、アメリカのレコード業界です。彼らは、アメリカ政府（特許商標庁）が上記のような妥協をしてしまっているとは知らず、すべての国で「50年前につくられたものまで」になると信じていたからです。そこで彼らは、アメリカ政府の中で対外的により好戦的なUSTRを動かして、こうした国々を、TRIPS協定を担当するWTO（世界貿易機関）に対して、「条約に違反している」と「提訴」しようとしました。そこでなぜか、ヨーロッパの国々ではなく（おそらく「一番国際政治力の弱い国」を狙って）日本だけが提訴のターゲットに選ばれてしまったのです。

アメリカから「提訴する」と言われ、日本の外務省は唖然とするとともに、「あの時、『50年でなくてよい』という解釈を国際会議で公式に確認しあったではないか」とアメリカ側に抗議しました。しかし、これに対するアメリカの回答は、「あの時はそのような（日本などと同じ）解釈をしていたが、翌年の1995年から解釈を変更したのだ」という驚くべきものでした。このように、国際的な著作権システムというものは、強い国が弱い国を蹴散らして「国益」を追求する場と化してしまったのです。

4．途上国も黙ってはいない

このような動きを受けて、アジア、アフリカ、ラテンアメリカなどの途上国も黙ってはいません。最近の国際著作権システム（条約）の改正では、コンピュータ・プログラムやデータベースを保護の対象となる「著作物」とすることや、インターネットなどを用いたコンテンツ利用（インタラクティブ

第5章　国際政治に巻き込まれた著作権——「国際問題」の世界

送信）について権利を及ぼすことなどが次々に決定されましたが、これらは、こうしたものに関係する産業を持つ先進諸国に有利な動きであって、後から追いかける途上国にとってはむしろ不利になるものです。

　かつて、「人類共通の価値を持つ文化的な資産を、世界のすべての人々が手を取り合って守っていく」という「ひとつの目標」が追求されていた時代には、「すべての国は最終的には同じ目標に向かっており、余裕のある先進諸国が一足先に手厚い権利保護を実現しているが、途上国も、全人類のためにいずれは同じ保護を行うのだ」という理屈が、途上国にも容易に受け入れられていました。

　しかし、先進諸国がそれぞれ「バラバラの国益」を目指して、国際的な著作権システムを「自国のものは他国でコピーされにくく、他国のものは自国でコピーしやすい」という方向に変えようとし始め、特にアメリカが露骨にそうした動きを強めてきたため、途上国の多くも、「先進国を見ならって著作権を保護しろと言うが、先進諸国の方向性がバラバラではないか」と反論するようになり、また、「そういうことなら、こちらにも考えがある」という動きも始めつつあります。

「フォークロア」の保護

　このように、途上国は最近、「先進諸国が自分たちに有利なものを強く保護しようとするのであれば、我々にとって有利になるものも保護せよ」という主張を展開していますが、その中で最もホットな論争を呼んでおり、条約制定も主張されているのが、いわゆる「フォークロア」の保護です。

　「フォークロア」とは、日本語では、「民間伝承」や「民族文化財」などと呼ばれており、有形のものと無形のものが含まれています。有形の「フォークロア」には、その民族特有の絵画、彫刻、陶磁器、モザイク、木工、金属製品、織物、カーペットなどが含まれ、無形の「フォークロア」には、歌、音楽、踊り、物語などが含まれます。これらのうちどのようなものを保護対象とし、誰を権利者にするのかといったことは、まだ検討の余地があります。しかし、各国がそれぞれに有利な国際著作権システムを主張してよいという

のであれば、途上国側の主張にも十分な根拠があると言えましょう。

例えば、「サイモンとガーファンクル」は、「コンドルは飛んでいく」という曲で大儲けをしましたが、この曲がもともとペルーの人々によってつくられ伝えられてきた民謡であるにもかかわらず、サイモンとガーファンクルはペルーの人々に著作権料を支払っていません。このようなものは現在の国際著作権条約によってカバーされていませんので、もちろん著作権料を支払う法的義務はないのですが、ペルーの人々から見れば、「我々の（祖先の）知的な創作物を勝手に使って儲けている」ということになるのです。

また、ハワイアン・ダンスやタヒチアン・ダンスなどを使って儲けている「○○ハワイアン・センター」やプロのダンサーたちは、ハワイやタヒチに利用料を支払うべきだ、ということにもなります。この話を聞くと「そんなバカな」と笑う人が多いのですが、「自分で買った本でも、勝手にコピーしてはいけない」と言われて「そんなバカな」と笑う人もいるのです。フォークロアについても、我々がまだ「守るべき権利」に気づいておらず、このために制度が遅れているだけかもしれません。

新聞では小さな扱いでしたが、かつて、バヌアツという小さな島国（オーストラリアの東に位置します）が、特許権侵害を理由としてニュージーランドのあるスポーツ用具メーカーをWIPO（世界知的所有権機関）に提訴しました。このメーカーが、バンジージャンプの用具を無断で製品化して販売したというのです。あまり知られていませんが、バンジージャンプは、バヌアツの「フォークロア」であり、彼らにとっては「大人として認められるための通過儀礼」という神聖な儀式（これによって命を落とす子どもも毎年のように出る）なのです。この提訴は、「フォークロア」の保護に対する途上国側の決意を示すデモンストレーションのひとつであろうと思われます。

この問題の本質は、「フォークロア」を保護するかどうか、ということよりも、「国際的な著作権システムが、各国の国益を追求する単なる『手段』であってよいのか」という、より大きな問題なのですが、アメリカの動きによって始まったこうした傾向が、最近ますます広がっているようです。

このような混沌とした国際情勢の中にあって、民主国家である日本では、国民の一人ひとりが、外交、安全保障、産業経済、雇用、教育、社会福祉、

第5章　国際政治に巻き込まれた著作権──「国際問題」の世界

科学技術、環境などの問題と同様に、「著作権」についても日本の進むべき道について考えを持つことが必要でしょう。

　国際的な著作権システムが「ひとつの目標」を目指していた時代には、国内の著作権制度を考えるときにも「他の先進諸国はどうしているか」ということを参考にすることができました。しかし現在では、他の国を真似るのではなく、日本人自身が考えた日本の方向を議論すべき時期に来ています。

　「国際的な著作権システムが単なる『国益追求の道具』になってしまった状況を元に戻し、初心に帰ろう」ということを世界に向かって主張する、という選択肢もあり得ますし、「この際日本も、日本の国益にかなう国際著作権システムを考えて主張しよう」（日本が多く生産しているものは他国でコピーできず、他国が多く生産しているものは日本でコピーできる、というシステムを目指そう）という方向もあり得ましょう。

　著作権以外のことも含む「国全体としての意思決定システム全体の在り方」という大きな問題はありますが、著作権の保護を、国内的に強めるにせよ弱めるにせよ、また、国際的な著作権システムの在り方について世界に向かってどのような方向を主張するにせよ、国民一人ひとりが著作権について学び、考え、国の方向を決定していかなければならない時代を迎えているのです。

おわりに

日本人はどこへ行く？

　本書の中で述べてきたように、「1億総クリエータ、1億総ユーザー」という時代が突然に訪れ、「一部業界の一部のプロ」だけでなく「すべての人々」が、著作権と無縁ではいられないという状況に直面するようになりました。しかし、著作権に関するあらゆるルールやシステムは、それ自体が価値を持つのではなく、人々が幸せになるための「手段」にすぎません。

　したがって、すべてのルールやシステムは、著作権と関わるようになった「すべての人々」のために作られるべきですが、既に述べたように著作権の世界には、「宿命的な対立構造」が存在しています。そうした対立構造の中で建設的なルールづくりやシステムづくりを進めていくためには、すべての人々が民主主義の基本である相対主義・フラテルニテの精神を持ち、憲法のルールにしたがって自ら行動することが必要です。

　また、国際社会の中の日本という視点から見ても、(著作権問題に限ったことではありませんが) 日本という国が国全体としてどう行動するのか、ということについて、大きな転機が訪れています。日本の著作権保護は、幕末の不平等条約の解消という切実な要請から開始され、かつては、ヨーロッパ諸国に追いつくという、ある意味で「単純な目標」をもって進められてきました。しかし今日では、日本の著作権保護の水準は、インターネット対応を中心に既に世界最高水準に達しており、「お手本なき世界」に突入しているのです。

　今後は、どのような権利をどうすることが「日本の人々の幸せ」になるのか、また、「特定業界」の保護・優遇と、「人々の幸せ」はどのように結びつ

おわりに　日本人はどこへ行く？

くのか、さらには、憲法前文にあるように、日本人が「国際社会において、名誉ある地位を占め」るためには、途上国のことも考えつつ、どのような国際ルールを提案すべきなのか——といったことを、著作権に関係するようになった「すべての人々」が、「自分の問題」として考え行動すべきでしょう。

　日本が民主国家である以上、これらすべてのことは、主権者たる国民の意思次第なのです。

索　　引

【アルファベット】

BSA ……………………………… 338
IC 回路に関する権利………………… 5
IP マルチキャスト ……………95、99
IT ……………………………………173
JASRAC ………103、210、211、215、
　　216、217、285、296、305、338
LAN ………………60、125、137、138
Linux ……………………………… 285
NIE ………………………………… 211
SNS ………………………………… 54
SPC ………………………………… 311
TPP ………………………………… 351
TRIPS 協定…………48、337、346、
　　350
USTR ……………………………… 353
WCT ………48、64、182、183、189、
　　190、235、241、251
WIPO ………93、180、182、189、208
WPPT ……48、64、107、182、183、
　　186、189、190、216、235、241、
　　251
WTO 協定 …………………… 97、340
WTO 協定違反 ……………………… 28
WTO 設立協定（マラケシュ協定）
　………………………………………350
WTO 提訴 ………………………… 351

【あ行】

アイデア……………………………… 35
アクセス…60、62、63、95、187、191
アクセス権……………238、239、348

アクセス・コントロール ………… 242
頭だし機能…………………………… 95
アップロード ……………62、63、195
アナログ ……………………… 53、174
アニメ映画……………………………76
アニメ業界………………………… 273
アマチュア………………24、100、103
アメリカ…26、86、102、111、121、
　　182、189、194、213、217、222、
　　272、281、308、310、312、315、
　　328、338、339、345、349
アメリカ合衆国通商代表部→ USTR
暗号解除…………………………… 241
育成者権……………………………… 5
意匠権…………………………5、36、37
1 億総クリエータ、1 億総ユーザー
　……………………………………9、11
一任型……………………………… 297
一身専属性…………………………… 52
一品製作………………………………37
一方的な意思表示……………………293
印税………………………………199、311
インセンティブ ………………… 5、19
インターネット………60、129、136、
　　139、181、183、330
インターネット資料……………… 155
インターネット対応…………………62
インターネット配信……………… 100
インターネット放送……60、64、95、
　　97、98、99、101、108、191

インタラクティブ送信………62、63、
　　94、182、187
イントラネット………………………60
引用…131、134、138、145、151、333
ウェブキャスティング………………188
写り込み………………………………169
映画…………………85、95、111
映画化…………………………………30
映画会社……74、75、96、109、110、
　　112、126、159、218、267
映画監督…………75、109、160、218
映画業界………………………83、128
映画の盗撮の防止に関する法律……128
映像の実演……………………107、109
営利……………………………137、141
演技……………………………103、104
演説……………………………………151
演奏……………………………………59
演奏権…………………………………57
公の伝達………………………………59
音の実演………………………107、109
オリジナリティ…………………38、40
オンデマンド送信……………………62

【か行】

外国の著作物……………………47、124
解説用小冊子…………………………158
海賊版…………249、255、260、336
外注……………………………71、283
改変……25、49、105、174、178、323
学習……………………………127、136
学習者…………………………………139
拡大教科書……………………………148
加工………………………………30、68
カルテル………………………………298
完全なコピー…………………174、176

管理者…………………………………253
関連する権利…………………………350
キー局…………………………………93
企業………………………………………13
企業秘密………………………………255
技術的保護手段………………………251
規制…6、24、25、67、91、94、117、
　　260
基本的人権……………………………113
ギャグ……………………………36、40
脚色………………………………30、78
キャッシュ・フロー…………………312
救済………………………………………7
旧著作権法………………………………10
教育………………………114、134、317
教育活動………………………137、327
教育機関………………………………329
業界仕切方式…………………309、310
業界保護…………………………80、83
教科書…………………………146、149
教材……………………135、137、139
共同著作物……………………………72
挙証責任………………………50、248、255
許諾権……18、89、98、101、215、216
クラウド………………………173、188
クリエイティビティ…………………38
クリエータ……………………………11
クローン・コピー……………………229
経済産業省……………………………213
刑事……………………………245、247
刑事救済………………………245、247
刑事訴訟法……………………………245
芸術性…………………………………40
芸団協…………………211、215、216
芸能的…………………………………104
刑法……………………245、252、319

契約……1、3、15、35、41、56、71、73、76、79、111、118、121、122、164、165、166、166、167、227、232、246、253、263、274、278、283、306、308、321、333
契約インターフェイス……………287
契約システム…268、272、303、310、328
契約書………269、270、273、278、321
契約秩序………………………………303
契約マインド…164、273、277、278、280、287、305、321
契約ルール……………………264、307
劇場用映画……………76、126、233
研究目的………………………………156
検索……………………………………31
原作…………………30、31、51、68、77
検索サービス…………………………164
原作者………………………31、51、77
原則自由利用…………………………242
原則独占利用…………………………242
検討段階………………………………171
検討中の段階…………………………170
原盤…………………………22、88、100
憲法……7、39、47、76、113、119、200、205、214、219、274、275、279、357
権利…………………………………17、48
権利管理情報…………250、252、260
権利集中方式………………309、310
権利処理………………………………307
権利処理ルール………………………307
権利制限………………………46、126
権利の移転の登録……………………70
権利の集中……………………………286
権利ビジネス…………………………312

公益…46、47、114、134、219、226、228、305
公益性……………………………116、226
口演………………………………………104
講演料……………………………………71
公開用メモリ……………………………61
公共貸与権→公貸権
公衆………………………………64、141、334
公衆送信……60、63、90、124、131、140
公衆送信権……………… 18、57、57、90
口述……………………………… 59、104
口述権…………………………… 57
公序良俗………………………………121
公正な利用……………………………121
高速ダビング機………………………102
公貸権（公共貸与権）……117、154、155、226、236、320
校内放送…………………………………60
校内ライブラリー……………137、138
公表…25、49、50、131、134、138、142
公表権………50、107、133、150、323
幸福追求権…8、119、200、201、274
広報資料………………………………152
国際条約………………… 14、81、182
国際人権規約………………203、327
国際政治………………………335、344
国際政治問題…………………………340
国際著作権条約………………………350
国際問題………………………………335
告訴………………………………………247
国内消尽譲渡権………………………222
国立国会図書館………………………155
固定………………… 43、45、54、107
固定された実演………………………108

― 361 ―

固定物…………………………45
子どもの人権……………………323
コピー・プロテクション…115、128、
　　158、178、231、235、241、251、
　　252
コピー用媒体……………………13
コピーライト……………………28
コミック誌………………………236
コモン・ロー……………………26
雇用関係…………………………73
雇用契約…………………………73
コンテンツ……5、13、19、22、114、
　　123、234
コンテンツ産業…………………12
コンテンツのマーケット………295
コンテンツビジネス…………307、310
コンピュータ・プログラム………347
コンピュータ業界………………83
コンプライアンス………………7
コンプリーション・ボンド………314

【さ行】

債権………………………………19
財産権……………22、25、49、53、106
サイト・ライセンス……………304
裁判管轄…………………………246
再販制度………………………224、234
サイマルキャスティング………188
削除………………………………254
差し止め……………………56、249
産業経済…………………………12
産業戦略…………………………213
3倍賠償…………………………258
視覚障害者………………………148
私権……6、25、94、118、218、336、
　　340

試験問題…………………………146
自己責任………7、40、55、66、115、
　　130、261、318、321、328
事実………………………………39
自炊………………………………129
思想信条の自由…………………7
思想信条良心の自由……………119
実演………13、22、43、57、88、104
実演及びレコードに関する世界知的所
　　有権機関条約→WPPT
実演家…………24、26、50、85、85、
　　98、103、103、106、113、163、350
実演者……………………………24
実名の登録………………………52
実用品……………………………36
指定団体…………………………215
指定団体制度……………………90
私的自治…………………………275
私的使用……127、129、177、229、251
自動課金…………………………232
自動課金システム………………299
自動公衆送信…60、62、63、90、94、
　　97、99、163、187、190
シビル・ロー……………………26
司法救済………………………245、337
司法救済制度……………………340
司法制度…………………………15
氏名………………………………25
氏名表示権………51、107、133、150
社会福祉…………………………114
自由…14、15、263、279、305、318、
　　321、337
就業規則…………………………73
従たる著作物…………………131、134
集中管理………112、217、286、296、
　　302、304、305、306、309

— 362 —

集中管理システム……………………286
集中管理団体………………………303
集中方式……………………………309
自由貿易……………………222、223
自由利用マーク…293、294、329、331
宿命的な対立構造……………………8
主従関係……………………………131
主たる著作物………………131、134
出演契約書…………………………112
出所……131、134、139、140、142、
　　146、147、148、148、151、152、
　　158
出版権…………………………………55
出版権設定契約………………………56
出版者………………………82、100、236
出版社…………40、81、82、87、100
瞬間的・過渡的……………………168
準創作性………………………………81
準創作的行為…………………………83
使用……………………………………9
上映……………………………………59
上映権…………………………………57
上演……………………………59、104
上演権…………………………………57
肖像権…………………………………39
譲渡……………………………………61
譲渡権………………57、125、233、237
消費者………………213、220、234、236
商標権…………………………………5
情報化………………………………173
情報解析……………………………166
情報公開……………………………150
情報公開法…………………132、150
情報処理……………………………166
情報モラル…………………324、325

条約………14、48、57、64、86、98、
　　107、113、114、115、123、162、
　　189、197、207、231、235、239
書類提出義務………………………255
シリコンバレー派…………………211
知る権利……………114、150、209、282
侵害…………………………………260
人格権……22、25、49、70、73、91、
　　105、106、124、132、322、350
人格権侵害…………………………259
人権………………2、4、113、203、327
新著作権法……………………………10
新聞記事……………………38、282
新聞協会……………………………210
スウェット・イン・ブラウ…………87
透かし………………………………250
スクランブル…………………………67
スタンダードな契約書……………271
ストリーミング……………………188
スナップ写真…………………………39
スポーツ……………………………104
スポンサー……………………………71
政治主導………212、214、219、220
世界知的所有権機関→WIPO
設計図…………………………………38
接続サーバ…………………………254
絶版……………………………153、155
説明責任……………………………255
戦時加算……………………124、345
選択……………………………31、40、41
専有……………………………………18
占有部分……………………………125
相互主義……………………………124
創作……………………………………85
創作性……36、38、40、86、87、103
創作性なきデータベース……………86

— 363 —

送信可能化…60、63、90、100、101、106、108、190、192、195
送信可能化権·28、91、164、190、216
送信系……………………………240
送信系コンテンツ………………185
創作性……………………………54
相対化…202、205、210、277、305、344
相対主義……………………201、357
速記………………………………54
損害………………………………26
損害額……………………………256
損害賠償…………………………249

【た行】

題号………………………………50
タイトル…………………………50
対米6項目要求…………………27
題名………………………………40
貸与………………………………61
貸与権…………………10、57、226
第四人格権………………………259
大量生産…………………………37
他国の追随の阻止………………86
多数………………………………66
団体執行部…………………214、216
団体名義の著作物………………124
チェーン・オブ・タイトル………34、281、308、315
知覚………………19、238、239、348
知覚権……………………………20
知覚行為……………9、20、239、243
知覚幇助行為………………20、239
蓄積……………………63、191、193
知的財産権……………………4、5

知的所有権の貿易関連の側面に関する協定→TRIPS協定
着うた…………………………217、300
着メロ……………………………232
着メロ方式………………………298
中継サーバ………………………165
中古市場…………………………233
中古販売…………………………237
中古品……128、177、230、232、240
中古品店…………………………240
中古品流通………………………243
聴覚障害者………………………148
重畳的……………………………246
懲罰的賠償……………………257、258
著作権…………………………5、8、21
著作権①……………………21、22、28
著作権②…………………21、22、29、48、49
著作権③…………………22、25、49、53
著作権教育……………………15、317
著作権契約……………268、280、303
著作権契約問題…………………264
著作権思想………………………325
著作権者…………………………69
著作権に関する世界知的所有権機関条約→WCT
著作権ビジネス…………………310
著作権法の単純化………………58
著作権法問題……………………264
著作権問題………………………264
著作権ルール…………………264、307
著作者……………………………69
著作者の権利………………5、22、29
著作物……………22、29、48、88、104
著作物性…………………………34
著作隣接権………5、21、22、80、346
通信………………………25、67、94

— 364 —

出会い系サイト方式…………………300
データ………………………32、39、41
データベース…31、32、40、55、86、184
適用法……………………………246
テクノロジー・フリー………………53
デジタル……………………53、128
デジタル化……………19、173、174
デジタル方式…………………174、185
デジタル補償金………………………229
転載禁止…………………………152
展示………………………59、158
点字………………………………147
展示権……………………57、237
電子出版…………………………56
電子書籍……………………128、153
電子透かし…………………250、252
電磁的記録………………………155
電子メール………………………54
伝達………………22、85、99、103
伝達行為……………………23、81
電話帳……………………………41
同一構内……………60、120、124
同一性保持権……49、105、107、132、179、323
動画コンテンツ………32、43、302
投資………………………………83
投資の保護………………………87
登録…………………………27、42
独占出版…………………………56
特定少数………………66、141、334
特定多数…………………………66
途上国……………………………353
図書館……152、154、156、226、236、237
図書館資料………………………153

土地収用法……………114、117、226
特許権……………5、12、35、42、72
特許商標庁………………………352
トランザクション・コスト………296

【な行】

ナップスター事件……………182、194
名前の表示……………………49、51
生の実演………………………106、108
生の著作物………………………28
生番組……………………………43
ニア・オンデマンド……………………95
二次的著作物……30、49、51、67、77
二進法……………………………176
日本音楽著作権協会→JASRAC
日本経団連………………………213
日本芸能実演家団体協議会→芸団協
日本複製権センター……………127
日本民間放送連盟→民放連
日本レコード協会…101、211、215、216
入力…………61、63、108、191、193
入力型……………………………95
入力型自動公衆送信…95、98、100、102、108、123
ニュメリック方式………………174
ネット・オークション……158、301、321
ネット配信………………………100
ネットワーク化………173、181、187

【は行】

バーチャルいちば………………301
灰色部分…………………………115
媒体……………………13、23、54
排他的権利………………………18

俳優団体……………………112	不動産屋方式…………………296
配列………………31、40、41	不特定……………………………65
発意………………………………73	不特定少数………………………65
バックアップ…………………165	不特定多数………………………65
バックアップコピー…………167	不平等条約…………………9、357
パッケージ系………207、208、240	部品………31、32、40、41、74、78、281、305
パッケージ系コンテンツ……185	フラテルニテ………2、8、200、205、277、357
発信者情報開示請求権…253、254	フリーウェア…………………285
発信地主義……………………246	プレイボーイ事件……………189
罰則……………………………248	プロ………………11、24、103
発注者………………70、71、283	ブロードバンド……………44、96
パブリック・ビューイング……7、93	ブロードバンド・コンテンツ……13、34、117、185、305
ハリウッド…………111、312、349	プロバイダ……………………254
ハリウッド派…………………211	プロバイダ責任法……………254
パロディ…………………………50	北京条約…………………107、111
版権………………………………55	ペナルティ……………………247
万国著作権条約…………………48	ベニスの商人………………34、281
頒布………………62、126、233	ベルヌ条約……9、27、48、97、335、344、350、351
版面権………………………83、236	ベルヌ条約第18条……………352
非営利・入場無料・無報酬……142、143、145	編曲………………………………30
非営利・無料…………………154	変形………………………………30
非関税障壁………………222、345	編集者……………………………41
ビジネス………………15、263、306	編集著作物……31、32、33、40、55、184
ビジネスモデル………………310	ペンネーム………………………52
美術工芸品………………………37	便法………19、20、238、239、243
ビデオ・オンデマンド………64、191	貿易環境………………………344
秘密保持………………………253	貿易戦争………………………336
表現………………………………35	方式主義…………………………42
費用負担者………………………71	報酬請求権……89、98、100、101、103、163、215、216、227、305
ファイル交換ソフト…61、193、195、253、254	放送………………25、67、94
フェア・ユース………………121	
フォークロア…………………354	
複製権……………18、53、56、323	
物権………………………18、19	

放送局……………267、283、303、308
放送局の権利に関する新条約……208
放送局の特権………………………102
放送事業者……………………23、91
放送番組……………………………281
放送番組の二次利用………………266
放送前信号…………………………93
法定賠償…………………257、258
報道…………………………………151
報道利用………119、209、210、282
法律……………………………1、17
法律直接適用…269、287、295、315、
　　328、331
法律ルール…………………………264
保険………………301、313、315
保護…………………………………5
保護期間………109、114、123、302
保守・修理…………………………166
補償金……117、128、138、146、149、
　　154、155、178、226、227、230、
　　236、328
補償的賠償………………256、258
翻訳…………………………………30

【ま行】

マーケット（しじょう）…………295
マーケット・メカニズム……298、301
マーケットプレイス（いちば）…295
ⓒマーク…………………26、29、42
マルチメディア…117、173、180、183
マンガ喫茶………………236、240、243
見出し………………………………40
みなし侵害…………………………259
ミラー・サーバ……………………165
民事………………………245、248、249
民事救済……………………245、249

民事訴訟……………………………254
民事訴訟法…………………………245
民主主義……14、15、200、279、317、
　　320、321、357
民主主義の学校……………………8
民主的手続…………………………200
民法……………………………121、245
民放連………………207、211、308
無線放送…62、63、75、85、88、91、
　　96、118、161、163、191、192、350
無線放送局の特権…………………96
無線放送番組………………………22
無体物…………………………43、44
無方式主義……………………27、42
無名・変名の著作物………………124
名義…………………………………73
名誉声望……………50、107、259
メディア……………99、180、311
免許……………………………24、25
目次…………………………………40
モラル………………………………324
モラルとルールの混同……………325

【や行】

融合………………174、179、184
ユーザー……………………………11
ユーザー・クリエータ………96、109、
　　119、159、192、205、210
有線放送…62、63、85、88、91、98、
　　99、162、163、
有線放送番組………………………22
有体物…………………………43、44
輸入権………………………………221
要約…………………………………30
横並び主義…………………………309

【ら行】

ライブラリー価格…………155、227
リサイクルショップ………………232
リスク……………………………293
リスク・ビジネス…………………313
リスク・マネジメント……7、313、314
リプレッサー………………………100
利用…………………………9、20
利用行為……………………114、124
利用できる権利……………………115
料率………………………………309
リンク……………………………194
ルール感覚……200、261、277、278、287、305、320、325
例外………14、107、115、126、242、328、331、332
例外規定……………………………114
レコード………22、24、85、88、99、110、111、348
レコード会社……23、85、100、110、
レコード協会→日本レコード協会
レコード業界…………225、350、352
レコード製作者…24、99、100、113、163、350
レンタル……………28、61、101、102
レンタル店…………………………102
朗読………………………………104
ローマ条約……28、48、346、350、352
録音…………………………………54
録音された音の実演…………106、111
録音物………………………24、99、110
録画…………………………………54
録画された映像の実演……………111
論説…………………………151、152

【わ行】

ワン・チャンス主義………………160

著者略歴

岡本　薫（おかもと　かおる）

　東京大学理学部卒　OECD研究員、文化庁国際著作権課長、内閣審議官、文化庁著作権課長、文部科学省課長等を経て、2006年から政策研究大学院大学の教授

【主な著書】

「著作権の考え方」（岩波新書）、「著作権とのつきあい方」（商事法務）、「小中学生のための　初めて学ぶ著作権」（朝日学生新聞社）、「世間さまが許さない！」（ちくま新書）、「なぜ日本人はマネジメントが苦手なのか」（中経出版）、「Ph.P　手法によるマネジメントプロセス分析」（商事法務）、「日本を滅ぼす教育論議」（講談社現代新書）

カバーデザイン
株式会社CPC JAPAN

著作権 ─ それホント？
2014年（平成26年）4月30日 初版発行

著　者	岡本　薫
©2014	OKAMOTO Kaoru
発　行	一般社団法人発明推進協会
発行所	一般社団法人発明推進協会
	所在地　〒105-0001
	東京都港区虎ノ門2-9-14
	電　話　東京　03(3502)5433（編集）
	東京　03(3502)5491（販売）
	FAX．東京　03(5512)7567（販売）

乱丁・落丁本はお取替えいたします。　印刷：株式会社丸井工文社
ISBN978-4-8271-1234-4 C1036　　　　　Printed in Japan

本書の全部または一部の無断複写複製を
禁じます（著作権法上の例外を除く）。

発明推進協会ホームページ：http://www.jiii.or.jp/